普通高校国际经济与贸易应用型本科系列规划教材

世界经济学

主编 王三兴

中国科学技术大学出版社

内容简介

本书共包含4篇12章内容。第一篇按时间主线讲述世界经济的发展历程,包含世界经济的形成及演变、区域经济一体化、经济全球化和逆全球化;第二篇讲述世界经济的运行机制,包含世界经济发展的原动力、国际贸易与贸易自由化、跨国公司与生产国际化、资本流动与金融全球化;第三篇讲述世界经济发展不平衡及协调,包含世界不同类型国家的经济发展比较、世界经济发展中的资源约束与可持续发展、国际经济协调;第四篇考虑到中国经济取得的巨大成就及在世界经济发展中的重要作用,介绍了融入世界经济体系中的中国经济发展和中国发展对世界经济的贡献。四篇内容相互衔接,逻辑清晰,既包含了世界经济的基本内容,也增加了"逆全球化""一带一路""全球命运共同体"等新内容。

图书在版编目(CIP)数据

世界经济学/王三兴主编. —合肥:中国科学技术大学出版社,2021.4
ISBN 978-7-312-05022-0

Ⅰ. 世… Ⅱ. 王… Ⅲ. 世界经济学—高等学校—教材 Ⅳ. F11-0

中国版本图书馆 CIP 数据核字(2020)第 187321 号

世界经济学
SHIJIE JINGJI XUE

出版	中国科学技术大学出版社
	安徽省合肥市金寨路96号,230026
	http://press.ustc.edu.cn
	https://zgkxjsdxcbs.tmall.com
印刷	安徽省瑞隆印务有限公司
发行	中国科学技术大学出版社
经销	全国新华书店
开本	787 mm×1092 mm 1/16
印张	21.5
字数	523 千
版次	2021年4月第1版
印次	2021年4月第1次印刷
定价	58.00 元

总　序

随着经济全球化和科技革命的发展,国际服务贸易、跨境电商、跨国并购等贸易投资方式不断升级,多边主义受到冲击,国际金融市场震荡,全球贸易投资规则正面临重大变革。党的十九大报告提出"拓展对外贸易,培育贸易新业态、新模式,推进贸易强国建设""大幅度放宽市场准入,扩大服务业对外开放"。全球经济贸易和中国对外经济贸易的新发展对当前高校国际经济与贸易专业建设提出了新要求。

教材建设是高校专业建设的重要组成部分,更是一流专业建设和专业综合改革的落脚点与抓手。高校国际经济与贸易专业教材体系的改革和实践,要将教材建设与专业师资队伍建设、课程建设、实践教学建设等相融合,充分利用现代信息技术手段,建立微课、慕课等在线教学平台,逐步建设电子教材和纸质教材共享资源平台,实现多层次、连续性专业教材体系建设。要创新教材呈现方式和话语体系,实现理论体系向教材体系转化、教材体系向教学体系转化、知识体系向价值体系转化,使教材更加体现科学性、前沿性、针对性、实效性。

安徽省国际经济与贸易专业建设年会已连续举办七届,会议讨论内容涉及国际经济与贸易专业人才培养方案修订、专业综合教学改革、特色专业建设、前沿学术问题、教材建设等方面。年会分别由安徽省内高校相关院系承办,为安徽省国际经济与贸易专业的教学科研团队提供了一个良好的交流平台,同时展示了安徽省高校国际经济与贸易专业教学团队团结、合作的精神风貌。基于多年来安徽省国际经济与贸易专业建设研讨会成果,中国科学技术大学出版社陆续出版了国际经济与贸易专业系列教材。该系列教材自发行以来,受到国际经济与贸易专业教师和学生的好评。

本套规划教材是2017年安徽省高等学校省级质量工程项目"国际经济与贸易专业应用型本科系列教材"(2017ghjc120)建设成果,项目负责人为安徽财经大学冯德连教授。其中部分教材入选2018年安徽省高等学校省级质量工程一流教材建设项目。

本套规划教材有以下特点:

(1) 政治性和新颖性。深入学习领会习近平新时代中国特色社会主义思想和十九大报告精神,将新的研究成果带进课堂、融入教材。在原教材的基础上增加新时代中国特色社会主义经济的新思想、新观念、新趋势,增加国际经济与贸易学科和产业创新的新内容和新案例,突出新时代国际经济与贸易专业发展的新特色。力求准确阐述本学科先进理论与概念,充分吸收国内外前沿研究成果。

(2) 实践性和启发性。结合国际经济与贸易专业实践特点和专业人才培养要求,增加实践教学的内容比重,确保理论知识在专业实践中的应用。浓缩理论精华,突出理论、实践、创新三方面教学任务的相互协调,实现知识传授、能力训练和智慧启迪。充分发挥学生主动性,加强课堂师生的互动性,在课堂中让学生的主体性体现出来。贯彻素质教育思想,着力培养学生的学习能力、实践能力和创新能力。

(3)系统性。突出系列教材之间的有机协调。遵循国际经济与贸易发展的逻辑规律,并以之协调系列教材中各本教材之间的关系。各教材内容既相对独立又具有连贯性,彼此互为补充。

(4)规范性。编写体例上进一步完善和统一。各章都编写了"学习目的与要求"。每章节相关知识点关联之处设计"分析案例",使学生在轻松有趣的学习中,加深对相关知识、数据、实例和理论的理解和掌握。各章后设计有"思考题""思考案例""应用训练",检验学生学习效果。

(5)数字性。纸质教材与数字资源相结合,提供丰富的教学资源。本套教材通过二维码关联丰富的数字资源,为学生提供丰富的学习材料,同时为教师提供教学课件等教学资源。

本套规划教材整合安徽省各高校国际经济与贸易专业教学实践、教学改革的经验,是安徽各高校国际经济与贸易专业教师合作的成果。我们期望,该套规划教材能够帮助国际经济与贸易专业的老师和学生更好地开展教学和学习,并期待他们提出意见和建议,以便我们持续修订和改进。

冯德连
教育部高等学校经济与贸易类专业教学指导委员会委员
安徽财经大学副校长,二级教授,博士生导师
2019年8月

前　言

编者一直从事国际经济与贸易专业世界经济课程的教学，深感世界经济内容的纷繁复杂、博大精深，无论在集约边际或是扩展边际上都可以纵横四海，天马行空。正是如此，走上世界经济课程讲台时，总想用较少的时间去把这门课程的精髓传授给学生，而不是让学生感觉在重复国际贸易、国际金融、国际直接投资、世界经济地理等课程的内容。经过长时间的思考和对各种同类教材的比较、吸收，我们把本教材内容分为4篇12章。

第一篇为"世界经济的形成及演变"，按时间主线讲述世界经济的发展历程。包含3章：第一章介绍了世界经济的形成基础和发展阶段、世界经济格局的演变；第二章介绍了区域经济一体化的表现及对世界经济的影响；第三章介绍了经济全球化的原因、表现及近年来出现的"逆全球化"现象。

第二篇为"世界经济的运行机制"，讲述了世界经济的运行机制，由4章组成。第四章论述了科技革命对世界经济发展的根本性推动作用；第五章概括了国际贸易发展、国际贸易政策演变及贸易自由化等内容；第六章介绍了跨国公司、生产国际化与直接投资、垂直专业化生产与全球价值链等内容；第七章包括国际资本流动、国际货币体系、金融自由化与金融全球化、金融风险传递与国际金融监管等内容。

第三篇为"世界经济发展不平衡及协调"，讲述世界经济运行中存在的问题，由3章组成。第八章比较分析了发达国家与发展中国家以及转轨国家和地区的经济发展；第九章介绍了世界经济发展中的各种资源约束和可持续发展问题；第十章介绍了世界经济发展过程中协调的基础和作用、协调的组织形式、协调机制以及对国际经济新秩序的展望。

第四篇为"中国与世界经济"，此篇有别于已出版的大多数同类教材，阐述了中国经济取得的巨大成就及在世界经济发展中发挥的重要作用。第十一章介绍了中国融入世界经济体系的过程及取得的巨大成就。第十二章介绍了中国发展对世界经济发展的贡献以及近年来对全球经济治理的设想和行动。

四篇内容相互衔接，逻辑清晰，既包含了世界经济的基本内容，也增加了"逆全球化""一带一路""全球命运共同体"等新内容。为了与现实更接近，每章都设有导入案例、分析案例、思考案例和应用训练，吸收了大量新鲜的素材，可供分析、讨论、思考和研究。每章内容前有知识结构图和学习目标，每章末安排有内容提要、关键词和复习思考题，供读者自主学习使用。编写过程中力求理论与实践相结合，基础与前沿相结合，努力做到学科交叉、专业互融,拓展学生的全球视野,使其树立大局意识。

本书由王三兴教授主编,王珊珊、邵海燕、宋然任副主编。具体编写分工如下:第一章由安徽外国语学院陈博洋老师负责,第二、三章由安徽大学邵海燕老师负责,第四章由安徽大学王三兴、吕孝能老师负责,第五章由安徽三联学院宋然老师负责,第六、七章由安徽大学王珊珊老师负责,第八章由安徽外国语学院陈炘烨老师负责,第九章由安徽三联学院代芃老师负责,第十章由安徽大学孟静老师负责,第十一章由滁州学院韩慧霞老师负责,第十二章由安徽大学王三兴、吕孝能老师负责。安徽大学研究生汪莹、李惠玉、韩朝青、陈甜甜4位同学参与了第四章的编写,并且提供了资料搜集、数据整理的服务。汪莹同学还对全书格式进行了统一编排和查错补漏。特别感谢安徽财经大学的冯德连教授和中国科学技术大学出版社的编辑老师提供的指导与帮助。

世界经济是在国际分工和世界市场基础上通过国际贸易、资本流动、人员来往、货币交易等多种渠道相互联系、相互依存、相互渗透的有机整体,也是市场机制在全球范围内不断深化和扩展、各国经济交互作用的过程,虽然世界经济运行有内在的规律,但科技革命、自然灾害、世界战争、经济危机等难以预测的外部冲击都会导致世界经济发生重大变化,并不断涌现出新的世界经济难题。如世界各国经济还没有完全走出2008年美国金融危机的阴霾,全球新冠病毒的暴发再一次将世界经济拖入萧条之中,新冠疫情过后的世界经济发展格局充满了变数。尽管我们努力展现世界经济的主要现象和内在规律,但难免挂一漏万。书中错误与不妥之处,敬请批评指正,后期将会不断完善修订。

编 者
2020 年 10 月

目　　录

总序 ·· (ⅰ)

前言 ·· (ⅲ)

第一篇　世界经济的形成及演变

第一章　世界经济的形成 ·· (2)
第一节　国际分工和世界市场 ··· (3)
第二节　世界经济的形成与发展 ·· (15)
第三节　世界经济的发展趋势 ··· (21)

第二章　区域经济一体化 ·· (29)
第一节　区域经济一体化概述 ··· (30)
第二节　区域经济一体化的表现 ·· (38)
第三节　区域经济一体化对世界经济的影响 ··· (46)

第三章　经济全球化和逆全球化 ·· (51)
第一节　经济全球化及其表现 ··· (52)
第二节　经济全球化对世界经济的影响 ··· (58)
第三节　经济逆全球化及其原因 ·· (63)

第二篇　世界经济的运行机制

第四章　世界经济发展根本动力——科技革命 ·· (68)
第一节　科技革命发展历程 ·· (69)
第二节　科技革命与世界经济 ··· (78)
第三节　科技革命趋势及对世界经济的影响 ··· (84)

第五章　国际贸易与贸易自由化 ·· (95)
第一节　国际贸易的产生与发展 ·· (96)
第二节　国际贸易理论与政策 ··· (101)
第三节　贸易自由化及对世界经济的影响 ·· (112)

第六章　跨国公司与生产国际化 ·· (125)
第一节　跨国公司 ··· (126)

第二节　生产国际化与国际直接投资 ·· (133)
第三节　垂直专业化生产与全球价值链 ·· (139)

第七章　资本流动与金融全球化 ·· (146)
第一节　资本流动 ·· (147)
第二节　国际货币体系 ·· (152)
第三节　金融自由化与金融全球化 ·· (157)
第四节　金融风险传递与国际金融监管 ·· (163)

第三篇　世界经济发展不平衡及协调

第八章　世界不同类型国家的经济发展比较 ·· (174)
第一节　发达国家与发展中国家经济发展概况 ······································ (175)
第二节　发达与发展中国家经济发展比较 ·· (185)
第三节　苏联和东欧国家的经济发展与转轨 ·· (192)

第九章　世界经济发展中的资源约束与可持续发展 ···························· (219)
第一节　世界经济发展中的资源约束 ·· (221)
第二节　世界经济可持续发展 ·· (233)

第十章　国际经济协调 ·· (249)
第一节　国际经济协调的基础与作用 ·· (250)
第二节　国际经济协调的组织形式 ·· (258)
第三节　国际经济协调机制的调整与发展 ·· (267)
第四节　国际经济协调与国际经济新秩序 ·· (271)

第四篇　中国与世界经济

第十一章　融入世界经济体系中的中国经济发展 ································ (280)
第一节　改革开放让中国融入世界经济体系 ·· (281)
第二节　中国在融入世界经济体系中取得的成就 ·································· (287)
第三节　世界经济调整中的中国发展战略转变 ······································ (293)

第十二章　中国发展对世界经济的贡献 ·· (299)
第一节　为世界经济发展贡献中国动力 ·· (300)
第二节　为全球经济治理贡献中国方案 ·· (313)

参考文献 ··· (332)

第一篇
世界经济的形成及演变

　　世界经济是一个历史范畴,是人类社会发展到一定历史阶段形成的世界范围内经济活动的有机整体。世界经济是在国际分工和世界市场的基础上发展起来的,它经历了15世纪至17世纪的萌芽、17世纪至18世纪的初步形成、19世纪末20世纪初的最终形成、20世纪上半叶的动荡和反复、20世纪后半叶至21世纪初的区域经济一体化和经济全球化等多个阶段。国际分工是世界经济运行的基础,各国国民经济之所以能够组成完整的世界经济,国际分工提供了一个基础性的条件。世界市场是世界各国和各地区商品及各种生产要素交换的场所,是世界范围内通过国际分工联系起来的各个国家内部以及各国之间的市场组成的综合体。世界市场是在各国国内市场的基础上形成的,是联系各国商品和要素流通领域的纽带,但它并不是各国国内市场的简单加总。世界经济从萌芽至今,格局持续不断的演变。世界经济格局指在一定的历史时期内,国际社会中各个国家或国家集团在世界经济领域中相互联系、相互作用而形成的一种相对稳定的结构和态势,其核心是在特定历史时期内,各主要国家或国家集团经济实力的对比和支配世界经济能力的再分配。特定世界经济格局时期的世界经济中心,指在世界经济发展和运行中具有核心地位和起领导作用的国家或国家集团。在不平衡规律的作用下,各主要国家或国家集团的经济实力对比总是会发生变化,当这种变化积累到一定程度时,它们对世界经济的控制能力就会发生改变,从而导致世界经济中心和格局的演变。20世纪90年代后,作为世界经济发展到一定阶段的形式,区域经济一体化和经济全球化得到了快速发展。

第一章　世界经济的形成

本章结构图

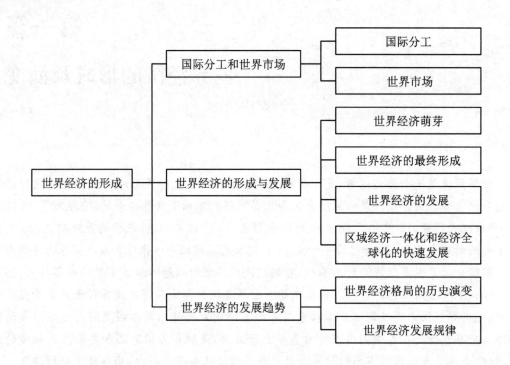

第一篇 世界经济的形成及演变

第一章 世界经济的形成

学习目标

通过本章学习,理解国际分工和世界市场的含义,了解两者的形成与发展过程,了解世界经济的形成及发展历程,了解世界经济格局的演变。

导入案例

世界经济的初步形成

世界经济是人类社会发展到资本主义阶段后形成和发展起来的,是国际经济关系的最初形式,是国际间的商品交换。早在14世纪至15世纪,地中海沿岸的一些国家出现了资本主义的萌芽,国际间的商品交换较以前频繁。16世纪至18世纪中期,随着资本主义的发展、地理大发现、殖民地的开拓和资本原始积累的进行,国际商品交换进一步发展,并出现了国际分工的萌芽。18世纪中叶至19世纪70年代,欧美发达国家先后完成了产业革命。随着资本主义生产方式的确立,机器大工业的出现,一国国内的生产和市场已无法满足经济发展需要。一些先进国家迫切需要到海外去寻找销售市场、原料和生产资料来源。而这时,交通运输业的大发展促进了国际间的经济交流。因此,形成先进国家向落后国家大量销售工业品,落后国家的自然经济逐渐被打破,变成先进国家向落后国家倾销工业品的市场和原料、粮食、劳动力基地的格局。原来一国内部工业与农业之间的分工和对立,开始转化为世界范围内以先进技术为基础的工业国与以自然条件为基础的农业国之间的国际分工和对立。由于不同经济发展水平的国家和地区都卷入了国际分工的范围,通过国际商品交换,各国经济开始逐步成为一个整体,世界经济初步形成。

第一节 国际分工和世界市场

一、国际分工

国际分工是世界经济运行的基础,各国国民经济之所以能够组成完整的世界经济,是因为国际分工提供了一个基础性的条件。

(一)国际分工的内涵和影响因素

国际分工就是跨国界的劳动分工,它是社会生产力发展到一定阶段的产物。社会分工—地区分工—国际分工是随着社会生产力的发展而不断向前推进的。布哈林指出:"除了其他形式的社会分工,还存在着一种各'国民经济'之间的分工,或者说各国家之间的分工。这种超越国民经济疆界的分工,就是国际分工。"

国际分工的产生和发展受到多种因素的影响。根据生产力发展水平的不同,国际分工所受到的具体的制约因素也不相同,但各个时期影响国际分工的主要因素大体可分为两类:各国的自然要素禀赋和社会经济条件。其中社会经济条件是起决定作用的。自然要素禀赋包括一国的自然资源、气候、领土、人口等，是国际分工的一个重要条件。以亨廷顿为代表的地理环境决定论以及赫克歇尔、俄林的要素禀赋论等都强调自然要素禀赋对国际分工的作用。自然要素禀赋对经济发展水平较低的国家以及早期的国际分工有着较大的影响。随着全球科技水平的提高以及生产力的不断发展，自然要素禀赋对国际分工的影响已经越来越小。社会经济条件主要包括一个国家的科学技术、生产力发展水平、社会经济体制、国内市场运行机制等，直接决定了各国在当今世界市场上的地位。从经济发展史的角度看，对国际分工形成和发展产生重大影响的主要历史事件是地理大发现、工业革命和殖民掠夺与扩张。

（二）国际分工的分类

1. 按生产技术水平分工

按参加国际分工经济体的生产技术水平和工业发展情况的差异来分类，可划分为垂直型国际分工、水平型国际分工、混合型国际分工3种国际分工形式。

（1）垂直型国际分工是指经济技术发展水平相差较大的经济体之间的分工。垂直分工是水平分工的对称形式。它分为两种，一种指部分国家供给初级原料，而另一部分国家供给制成品的分工形态，如发展中国家生产初级产品，发达国家生产工业制成品，这是不同国家在不同产业间的垂直分工。一种产品从原料到制成品，需经多次加工。经济越发达，分工越细密，产品越复杂，工业化程度越高，产品加工的次序就越多。加工又分为初步加工（粗加工）和深加工（精加工）。只经过初加工的为初级产品，经过多次深加工最后成为制成品。初级产品与制成品这两类产业的生产过程构成垂直联系，彼此互为市场。另一种指同一产业内技术密集程度较高的产品与技术密集程度较低的产品之间的分工，或同一产品的生产过程中技术密集程度较高的工序与技术密集程度较低的工序之间的分工，这是相同产业内部因技术差距引致的分工。

（2）水平型国际分工是指经济发展水平相同或接近的国家（如发达国家以及一部分新兴工业化国家）之间在工业制成品生产上的分工。当代发达国家的相互贸易主要是建立在水平型分工的基础上的。水平分工可分为产业内水平分工与产业间水平分工。前者又称为差异产品分工，指同一产业内不同厂商生产的产品虽有相同或相近的技术程度，但其外观设计、内在质量、规格、品种、商标、牌号或价格有所差异，从而产生的分工和相互交换，反映了寡头企业的竞争和消费者偏好的多样化。随着科学技术和经济的发展，工业部门内部专业化生产程度越来越高。部门内部的分工、产品零部件的分工、各种加工工艺间的分工越来越细。这种部门内水平分工不仅存在于国内，而且广泛地存在于国与国之间。后者指不同产业所生产的制成品之间的分工和贸易。由于发达资本主义国家的工业发展有先有后，侧重的工业部门有所不同，各国技术水平和发展状况存在差别。因此，各类工业部门生产方面的分工日趋重要。各国以其重点工业部门的产品去换取非重点工业部门的产品。工业制成品生产之间的分工不断向纵深发展，由此形成水平型分工。

（3）混合型国际分工即垂直型和水平型混合起来的国际分工。从一个国家来看，它在国际分工体系中既参与垂直型国际分工，也参与水平型国际分工。例如，德国是混合型国际分工的代表，它对发展中国家是垂直型的，而对其他发达国家是水平型的。

2. 按产业差异分工

按照分工是在产业之间还是产业内部,则包括产业间国际分工和产业内国际分工。

(1) 产业间国际分工指不同国家或地区产业部门之间生产的分工专业化。也可以更进一步地理解为劳动密集型工业、资本密集型重化工业以及技术密集型工业不同产业之间的分工。

(2) 产业内国际分工指在同一产业内产品的差别化分工和产品生产工序中的分工,即中间产品与组装成品的分工。一般来说,技术含量高的关键部件和组装成品由发达国家的企业控制,大量的一般元器件由发展中国家的企业生产。而产业内部分工主要有以下三种表现形式:

第一,同类产品不同型号规格专业化分工。在某些部门内某种规格产品的生产专业化,是部门内分工的表现形式。

第二,零部件专业化分工。许多国家为其他国家生产最终产品而生产的配件、部件或零件的专业化。这种生产专业化在许多种产品的生产中广泛发展,特别体现在我国。中国自20世纪80年代以来通过国际直接投资(FDI)实现了引进资本和成熟技术与国内廉价劳动力的结合,成为世界的劳动密集型产品生产中心和OEM制造中心。在这样的产品内分工体系中,中国承担着产品生产工序的最后一个环节——加工组装,然后向全球出口产品。

第三,工艺过程专业化分工。这种专业化过程不是生产成品而是专门完成某种产品的工艺,即在完成某些工序方面的专业化分工。以化学产品为例,某些工厂专门生产半制成品,然后将其运输到一些国家的化学工厂去制造各种化学制成品。

总之,国际经济分工可进行如下分类:① 国家间工农业生产的分工;② 国家部门间的分工,即分工处于部门一级上,主要是工业内部门间分工;③ 国家间部门内分工,表现为产品、零部件生产和工艺的专业化分工。

(三) 国际分工的形成与发展

真正意义上的国际分工的出现是在第一次科技革命后。第一次科技革命之前,只存在因各国和各地区的地理、民族传统以及国民经济特点的差异而导致的地域分工和社会分工。尽管地理大发现之后,贸易的区域及规模有所扩大,同时由于西欧国家倚仗其强大的国力,对广大亚、非、拉国家和地区进行殖民侵略,强行将这些国家和地区转变成自己的经济附庸,纳入自己的分工体系中。但是,这种国家间的经济往来仅仅是在暴力压迫下所构成的宗主国与殖民地之间的分工,从根本上说不能算是一种真正意义上的国际分工,充其量只能算作当时某些发达国家的一种经济掠夺,或是这些国家国内经济向国际范围的延伸。

1. 国际分工的初步形成阶段(18世纪60年代至19世纪60年代)

国际分工形成阶段的起点是18世纪60年代爆发的以蒸汽机的发明为标志的工业革命(第一次科技革命)。此次革命首先爆发于英国,随后又逐渐蔓延到法国、德国、美国以及西欧其他的一些国家,其最突出的表现是涌现一系列重大的技术革新与发明。其中,棉纺织业、机械制造业以及交通运输业的发展最为显著。在这次革命中,由于各项机械的不断改良及广泛应用,英国和其他欧美发达国家率先从手工工具时代过渡到大机器时代,从而使生产力和生产规模得到了前所未有的发展,为国际分工奠定了物质基础。工业革命使工业和农业相分离,使工业成为独立的生产部门,并且在工业内部分工也不断地细化。科学技术的飞速发展和分工规模的不断扩大,使得英、法等发达国家的分工不断向国际范围扩展,从而逐渐形成了一种同机器大生产相适应的国际分工体系。正如马克思所说:"由于机器和蒸汽的应用,分工的规模已使大工业脱离了本国基地,完全依赖于世界市场、国际交换和国际分工。"

工业革命从供给和需求两方面推动了生产的向外扩张,促进了世界市场的发展。它一方面使物质生产规模迅速地扩大,使得本国的市场趋于饱和,需要寻找新的产品销售市场;另一方面,机器大工业生产需要更多的原料、燃料,国内原材料已不能完全满足供给的需求,需要到国外去开辟新的原料供应地。为了适应机器大工业的产品在国际交换中的大规模长途运输的要求,交通运输业也发生了革命性的变革,各种新的交通工具的发明不断地涌现。这些都加快了英、法等国的向外扩张,从而使整个世界都被纳入了以英国为中心的国际分工体系。

由此可见,第一次科技革命的爆发,推动了社会生产力的发展,标志着资本主义经济体系和生产方式的确立,它加快了商品经济的推广、社会分工的发展,也促进了国际分工的形成。

2. 国际分工的快速发展阶段(19世纪中叶至第二次世界大战结束)

19世纪70年代到第二次世界大战结束是国际分工的快速发展阶段。在这一时期爆发了以电力和内燃机的广泛应用为标志的第二次科技革命,社会生产力再一次获得了飞速的发展。在第一次科技革命中,机器主要应用于棉纺织业等轻工业部门,而第二次科技革命推动了电力、汽车制造、钢铁、石化等重工业的发展,各主要资本主义国家也将发展的重点由轻工业部门转向重工业部门。由于工业技术的巨大进步和生产力的迅速发展,资本主义自由竞争导致了资本的集中从而最终由自由资本主义过渡到垄断资本主义。

第二次科技革命使世界财富迅速增加,一些主要的发达国家出现了资本的相对过剩,它们在继续争夺原材料产地和产品销售市场的同时,加大了对殖民地和半殖民地的资本投入,资本输出逐渐取代商品输出,成为主要的国际输出方式,资本国际化得到了迅速的发展,形成了一个囊括全球的资本主义世界经济体系,由此形成了一个由西方发达国家为中心的资本主义国际分工体系。宗主国和殖民地之间的工业与农业的产业间分工进一步深化,同时还伴随着产业内部的分工,这也直接导致了亚、非、拉国家和地区的经济变为畸形的、片面的单一经济,如表1-1所示。

表1-1　1950~1976年部分发展中国家出口初级产品的单一程度(%)

国　家	出口初级产品	1950年	1960年	1970年	1973年	1976年
伊朗	石油	89.6	85.7	89.9	91.8	97.4
马来西亚	橡胶、锡	67.1	69.1	53.0	46.2	34.4
利比亚	石油	NA	51.0	99.9	99.6	NA

续表

国　家	出口初级产品	1950 年	1960 年	1970 年	1973 年	1976 年
冈比亚	花生制品	NA	73.2	62.5	32.8	NA
巴西	咖啡、棉花	77.3	65.2	42.8	25.0	32.0
智利	铜、硝石	NA	75.7	69.3	85.2	62.3

注：NA 为数据不可得。

资料来源：《国外经济统计资料》(1949—1976)，中国财政经济出版社 1979 年版。

发展不平衡是资本主义发展的绝对规律。在第二次科技革命的推动下，美国、德国迅速发展壮大，在经济上很快超过了老牌的帝国主义国家英国、法国，同时日本、俄国、意大利也在迅速地崛起。后起的帝国主义国家对既定的以英国和法国为中心的国际政治经济秩序日益不满，要求重新瓜分世界领土和市场。这使帝国主义国家之间的矛盾日益激化。这一矛盾表现为帝国主义之间不断的贸易战、投资战和各种殖民地争夺战，最终导致了两次世界大战的爆发。这一切使得世界经济遭到极大的破坏，资本主义经济体系迅速破裂，国际分工也因此停滞中断。

3. 国际分工的深化发展阶段（第二次世界大战后至 20 世纪 90 年代）

在第二次世界大战之后，出现了以原子能、电子计算机和空间科学技术的应用为标志的第三次科技革命，社会生活也由此进入原子时代、电子时代，社会物质生产各领域的面貌为之一新。世界经济迅速进入了复苏阶段，国际分工在原有的基础上进一步深化、细化，主要体现在以下几个方面：

（1）以自然资源为基础的垂直型分工的地位不断下降，取而代之的是制造业内部的水平型分工。在二战前，工业品生产国与农业或初级产品生产国之间的分工，主要是建立在自然资源差异的基础上，制造业的分工也仅限于各国不同产业部门之间的分工。而二战后制造业分工的深化，使各国的产业、部门之间的分工深入到部门内部，发展为不同产品、同一产品的不同零部件，甚至不同工艺工序过程的生产专业化。

（2）二战后跨国公司迅速发展，企业内部分工逐渐成为一种主要的国际分工形式。在二战前，国际分工通常意味着不同国家专门从事某种产品或零部件的生产。二战后，由于第三次科技革命与前两次科技革命相比，涉及范围广泛得多，所需资本也更庞大，加上各国各地原有自然条件和经济基础的差异，使得科学技术的研究和应用在各国和各地区间极不平衡地发展，再加上跨国公司的全球战略，国际分工更多地表现为大企业或企业集团根据不同国家的生产要素优势或资源优势，将自己产品的不同生产环节或工序安排在不同国家进行，以追求生产要素或资源的综合优势，结果使国际分工成为企业内的生产分工或劳动分工。

（3）国际分工在不断深化的同时，也表现出不完全化的趋势。在二战前，国际分工主要表现为帝国主义国家同殖民地、半殖民地国家之间的强制性的完全专业化分工。二战后，由于殖民地、半殖民地国家民族独立运动的兴起，帝国主义的殖民体系彻底瓦解了，旧的国际分工难以为继。经济落后的国家为了振兴本国经济，摆脱在国际分工中的不利地位，大力保护和发展民族工业，走工业化道路。而发达国家出于自身发展战略的考虑，在保持原有优势的同时,也对一些初级产业进行扶持,使之得到较快的发展。因此,国际分工在不断深化的同时非但没有朝着绝对专业化的方向发展,各个国家的部门或行业跨度反而增大了。

(4) 出现了第三产业与第一、第二产业之间分工的发展趋势。第三产业的形成由来已久,但是直到20世纪60年代才成为国际分工的一个重要组成部分。发达国家在发展中国家逐渐向工业化方向迈进的同时,已经将生产重心逐渐转移到高新技术产业和以服务业为主的第三产业,呈现出后工业化社会的某些特点。两类国家产业结构升级的进程明显不同,表现出某种梯度,这就为产业结构的国际重组提供了条件。一些传统产业,如钢铁、化工、机械制造等逐渐从发达国家向发展中国家转移。

4. 国际分工发展的新趋势

由于科技革命的推动,20世纪90年代以来国际分工又表现出一些新的特点:国际分工的形式从19世纪中后期形成的以制成品生产为基础的生产部门专业化发展到二战结束后的产品生产的专业化,到现在以零部件生产分工和工序分工为主的中间产品生产的分工,甚至是产品设计与制造的分工的专业化格局,即按生产要素为界限而建立起的新的国际分工形式。

随着科学技术在社会经济领域中的不断渗透,科技因素已成为生产要素中的决定性因素。从某种意义上讲,当代国际生产的专业化分工很大程度上就是由科技专业化领域的国际分工所决定的。根据美国1991年的资料,美国、欧洲和日本三大世界主要科学技术成果产生地区之间存在着明显的专业化水平型国际分工,而相对于世界上其他国家,它们又几乎垄断了各个领域的高新科学技术,如表1-2所示。因此,世界上的大多数国家,尤其是发展中国家只能从事低端的生产加工,在国际分工中处于极为不利的地位。

表1-2 美、日、欧在全球高技术制成品市场上所占的份额(%)

领　域	美国	日本	欧洲
高技术制成品	32.9	29.2	31.4
工业用化学品	32.5	14.1	50.4
药品与医疗用品	29.2	20.3	47.5
发动机与涡轮机	34.9	15.3	49.6
办公自动化与计算机	34.8	37.5	21.8
无线电、电视与通信	30.6	42.0	25.9
飞机	55.9	3.6	37.7
科学仪器	53.4	15.4	30.5

资料来源:美国全国科学基金会年度报告,1991年。

(四) 国际分工对世界经济的影响

国际分工是社会历史发展的必然趋势,它随着世界经济的发展而逐渐深化,反过来对世界经济的形成和发展又有着强力的推动作用。国际分工一方面能够提高世界各国经济发展的效率,促进国际贸易的发展,使世界各国发挥自身的比较优势,扩大生产可能性曲线,对世界经济的发展有积极的促进作用。但另一方面,国际分工从产生之初就是由发达国家推动和主导的,广大发展中国家在廉价商品和各种超经济强制手段的压力下,被迫参与到国际分工体系之中,接受由发达国家制定的各种规则,这使得国际分工从一开始就体现着不平等性。尽管世界各地的殖民地、半殖民地先后获得独立,然而这些国家在经济上的独立性却要滞后得多。这主要是由于现行的国际经济秩序仍然是由发达国家主导,发展中国家对发达国家经济上的依附并未消除,在国际分工中仍然处于不利地位。大多数发展中国家与发达国家的经济差距并未缩小,反而进一步扩大,部分极不发达的国家甚至被边缘化,长期以来经济处于停滞状态。二战结束以后,发达国家出口的工业制成品价格指数从1950年的100上升到1973年的202。与此同时,发展中国家出口的初级产品价格指数却仅从100上升到157,大大低于前者。归纳起来,国际分工从总体上推动了世界经济的发展,但是由于旧的国际经济秩序,由国际分工所产生的经济利益在参与国之间的分配往往是不平等的。

资料链接

20世纪90年代的汽车生产国际分工

韩国生产的庞迪亚克·莱曼牌汽车于1989年由联邦德国设计,零部件来自7个国家。其中,韩国生产1.6升发动机、制动器零件、轮胎、电气配线、手动驱动桥、车身外壳部件、后轴零件、挡风玻璃和电池等;美国生产传动装置和自动驱动桥、燃油泵、燃油喷射系统、后轴零件和转向系统零件;加拿大生产传动零件;澳大利亚生产2.0升发动机;法国生产手动驱动桥;日本生产金属板;新加坡生产无线电装置;最后在韩国装配成车,运销世界各地。我们已经无法单纯从一个国家的进出口商品来判断这个国家在国际分工中的地位。在全球化经济的背景下,许多发展中国家仅仅是依靠国内廉价的劳动力优势对产品进行最后的组装,赚取极为微薄的加工费,而真正赚取高额利润的却是那些拥有核心技术、专利品牌、营销渠道的发达国家。

二、世界市场

(一)世界市场的含义

世界市场是世界各国和各地区商品及各种生产要素交换的场所,是世界范围内通过国际分工联系起来的各个国家内部以及各国之间的市场组成的综合体。世界市场是在各国国内市场的基础上形成的,是联系各国商品和要素流通领域的纽带,但它并不是各国国内市场的简单加总。原因主要有两点:① 世界市场仅包括各国国内市场进入国际交换的部分,而一国生产要素的交换总是有相当一部分局限在国内并没进入世界市场;② 各国的国内市场是一个国家内部交换关系的反映,是国内交换的场所或领域,而世界市场则是超越国家界限的生产要素交换场所或领域。正因如此,国内市场要受到每个国家的政治制度和经济制度的制约和影响,而世界市场则主要受国际政治经济关系的制约和影响。

(二) 世界市场的形成与发展

1. 世界市场的萌芽时期（16世纪至18世纪60年代）

世界市场的形成是一个由区域性国际市场逐渐扩大完善，最终形成统一的世界市场的过程。早在中古时期，人类社会就有了区域性的国际贸易。不过那时候由于生产力低下，各国主要是以自给自足的国内经济为主，再加上落后的交通工具，只能在相邻的国家之间进行少量的国际贸易。15世纪，一些较为发达的国家或城市为中心形成了一些区域性世界市场，如欧洲的地中海贸易区、波罗的海贸易区、汉萨同盟、不列颠贸易区等。这些区域性国际市场为世界市场的形成提供了基础。

到了15世纪末16世纪初，西欧封建贵族出于对贵金属的渴求，欧洲国家，尤其是非地中海沿岸的西欧国家积极地进行海外探险，以求寻找到一条新的航线。这个时候欧洲的天文学和航海技术已经有了很大的发展，"地圆学说"已经逐渐被人们所接受，中国的罗盘已经传入西欧并得到了广泛的应用，西班牙和葡萄牙等国的造船技术也达到了较高的水平，这些都让远航成为可能。

终于，通过许许多多航海家的不懈努力，西欧各国不仅开辟了通往东方的新航路，还发现了美洲大陆，人们把这一时期大规模的海外探险所获得的发现称为"地理大发现"。

马克思和恩格斯在1848年2月出版的《共产党宣言》中指出："美洲的发现，绕过非洲的航行，给新兴的资产阶级开辟了新的活动场所。东印度和中国的市场、美洲的殖民化、对殖民地的贸易、交换手段和一般的商品增加，使商业、航海业和工业空前高涨。"地理大发现使得世界各国的联系更加紧密，贸易往来也更加频繁。国际贸易地域上的扩大和商品种类的增加，引起了西欧商业的革命性变化，促进了以分工为特征的工场手工业的发展。从16世纪开始，西欧的封建制国家大力推行重商主义政策，积极鼓励发展航海业和对外贸易，促进了为出口而生产的国际分工的形成。

在这一时期，资本主义的生产方式在英国、荷兰、法国等国家逐步建立，资产阶级的地位不断上升。资本主义的生产方式有着强烈的扩张性，而资本原始积累的需求与一国国内资源和市场相对有限构成了矛盾，这一矛盾最终导致了这些国家疯狂地向外扩张。于是，西欧各商业强国纷纷在亚洲、非洲、拉丁美洲地区争夺殖民地，建立起以殖民经济为特征的早期的资本主义专业化生产，把原来只具有区域色彩的国际分工逐渐扩展到世界各地。

欧洲的殖民政策打破了原有的相对封闭的各区域性国际市场，建立在区域性市场内部的分工开始服从于以欧洲为核心的国际分工体系，世界形成了以欧洲为中心的早期统一市场。由于商品贸易更多地服从于宗主国的意志，而不是以国际价值为核心的国际价格机制，因此这个市场带有强烈的不公平性质。但它是人类历史上第一次通过贸易这一渠道把世界各国联系起来了。

2. 世界市场的初步形成时期（18世纪60年代至19世纪70年代）

世界市场的初步形成开始于18世纪60年代末，结束于19世纪70年代初。从18世纪70年代到19世纪初，欧洲主要资本主义国家以及美国都先后完成了产业革命，建立了机器大工业，从而使资本主义的生产体系得到不断的巩固和完善。随着国际分工的细化，交换的逐渐频繁化,世界市场也得以不断扩展。从某种程度上,世界市场的形成和发展与国际分工的形成和发展基本上是同步的。

世界市场形成需要具备一定的基础条件,主要包括:

(1) 国际分工体系的建立。国际分工是世界经济运行的基础,是世界市场形成和发展的先决条件。国际分工体系的建立,将原本独立分散的各国国民经济有机地结合起来,使得国家之间的经济交往日益密切。19世纪60年代,伴随着资本主义国际分工体系的形成,世界市场也同时建立起来。

(2) 资本主义生产方式的确立。资本主义生产方式从两个方面推动了世界市场的形成。一方面,资本家对最大化利润的追逐以及面临巨大的竞争压力,使得资本主义生产本身就有不断向外扩张的动力;另一方面,资本主义生产方式本身所固有的内在矛盾也使得其不断地开拓国外市场,将矛盾转嫁给其他国家。所以,资本主义生产方式的确立是世界市场形成的内在动力。

(3) 机器大工业体系的建立。通过工业革命建立起来的机器大工业生产从对产品销售市场和原料供应来源两个方面的需求把商品交换关系推向整个世界市场,同时由于大工业的建立所带来的交通工具的变革,进一步扩大了国际经济往来的规模。因此,机器大工业体系的建立为世界市场的形成准备了必要的物质基础。

科技革命对世界市场的形成起着决定性的作用,最明显地表现在两个方面:

首先,世界市场的商品结构发生了变化。早期的世界市场在重商主义的指导下,奢侈消费品和金银等贵金属始终占据着主导地位,商人和手工场主原始积累的主要手段也是依靠从海外掠夺金银。由于早期手工工场生产能力有限,难以形成规模经济,因此难以对殖民地自给自足的自然经济形成冲击。工业革命的发生使欧洲生产出大量成本低廉的工业制成品,如纺织品、金属制品和机器等。这些产品的出口彻底瓦解了殖民地自给自足的自然经济。例如,1814~1835年英国输往印度的棉纺织品从818万码[①]猛增至5177万码。而在此之前,印度一直是世界上最重要的纺织品输出国。与此相对应的,从殖民地输往欧洲宗主国的商品也发生了变化,由以满足贵族消费的奢侈品为主转向以工业制成品所需要的大宗原材料和燃料产品为主。以原材料最大的进口国英国为例,1771~1775年,平均每年进口棉花0.23万吨左右,到1869年增至55.5万吨,增长了241倍。工业制成品以及与工业制成品相关的原材料商品结构的确立,成为统一的世界市场形成的一个重要标志。

其次,世界市场的价格机制也发生了重大的变化。早期世界市场的贸易表现为宗主国通过战争以及不平等条约对殖民地的掠夺。商品的国际交换价格不是取决于商品的价值和供求关系,而是取决于宗主国的意志。这是一种典型的不平等交换机制,它不可能支持世界市场长期稳定的扩展。科技革命发生后,欧洲由于其工业制成品实现了规模生产,成本大幅度降低;殖民地的不断反抗也使得原来那种靠使用武力拓展市场的交易成本急剧上升。因此,在这一时期的世界市场中,逐步形成了以国际价格为核心的等价交换机制。等价交换机制的确立,标志着世界市场进入了一个有序的发展轨道。当然,等价交换并不等同于平等交换。由于对产品的需求弹性存在差异等原因,在世界市场上工业制成品的价格形成机制相

---

① 1码合0.9144米。

对于原材料价格的决定往往更为有利,因而在统一的世界市场中仍然存在着大量的不平等交易现象。

3. 世界市场的最终形成(19 世纪 70 年代至 20 世纪初)

这个时期开始于 19 世纪 70 年代,结束于 20 世纪初。在这段时间,垄断代替了自由竞争。第二次科技革命的爆发,资本输出的加强,国际分工的进一步发展,形成了统一的无所不包的世界市场。

(三)统一世界市场形成的标志

1. 多边贸易、多边支付体系的形成

国际分工的发展、世界市场的扩大使各个国家的国际收支平衡不再单纯依靠同其它国家的双边贸易中均保持收支平衡,而是以对所有贸易伙伴国的综合平衡为基础。当时的英国,一方面从西欧大陆和北美的新兴工业国家进口大批的工业品,另一方面又为经济欠发达国家提供大量的工业制成品,因此,英国就用从不发达国家的贸易顺差中取得的收入弥补英国对发达国家的贸易逆差,从而成为多边支付体系的中心。这个体系为所有贸易伙伴国提供购买货物的支付手段,同时使国际债权债务的清偿和股息红利的支付顺利完成,利于资本输出和国际短期资金的流动。该体系的形成,反映了世界市场上市场机制的逐渐完善。

2. 国际金本位制度的确立与世界货币的形成

世界市场的发展与世界货币职能的发挥实际上是紧密结合在一起的,只有在世界市场充分发展以后,作为世界货币的黄金才能充分地发挥其调节作用。国际金本位制是在英国、拉丁货币联盟(包括法国、比利时、意大利、瑞士)、荷兰、部分北欧国家以及德国和美国实行国内金本位的基础上于 19 世纪 80 年代形成的,盛行了约 30 年,至第一次世界大战爆发时崩溃。金本位制的内在自动调节机制使得各国货币的汇率以及价格水平在一段时期内保持相对的稳定,而黄金作为这一时期统一的世界货币大大地降低了各个国家贸易往来的交易成本,这就为国际贸易和国际资本的输出创造了有利的条件,并且加强了价值规律在世界市场上的作用。

3. 统一的国际贸易法律和贸易惯例的产生

随着世界各国之间贸易往来的日渐频繁,贸易摩擦和冲突也在不断地加剧,这就催发了各种国际贸易法律和惯例的产生,如 1883 年在巴黎签订的《关于保护工业产权的巴黎公约》、1886 年在伯尔尼签订的《保护文学艺术作品伯尔尼公约》、1891 年在马德里缔结的《商标国际注册的马德里协定》等,体现了世界市场经济秩序的完善。

4. 较为健全固定的销售渠道的建立

各种有固定组织形式的市场,如商品交易所、国际拍卖会、国际招标与投标市场、国际博览会等陆续建立;航运、保险、银行等各种专业机构逐渐建立并健全;较为固定的航线、港口及码头机构建立了起来。这一切都把世界市场有机地结合在一起。

5. 资本主义经济规律占据主导地位

资本主义的各种经济规律,如价值规律、个体生产的有序性与整个社会生产的无政府状态的矛盾规律等制约着世界市场的发展。资本主义所固有的各种经济规律已经越来越明显地表现在世界市场上,各国的经济运行周期也逐渐地趋于一致,这反映了各国国民经济已经被世界市场紧密地联系在一起了。

(四)二战后世界市场的发展特征

二战后,随着第三次科技革命的兴起,世界政治经济形势发生了巨大的变化,世界市场的发展也随之出现了一些新的特点。

1. 世界市场容量在动荡中不断扩大

世界市场的容量迅速扩大,国际贸易及经济合作方式多样化。二战前,世界经济主要是体现帝国主义国家意志的殖民经济,国际分工的主要形式是宗主国与殖民地、半殖民地国家之间的制成品和初级产品的垂直型分工。二战后,发达国家之间的水平型分工有了大的发展,并在国际分工中占据越来越重要的地位。一方面,世界贸易的增长速度快于世界生产的增长速度,说明了世界市场容量在不断扩充;另一方面,世界出口总值在世界生产总值中的比重加大,这表明各国经济对世界市场的依赖程度的增强。此外,各国间商品交换方式也日趋多样化,像补偿贸易、租赁贸易、来料加工贸易等新的贸易及经济合作方式在二战后得到很大的发展。

2. 世界市场区域化趋势加强

二战后,由于地缘关系、经济结构或是一些历史原因,部分经济联系较为密切的地区或国家组成了区域性经济组织。这些区域性经济组织通过对内降低关税,去除壁垒,促进区域内部商品的自由流通,令成员国之间的经济联系更加紧密;对外制定统一关税,保护区域内成员国的国民经济。现如今,有些区域性经济组织已经发展得十分成熟,一体化程度相对较高,并且从总体上说其对经济发展是起着积极促进作用的,如欧盟和北美自由贸易区。它们为其他想要加强区域性经济合作的国家和地区提供了相当宝贵的经验,在一定程度上鼓励和促进了全球区域经济一体化的发展。目前世界上越来越多的国家参加了区域贸易协议(Regional Trade Agreement,RTA)。据统计,截至2004年年底,全球只有12个岛国和公国没有参加任何的区域贸易协议。全球有174个国家和地区至少参加了1个RTA,这些国家或地区中,平均每个国家或地区参加了5个RTA,最多的一个国家参加了29个RTA。

3. 世界市场参与国家类型趋于多样化

二战前,由于东西方经济发展的不平衡,世界市场上的参与主体主要是少数西方发达的工业化国家,而其他广大的亚非拉国家则大多处于殖民地或半殖民地,仅仅是发达国家的经济附庸。二战后,国际形势发生了根本性的变化,全球掀起了一场风起云涌的民族独立运动,亚非拉国家纷纷独立,帝国主义的殖民体系瓦解,这些独立国家也逐渐融入世界市场中。发展中国家作为一股不可忽视的力量,在发展民族经济、改变旧的国际经济秩序中取得了突出的成就。尽管目前看来,发达国家在世界市场上仍然占据着绝对的主导地位,但是发展中国家正以较高的增长速度进行追赶,部分新兴工业化国家和地区在许多经济指标上已经达到或甚至超过了中等发达国家的水平,这些都导致当今世界经济格局发生重大的变化,世界市场上的参与国家类型向多样化发展。

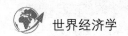

4. 世界市场的商品结构发生了显著变化

随着科技水平的提高,生产力的发展,世界上各个国家的产业结构不断升级,国民经济从以第一产业为主过渡到以第二产业为主,最后到第三产业。国家是世界市场参与的主体,世界各国产业结构高度化的必然结果是世界市场上初级产品比重逐渐降低,高附加值的工业制成品的比重不断提高。二战前,以垂直型国际分工为主的世界市场上初级产品交易的比重一直高于工业制成品,各国参与国际贸易大多是为了突破本国资源条件的束缚。二战后,由于第三次科技革命的爆发,生产力发展水平得到大幅提高,制成品交易市场日趋活跃。从1954年起,制成品交易在世界市场贸易总额中所占的比重开始超过初级产品,并且初级产品的相对价格直线下降。在工业制成品贸易中,机械产品在各大类商品中增长最为迅速,石化产品的重要性也进一步增强。在初级产品贸易中,原料和食品等的比重都呈直线下跌趋势,而燃料所占比重则趋于上升。这主要是由于二战后农业的"绿色革命"和石化工业的发展,以及石油输出国组织(OPEC)对石油的限量生产导致石油价格大幅提高的结果。同时,随着第三产业尤其是信息产业的兴起,技术与知识密集型产品在整个商品贸易中所占的比重在不断上升,生产要素在国际的流动加强,服务贸易得到了迅速的发展。

5. 世界市场上的垄断与竞争不断加强

二战后,随着国家垄断资本主义的发展,各国政府大多采用战略性的贸易政策,即通过鼓励特定产品的出口与限制进口的方式来达到改善经济绩效的目的,这使国家对本国参与世界市场的干预逐渐加强。一些行业由于得到了本国政府的大力支持,国际竞争力得到了极大提高,从而在国际市场上占据了垄断地位。同时,伴随着FDI的发展,跨国公司在二战后的发展也十分迅速。它们凭借着雄厚的资金实力、先进的技术水平、科学的管理方法以及全球的发展战略在世界各国进行生产、投资、销售,迅速抢占国际市场。这些都加强了世界市场的垄断性。

尽管世界市场上的垄断性不断加强,但是其竞争性并没有减弱,反而更加激烈。世界市场上的参与主体为了保住并扩大它们的市场份额都在不断地进行产品的创新研发、改进生产流程、提高管理效率和改善售后服务等,竞争逐渐从生产领域扩大到整个生产、服务和销售领域。世界市场上的这种激烈的竞争有利于世界市场更好地发挥其市场调节的作用。

资料链接

你知道亚马逊美国站究竟有多少个商品种类吗?

目前亚马逊占据了北美市场1/3的购物交易量,但你知道亚马逊网站上究竟有多少商品吗?什么品类最热销?

根据360pi的数据显示,截至2016年5月底,亚马逊自营商品种类达12231203种,其中包括书籍、媒体产品、酒类和服务等品类。加上第三方卖家提供的商品,亚马逊平台总商品种类达353710754种。

360pi研究了亚马逊美国站的商品种类和平台卖家数量,列出了平台的五大品类,它们分别是:

(1) 手机及配件:商品种类达82039731种。

(2) 家居及厨房用品：商品种类达 64274875 种。
(3) 鞋服及首饰：商品种类达 33422437 种。
(4) 电子产品：商品种类达 31604887 种。
(5) 运动用品及户外用品：商品种类达 23997293 种。

据 360pi 的调查发现，亚马逊将近一半的商品是来自第三方卖家：
(1) 共有 688690 个独立品牌在亚马逊美国站上销售，其中有 4490 个品牌刊登的商品超过 5000 个。
(2) 亚马逊美国站上有 185025 个卖家，其中 7729 个卖家刊登的商品超过 5000 个。
(3) 家居和厨房用品是特别受欢迎的品类，亚马逊 60％的优秀卖家都是集中在这一品类。

——资料来源：摘编自搜狐网《你知道亚马逊美国站究竟有多少个商品种类吗？》，2016-06-17。

第二节　世界经济的形成与发展

世界经济是一个历史范畴。概括地说，世界经济是人类社会发展到一定历史阶段形成的世界范围的经济活动的有机整体。这个定义主要包含三层内涵：① 世界经济是人类社会发展到一定历史阶段的产物。人类在经历原始社会、奴隶社会和封建社会的长期发展过程中，虽然在局部地区或少数国家之间也发生过经济联系和交往（主要表现为商品贸易），但由于还不具备形成世界经济的基础。因此，真正意义上的世界经济还没有出现。只有当人类社会生产力发展到一定高度，在欧美国家先后发生工业革命以及资本主义生产方式在这些国家最终确立，国际分工和世界市场形成以后，世界经济才开始形成。② 世界经济是人类社会在世界范围的经济活动的总体。世界经济包含的不是局部地区或部分国家的经济活动，而是世界各地区或各国所进行的生产、分配、交换和消费等经济活动的总体。③ 世界经济不是世界各地区经济或各国国民经济的简单总和，而是通过各种经济渠道或纽带（在市场经济条件下通过国际贸易、国际金融、国际投资、国际技术交流、劳动力国际流动、国际经济合作等）联系在一起的有机整体。

由于世界经济的形成和发展是一个漫长的历史过程，而且其发展过程中又表现出了一些较明显的阶段特征，所以可以划分为不同的发展阶段。

一、世界经济萌芽(16 世纪至 19 世纪 70 年代)

国际分工的发展和世界市场的建立是世界经济形成和发展的基础。国际分工指国内社会分工跨越国界形成的国与国之间的劳动分工，是社会生产力发展到一定阶段的产物。科技革命的完成和资本主义生产方式在欧美国家的确立，是国际分工形成的前提条件。

在前资本主义时期，生产力低下，社会分工不发达，自然经济占统治地位。虽然一些国家或地区之间也有商品交换，例如，中国在西汉时期，就已经开辟了西自欧洲地中海沿岸，东至长安(今陕西西安)的商业通道(即著名的丝绸之路);再如,早在9~10世纪就开始在地中海沿岸积极从事商业活动的意大利威尼斯商人,与巴尔干半岛国家、中国、伦敦、巴勒斯坦和叙利亚等东西方国家和地区建立了广泛的贸易联系。但是,这时的国际交往,仅限于商品流通领域,而且带有局部性和偶然性,社会分工还未越出国界。因此,真正的国际分工还没有形成。

直到14~15世纪,西欧的一些地区随着农业、手工业生产力的提高以及商品货币关系的发展,出现了以工场手工业为主要标志的资本主义生产关系的萌芽。封建主阶级为了维护封建统治,增加货币收入,进行殖民掠夺,推动了西欧国家15世纪末16世纪初的大规模海外探险活动。这时期对美洲大陆的发现(即所谓的地理大发现)开辟了东西方交通的新航路,促进了西欧国家国内外贸易的发展和早期世界市场的出现,加速了资本原始积累的完成,推动了工场手工业的发展。

1688年,英国取得了资产阶级革命的胜利。法国于18世纪末、美国在18世纪70年代也分别完成了资产阶级革命。随后,德国在19世纪初,俄国和日本在19世纪60年代也各自开始了从封建社会向资本主义社会的过渡。资产阶级革命的成功,清除了资本主义发展的政治经济障碍,为工业革命的发生奠定了基础。

在近代自然科学和技术发展的基础上,从18世纪60年代开始,英国首先发生了以纺织机和蒸汽机为标志的第一次科技革命。随后,法国、美国、德国、俄国和日本也相继进入了工业革命时期。第一次科技革命促进了社会生产力的巨大发展,以应用机器为主体的现代工厂取代了以手工技术为基础的手工工场,标志着资本主义生产方式的最终确立。

18世纪中期至19世纪60年代,是欧美国家相继开展和完成科技革命以及资本主义生产方式最终确立的时期,也是资本主义列强在亚洲、非洲、拉丁美洲和澳洲大肆进行殖民扩张和殖民掠夺的时期。由于英国在19世纪30年代率先完成了工业革命,机器大工业促进了工业门类和规模的不断扩大,导致本国市场已不能容纳大幅增加的产品产量;本国生产的原料也已不能满足大规模生产的需要,这使得大工业的分工逐渐脱离本国基地,而完全依赖于世界市场、国际交换和国际分工。19世纪中叶,英国一半以上的工业品要靠在国外市场上销售,国内所消费的大部分原料又要靠国外供应。在19世纪的前70年里,仅占世界人口2%左右的英国,一直把世界工业生产总量的二分之一和世界贸易总量的四分之一掌握在自己手中,成为世界工厂和世界贸易中心。

欧美资本主义国家为了推行资本主义国际分工,打着自由贸易的旗号,以廉价工业品为武器,打开了世界其他落后国家或殖民地、附属国闭关自守的大门,使这些国家成为资本主义国家工业品的销售市场和原料供应地,从而把这些国家纳入资本主义国家主要从事工业生产,亚、非、拉国家主要从事农业生产的资本主义国际分工体系中去。到了19世纪中期,基本上形成世界城市与农村既相互对立又相互依存的国际分工体系。国际分工体系的形成,是世界市场建立的重要标志和基础。19世纪60年代,一个由地理大发现为地域条件,机器大工业的发展作为巨大推动力,各种商品交易所和证券交易中心提供组织保证,以铁路、轮船、电报等近代交通通信工具为物质基础,以各主要资本主义国家的货币相继过渡到金本位制为标志的世界市场已经建立起来。

在资本主义自由竞争阶段的顶点,一个以国际分工和世界市场为基础、资本主义生产关系占主导的世界经济体系开始形成了。但是，由于这时还有相当多的国家和地区尚没有被纳入世界经济或资本主义世界经济体系，世界经济体系主要还是以商品的国际流通为基础。因此，在这个阶段世界经济只是开始形成或初步形成，还没有最终形成。

二、世界经济的最终形成(19世纪70年代至19世纪末20世纪初)

20世纪初，欧美先进资本主义国家发生了以发电机和电动机等能源和动力为主要标志的第二次科技革命。其结果是促进了冶金、机械、化工和汽车等重化工业的建立和发展，特别是由于电力的普遍应用，电话和无线电通讯的出现，海底电缆的铺设以及汽车、飞机的发展，使交通和通信业实现了革命，加强了国际间的经济交往，把世界各国连接起来，为世界经济的最终形成奠定了物质技术基础。

第二次科技革命后，重化工业和交通通讯业迅速发展，由于需要巨额资金，促使股份公司建立和发展起来。股份公司在市场上公开发售股票，使财产或资本的所有权进入了市场，加快了资本自由转移，促进了生产社会化和国际化，为世界经济的最终形成奠定了制度基础。

工业发达国家的产业结构发生变动，美国、英国、德国、法国和日本等主要资本主义国家相继实现了工业化。工业生产的迅速发展和企业竞争的加剧，促进了生产和资本越来越集中到少数大企业手里。这种集中发展到很高的程度，造成了垄断，出现了在经济生活中起决定作用的垄断组织，确立了由工业垄断资本和银行垄断资本融合而成的金融资本在主要资本主义国家乃至资本主义世界经济中的统治地位。资本主义已经从自由竞争过渡到垄断阶段，即帝国主义阶段。

为了获得有利可图的投资场所，资本主义发达国家开始对外进行大规模的资本输出。为了霸占销售市场、原料产地和投资场所，帝国主义国家加紧了对势力范围的争夺和对殖民地的侵略扩张。垄断资本不仅在经济上，而且在领土上瓜分世界。20世纪初，世界被瓜分完毕，形成了帝国主义的世界殖民体系。世界上所有国家和地区都被纳入了统一的资本主义世界经济体系。同时，大规模的资本输出极大地推动了资本的国际流动和生产的国际化，并且在世界经济中占有越来越重要的地位。

随着公司制企业、国际垄断组织的发展，西方国家殖民扩张和掠夺活动的加剧，商品和资本国际流动规模和速度加大，频繁的贸易往来、资本转移和债务清偿等都涉及各国间的货币兑换、汇率决定、国际收支调节、储备资产供应等各种问题，到20世纪初，一个以英镑为中心的、以国际金本位制度和以伦敦为中心的国际货币金融市场出现。这样，世界经济最终形成。

三、世界经济的发展(20世纪初至20世纪80年代末90年代初)

20世纪初，在统一的资本主义世界经济体系最终形成的同时，由于帝国主义国家经济发展不平衡加剧，主要资本主义国家的经济实力对比发生了重大变化。美国、德国等后进的资本主义国家在经济上迅速超过头号资本主义强国英国；俄国、日本、意大利和奥匈帝国等后起资本主义国家的经济实力有了极大增强。原先对殖民地和势力范围的占有情况已不适应经济实力对比发生的巨大变化,从而使帝国主义矛盾空前激化,导致了1914～1918年帝国主义国家之间争夺世界霸权,重新瓜分世界的第一次世界大战爆发。

在帝国主义国家互相残杀的时候,1917年,列宁领导的俄国无产阶级突破了帝国主义链条上最薄弱的俄国,取得了伟大的十月社会主义革命的胜利,推翻了资产阶级的统治,建立了社会主义制度,开辟了人类历史的新纪元,打破了资本主义世界经济体系一统天下的局面,世界从此进入了社会主义经济体系和资本主义经济体系并存和相互斗争的新时代。

这时的世界经济出现了三种类型的国家经济:① 社会主义国家经济;② 帝国主义国家或主要资本主义国家经济;③ 殖民地、半殖民地国家经济。

(一) 主要资本主义国家经济发展情况

第一次世界大战后,主要资本主义国家经过经济恢复和发展,在20世纪20年代处于相对稳定时期。20世纪30年代爆发了资本主义世界经济大危机和大萧条。主要资本主义国家为了摆脱严重的经济危机,实行国家干预经济的政策,国家垄断资本主义有了很大发展。主要资本主义国家经济和军事实力对比的变化,使得帝国主义国家之间的矛盾日益尖锐,终于导致第二次世界大战的爆发。

第二次世界大战不仅使法西斯轴心国集团的德国、日本和意大利的经济因战败而遭到严重破坏,而且作为战胜国的英国和法国也大伤元气,沦为二流帝国主义国家。只有美国通过战争极大地扩充了经济和军事实力,成为头号帝国主义超级大国。为了巩固资本主义体系,遏制苏联,美国通过"马歇尔计划"对西欧和日本提供了大量经济援助,使其从战争的创伤中很快恢复过来。

20世纪50年代至70年代初,主要资本主义国家经历了一个经济高速增长时期,其主要原因包括:① 第二次科技革命这时进入高潮和成熟期;开始于20世纪40年代,以电子计算机、原子能、新材料、生物技术和空间技术为主要标志的第三次科技革命促使一批高技术产业群兴起。这些极大地提高了社会劳动生产率。② 国家垄断资本主义在发达资本主义国家高度发展,国家加强了对经济生活的全面干预,对缓和资本主义基本矛盾和经济危机,促进经济增长,起了一定的作用。

从20世纪70年代初,发达资本主义国家都陷入了"滞胀",即低经济增长率、高失业率与高物价上涨率并存的境地。这时,发达资本主义国家开始对国家干预政策进行调整。从原先普遍推行凯恩斯主义政策调整为同时兼顾运用新经济自由主义学派(如货币主义、供给学派)的经济政策和宏观审慎的调控政策相结合。80年代初,发达资本主义国家走出了"滞胀",但是经济仍处于低经济增长率、高失业率和低物价上涨率并存的困境中。这种状况一直持续到90年代初。

从二战后到20世纪80年代,虽然美国一直处于资本主义世界经济领导地位,但是,美国在发达资本主义国家中的霸主地位却逐渐削弱。从二战后初期到20世纪50年代末,美国在发达资本主义国家的霸主地位达到顶峰。然而,1958年西欧国家成立欧洲经济共同体并日益发展壮大,20世纪60年代末日本迅速发展为资本主义世界仅次于美国的第二经济大国,使得美国的霸主地位开始受到冲击和挑战。资本主义世界经济已从美国一家独霸演变为20世纪80年代末90年代初的美国、欧共体、日本三极并存的格局。

（二）殖民地、半殖民地国家经济的发展

一战后，亚洲、非洲和拉丁美洲的殖民地、半殖民地国家的民族资本主义经济逐渐发展起来。随着民族民主革命力量的成长壮大，在俄国十月革命胜利的鼓舞下，亚非拉国家反对帝国主义殖民统治、争取民族独立的民族解放运动不断掀起，规模日益扩大。帝国主义殖民体系陷入了空前深刻的危机之中。到1945年第二次世界大战结束以前，已有数十个亚非拉国家取得了名义上的政治独立。

二战后，亚非拉民族解放运动风起云涌，到20世纪80年代初，包括战前取得独立的国家在内，共有130多个原殖民地、半殖民地国家获得了政治独立。这些国家中，有少数国家如中国、朝鲜、越南等，走上了社会主义的发展道路。而绝大多数国家则走上了资本主义的发展道路，称为发展中民族主义国家。

发展中民族主义国家由于实行了不同的经济体制、政策和发展战略，出现了三种发展态势。一些新兴工业化国家和地区到20世纪80年代末开始向发达国家和地区的行列靠拢；一批准新兴工业化国家正在迅速崛起；而一些非洲国家除政策原因外，又加上自然灾害和战乱，则深陷经济困境和债务泥潭。

（三）社会主义国家经济的演变

1917年，第一个社会主义国家苏联诞生，标志着人类社会进入了两种社会经济制度并存和相互斗争的新时代。十月革命胜利后，苏联在对旧的经济关系进行前所未有的社会主义改造的同时，打败了国内外阶级敌人的武装干涉和猖狂进攻，捍卫了苏维埃政权。在恢复国民经济的基础上，全面开展社会主义建设，实现国家工业化，完成生产关系社会主义改造。在这期间，苏联同资本主义国家建立了正常的外交和经济关系。形成了两种不同社会经济制度并存和竞赛的新格局。1941年，德国向苏联发动进攻，苏联建立战时经济体制，迅速发展战时经济，取得了卫国战争的胜利。

苏联社会主义革命和建设的伟大成就，为世界上许多国家的无产阶级和劳动人民树立了榜样。20世纪40年代末，世界上共有13个国家脱离了资本主义体系，走上了社会主义道路，从而形成了与资本主义世界经济体系相抗衡的社会主义世界经济体系。

社会主义制度在与资本主义制度的经济和平竞赛中，曾表现出巨大的优越性。二战后的半个世纪中，社会主义国家的经济快速增长，在相当长时期经济增长速度普遍高于发达资本主义国家。许多国家从贫穷落后的农业国起步，基本实现了工业化，取得了显著成就。苏联通过30年的建设，发展为仅次于美国的世界第二工业大国和欧洲第一工业强国。

社会主义国家的共同特点是实行高度集中的计划经济管理体制。这种体制在特定时期，对于战后重建、恢复国民经济、集中有限资源发展特定经济任务等有积极的作用。但是，经过几十年的经济实践，计划经济体制日益显露出许多弱点，如高经济增长率下的低效率、低效益，短缺经济对发展的严重制约，排斥市场机制的经济与世界经济国际化趋势难以相容等，致使社会主义经济的优越性未得以充分发挥。

20世纪50年代初，苏联和东欧社会主义国家开始进行经济体制改革。但是由于对计划经济体制弊端的深层原因认识不清，以及改革方式的错误，直到20世纪80年代中期，苏联

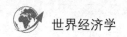

及东欧国家的改革总是在"放权让利"上兜圈子。最终因传统经济体制严重束缚生产力发展,在其他各种社会、政治因素的交织下激化成政治经济危机,导致其社会主义经济制度的解体。20世纪80年代末90年代初,苏联及东欧社会主义国家发生了历史性的社会剧变,各国都放弃了社会主义制度,走上了资本主义道路,向以私有化为基础的市场经济转型。

社会主义国家中另一类国家如中国,则是在坚持社会主义经济制度的前提下实行经济体制改革。中国在经过多年改革的探索之后,终于确立了中国特色社会主义市场经济体制的目标模式。

四、区域经济一体化和经济全球化的快速发展(20世纪90年代初至今)

1958年欧洲经济共同体成立以后,各种区域经济一体化组织纷纷成立。20世纪90年代以来,区域经济一体化组织有加速发展的趋势。据统计,到1996年年中,全世界各种形式的地区经济一体化组织达101个,其中69个是在20世纪90年代以来建立的。截至2000年5月1日,在关贸总协定及世界贸易组织登记的区域性协定达120个,其中70%是在1990年以后登记的。

20世纪90年代初以来,经济全球化加速发展成为一种时代大趋势。这是因为在这个时期,世界经济的发展出现了促进经济全球化的两个重要条件,即世界经济信息化和市场全球化。世界经济信息化是20世纪90年代以来世界经济发展的一个重要特征。继1993年美国正式实施信息高速公路建设之后,掀起了全球信息高速公路建设的巨大浪潮,这被称为"第二次信息革命"的开始(1946年世界上第一台电子计算机问世,被称为第一次信息革命),由此世界进入网络时代。计算机网络在全球蔓延和通信技术的飞速发展,使商品、资本、信息、人员的跨国界流动在速度和规模上达到空前的高水平,从而为经济全球化,即生产要素自由流动、各国和各地区经济日益融合提供了坚实的物质基础和现代化手段。

市场全球化或世界经济市场化是20世纪90年代以来世界经济发展的又一重要特征。冷战结束导致的世界经济大变革之一是两个平行市场对立的消失,市场经济体制在全球范围内取代传统计划经济体制。这就为在全球范围内形成统一的世界市场即市场全球化创造了条件,从而为世界资源的自由流动和合理配置提供了制度基础。

20世纪90年代初,一些学者和联合国有关研究机构陆续提出了一个新名词——知识经济。90年代后期,知识经济的概念开始迅速广泛传播,成为一个全球性的热门话题。1996年,经济合作与发展组织在其发表的《以知识为基础的经济》的报告中,对知识经济的内涵作了明确界定:知识经济是建立在知识和信息的生产、分配和使用之上的经济。知识经济是和农业经济、工业经济相对应的一个概念,它是指当今世界一种新类型的、富有生命力的经济。经济合作与发展组织认为,知识经济的主要特征是:科学和技术的研究开发日益成为知识经济的重要基础;信息和通信技术在知识经济的发展过程中处于中心地位;服务业在知识经济中扮演了主要角色;人力的素质和技能成为知识经济实现的先决条件。

在当代,经济全球化的迅速发展成为不可阻挡的潮流,科技因素在经济增长中的作用越来越大,以经济和科技为主的综合国力竞争,成为国际竞争的焦点,高科技日益成为各国经济增长的主要动力和角逐焦点。因此,在 21 世纪,积极适应国际经济全球化的大趋势,迅速赶上知识经济时代的前进步伐,是一个国家和民族在全球竞争中立于不败之地的重要保证。

第三节 世界经济的发展趋势

世界经济格局指在一定的历史时期内,国际社会中各个国家或国家集团在世界经济领域中相互联系、相互作用而形成的一种相对稳定的结构和态势,其核心是在这一特定历史时期内,各主要国家或国家集团经济实力的对比和支配世界经济能力的再分配。特定世界经济格局时期的世界经济中心,指在世界经济发展和运行中具有核心地位和火车头作用的国家或国家集团。在不平衡规律的作用下,各主要国家或国家集团的经济实力对比总是会发生变化的,当这种变化积累到一定程度时,它们对世界经济的控制能力就会发生改变,从而导致世界经济中心和格局的演变。

发展不平衡是世界经济格局演变和世界经济中心更替的根本原因。不平衡既指发展速度上的差距,又指发展水平、经济实力上的差距。世界经济发展不平衡主要表现为以下几个方面:

(1) 发达国家之间的经济不平衡。在历史上,由于发达国家经济发展的不平衡导致两次世界大战的爆发。第二次世界大战后,发达国家的不平衡又造成美国、日本、西欧三强鼎立的局面,三者为争夺世界市场,扩大自己在国际经济事务中的影响展开了激烈的角逐。

(2) 发展中国家与发达国家的经济不平衡。这方面最突出的表现是南北差距进一步拉大。这种差距不仅是量上的,更是质上的。在信息科技革命之前,发达国家与发展中国家是工业国与农业国的关系;当发达国家利用科技革命的机会迈入到信息时代或知识经济阶段之后,两者之间的差距进一步扩大。

(3) 发展中国家之间的经济不平衡。发展中国家中的一些新兴工业化国家经济迅速发展,成为带动地区经济发展的重要力量,而另一些发展中国家还处于贫困落后的状态,连温饱问题都无法自己解决,发展中国家内部的差距正逐渐扩大。

一、世界经济格局的历史演变

(一) 资本主义原始积累和自由竞争时期的世界经济格局

15 世纪至 19 世纪末,是资本主义生产方式从产生到确立再向世界范围内逐步扩散的时期,也是资本主义原始积累和自由竞争时期。在此期间,欧洲的资产阶级和新兴贵族开始用野蛮的暴力手段打破了世界各民族之间的壁垒,在世世代代相互隔绝的民族之间建立了经济上的联系,它们在海外扩张,建立殖民帝国,进行原始积累的同时,也将先进的资本主义生产方式扩散到全世界。1840 年,英国率先完成工业革命,以资本主义机器大工业代替了工场手工业,成为世界经济的霸主和中心,被称为"日不落帝国",其他国家也纷纷效仿英国,进行工业革命,并积极开展对外扩张,构建自己的国际经济体系。在第一次科技革命的影响下，社会生产力迅速提高，国际分工、国际交换逐渐发展，宗主国和殖民地的联系不断加强，世界市场初步形成，资本主义经济进入自由竞争时期。

资本主义原始积累和自由竞争时期世界经济的格局具有以下特点：

1. 资本主义加强对外侵略扩张

这一时期资本主义在对外扩张时，基本上采取两种手段：① 采用暴力手段，宗主国用武力在世界范围内寻求殖民地或附属国，推行全球殖民主义；② 采取贸易手段，通过不等价贸易，对广大亚非拉地区进行残酷的经济掠夺。

2. 逐步形成垂直的国际分工体系

英国和法国等主要资本主义国家作为宗主国对其殖民地或附属国实行经济垄断，通过不公平贸易将殖民地或附属国的原材料低价买入，在国内制成成品后再高价返销，将殖民地或附属国变为其原材料产地和产品销售市场。这种垂直的分工体系造成殖民地或附属国的产业结构单一化、畸形化，严重地制约了当地经济的发展。

3. 国际经济活动执行双重规则

这一时期，虽然世界各地打破互相封闭的状况，经济联系不断加强，但为适应此时的国际经济格局的要求，在进行国际经济活动时执行的是两种规则。一种是主要资本主义国家之间的经济规则。这一时期，主要资本主义国家都相继采取了自由贸易政策，彼此之间大幅度降低关税，以利于经济贸易的交流和先进技术设备的扩散。另一种是主要资本主义国家同它们的殖民地或附属国之间的经济规则。它们在各自势力范围内对殖民地和附属国进行贸易和投资的垄断，禁止殖民地或附属国同他国的经济往来，各殖民体系之间泾渭分明、壁垒森严。

（二）20世纪初期的世界经济格局

20世纪初，以电力为代表的第二次科技革命极大地提高了资本主义生产力，钢铁、化学、机械、汽车制造、电力等重工业得到了迅速的发展，世界工业结构开始由轻工业向重工业转变。工业结构的转变使得资本集中加速，造成生产和资本的集中，并产生垄断。世界经济格局由自由竞争的资本主义逐渐向垄断资本主义，即向帝国主义转变。20世纪初期世界经济的格局具有以下特点：

1. 资本主义经济已经成为无所不包的世界体系

随着自由竞争的资本主义向帝国主义转变，垄断资本在国际经济中的地位不断提高，资本输出取代商品输出成为资本主义扩张的主要手段，金融资本也遍布世界各地。英国、法国、德国、美国、日本等国通过政治、经济、军事等手段加紧对外侵略扩张，瓜分世界市场，将世界所有国家和地区都纳入到以资本主义经济为中心的世界格局中。

2. 资本主义经济体系内各国或地区之间的经济联系更加紧密

一方面，资本输出的发展使生产和流通向国际范围扩展，国际借贷资本的流动也进一步促进了生产和流通的国际化。加强了各主要资本主义国家之间的经济联系。另一方面，宗主国和殖民地或附属国之间相互依存度不断加深：在原料来源、销售市场、投资场所等方面，帝国主义、垄断资本对殖民地或附属国的依赖日益加深,殖民地或附属国成为其生存条件;而在工业制成品需求方面,殖民地或附属国更依赖于帝国主义国家。

3. 各国之间的经济矛盾不断激化

在各帝国主义国家之间,由于世界经济发展不平衡的原因,老牌的帝国主义国家拥有广阔的殖民地,而新兴的帝国主义国家由于对外扩张的时间相对较短,其拥有的殖民地较少,为确保其经济的顺利发展,势必与其他帝国主义国家展开争夺殖民地的斗争,造成各帝国主义国家之间的矛盾。在宗主国与殖民地或附属国之间,各帝国主义国家通过商品输出、资本输出和资源掠夺,大大加强了对殖民地或附属国人民的剥削,导致帝国主义宗主国和殖民地或附属国之间的矛盾急剧激化。

(三)两次世界大战之间的世界经济格局

1917年,俄国十月革命胜利。1922年世界上第一个社会主义国家苏联诞生,世界经济进入了一个全新的发展时期。苏联社会主义经济制度的建立,标志着世界经济中一个崭新的经济类型的诞生,也标志着以资本主义经济制度为中心的世界经济格局开始发生一定程度的变化。但是,在此期间的社会主义经济只限于苏联一国,社会主义经济在整个世界经济中的力量还比较薄弱,还不能改变当时的世界经济格局。这一时期的世界经济格局具有以下特点:

(1)资本主义国家与殖民地或附属国之间的垂直分工体系得到进一步的深化和加强。资本主义将自身工业的重点向重化工业转移,殖民地和附属国不仅继续向它们提供农业原材料,而且大量开发矿产资源,殖民地或附属国成为整个世界经济体系的农村和矿山。

(2)战争割裂了世界市场的完整性。两次世界大战期间,交战的帝国主义国家之间的经济联系也基本中断。苏联的出现和帝国主义对它的封锁和孤立,又从另一个方面破坏着世界市场的完整性。

(3)贸易保护主义盛行,关税壁垒恢复,阻碍了国际分工和国际交换的发展。1929~1933年的世界性经济危机,使全球的社会生产力受到极大的破坏,世界经济陷入长期萧条和严重的经济危机之中。为了独占日益缩小的市场,各主要资本主义国家相继放弃了自由贸易政策,全面实行保护性关税措施,严格控制本国和殖民地的经济贸易往来,并形成美元、英镑、法郎等不同货币集团。在此期间,国际上壁垒森严,国际经济的发展受到极大的制约。

(4)两次世界大战不同程度地改变了主要资本主义国家之间力量的对比,殖民地或附属国被重新分割,原有的经济利益被重新分配。特别是第二次世界大战,一方面,改变了世界经济和政治格局,此后美国成为世界政治经济的霸主,欧洲的地位受到严重的削弱;另一方面,二战的破坏力严重削弱了帝国主义对殖民地或附属国的控制力,为二战后第三世界的崛起奠定了阶级基础和物质力量。

(四)二战后世界经济格局演变

1. 二战后初期至20世纪60年代末美国称霸世界经济

美国的经济霸权是在第二次世界大战中逐步确立的。二战前,欧洲国家凭借先进的工业技术和雄厚的经济实力,以殖民统治和海外贸易为手段,建立了以欧洲为中心、世界其他地区为外围的世界经济体系。尽管从19世纪末期开始,美国和日本崛起,对欧洲的经济中心地位产生一定的挑战,但直到第二次世界大战爆发前,欧洲在世界经济中的地位仍未改变。

第二次世界大战的破坏力严重冲击了欧洲的经济中心地位,世界经济格局发生改变。德国、意大利、日本等战败国几乎成为废墟,英国、法国等战胜国也是遍体鳞伤;而美国由于远离战场,战争造成的直接损失小,又利用战争的机会大发战争财,导致战争期间其经济迅速膨胀。到战争结束的1945年,美国独占资本主义世界工业总产量的60%,对外贸易总量的32.5%以及黄金储备总量的59%。

二战后,由于欧洲、日本等列强的实力大大削弱,国际政治、经济、安全等各个方面出现真空地带,而此时美国压倒性的实力正好为其夺取世界经济霸权提供了物质基础。在国际金融领域,按照美国的意志成立了国际货币基金组织和世界银行,建立了以美元为中心的国际货币体系;在国际贸易领域,美国领导成立了关税与贸易总协定,使之成为二战后初期美国经济扩张的工具。

对各主要资本主义国家,美国实施了"马歇尔计划"和一系列促进日本经济恢复和发展的措施,通过扶植达到了控制西欧和日本的目的,并在多边或双边的军事合作的基础上,构筑"经济安全网",巩固美国对西方盟国的领导地位;对发展中国家,1949年杜鲁门提出了"第四点计划",通过援助发展中国家来实行美国的新殖民主义;对社会主义国家,美国则以经济封锁、贸易禁运、军事威胁等手段来遏止社会主义国家的发展。美国凭借其强大的政治、经济和军事实力,通过上述一系列措施,按照自己的意志构建了二战后新的世界经济格局,建立了以美国为中心的资本主义经济体系。

2. 社会主义经济集团的形成

"十月革命"的胜利和苏联的诞生,打破了以往世界经济为资本主义国家一统天下的局面。二战前,苏联一国在资本主义的包围中探索社会主义政治经济制度,并逐渐形成了高度集中的政治经济体制,即"苏联模式"。二战后,各国纷纷效仿苏联,建立了高度集中的政治经济体制,社会主义由一国发展到多国。由于担心美国的操纵,社会主义国家没有参加国际货币基金组织、世界银行和关税与贸易总协定,拒绝了美国的援助计划。

为打破西方国家集团的经济封锁,巩固社会主义阵营,1947年苏联实施"莫洛托夫计划",先后同保加利亚、捷克斯洛伐克、匈牙利、波兰和罗马尼亚5国签订了贸易协定,帮助东欧国家恢复和发展经济。1949年,苏、保、匈、波、捷、罗6国在莫斯科举行经济会议,决定成立经济互助委员会,简称经互会,社会主义经济集团形成。之后,阿尔巴尼亚、民主德国、古巴和越南先后加入经互会,形成共10个成员国、面积占世界的18%、人口大约4.4亿、年GDP占世界的25%、工业产值占世界的33%、农业产值占世界的20%的强大的社会主义经济集团。1950年中苏签订《中苏友好同盟互助条约》,社会主义经济阵营进一步扩大。但是随着国际形势的变化,经互会的内部关系和本身的职能也逐渐发生改变,成为苏联控制东欧国家同美国角逐的工具。20世纪80年代末90年代初,东欧剧变、苏联解体,经互会名存实亡,并于1991年6月宣布解散。

从美国构筑资本主义经济集团到社会主义国家经互会的建立,统一的世界经济终于分化成两个隔离的经济体系,隔绝了东西两大阵营的经济交流,对世界经济的整体发展产生不利的影响。但是,社会主义经济集团的形成,对于顶住西方经济压力、保卫社会主义制度起到了一定的积极作用。

3. 20 世纪 70 年代后世界经济向多极化转变

(1) 美国丧失了世界经济霸主的地位。由于资本主义经济发展的不平衡和二战后美国全球扩张引起的实力消耗等原因,20 世纪 60 年代末 70 年代初,美国的经济霸主地位开始动摇,经济增长一直慢于大多数西方国家,工业生产总值、出口贸易、黄金和外汇储备等在资本主义世界的比重呈不断下降的趋势。在美国经济地位不断下降的同时,美国为维护霸权地位、满足冷战的需要,其对外开支却有增无减。1950 年,美国军事开支是世界军事开支的 50%,1955~1970 年,美国军事开支累计达到 90220 亿美元,是联邦德国的 14.8 倍、日本的 84.3 倍。

经济实力的相对下降和对外开支负担的加重,使美国经济不堪重负。1971 年美国出现贸易逆差,并由此引起美元危机,最终导致以美元为中心的布雷顿森林体系的瓦解,美国的霸权地位开始下降。

(2) 资本主义世界美、日、欧三大经济中心形成。20 世纪 50 年代,西欧和日本的经济都已恢复或超过战前的水平,之后直到 70 年代初,发达国家进入了第一次世界大战后经济高速增长时期,被称为"黄金时期"。由于发达国家经济发展的不平衡,西欧和日本的经济增长快于美国,与美国的差距逐渐缩小。

西欧从 1951 年建立欧洲煤钢共同体开始,不断地在联合自强的道路上前进,推进欧洲一体化进程。1967 年,欧洲共同体成立,合并了之前的欧洲经济共同体、欧洲原子能共同体和欧洲煤钢共同体,使欧洲的经济实力进一步加强。西欧经济迅速发展,很快成为世界经济中一个举足轻重的角色。

日本在第二次世界大战后通过美国的扶植,借助朝鲜战争和越南战争期间军事订货的机会,经济也迅速恢复和发展。1955~1974 年,日本经济出现了持续 20 年的高速发展,GDP 年均增长率近 10%,并于 1967 年超过英法,1968 年超过联邦德国,成为仅次于美国的世界第二经济强国。进入 20 世纪 70 年代,日本已经成为在经济上与美国、西欧平起平坐的经济强国,世界经济格局呈现三足鼎立的局面,世界经济开始向多极化方向发展。

(3) 发展中国家经济总体呈上升趋势,新兴工业化国家和地区的发展举世瞩目。二战后,广大亚、非、拉地区摆脱了原殖民体系的控制,成立新的政治独立的国家,即发展中国家。对于刚刚获得政治独立的发展中国家来说,经济发展便是这些国家面临的首要任务。尽管各个发展中国家对于经济制度的选择不同,但战后以来,发展中国家通过废除不平等条约、调整产业结构、增强经济自主能力、积极参加国际合作等措施,使得经济快速发展,并取得一定的成就。1950~1980 年,发展中国家实际国民生产总值年均增长率达到 5.2%,不仅大大高于原殖民地半殖民地时期的增长速度,而且也高于发达国家 4.7% 的平均经济增长速度。虽然 70 年代受到发达国家经济"滞胀"的不利影响,但从总体上看,广大的发展中国家作为促进世界经济向多极化方向发展的新生力量,在二战后世界经济的演变进程中具有重要的意义。

这一时期，亚洲和拉美出现了一批新兴工业化国家和地区，成为世界经济舞台的新生力量。新兴工业化国家和地区是指一些发展中国家和地区在工业化方面取得决定性的进展，其发展进程处于从发展中国家向发达国家过渡的阶段。它们是新加坡、韩国、中国香港、中国台湾、巴西、阿根廷和墨西哥等。特别是被誉为亚洲四小龙的新加坡、韩国、中国香港、中国台湾，它们抓住20世纪60年代发达国家经济结构调整的时机，实行出口导向和大力引进外资的政策，实现了经济腾飞。新兴工业化国家和地区经济的腾飞促进了世界经济多极化的发展，也为发展中国家的发展道路提供了一种新的模式。

1978年改革开放至今40多年，中国经济发展取得了举世瞩目的成就。目前，中国经济总量稳居世界第二，是世界第一贸易大国。2018年中国GDP突破90万亿元大关，达到900309亿元，占世界经济的比重接近16%，人均国民收入达到9732美元（约合人民币6.67万元），步入中等收入国家平均水平。中国经济的快速发展和壮大对世界经济格局将产生重大影响。

二、世界经济发展规律

纵观世界经济的发展历史及世界经济格局的演变过程，可以总结世界经济发展的基本规律有以下几点：

（1）科技革命或科技进步是社会分工和国际分工的基础，世界市场的宽度和深度与国际分工几乎同步扩展，它反映了国家或区域之间经济联系的紧密程度，即世界市场规模越大，国家或地区之间相互依赖程度越深。

（2）世界经济发展基本按照经济市场化—经济国际化—区域经济一体化—经济全球化—全球经济一体化的逻辑在向前推进。世界经济是各国或地区经济的有机结合。只有国家或地区经济先实现市场化并走向国际化之后，世界经济才能逐步形成。区域经济一体化和经济全球化是世界经济发展到一定高度的产物，也是世界经济发展到全球经济一体化阶段的过渡时期。

（3）世界经济在不断向前发展的过程中，国家的经济主权需要一定程度的让渡。这种让渡可能是主动的，也可能是被动的。比如在区域经济一体化发展的不同阶段，参与国家在关税、财政、货币政策等领域需要渐进协同甚至全面同步。经济全球化阶段的世界经济周期同步性要求主要国家采取近乎一致的宏观政策调控时间节点安排。

（4）世界经济发展不平衡是世界经济格局变化的根本原因。从世界经济萌芽以后，世界经济中心分别从荷兰转移到英国，又从英国转移到美、德等国。而中国的崛起正在重塑世界经济新的格局。在此过程中，世界经济力量对比发生了明显变化。世界经济发展不平衡同时又是经济全球化进程中的阻力。因此，世界经济发展不平衡某种意义上决定了经济全球化进程和世界经济格局演变的方向。

◆ 内容提要

国际分工和世界市场是世界经济形成发展的基础。国际分工简单地讲就是跨国界的劳动分工，它是社会生产力发展到一定阶段的产物。国际分工的产生和发展受到多种因素的影响。世界市场是世界各国和各地区商品及各种生产要素交换的场所,是世界范围内通过国际分工联系起来的各个国家内部以及各国之间的市场组成的综合体。世界经济是人类社会发展到一定历史阶段形成的世界范围的经济活动的有机整体,它经历了萌芽、初步形成、最终形成以及动荡、发展等阶段。世界经济格局指在一定的历史时期内,国际社会中各个国家或国家集团在世界经济中的力量对比和制衡状态。世界经济中心则是世界经济格局的核心变量。在世界经济发展不平衡规律的作用下,各主要国家或国家集团的经济实力对比总是会发生变化的,当这种变化积累到一定程度时,世界经济中心和世界经济格局都会随之改变。

◆ **关键词**

国际分工　世界市场　世界经济　世界经济格局　世界经济发展规律

◆ **复习思考题**

1. 简述国际分工发展及其对世界经济的影响。
2. 世界市场形成的基础条件有哪些?
3. 世界经济最终形成的标志是什么?
4. 简述二战后世界经济的发展情况。
5. 什么是世界经济格局?它是怎么演变的?
6. 论述世界经济的发展规律。

◆ **思考案例**

苹果公司的专业化生产方式

苹果公司总部位于美国加利福尼亚州库比提诺,主要从事计算机、移动通信和传播设备、便携式音乐播放器及相关软件等产品的设计、制造和销售,在设计和开发自己的操作系统、硬件、应用软件和服务领域形成了核心能力。根据苹果公司2010年年报披露的情况,苹果公司所有产品及其零部件均由第三方企业制造,产品运输和后勤管理也采用外购方式。公司最终产品组装目前分布在美国加利福尼亚州、德克萨斯州和中国、捷克、韩国。关键部件制造和供应分布在美国、中国、德国、爱尔兰、以色列、日本、韩国、马来西亚、荷兰、菲律宾、中国台湾、泰国和新加坡,其中苹果计算机、iPhone、iPad和iPod装配在中国完成。可见,苹果公司产品制造企业位于美国以外,分布在亚洲、欧洲等地区。

苹果公司进行全球化专业分工的动因是什么?

◆ **应用训练**

全球经济下行风险增加

国际货币基金组织(International Monetary Fund,IMF)日前发布最新一期《世界经济展望报告》,预测今明两年世界经济增速分别为3.2%和3.5%,较该机构今年4月份的预测值均下调0.1个百分点。报告称,受贸易紧张局势再度升级,全球技术供应链受到威胁,英国"脱欧"相关不确定性持续存在,以及地缘政治紧张局势加剧扰乱了能源价格等因素影响,全球经济增长依旧低迷,并且下行风险增加。IMF在报告中说,全球经济增长依然乏力。目前为止,各经济体发布的国内生产总值和通胀数据表明全球经济活动不及预期。具体而言,IMF预测发达经济体今明两年分别增长1.9%和1.7%;新兴市场和发展中经济体预计2019

年增长 4.1%，2020 年加快至 4.7%。IMF 研究部副主任吉安·费雷蒂表示，政策不确定性的负面后果体现在制造业和服务业的分化趋势以及全球贸易数据的显著疲软。数据显示，全球制造业采购经理人指数继续下跌，与投资密切相关的全球贸易持续增长，2019 年第一季度增速同比显著放缓至 0.5%，这是自 2012 年以来的最低增速。IMF 认为，自 4 月份报告发布以来，全球经济下行风险加剧。主要风险源包括贸易和技术紧张局势升级、全球避险情绪升温、通货紧缩压力加剧、地缘政治局势紧张等。报告指出，2018 年以来，仍在升级的美国关税行动、贸易伙伴的报复行动以及围绕英国退出欧盟的长期不确定性反复冲击着商业信心和金融市场情绪，扰乱全球供应链并严重拖累全球经济增长。随着全球增速放缓以及发达经济体和新兴市场经济体核心通胀下降，控制通胀压力不断上升，加大了偿债难度，压缩了抵消经济下滑的货币政策空间。IMF 预测，2020 年全球增速将回升，主要原因是金融市场情绪总体支持增长、临时性拖累因素影响继续消退以及部分承压的新兴市场经济体形势企稳等。IMF 首席经济学家吉塔·戈皮纳特表示，全球经济正处在"微妙时刻"，下行风险依然突出。重要的是，关税不应被用作针对双边贸易平衡、解决国际分歧的通用工具。"各国应加强合作，缓解贸易和技术紧张局势，尽快解决长期贸易协定变更的不确定性。"

——资料来源：吴乐珺. IMF 最新一期《世界经济展望报告》：全球经济下行风险增加[N]. 人民日报，2019-07-30。

试分析：

1. 为什么全球经济下行风险增加？
2. 报告里面的"全球技术供应链受到威胁"如何理解？

第二章 区域经济一体化

本章结构图

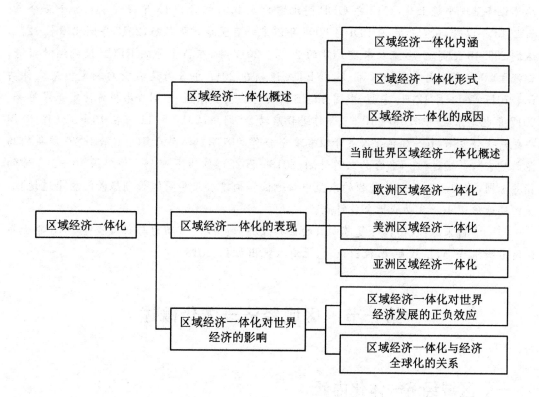

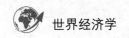

学习目标

通过本章学习,掌握区域经济经济一体化的内涵、形式、成因,了解世界上主要的区域经济一体化组织,了解区域经济一体化对世界经济的影响,以及区域经济一体化与经济全球化之间的关系。

导入案例

东盟经济:50 年发展奇迹,前景继续向好

从 1967 年到 2017 年,东盟坚持以"东盟方式"推进区域一体化建设,虽然发展相对缓慢但渐进向前,创造了属于自己的发展奇迹,成为东亚区域经济一体化公认的主导者。东盟的总体经济呈现平稳上升,2017 年 GDP 同比增长 5.1%,相对 2016 年提升了 0.3 个百分点。除 2013 年以外,东盟区域内 FDI 自 2003 年以来一直呈现扩张状态,2016 年同比增长 12%,达到 239.48 亿美元,占流入东盟 FDI 的 25%。2017 年,东盟主导的 RECP 谈判继续推进,曾经于 2009 年 3 月中断的东盟-欧盟 FTA 谈判在 2017 年 3 月达成重启制定框架文件共识。2017 年 11 月 12 日,东盟-中国香港自由贸易协定和东盟-中国香港投资协定正式签署。2017 年也是东盟-中日韩即 10+3 合作进程启动 20 周年,2017 年 11 月在 10+3 合作 20 周年纪念峰会发布《10+3 领导人关于粮食安全合作的声明》和《关于 10+3 合作 20 周年的马尼拉宣言》,并通过《10+3 合作工作计划(2018—2022)》作为下一个 5 年加强 10+3 合作的指导原则,重申 10+3 合作进程的东盟中心地位和构建东亚共同体长期愿景的主渠道地位,更鲜明地体现 10+3 功能性合作特点。

——资料来源:权衡,等.复苏向好的世界经济:新格局、新动力与新风险暨 2018 年世界经济分析报告[M].上海:格致出版社,上海人民出版社,2018.

第一节 区域经济一体化概述

一、区域经济一体化内涵

"一体化"一词最初用来形容微观层面的厂商通过协定、卡特尔、康采恩、托拉斯和兼并等方式形成的经济联合体状态。20 世纪 50 年代初,西欧国家准备成立煤钢共同体时,开始有学者提出"经济一体化"的概念。丁伯根(1954)是第一个对"经济一体化"进行定义的学者,他认为经济一体化就是消除阻碍经济发展的各种人为的障碍,通过相互协作与统一,创造最适宜的国际经济结构。

巴拉萨(1962)提出的"区域经济一体化"概念被广为接受和认可,他认为取消不同国家之间的歧视性政策措施,促进利益相近国家之间的经济联合,会导致货物贸易自由以及资本、劳动力统一市场的形成。同时巴拉萨认为区域经济一体化既是一种过程,也是一种状态。作为过程的区域经济一体化强调了动态性质,呈现出取消国家间的经济歧视的特征;作

为状态的区域经济一体化强调了静态性质,呈现出国家间不存在经济歧视的特征。之后其他学者也对区域经济一体化的内涵进行了解读,丹尼斯·R.阿普尔亚德和小艾尔弗尔德·J.菲尔德(2001)[①]认为区域经济一体化指若干个国家联合成一个更大的经济体,成员国之间保持特殊的经济关系;彼得·林德特和查尔斯·金德尔伯格(1985)[②]认为区域经济一体化是成员国之间宏观政策的一体化以及生产要素和商品可以在成员国之间自由流动;伍贻康和张幼文(1999)[③]认为区域经济一体化指各国的经济运行体制在功能和制度上趋于统一。

以上学者关于区域经济一体化的定义虽然存在一定的差异,但也存在一些共同点:① 区域经济一体化是两个及两个以上独立的国民经济体之间联合而成的更大经济体;② 区域经济一体化实行"对内自由、对外保护"的差别政策;③ 区域经济一体化是一个逐步发展、不断前行的动态过程。

综合以上学者的观点,笔者认为区域经济一体化是两个或两个以上国家或地区通过签订条约或协定以让渡部分经济主权,实行某种程度的经济联合而形成的区域性经济合作组织的过程。

自从第一个区域经济一体化组织成立以来,区域经济一体化实践一直在前行,区域经济一体化的内涵也在不断延伸。首先,区域不再局限于地理上临近的国家或地区,跨区域甚至跨洲际经济一体化也已形成和发展;其次,区域经济一体化包含的经济内容不再限于货物贸易,已经扩展至服务贸易、知识产权、投资、竞争、环境等几乎所有经济领域。绝大多数国家已经参与到区域经济一体化中,很多国家同时参与到多个区域一体化组织中,区域经济一体化组织已经成为全球经济中不可或缺的重要角色。

二、区域经济一体化形式

区域经济一体化以一定的组织形式存在,各参与国的经济发展水平、经济主权让渡程度以及涉及的经济领域等不一致,形成不同形式的区域经济一体化组织。本书按照各参与国的经济发展水平或经济联合程度对区域经济一体化组织的形式进行分类。

(一)按参与国的经济发展水平划分

因为发达国家大多处于北半球,发展中国家又多数位于南半球,所以习惯上把发达国家之间的区域一体化组织称为北北型,发达国家与发展中国家之间的区域一体化组织称为南北型,发展中国家之间的区域一体化组织称为南南型。

1. 北北型区域经济一体化组织

北北型区域经济一体化组织的成员国通常具有较高的生产力发展水平、较为发达的生产要素和商品市场、较为完善的经济运行机制。发达国家间成立区域经济一体化组织的基础不是要素禀赋的差异,而是具备相似密集度产品的产业内分工。欧共体就是一个典型的北北型区域经济一体化组织。

---

① 丹尼斯·R.阿普尔亚德,小艾尔弗尔德·J.菲尔德.国际经济学[M].北京:机械工业出版社,2001.
② 彼得·林德特,查尔斯·金德尔伯格.国际经济学[M].上海:上海译文出版社,1985.
③ 伍贻康,张幼文.全球村落:一体化进程中的世界经济[M].上海:上海社会科学出版社,1999.

2. 南北型区域经济一体化组织

南北型区域经济一体化组织的成员国经济发展水平差异大,组织内部矛盾较多。发达国家与发展中国家成立区域经济一体化组织的基础是为了利用生产要素和产业结构的互补性,通过区域内的纵向分工,解决发达国家资金相对过剩和产品出口问题,方便发展中国家引进外商投资和先进技术,使发达国家和发展中国家携手共进,共同促进经济发展。北美自由贸易区就是一个典型的南北型区域经济一体化组织。

3. 南南型区域经济一体化组织

南南型区域经济一体化组织的成员国的经济发展水平普遍不高、商品和货币市场也相对不完善,且发展中国家间的产业结构相似,多数以劳动密集型和资源密集型产业为主。发展中国家间成立区域经济一体化组织的基础是发展本国民族工业以及与发达国家经济相抗衡。加勒比共同体和东非经济共同体就是典型的南南型区域经济一体化组织。

(二) 按参与国的经济联合程度划分

1. 特惠贸易安排

特惠贸易安排(Preferential Trade Arrangement,PTA)是区域经济一体化中经济主权让渡程度最低的一种组织形式,也是最松散的一种组织形式。特惠贸易安排是指成员国之间对全部或部分商品实行特别的关税优惠,但各成员国保持其独立的对非成员国的关税和其他贸易壁垒。二战后初期的东南亚国家联盟就属于特惠贸易安排。

2. 自由贸易区

自由贸易区(Free Trade Area,FTA)指成员国之间取消商品贸易的关税壁垒,商品在区域内自由流通,但各成员国保持各自独立的对非成员国的关税和其他贸易壁垒。有的自由贸易区只对部分商品实行自由贸易,如欧洲自由贸易联盟;有的自由贸易区对全部商品实行自由贸易,如北美自由贸易区。为了防止非成员国利用转口贸易在低关税成员国获取额外的收益,自由贸易区实行原产地原则。

3. 关税同盟

关税同盟(Customs Union,CU)指成员国之间在消除关税壁垒、允许商品自由流动的基础上,通过实行统一的关税壁垒而形成的一种区域经济一体化组织形式。早期的欧洲经济共同体关税同盟就是典型的关税同盟,成员国之间取消关税和进口数量限制,对同盟以外国家进口的货物实行统一的关税税率和数量限制。

关税同盟使成员国在关税方面形成了一体化,具有超国家性质,是实现全面经济一体化的基础。关税同盟在区域内实行自由贸易,限制从区域外国家进口,增强同盟的集体竞争力。

4. 共同市场

共同市场(Common Market,CM)指除了在成员国之间取消关税和数量限制、对外实行统一的关税政策外,还允许资本、劳动力等生产要素在成员国之间自由流动。1993年以后的欧共体就是典型的共同市场,实现了商品、人员、劳务、资本等在成员国之间的自由流动。

5. 经济联盟

经济联盟(Economic Union,EU)指除了在成员国之间实行商品与资本、劳动力等生产要素的自由流动以及对外实行统一的关税政策外,还要求成员国制定并执行一些共同的经济政策和社会政策,逐步消除各国在政策上的差异,形成一个庞大的超国家经济实体。经济联盟将政策的协调机制延伸至国民经济的多个方面,包括财政政策、货币政策、对外贸易政策、经济发展、社会福利政策等,这些政策由一个超国家的协调管理机制制定和实施。欧盟是唯一一个达到经济联盟标准的区域一体化组织。

6. 完全经济一体化

完全经济一体化(Complete Economic Integration,CEI)指在经济联盟的基础上,成员国实行完全统一的经济政策和社会政策,建立一个极具权威的超国家经济组织来对所有经济事务进行控制和协调,使成员国在经济上形成单一的经济实体。这是区域经济一体化组织的最高级形式,迄今为止尚未出现这类组织。

以上6种形式是按照成员国之间的经济联合程度由低到高进行排列的,它们之间是层层递进的关系,本书将6种形式的区域经济一体化组织的主要特征进行总结,见表2-1。

表2-1 区域经济一体化组织的特征

形 式	成员国关税优惠	区域内自由贸易	对外共同关税	生产要素自由流动	经济政策的协调	经济政策完全一体化
特惠贸易安排	是	否	否	否	否	否
自由贸易区	是	是	否	否	否	否
关税同盟	是	是	是	否	否	否
共同市场	是	是	是	是	否	否
经济联盟	是	是	是	是	是	否
完全经济一体化	是	是	是	是	是	是

区域经济一体化组织的6种形式虽然呈现经济联合程度逐级上升的特征,然而这6种形式之间并不是必经的发展状态,也不是非此即彼的状态。有的一体化组织自成立起就跨越了特惠贸易安排和自由贸易区,如欧洲经济共同体;有的一体化组织兼具两种形式的特征,如北美自由贸易区实现了商品和生产要素的自由流动。区域一体化组织还在继续发展中,未来的区域一体化发展可能还会出现创新型的组织形式。

三、区域经济一体化的成因

(一)世界经济格局的变化是区域经济一体化存在和发展的客观基础

二战后,世界经济格局发生了重大变化,由个别超级大国统治和垄断的单极格局变为多极鼎立的多元化格局。在这种格局下,任何一个国家都很难左右整个世界经济和贸易的发展,单凭一国实力也很难在激烈的国际竞争中站稳脚跟。所以与地理上相邻或相近、在文化宗教风俗等方面相同或相近的国家或地区组建区域经济一体化组织是保持经济地位、提高国际竞争力的明智选择。

对于经济实力较强的发达国家,通过区域经济合作可以扩大市场、实现资源更大范围的有效配置,实现其经济增长;同时,发达国家还可以在区域内实施对其有利的国际经贸规则,并依托本区域影响其他国家和地区的国际经贸政策。对于经济实力较弱的发展中国家,组成区域经济集团可以增加谈判实力、争取更大的发言权和更有利的国际地位。因此,无论是发达国家还是发展中国家,都有通过组建区域经济一体化组织来应对世界经济格局变化的趋势。

(二)经济效应是区域经济一体化形成和发展的诱因

组建区域经济一体化组织可以使区域内国家利用区域地缘优势,突破国界限制,共享区域内资源,实现要素和商品流动自由,提高经济效应以及优化经济福利。区域经济一体化主要从以下几个方面提高成员国的经济效应:

1. 贸易创造效应

区域内成员国间取消贸易壁垒,实现自由贸易,一些原先以较高生产成本在国内生产的产品被其他成员国的低成本产品所替代,提高了区域内的资源配置效率,扩大了区域内成员国的生产和贸易。

2. 规模经济效应

区域经济一体化组织内部商品和要素实现了自由流动,原本各自分散独立的单一国家市场扩大成区域性的统一大市场。生产厂商基于大市场进行生产和销售,可以扩大生产规模、降低生产成本,获取规模经济效应。

3. 促进投资效应

一方面,区域经济一体化组织的建立使区域内国家间放松投资限制,促使区域内国家更低成本、更便利地投资到区域内的其他国家。另一方面,由于区域经济一体化组织是对内自由、对外限制,区域外国家为了绕过区域经济一体化组织设置的贸易壁垒,会对区域内某一国家进行直接投资,以利用区域一体化组织内部的市场。

4. 学习竞争效应

区域经济一体化组织取消了成员国间的贸易壁垒和限制,打破了成员国对本国市场的保护,使国内厂商面临更激烈的市场竞争。在激烈的竞争环境下,各厂商必须提高生产率、降低成本才能立足于市场,同时激烈的竞争也让厂商间相互学习,提高技术水平,使区域内的经济资源更有效地得到利用。

(三)贸易保护主义的抬头是区域经济一体化的催化剂

为了保护本国市场和本国产业,各国都设置了不同程度的贸易和投资壁垒,这些壁垒使生产要素的国际流动受到了限制。当这种限制很难在全世界范围内解决时,一些国家就在本地区寻求组建区域性经济组织,与区域内其他国家进行政策磋商和协调,在局部范围内解决商品和要素的流动问题。当一国的市场和产业受到威胁和挑战时,也会寻求组建区域性的经济组织,凭借区域性经济组织的力量来协调和保护其国内市场和国内产业。从以上两方面可以看出，贸易保护主义催生了区域经济一体化，而区域经济一体化又滋生了贸易保护主义。

（四）全球经济一体化进展缓慢刺激了区域经济一体化发展

经济一体化要求参与一体化的国家放弃对某些经济主权的控制，不同经济发展水平的国家对经济一体化的目标、要求差异甚大，导致当前全球经济一体化进展缓慢，世贸组织推进全球经济一体化的工作裹足不前。全球经济一体化是历史发展趋势，各国也都知晓采取封闭的反全球化态度并不可取，在不可逆转的全球化趋势下，逃避全球化只会失去发展机会。然而经济一体化也有风险，尤其是对一些经济发展水平较低的国家，如果全盘接受全球经济一体化的规则和机制，则会使其国内经济陷入被动。因此在全球经济一体化裹足不前的背景下，一些国家主动寻求区域性经济一体化，既能享受区域经济自由化给本国带来的经济效应，又有效避免了全球化进程中市场过度开放带来的冲击。

四、当前世界区域经济一体化概述

区域经济一体化是当前国际经济关系中重要的经济形式，几乎所有的国家都是某一个区域经济一体化组织的成员，有些国家还是多个区域经济一体化组织的成员。

区域经济一体化最早可追溯至19世纪中期德意志关税同盟的建立，但区域经济一体化的真正形成和发展是在二战后。二战后，国际生产专业化程度迅速提高以及跨国公司的广泛发展，各国之间的经济联系和相互依赖关系日趋增强，国家或地区间的竞争和矛盾加剧，国家间或地区间经济联合成为一种抵御竞争和加强保护的经济战略。区域经济一体化在20世纪40年代开始发展，1949年由苏联、保加利亚、匈牙利、波兰、罗马尼亚、捷克斯洛伐克6国组成的经互会是二战后第一个正式的区域经济一体化组织，之后民主德国、蒙古、古巴和越南相继加入此组织，1991年苏联解体，该组织也宣告解散。西欧出现了两个区域经济一体化组织，分别是1958年成立的欧洲经济共同体（European Economic Community，EEC）和1960年成立的欧洲自由贸易联盟（European Free Trade Association，EFTA）。在经济互助会、欧洲经济共同体和欧洲自由贸易联盟示范效应下，20世纪60年代之后区域经济一体化组织蓬勃兴起，这一阶段最大的特点是发展中国家竞相组成区域经济一体化组织，如东南亚国家联盟（Association of Southeast Asian Nations，ASEAN）、拉丁美洲自由贸易协会（Latin American Integration Association，ALALC）、安第斯条约组织（Andean Pact Organization，APO）、中美洲共同市场（Central American Common Market，CACM）、西非国家经济共同体（Economic Community of West African States，ECWAS）、海湾合作委员会（Gulf Cooperation Council，GCC）等。在20世纪70年代中期至80年代中期区域经济一体化组织经历了短暂的低迷期，一些组织中断活动或解散。随后自20世纪80年代中期开始，区域经济一体化组织出现了扩张状态。欧盟的成立及东扩、北美自由贸易区的建成、东盟自由贸易区的组建及亚太经合组织的创建，这些区域一体化组织迄今仍是对世界经济有重要影响的区域性组织。进入21世纪，各国不再热衷于组建区域经济一体化组织，而是寻求与其他国家或地区签订自由贸易协定或经济合作伙伴关系协定等，推动整个区域内货物贸易、服务贸易、直接投资等领域的开放。因此目前对世界经济有重要影响的区域一体化组织主要是在20世纪建立的区域一体化组织，见表2-2。

表 2-2　世界主要区域一体化组织

名　称	成立时间	形式(目标)	总部所在地	现今成员国(或地区)
欧洲				
欧洲自由贸易联盟(EFTA)	1960 年	自由贸易区	日内瓦	冰岛、列支敦士登、挪威、瑞士
欧洲共同体(欧盟 EU)	1958 年	经济联盟	布鲁塞尔	法国、德国、荷兰、卢森堡、丹麦、比利时、瑞典、芬兰、奥地利、西班牙、希腊、英国、意大利、葡萄牙、爱尔兰、波兰、捷克、爱沙尼亚、拉脱维亚、立陶宛、匈牙利、斯洛文尼亚、马耳他、塞浦路斯、克罗地亚、保加利亚、罗马尼亚、斯洛伐克
独联体经济联盟(CIS)	1993 年	自由贸易区	莫斯科	俄罗斯、白俄罗斯、阿塞拜疆、哈萨克斯坦、乌兹别克斯坦、吉尔吉斯斯坦、摩尔多瓦、塔吉克斯坦、亚美尼亚
北美洲、中美洲及加勒比海地区				
北美自由贸易区(NAFTA)	1994 年	自由贸易区	华盛顿	美国、加拿大、墨西哥
加勒比共同体(CARICOM)	1973 年	关税同盟	乔治敦	安提瓜和巴布达、巴哈马、巴巴多斯、伯利兹、多米尼亚、格林纳达、圭亚那、圣卢西亚、圣基斯和尼维斯联邦、牙买加、特立尼达和多巴哥、圣文森特和格林纳丁斯、蒙特萨拉特、苏里南、海地
中美洲共同市场(CACM)	1962 年	关税同盟	危地马拉	哥斯达黎加、萨尔瓦多、洪都拉斯、危地马拉、尼加拉瓜
南美洲				
南方共同市场(MERCOSUR)	1991 年	共同市场	亚松森	阿根廷、巴西、巴拉圭、乌拉圭、委内瑞拉、玻利维亚
安第斯国家共同体(CAN)	1969 年	共同市场	利马	玻利维亚、哥伦比亚、厄瓜多尔、秘鲁
拉美一体化协会(LAIA)	1980 年	共同市场	蒙得维的亚	阿根廷、玻利维亚、巴西、秘鲁、厄瓜多尔、哥伦比亚、墨西哥、委内瑞拉、乌拉圭、智利、巴拉圭、古巴、巴拿马
亚洲及环太平洋地区				
东南亚国家联盟(ASEAN)	1967 年	自由贸易区	雅加达	文莱、印度尼西亚、老挝、马来西亚、缅甸、菲律宾、新加坡、泰国、越南、柬埔寨
亚太经济合作组织(APEC)	1989 年	自由贸易区	新加坡	日本、中华人民共和国、韩国、文莱、印度尼西亚、马来西亚、菲律宾、新加坡、泰国、加拿大、美国、墨西哥、澳大利亚、新西兰、中国香港、中国台北、巴布亚新几内亚、智利、俄罗斯、秘鲁、越南

续表

名　称	成立时间	形式（目标）	总部所在地	现今成员国（或地区）
南亚区域合作联盟(SAARC)	1985年	特惠贸易协定	加德满都	孟加拉国、不丹、印度、巴基斯坦、马尔大夫、尼泊尔、斯里兰卡、阿富汗
海湾合作委员会(GCC)	1981年	关税同盟	利雅得	阿联酋、阿曼、巴林、卡塔尔、科威特、沙特阿拉伯、也门
澳新自由贸易联盟	1990年	自由贸易区	堪培拉	澳大利亚、新西兰
中国-东盟自由贸易区(CAFTA)	2010年	自由贸易区	雅加达	中华人民共和国、文莱、印度尼西亚、老挝、马来西亚、缅甸、菲律宾、新加坡、泰国、越南、柬埔寨
非洲				
阿拉伯马格里布联盟(UMA)	1989年	自由贸易区	拉巴特	阿尔及利亚、利比亚、毛里塔尼亚、摩洛哥、突尼斯
南部非洲发展共同体(SADC)	1992年	关税同盟	哈博罗内	南非、安哥拉、博茨瓦纳、津巴布韦、莱索托、马拉维、莫桑比克、纳米比亚、斯威士兰、坦桑尼亚、赞比亚、毛里求斯、刚果（金）、塞舌尔、马达加斯加、科摩罗
东部和南部非洲共同市场(COMESA)	1994年	共同市场	卢萨卡	布隆迪、科摩罗、吉布提、刚果（金）、埃及、厄立特里亚、埃塞俄比亚、斯威士兰、肯尼亚、利比亚、马达加斯加、马拉维、毛里求斯、卢旺达、塞舌尔、苏丹、索马里、突尼斯、乌干达、赞比亚、津巴布韦
中非经济与货币共同体(CEMAC)	1999年	关税同盟	班吉	赤道几内亚、刚果（布）、加蓬、喀麦隆、乍得、中非共和国
西非货币联盟(UMOA)	1994年	自由贸易区	瓦加杜古	贝宁、布基纳法索、科特迪瓦、马里、尼日尔、塞内加尔、多哥、几内亚比绍

资料链接

关于非洲的经济一体化发展

近日，非洲开发银行发布《2019年非洲经济展望报告》称，非洲经济增长逐步恢复，但仍不足以解决非洲持续的财政赤字和债务问题。报告认为，非洲各国必须进一步提高经济增长率，创造更多就业机会。报告主要聚焦非洲宏观经济现状以及前景、就业、非洲经济一体化等方面。非洲经济2016年实际GDP增长率为2.1%，2017年为3.6%，2018年为3.5%，预计2019年将达到4%，2020年将达到4.1%。非洲的经济增长率整体高于其他新兴市场和发展中经济体，但低于中国和印度。

预计到2030年，非洲的劳动年龄人口数量将从2018年的7.05亿增加到10亿左右，就业压力将会加剧。按照目前的劳动力增长率，非洲每年需要创造约1200万个新工作岗位。

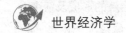

报告称,强劲和持续的经济增长有利于促进就业,但仅凭这一点并不能完全解决失业率上升的问题。

报告称,过去60年来,非洲一直在各个方面进行整合。经济一体化被认为是解决非洲发展困境的有效方案。报告认为,一体化对非洲发展经济具有重要作用。报告还预测,如果采取以下贸易政策,将可能为非洲带来每年4.5%的GDP增速。这些政策包括:取消非洲所有双边关税;取消货物与服务的非关税壁垒;实施世界贸易组织贸易便利化协议,减少与非关税措施绑定的跨境时间和交易成本;与其他发展中国家谈判,降低关税以及非关税壁垒等。

报告提出,通过建立非洲统一的金融治理框架,实现人员、货物以及服务的自由流动,提供区域公共产品等措施,将大大促进非洲经济增长。

在非洲开发银行行长阿金武米·阿德西纳看来,非洲大陆的未来充满希望,非洲正在为全球创造可观的经济机会。他以非洲大陆自由贸易区协议为例,称该协议将创建世界上最大的自由贸易区,为非洲增加至少100%的贸易额。阿德西纳强调:"我们需要打破阻碍整个非洲大陆发展的所有障碍,特别是人员流动的障碍,因为这对促进投资至关重要。"

——资料来源:搜狐网"关于非洲的经济一体化发展",2019-02-17。

第二节 区域经济一体化的表现

区域经济一体化使区域内国家相互开放市场,带动了区域内国家的经济增长。特别是欧盟的示范效应,使得其他地区的国家也争相效仿组建区域经济一体化组织。目前对全球经济有重要影响的国家集中在欧洲、美洲和亚洲地区,这三个地区的区域经济一体化组织对全球经济的影响也是至关重要,本节重点介绍欧洲、美洲、亚洲地区的区域经济一体化组织概况。

一、欧洲区域经济一体化

欧洲区域经济一体化过程主要是西欧地区经济一体化过程。20世纪50年代至60年代,西欧国家分化成两大集团,一个是于1951年由联邦德国、法国、荷兰、比利时、卢森堡和意大利6个国家组建的欧洲煤钢共同体,之后这6个国家又于1957年在意大利罗马签署了《建立欧洲原子能共同体条约》和《欧洲经济共同体条约》(这两个条约统称为《罗马条约》),在条约基础上组建了欧洲原子能共同体和欧洲经济共同体。1967年,欧洲煤钢共同体、欧洲原子能共同体以及欧洲经济共同体合并为欧洲共同体(European Communities,EC);另一个是于1960年由英国、奥地利、丹麦、挪威、葡萄牙、瑞典、瑞士7个国家组建的欧洲自由贸易联盟(European Free Trade Association,EFTA)。欧洲共同体的发展和实践成效优于欧洲自由贸易联盟,因此后期欧洲共同体不断有新成员加入,最终形成了欧盟(European Union,EU);而欧洲自由贸易联盟发展相对缓慢,初始成员国后期也申请加入欧盟,成员数量不升反降。欧洲除了欧盟和欧洲自由贸易联盟这两个区域经济一体化组织以外,还有独联体经济联盟(Commonwealth of Independent States,CIS)。独联体经济联盟是在1991年苏联解体后,除立陶宛、爱沙尼亚、格鲁吉亚以外的苏联11个加盟国在哈萨克斯坦当时的首都阿拉木图会晤,通过了《阿拉木图宣言》和《关于武装力量的议定书》等文件,宣告独立国家联合体成立,阿塞拜疆(1993)、格鲁吉亚(1993)、摩尔多瓦(1994)加入独立国家联合体,之后土库曼斯坦(2005)、格鲁吉亚(2008)又申请退出独立国家联合体。1993年独联体各国首脑草签了《经济联盟条约》,宣告独联体经济联盟成立,然而从经济一体化的6个阶段来看,独联体经济联盟还未达到自由贸易区的条件,独联体经济联盟对区内国家的经济发展促进效应并不明显。下面重点介绍对欧洲经济有重要影响的两个区域一体化组织:欧盟和欧洲自由贸易联盟。

(一)欧盟

欧盟是迄今为止世界范围内一体化水平最高、最为成熟的区域经济一体化组织,欧盟的出现是欧洲区域经济一体化逐步深入的结果。

欧盟的前身是1951年由联邦德国、法国、荷兰、比利时、卢森堡和意大利6个国家组建的欧洲煤钢共同体。煤钢共同体先后开放了煤炭、铁、钢等产品的共同市场,基本上取消了关税和数量限制,允许煤、铁、钢产品的自由流通。1957年《罗马条约》的签订,这6个国家组建了欧洲原子能共同体和欧洲经济共同体,并于1967年将欧洲煤钢共同体、欧洲原子能共同体和欧洲经济共同体进行合并,组建欧洲共同体。欧洲共同体的出现标志着这6国实施全面经济一体化的开始。欧洲共同体确定了6国成立工业品关税同盟和实施共同农业政策,同时为了保证工业品关税同盟的运作和共同农业政策的实施,欧洲共同体还制定了共同竞争政策和共同运输政策。随着欧洲共同体一体化效应的显现,欧洲的其他国家也先后申请加入欧洲共同体。英国(1973)、丹麦(1973)、爱尔兰(1973)、希腊(1981)、西班牙(1986)、葡萄牙(1986)6国先后申请加入欧洲共同体,使欧洲共同体成为一个拥有12个国家的区域一体化组织。成员数量的增加以及成员间经济差距的扩大,各国广泛引用《罗马条约》的保留条款来保护本国经济,致使欧洲共同体各国经济一度发展缓慢。1985年欧洲共同体通过了《完成内部市场》白皮书,制定了于1992年年底完成内部大市场的建设蓝图,1993年年初允许商品、劳务、人员、资本自由流动的欧洲统一大市场如期完成。

1993年11月,于1991年签署的《马斯特里赫特条约》(简称《马约》)正式在欧洲共同体12国生效,该条约的生效意味着欧洲共同体由共同市场向经济联盟转换,宣告了欧盟的正式成立。欧盟包括欧洲政治联盟和欧洲经济与货币联盟两个部分,政治联盟方面对共同外交和安全问题、法律和内务方面的合作做了规定;经济与货币联盟规定在12国建立大市场,实行统一的竞争政策、产业结构政策、区域发展政策,加强宏观经济政策的协调,分三步实现货币联盟。

1995年,奥地利、瑞典、芬兰加入欧盟,欧盟成员国扩大到15个。1999年,欧盟货币一体化正式启动,欧元成为法国、德国、意大利、西班牙、比利时、荷兰、卢森堡、葡萄牙、奥地利、芬兰和爱尔兰11个国家的非现金交易货币,欧元区内各国货币开始向欧元过渡,欧元不进入流通领域,2001年希腊成为第12个欧元区国家,2002年欧元正式进入流通领域,欧元区国家货币退出流通领域,欧洲统一货币正式形成。欧元的诞生,不仅对欧盟内部的经济发展起着巨大的推动作用,对稳定世界金融市场也有很大好处。欧元诞生之前,美元是世界上最重要的硬通货,美国经济的波动就会引起世界金融市场的不稳定;欧元的诞生,减少了美元波动带来的不确定性,有助于世界金融市场的稳定。

2004年,欧盟实现了第五次扩容,一次接纳10个中东欧国家为成员国,包括波兰、匈牙利、捷克、斯洛伐克、爱沙尼亚、拉脱维亚、立陶宛、斯洛文尼亚、马耳他和塞浦路斯,至此欧盟已包括25个成员国。2007年,罗马尼亚和保加利亚加入欧盟,2013年,克罗地亚成为欧盟第28个成员国,达到欧盟史上成员国数量最多的状态。然而由于英国对欧盟不满以及英国自身政治原因,英国于2016年6月举行脱欧公投,投票结果支持英国脱欧。2017年12月,英国与欧盟达成脱欧协议,2018年11月欧盟各成员国通过了英国的脱欧条约,2020年年底之前英国仍保留在欧盟内部市场和关税同盟中。

(二)欧洲自由贸易联盟

1960年,英国、奥地利、丹麦、挪威、葡萄牙、瑞典、瑞士7个国家签署《建立欧洲自由贸易联盟公约》(《斯德哥尔摩公约》)组建了欧洲自由贸易联盟,欧洲自由贸易联盟是一个工业品自由贸易区,规定在联盟内部成员国间逐步取消工业品的关税和其他贸易壁垒,各成员国仍保持各自不同的对外关税。

这个欧洲自由贸易联盟由英国组织发起。20世纪50年代初欧洲煤钢共同体初建时,邀请英国加入煤钢共同体,英国不愿意加入。当1957年欧洲经济共同体成立后,欧洲经济共同体成员国的经济迅速发展,英国又提出要加入欧洲经济共同体。此时法国总统戴高乐因为对英国之前拒绝参加欧洲煤钢共同体感到不满,并担心英国的加入会影响法国在欧洲经济共同体中的组织地位,因此拒绝英国的申请。1960年,英国只好联系欧洲的其他6个国家组建新的自由贸易联盟,以期获得与欧洲经济共同体同样的成效。1970年,冰岛加入欧洲自由贸易联盟,1973年,英国和丹麦因为加入欧洲共同体而退出欧洲自由贸易联盟,芬兰于1986年加入欧洲自由贸易联盟,同时1986年葡萄牙退出自由贸易联盟,1991年,列支敦士登加入自由贸易联盟,1995年,奥地利、瑞典、芬兰也因为加入欧盟而退出欧洲自由贸易联盟,此后欧洲自由贸易联盟成员固定为冰岛、列支敦士登、挪威、瑞士4个国家。

欧洲自由贸易联盟一直重视与欧盟(欧洲共同体)建立紧密的经济合作关系,1991年欧洲自由贸易联盟与欧洲共同体(欧盟前身)签署建立欧洲经济区协议,规定从1993年开始,两大经济组织之间实现商品、服务、资本和人员的自由流通,取消关税和进口限额,统一工业和产品标准,加强在环保、交通、教育、科技、旅游和社会政策领域的合作。1994年年初,由欧洲共同体12国和除瑞士、列支敦士登之外的欧洲自由贸易联盟5个成员国组成的欧洲经济区正式成立,1995年列支敦士登成为欧洲经济区的第18个成员国。此后欧洲自由贸易联盟和欧盟作为欧洲经济区的两个集团,定期商讨欧洲经济区的发展和完善问题。

欧洲自由贸易联盟除了与欧盟进行经济合作外,同时还重视与区域外国家或组织的经济合作,欧洲自由贸易联盟分别与马其顿、墨西哥、新加坡、土耳其、约旦、印度、南非关税同盟、南方共同市场等20多个国家、组织或地区签署了自由贸易协定或经济合作宣言。

二、美洲区域经济一体化

美洲地区以巴拿马运河为界,巴拿马以北地区为北美洲,包括加拿大、美国、墨西哥以及加勒比海地区的众多国家;巴拿马以南地区为南美洲,包括巴西、阿根廷、智利、秘鲁、委内瑞拉、哥伦比亚等国。北美洲的整体经济发展水平高于南美洲,北美洲区域经济经济一体化组织的影响力和实际成效也强于中美洲和南美洲。北美洲的区域经济一体化组织包括北美自由贸易区(North American Free Trade Area,NAFTA)、加勒比共同体(Caribbean Community,CARICOM)和中美洲共同市场(Central American Common Market,CACM),其中北美自由贸易区是当前世界上与欧盟影响力并驾齐驱的区域经济一体化组织。南美洲的区域经济一体化组织包括南方共同市场(Mercado Común del Sur,MERCOSUR)、安第斯国家共同体(Comunida Andina De Naciones,CAN)、拉美一体化协会(Latin American Integration Association,LAIA),其中南方共同市场是南美洲最大的经济一体化组织,也是世界上第一个完全由发展中国家组成的共同市场。下面重点介绍美洲两个影响力最大的区域经济一体化组织:北美自由贸易区和南方共同市场。

(一) 北美自由贸易区

北美自由贸易区是世界上第一个由发达国家和发展中国家共同组成的自由贸易区,是在美国倡导下形成的区域经济一体化组织。北美自由贸易区的前身是美加自由贸易区。1985年,美加两国领导人会晤时提出两国加强经济合作、实现自由贸易的主张。1988年,两国签署了《美加自由贸易协定》,1989年,美加自由贸易区正式实施。为了扩大美国的美洲地区的经济影响力及在世界经济中的主导地位,1990年,美国与墨西哥开始磋商美墨自由贸易相关事宜,随后又将加拿大拉入谈判阵营,1992年,美加墨三国签署《北美自由贸易协定》,1994年由美加墨三国组成的自由贸易区正式实施。

美国是世界上经济实力最强的国家;加拿大虽然也是发达国家,但经济实力与美国有较大差距;墨西哥是发展中国家,经济实力更是与美国不在一个层级上,因此北美自由贸易区是一个发达国家与发展中国家共同组建的区域经济一体化组织,北美自由贸易区的运行在很大程度上体现了美国的意愿。由于成员国间经济实力差距悬殊,实施同样的贸易政策会给经济实力弱的墨西哥带来很大压力,因此北美自由贸易区主要关注商品在3个国家间的自由流通,而不涉及资本、劳动力等生产要素的自由流通,且3个国家间实行有差别的贸易政策,如规定《北美自由贸易协定》生效后的第一阶段,墨西哥对来自美国35%的商品取消关税,对来自加拿大5%的商品取消关税;美国和加拿大则立即对来自墨西哥80%的商品取消关税。这样有差别的贸易政策保护了墨西哥的利益,加强了对墨西哥的吸引力。

北美自由贸易区的建成有利于3个国家间形成密切的产业分工关系及高效的供应链,增强了墨西哥的劳动密集型产品在美国和加拿大的竞争力,使得加拿大可以充分利用墨西哥的廉价劳动力来降低成本,刺激大量美国企业对加拿大和墨西哥进行投资。然而由于美国企业强大的竞争力,加拿大和墨西哥的一些中小企业不堪竞争,甚至一些产业都被美国企业所控制。总体来说,北美自由贸易区的组建对3个国家的经济发展有利有弊,利大于弊。

美国积极组建北美自由贸易区只是其经济战略的一部分,其目的是在整个美洲地区建立自由贸易区。1994年1月北美自由贸易区正式实施,随后在当年6月美国就提出组建"美洲自由贸易区"的计划,并于1994年12月在美国举行了由美洲34个国家(古巴除外)首脑参加的美洲首脑会议,会议决定于2005年组建"美洲自由贸易区"。然而由于1995年之后美洲主要发展中国家经历了政治动乱和经济震荡,如墨西哥比索崩溃、巴西发生金融危机、阿根廷出现货币危机,发生危机的国家无暇进行贸易自由化的改革,甚至为了恢复国内经济而提高贸易壁垒,给美洲自由贸易区的组建带来了负面影响。同时,由于美洲国家间的经济差距大且对组建美洲自由贸易区意见不一,因此美洲自由贸易一直只是个设想,至今没有建成。

特朗普出任美国总统后,指责北美自由贸易协定导致美国制造业就业机会消失,造成了美国的失业,希望签订"新北美自由贸易协定"。在美国的主导下,美加墨三国于2017年启动"新北美自由贸易协定"的谈判,特朗普曾放言,若不对老版的《北美自由贸易协定》进行修改,美国将考虑退出北美自由贸易区,2018年9月30日,美加墨三国签署了新的美加墨三国协议(The United States—Mexico—Canada Agreement,USMCA),但直至2019年5月,新的三国协议尚属协议框架阶段,未进入正式实施阶段。

(二) 南方共同市场

1991年,阿根廷、巴西、乌拉圭和巴拉圭4国在巴拉圭首都亚松森签署《亚松森条约》,宣布成立南方共同市场。之后4国首脑进行了多轮谈判,确定1995年南方共同市场正式运行,实行统一的对外关税税率。南方共同市场初创之时只有4个成员国,目前扩张到6个成员国和6个联系国,其中新增的成员国为委内瑞拉(2012年加入,但因国内政治问题2017年被终止成员国资格)和玻利维亚(2015年加入,尚未完成入市程序),新增的联系国为智利(1996)、秘鲁(2003)、厄瓜多尔(2004)、哥伦比亚(2004)、苏里南、圭亚那。南方共同市场实行成员国轮值主席国制度。

南方共同市场成员国间定期举行首脑会议,截至2019年1月,南方共同市场共举行了53次首脑会议,每次会议就南方共同市场内部进一步合作以及对外经济联系和合作进行商讨。南方共同市场内部成员国间取消绝大部分商品的关税,成员间的合作已经从经济领域逐步扩展至政治和外交领域。对外经济合作方面,南方共同市场重视发展同其他国家或区域组织的关系,已同欧盟、安第斯国家共同体、墨西哥、印度、以色列、埃及、巴勒斯坦等国家和地区建立了对话或合作机制。

南方共同市场1995年就与欧盟签署《区域性合作框架协议》,拟建立跨洲自由贸易区,在2004年因在工业品和农产品的市场准入问题分歧严重,双方一度中止谈判;2010年双方重启自贸区谈判,也取得一些进展,然而截至2018年,双方仍未取得突破性进展。南方共同市场与安第斯国家共同体于2003年签署了自由贸易协定,与墨西哥(2002)签署经济互补协议,与印度(2004)和南部非洲关税同盟(2004)签署贸易优惠协定,与海湾合作委员会(2005)签署经济合作框架协议,与以色列(2007)、埃及(2010)、巴勒斯坦(2011)签署自贸协定,与黎巴嫩(2014)、突尼斯(2014)签署经贸合作协议,2017年之后又启动同加拿大、韩国、新加坡自由贸易谈判。

南方共同市场是世界上第一个完全由发展中国家组成的共同市场,是南美地区最大的区域经济一体化组织,也是对世界经济有重要影响的区域经济一体化组织。相比于其他区域经济一体化组织,南方共同市场发展相对缓慢,主要原因是因为内部成员间存在利益矛盾以及受美国"分而治之"政策的影响。由于同美国共处于美洲,美国又在推行美洲自由贸易区,南方共同市场未来发展势必受到美国经济战略的影响。

三、亚洲区域经济一体化

亚洲是世界上面积最大、人口最多的大洲,与环太平洋的非亚洲国家经济联系紧密,除了亚洲内部国家间组建了区域经济一体化组织以外,亚洲国家也与环太平洋的国家组建了区域经济一体化组织。其中亚洲国家内部组建的区域经济一体化组织包括东南亚国家联盟(Association of Southeast Asian Nations,ASEAN)、海湾合作委员会(Gulf Cooperation Council,GCC)、南亚区域合作联盟(South Asian Association for Regional Cooperation,SAARC)、亚太贸易协定(Asia-Pacific Countries Trade Agreement,APTA)、中国—东盟自由贸易区(China-ASEAN Free Trade Area,CAFTA);亚洲与环太平地区国家组建的区域经济一体化组织有亚太经济合作组织(Asia-Pacific Economic Cooperation,APEC)。对世界经济有较强影响力的区域一体化组织是中国-东盟自由贸易区和亚太经合组织,下面进行具体介绍。

(一)中国-东盟自由贸易区

中国-东盟自由贸易区于2010年1月1日正式建成,是目前世界上人口最多的自由贸易区,也是由发展中国家组成的最大自由贸易区。中国-东盟自由贸易区的建立,促进了双边贸易和投资。截至2019年,中国已连续10年成为东盟最大的贸易伙伴;同时在2019年东盟成为中国第二大贸易伙伴。

中国-东盟自由贸易区从提出设想到正式建成共经历了近10年的时间。2000年,朱镕基总理在第四次中国与东盟10+1领导人会议上首次提出建立中国-东盟自由贸易区的构想,2002年中国和东盟在第6次10+1领导人会议上签署了《中国-东盟全面经济合作框架协议》,决定于2010年建成中国-东盟自由贸易区,自贸区建设宣告正式启动。2005年中国与东盟签署《货物贸易协议》,2007年双方又签署了《服务贸易协议》,2009年双方继续签署《投资协议》,三个协议的签署和实施标志着中国-东盟自贸谈判已基本完成,2010年1月1日,中国-东盟自由贸易区正式成立,2015年中国与东盟签订自贸区升级协议。

东盟共有10个成员国,其中印度尼西亚、马来西亚、新加坡、菲律宾、泰国、文莱6个国家称为原东盟成员国,后续加入东盟的越南、缅甸、老挝、柬埔寨4个国家被称为东盟新成员国。2010年中国与原东盟成员国之间90%以上的产品达成零关税,其中中国对东盟的平均关税从9.8%降至0.1%,原东盟成员国对中国的关税从12.8%降至0.6%。2015年中国与东盟新成员国之间90%以上的产品达成零关税。

中国与东盟除了在货物贸易方面相互减税,在服务贸易领域以及投资领域也都相互给予优惠。2007年,中国与东盟签署《服务贸易协议》,达成第一批服务贸易开放承诺,2011年和2015年又分别达成第二批和第三批服务贸易开放承诺,中国与东盟之间的服务贸易自由化水平显著提高。2009年,中国与东盟签署《投资协议》,双方致力于建立自由、便利、透明、竞争的投资体制；2015年，中国与东盟签署自贸区升级协议，从投资促进和投资便利化两方面规定了促进投资自由化的措施。

（二）亚太经合组织

20世纪80年代末，经济全球化、贸易投资自由化和区域集团化的趋势逐渐成为潮流，亚洲地区在世界经济中的比重也明显上升。在此背景下，1989年，澳大利亚、美国、日本、韩国、新西兰、加拿大及当时的东盟六国在澳大利亚首都堪培拉进行亚太经合组织首届部长级会员，标志着亚太经合组织的正式成立。

1991年，亚太经合组织在韩国首都首尔（当时称为"汉城"）举行第三届部长级会议，会议通过了《汉城宣言》，正式确立了亚太经合组织的宗旨和目标；也正是在这次会议上，中国、中国香港和中国台北以3个独立经济体名义加入亚太经合组织。1993年，亚太经合组织秘书处在新加坡成立，并将亚太经合组织的部长级会议升格为经济体领导人非正式会议。1994年，在印度尼西亚茂物举行的领导人非正式会议上确立了"茂物目标"，规定发达成员国不迟于2010年、发展中成员国不迟于2020年实现贸易和投资自由化。1996年，在菲律宾举行的领导人非正式会议上通过了《马尼拉行动计划》，指明了实现"茂物目标"的具体行动计划。之后各成员国积极落实"茂物目标"，成员国间的最惠国关税平均水平由1996年的10.7%下降至2004年的8%，接着又下降至2009年的6.6%、2010年的5.8%。但2011年以后，亚太经合组织成员贸易自由化进程缓慢，2017年成员之间的最惠国关税平均水平为5.3%，仅比2010年下降了0.5%。而且亚太经合组织成员总体上使用贸易限制的措施数量虽然在下降，但成员所使用的贸易救济措施数量却有所增加。服务贸易方面，亚太经合组织成员间通过签订自由贸易协议或区域贸易协议来做出服务贸易的承诺。投资方面，各成员国采取不同程度的措施吸引外商直接投资，然而受到2008年金融危机的影响，亚太经合组织成员总体投资环境近10年来都未得到大幅改善。

除了在贸易投资方面的推进，亚太经合组织在促进成员间经济技术合作方面也取得了不少成果。在1996年的马尼拉部长会议上发表了第一个专门针对经济技术合作的《亚太经合组织加强经济合作与发展的框架宣言》，确立了经济合作的6个优先领域，1998年亚太经合组织成立了高官经济技术合作分委会，2002年又将此分委会升格为高官经济技术合作委员会，2005年在韩国的部长级会议上再次将高官经济技术合作委员会升格为经济技术合作高官指导委员会。在此指导委员会的规划下，亚太经合组织的经济合作取得了相当的成效，2011年至2018年间，成员间签订的经济合作项目达1061项。

资料链接

站在历史转折点的APEC何去何从？

2017年11月6日，亚太经济合作组织（APEC）第25次领导人非正式会议在越南岘港市召开。如果从1989年的第一届部长级会议算起，APEC组织迎来了其28岁生日。经过28年的努力，APEC在推动其地区成员贸易和投资自由化方面取得了长足的进步。APEC各成员平均关税水平已经低于所有世贸组织成员的平均关税水平。地区成员国间普遍实现了贸易投资便利化。但是，随着美国新任总统特朗普的上台，APEC组织也正面对一些新的不确定性。

APEC组织成立初期,一直是美国和日本在唱"双簧"。1993年,美国举办APEC会议期间,将其级别从部长级会议提升为国家元首级会议。并且也是在美国会议期间确定了APEC组织协商式经济合作组织的性质——开放的贸易与投资自由化、开放的多边贸易体系是APEC存在和发展的基石。中国于1991年加入APEC组织。这些年来,随着中国经济实力的不断提升,以及地区内东盟各国一体化程度的加深,在APEC内部孕育出了"美日"双核心之外的另外两股经济力量,即中国和东盟。中国已经是世界第二大经济体,而东盟10国的GDP总量可以排入世界前六(仅次于美国、中国、日本、德国、英国)。因此,在APEC组织内部可以看到东盟日渐活跃,建立了多个以东盟为主角的机制(东盟-中国、东盟-日本、东盟-韩国、东盟10＋3、东盟-澳大利亚和新西兰)。

作为区域性经济一体化组织,需要合理地赋予区域内重要国家与其综合实力相应的话语权,否则这一机制将无法有效运行。在美国和日本的主导下,APEC成功地推动了该地区的贸易和投资,但是随着美国、日本经济实力的下降和中国、东盟经济实力的提升,APEC需要解决以何种模式或者道路推进各国走向亚太自由贸易区(Free Trade Area of the Asia-Pacific, FTAAP)的问题。APEC内部自由贸易协定(FTA)众多,但是如何整合这些FTA将是最大的问题,目前来看主要有两条路径:

一条是美国过去主导的"跨太平洋伙伴关系协议"(TPP),随着特朗普上台,美国退出了TPP,剩下的11个国家正接近达成全面自由贸易协定。特朗普访问日本时,日本首相安倍晋三还表示坚定支持TPP协定。特朗普则宣称印度洋-太平洋贸易框架在促进贸易方面将比TPP协议更有成效。所以,美国在未来可能会重起炉灶,建立一个以美印双核为主的新的贸易集团(印度并非APEC成员国家),这有可能会给APEC带来一定冲击。

一条是东盟规划和推动中国支持的"区域全面经济伙伴关系协定"(RCEP)。目前正在谈判的RECP协议的成员国有东盟的10个国家,外加区域性贸易伙伴澳大利亚、中国、印度、日本、新西兰和韩国。该协议旨在把这些国家间的多个双边自贸协定紧密结合起来,将覆盖35亿人口的国土面积,合计GDP达到22.6万亿美元。

随着美国退出"跨太平洋伙伴关系协议",APEC国家进一步推动贸易和投资路径的天平将向RCEP倾斜。但是未来还有许多变数,其中最大的变数莫过于美国。具有贸易保护主义和孤立主义倾向的特朗普上台后,推行"美国优先"政策,已经先后退出了TPP、巴黎气候协定和联合国教科文组织。

此外,由于美国领导人是竞选产生的,特朗普的经贸政策只能在其任期内起作用,一旦美国重新进行大选,产生新的领导人,美国将提出什么样的自由贸易政策仍存在极大变数。APEC正站在历史转折的关键节点上,该组织如何构建和维护亚太地区的经济新秩序?APEC组织是否会继续扩大?是否会加入来自印度洋地区的伙伴成员国?特朗普将如何推进其"印太"战略?中国和美国在APEC平台下如何合作?

——资料改编自:新浪财经,专栏作家陈征,"站在历史转折点的APEC何去何从?",2017-11-7。

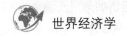

第三节 区域经济一体化对世界经济的影响

一、区域经济一体化对世界经济发展的正负效应

区域经济一体化对世界经济的影响是多方面的,既表现在对国际贸易、国际投资、世界经济格局的不同影响,也表现在对区内成员和区外国家或地区的不同影响,同时还表现在对世界经济的长期和短期影响不同以及对世界经济的正向和负向效应不同等,这些影响相互交织、相互作用,只是研究角度不同才形成了不同影响效应,不同的影响效应共同构成了对世界经济的综合影响。接下来从正向和负向影响的角度来分析区域经济一体化对世界经济的影响。

(一)区域经济一体化对世界经济发展的正向影响

1. 促进区域内成员间贸易、投资增长

区域经济一体化组织成立后,成员间实行降低或减免关税、取消数量限制或非关税壁垒等贸易自由化便利化措施以及放宽市场准入、降低或取消投资壁垒等投资自由化便利化措施,这些贸易和投资自由化便利化措施促进了商品、劳动、资本、技术等生产要素在区域内的自由流动,形成了区域内的生产要素统一大市场。一方面,生产要素的自由流动使得区域内企业不再局限于使用本国或本地区的生产要素和市场,而是可以充分利用区域内其他成员的生产要素和市场,企业可以获得生产以及需求上的规模经济。另一方面,贸易壁垒和投资壁垒的降低和取消,使得某一成员的企业产品可以以更低成本进入到其他成员,或者某一成员的企业可以更自由、更低成本地对其他成员进行投资。这两方面的影响使区域内企业的生产成本降低,国际贸易成本和国际投资成本下降,从而可以有效促进区域内成员间的贸易和投资。

2. 促进了区域内的分工合作

首先,区域经济一体化使得生产要素能够在区域内成员间自由流动,为区域内企业充分利用各成员的优势要素重新组织生产提供了客观条件。其次,区域经济一体化使得企业面临的市场规模扩大,企业面临的市场竞争也更激烈,激烈的竞争要求企业进行专业化生产、提高技术水平和劳动效率。区域经济一体化使企业在生产方面进行分工合作成为可能,同时区域经济一体化使企业面对更多需求、更激烈的竞争,要求企业必须进行分工合作获得劳动生产率和技术水平的提高。这两方面的因素促进了区域内成员间的分工合作。成员间的分工合作使得区域内企业能更全面地参与国际分工,更加重视发展具有优势的主导产业,各成员的经济结构也得到优化调整。

3. 增强了区域组织在国际贸易谈判中的话语权

区域经济一体化组织成立之前,各个成员各自对外形成国际经济关系,单个成员的经济和政治力量比较薄弱,在国际贸易谈判时没有或有很少的话语权。区域经济一体化组织成立后,一体化组织以整体形态出现在世界经济和政治舞台上,一体化组织的经济实力相比单个成员大大增强,其经济和政治地位相比单个成员也显著提高,区域组织在对外进行国际贸易谈判时的谈判力量显著增强,可以在一定程度上维护成员的贸易利益。

4. 加快了经济全球化进程

在区域经济一体化组织内部,各成员相互降低贸易壁垒、投资壁垒,促进了生产要素在一体化组织内部的自由流动以及各成员对区域内其他成员的贸易和投资。生产要素在区域内的自由流动提高了资源的配置效率,成员贸易和投资的增加带动了各自的经济增长乃至世界的经济增长。区域经济一体化实现了部分国家和地区的一体化,再通过区域经济集团的扩张或者不同区域集团之间的融合发展,必将扩大一体化的范围,最终实现全球性的经济一体化。

(二) 区域经济一体化对世界经济发展的负向影响

1. 增强了对区域外国家或地区的贸易投资壁垒

区域经济一体化组织在组织内部实行贸易投资自由化、便利化,改善了区域内成员之间的贸易和投资环境;然而对区域外国家或地区却保持程度不一的贸易投资壁垒,使区域外国家或地区的产品和资本难以进入区域内,造成区域与区域外国家或地区之间以及区域与区域之间的贸易投资障碍,一定程度上增强了区域组织对外的贸易投资壁垒,恶化了国际贸易和国际投资的环境。特别是在区域内成员陷入经济危机或者贸易失衡时,为了保证区域成员的经济利益,区域组织会出台贸易投资保护主义政策,不利于区域外国家或地区的贸易投资,对世界经济的发展也会有负面影响。

2. 不利于多边贸易体系的改善

随着区域经济一体化组织的蓬勃发展,世界经济舞台上对国际经济秩序规则制定有话语权的就是几大经济程度相当的区域经济一体化组织,区域与区域之间竞争与合作并存。这样,国际协调由国(或地区)与国(或地区)之间的协调转换为区域与区域之间的协调。然而由于区域内部成员间具有错综复杂的利益格局,任何一种国际协调都不可能完全符合区域内各成员的利益诉求,导致区域与区域之间的国际协调难以顺利达成和实施,多边贸易体系依旧停留在原有的层面,很难在全球范围内对多边贸易体系进行改善。

3. 降低了全球的资源配置效率

区域经济一体化组织成立后,区域内成员间相互降低或减少贸易和投资壁垒,使得某些成员原本从区域外较低成本国(或地区)进口产品转向从区域内较高生产成本国(或地区)进口产品,产生了贸易转移效应,导致了区域外国家(或地区)贸易减少和福利损失。进一步,为了避免贸易转移效应的影响,原本以出口方式进入区域内某国(或地区)市场的企业,变成以直接投资取代出口,在一体化组织内部直接生产。通常,流入区域内的直接投资是从其他国家(或地区)的潜在投资中转移而来的,即区域内直接投资的增加意味着区域外投资的相应减少,跨国公司原本向最有效率的区域外国家(或地区)投资转向了对区域内成员进行投资,造成了资本的低效率配置。

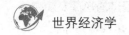

二、区域经济一体化与经济全球化的关系

区域经济一体化与经济全球化是既相互区别又相互联系的两个范畴。区域经济一体化组织通常由地理位置临近的若干国家或地区构成，谋求区域范围内成员贸易投资自由化和便利化，同时对非成员保持贸易投资壁垒；经济全球化则包含世界经济体系中的所有国家或地区，其目标是在全球范围内消除贸易、投资以及生产要素流动壁垒。但两者都是以经济国际化和不断加深的各国（或地区）之间的相互依赖关系为基础，以推动生产要素在国家（或地区）间自由流动、促进生产要素合理配置为终极目标，使各国（或地区）更自由、更便利地进行国际分工、国际贸易和国际投资。

（一）区域经济一体化为经济全球化奠定了基础

世界各国（或地区）经济发展差异巨大，经济全球化不可能一步实现，只能循序渐进。区域经济一体化组织内部实行更开放和优惠的政策，促进了一体化组织的经济发展。一体化组织的成功运作，刺激了世界其他国家（或地区）纷纷加入区域经济一体化组织的阵营（如欧盟的东扩），区域经济一体化组织规模的扩大使得一体化政策在更多国家被接受，这为推进经济全球化奠定了基础。同时，区域经济一体化组织间以及某些国家（或地区）与多个区域经济一体化组织签订了各种各样的区域经济合作协议，这些协议相互重叠，呈现你中有我、我中有你的局面（如亚太经合组织成员既有东盟的成员、也有北美自由贸易区的成员），这种跨区域的合作有助于各区域之间相互联系、相互影响，为进一步一体化奠定基础。

总之，在经济全球化难以一步到位的情况下，在部分国家首先实现区域经济一体化是必要的，区域经济一体化的成果是经济全球化的基础。

（二）经济全球化趋势促进了区域经济一体化组织的发展

经济全球化是世界经济发展的大趋势，经济全球化的趋势意味着各国（或地区）面临的国际竞争更加广泛和激烈。为了增强竞争能力、提高经济地位，各国在努力发展本国经济的同时也寻求与周边国家（或地区）的合作，因为与单个国家（或地区）相比，加入区域经济一体化组织不仅可以使成员通过合作获得更多经济利益，还可以通过区域联合提高成员在国际谈判中的地位。随着经济全球化水平的提高，区域经济一体化的活动空间越来越小；当经济全球化实现了它的最终目标，即全部生产要素在全球范围内自由、合理配置时，区域经济一体化组织就没有存在的必要了。

因此，经济全球化为区域经济一体化提供了外部客观环境，经济全球化刺激了区域经济一体化组织的出现，同时经济全球化的继续发展又会引致区域经济一体化组织的消亡。

◆ **内容提要**

区域经济一体化是两个或两个以上国家或地区通过签订条约或协定以让渡部分经济主权，实行某种程度的经济联合而形成的区域性经济合作组织的过程。按照参与国（或地区）经济发展水平，区域经济一体化组织可分为北北型、南北型、南南型三类；按照参与国（或地区）的经济联合程度划分，可分为特惠贸易安排、自由贸易区、关税同盟、共同市场、经济联盟、完全经济一体化六种形式。促进区域经济一体化组织形成和发展的主要动因有世界经济格局的变化、区域经济一体化组织的经济效应、贸易保护主义抬头、全球经济一体化进展缓慢等。世界上影响力最大的区域一体化组织分别有欧盟、欧洲自由贸易联盟、北美自由贸易区、南方共同市场、中国-东盟自由贸易区、亚太经合组织等。区域经济一体化组织既能对世界经济产生正向影响，如促进贸易投资、区域分工合作、争取区域组织话语权以及推进经济全球化等，也能产生抬高区外国家或地区的贸易投资壁垒、不利于多边体系完善以及降低全球资源配置效率等负面影响。区域经济一体化与经济全球化存在既相互区别又相互联系的关系。

◆ **关键词**

区域经济一体化　自由贸易区　欧盟　北美自由贸易协议　亚太经济合作组织　完全经济一体化

◆ **复习思考题**

1. 区域经济一体化形成和发展的主要动因是什么？
2. 区域经济一体化对世界经济的正向影响主要有哪些？
3. 区域经济一体化对世界经济的负向影响主要有哪些？
4. 区域经济一体化与经济全球化有什么联系？

◆ **思考案例**

"一带一路"推动亚洲区域经济一体化逆势发展

2019年4月8日，博鳌亚洲论坛发布的《亚洲竞争力2018年度报告》指出，2017年"一带一路"倡议的红利集中显现，夯实了亚洲区域经济一体化的社会基础。首先，"一带一路"倡议提供了更多就业岗位、更高的收入。中国企业已经在20多个国家建设56个经贸合作区，为有关国家创造近11亿美元税收和近18万个就业岗位。报告还提出，在"一带一路"倡议的推动下，亚洲区域统一大市场加速形成。上海合作组织、中国-中东欧"16+1"合作机制、中日韩自由贸易合作机制、中国-东盟"10+1"、亚太经合组织、中阿合作论坛等多边合作机制正在推动所属经济体发展战略与中国"一带一路"倡议对接，形成以"一带一路"为脊梁的更大范围内的自由贸易区。

分析：为什么"一带一路"倡议能促进更大范围自由贸易区的形成？

◆ **应用训练**

英国脱欧进入"加时赛"

2019年4月10日，欧盟召开紧急峰会，一致决定将英国脱欧期限再次延至10月底。英国脱欧僵局始终未解，脱欧期限也一拖再拖。原本，2019年3月29日是英国正式启动脱欧程序的日子，但在英国议会下院连续三次否决特蕾莎·梅政府和欧盟达成的脱欧协议后，欧盟不得不在3月21日第一次同意英国延期脱欧。但欧盟同时规定，英方必须在4月12日前给出新的方案，否则仍将面临无协议脱欧的风险。大限将至，整个英国依旧无法拿出一项得到大多数人赞同的脱欧方案。4月8日，英国通过一项法律，要求英国政府排除无协议脱欧的可能，并向欧盟再次寻求延期。至此，英国脱欧进入漫长"加时赛"阶段。仔细一算，距离2016年的脱欧公投已过去1000多天，但故事却比"一千零一夜"还长。

在这跌宕起伏的"一千零一夜"里，英国经历了民意的撕裂，政府威严的殆尽，跨国企业的"出逃"以及经济下行风险加剧。脱欧早已从最初的政治"闹剧"演变为严重的社会危机。直到现在，英国国内唯一达成的共识依旧只有不确定尽头的延期，脱欧这场超长剧的结局究竟如何，目前仍无人知晓。

试分析：

1. 英国为什么要脱欧？
2. 英国脱欧为什么一拖再拖？
3. 欧盟为什么同意延长英国脱欧的期限？

第三章　经济全球化和逆全球化

本章结构图

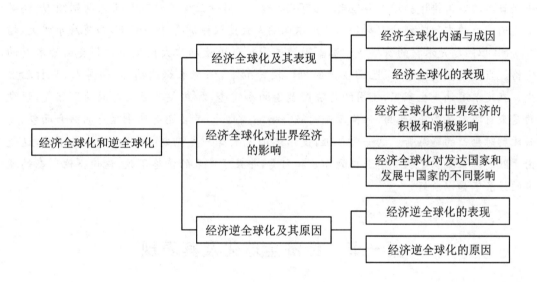

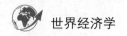

> **学习目标**
>
> 通过本章学习,掌握经济全球化的内涵、成因及表现,了解经济全球化对世界经济的影响,了解经济逆全球化的表现及其成因。

> **导入案例**
>
> **皮尔瑞纳先生的一天**
>
> 以下是住在美国东部的皮尔瑞纳先生一天的生活。早晨,他被日本生产的(其中一些零部件是韩国和泰国生产的)索尼牌半导体闹钟叫醒,半导体广播的内容是关于中东危机的。考虑到这也许会引起汽油涨价,他开始思考:是应该买辆德国的梅赛德斯-奔驰轿车呢,还是买辆日本的本田轿车。进入浴室时,他有些犹豫:是用荷兰生产的飞利浦电动剃须刀,还是用英国生产的吉列牌剃须刀刮胡子。皮尔瑞纳太太建议他别再购买新车,而将房子扩大,增加房间,但问题是木材的价格在上涨。因为美国征税迫使加拿大提高出口到美国的木材的价格。当他下楼喝橘子汁(巴西生产的)时,门铃响了,保姆米姆瑞纳(墨西哥人)来打扫卫生。在皮尔瑞纳先生家里,使用的是法国制造的咖啡壶、加拿大输送至美国的天然气,烧煮的是来自印度尼西亚、巴西、哥伦比亚的混合咖啡。此外,早餐还有瑞士生产的饼和面包,夹着比利时生产的草莓酱。这一天早上,皮尔瑞纳先生有一点忧虑:玉米的价格在下跌,这是由于欧洲国家减少了从美国进口的谷物和肉类,导致了玉米的价格下跌,这使得他所在的城市的经济不如以前好。

第一节 经济全球化及其表现

一、经济全球化内涵与成因

(一)经济全球化内涵

1985年,T·莱维根据前20年世界经济发生的变化提出全球化的概念,他将商品、服务、资本和技术在世界性生产、消费和投资领域中的扩散称之为全球化。1990年,经济合作发展组织(Organization for Economic Co-operation and Development,OECD)提出经济全球化的概念,认为经济全球化指生产要素通过在全球范围内广泛流动以实现资源最佳配置的过程。1997年国际货币基金组织(International Monetary Fund,IMF)也对经济全球化进行了定义,认为经济全球化指跨国商品、服务贸易和国际资本流动的规模及形式增加,同时技术的广泛迅速传播使世界各国经济的相互依赖性增强。

从以上定义中可以看出,经济全球化就是在科技革命和信息技术推动下,国际贸易、国际投资、国际金融以及劳动力、技术等生产要素在国际范围内自由流动,使世界经济成为一个高度融合、相互依存的有机整体的过程。

（二）经济全球化成因

经济全球化是一个历史范畴，是世界经济发展到一定阶段的产物。经济全球化之所以在二战后快速发展，主要原因有以下四个方面：

1. 第三次科技革命是经济全球化产生的物质基础

二战后发生了以原子能、电子计算机、空间技术和生物工程的发明和应用为主要标志的第三次科技革命。相比之前的两次科技革命，第三次科技革命在推动生产力方面起着更重要的作用，同时科技转换为生产力的速度也迅速提升。

首先，科技革命推动了商品和生产要素在国际间的流动。科技革命提升了生产力水平，使各国生产规模空前扩大，然而一国国内市场却无法消费该国生产的全部商品，因而促使部分商品涌入国际市场；同时，生产力的提升增加了对生产要素的需求，各国生产所需生产要素无法全部从国内市场得到满足，只能求助于世界市场。

其次，科技革命促进了国际贸易的发展。科技革命使通信和运输手段发生了革命性的变化，通信技术的发展大大缩短了各国（或地区）之间的时间和空间距离，降低了沟通成本；运输工具和运输技术的发展大大降低了运输成本，尤其是海洋运输方式的极大改善促进了国际贸易的发展。

最后，科技革命还使国际分工日益深化，使生产片段化成为可能。国际分工和生产片段化促进了国际投资的发展和生产的全球化。

2. 世界各国经济体制趋同为经济全球化扫除了制度障碍

世界上经济发达国家都是市场经济体制国家。发达国家经济的快速发展让发展中国家也逐渐模仿发达国家的经济体制，纷纷放弃计划经济体制，走市场经济体制的道路。同时，发达国家为了使商品、生产要素在世界范围内更自由地流动，不仅在国内实施贸易自由化、投资自由化的政策，而且通过世界贸易组织（World Trade Organization，WTO）等各种国际经济组织向其他国家或地区推广其国内贸易、投资政策，使得世界各国的贸易、投资政策趋同。世界各国在经济体制以及贸易投资政策上的趋同，消除了商品、生产要素（包括资本和技术）在各国之间流动的制度障碍，促进了经济全球化的发展。

3. 跨国公司的迅速发展推动了经济全球化进程

跨国公司是经济全球化过程中最重要的微观载体。跨国公司根据其全球生产和经营战略，在世界各地配置生产要素，建立生产据点和销售网络，在跨国公司内部加强母公司与子公司、子公司与子公司之间的分工协作，在公司内部实现了要素和商品的跨国界流动，形成了生产的全球化和投资的全球化。同时，跨国公司通过合资、合作、建立战略联盟等多种方式与世界各国或地区建立紧密的经济联系，通过自己的竞争优势影响东道国的国内经济政策，使世界各国或地区的经济政策朝着有利于生产要素和商品自由流动的方向发展。总之，跨国公司在全球范围内组织生产和流通，成为推动经济全球化的直接组织者和载体，成功地推动了经济全球化的进程。

4. 区域经济一体化组织的发展为迈向经济全球化起到桥梁作用

区域经济一体化组织有特惠贸易协定、自由贸易区、关税同盟、共同市场、经济联盟、完全经济一体化(目前尚未出现该种形式)等多种形式,虽然形式不一、层次不同,但区域经济一体化都有对内自由、对外封闭的特点。在区域经济一体化组织内部,各国(或地区)之间逐步取消贸易和投资壁垒,区域经济一体化范围内实行贸易和投资自由化政策。区域经济一体化组织的蓬勃发展,一方面让越来越多的国家认识到区域经济一体化组织,吸引更多的国家或地区加入到已有的区域经济一体化组织中,如欧盟的东扩、东盟新增加成员国等;另一方面,其他国家或地区组建新的区域经济一体化组织,如中国-东盟自由贸易区的成立。无论是区域经济一体化组织规模的扩大,还是组建更多的区域经济一体化组织,都在更大范围内实现贸易和投资自由化。所以说区域经济一体化组织内部实施的各类自由化政策及措施都促进了经济全球化的进一步发展,区域经济一体化组织是迈向经济全球化的重要桥梁。

二、经济全球化的表现

(一)贸易自由化

1. 贸易自由化内涵

贸易自由化指国家(或地区)间普遍出现的减少或消除国际贸易中业已存在的各种障碍的趋势与现象。

国际贸易一经产生,就受到种种贸易障碍的约束。国家(或地区)对国际贸易的干预一直都存在,这种约束在客观上阻碍了贸易的扩大与发展。随着生产力的提高和各国对生产要素和外国市场的需求增加,贸易障碍越来越不适应社会经济发展的需求,从而使世界各国(或地区)形成扫除国际贸易障碍的需求,逐步追求贸易自由化。由于各国(或地区)经济发展程度存在差异,一些国家(或地区)在实行贸易自由化措施的同时,另一些国家(或地区)却实行贸易保护主义措施,但就整个世界范围而言,世界经济是朝着贸易自由化的方向发展的。

2. 贸易自由化的发展阶段

(1) 早期贸易自由化。18世纪60年代,英国掀起了科技革命,社会生产力大大提高,产生了大量的剩余产品,对外出口成为实现资本主义再生产的重要条件。但此时的英国重商主义盛行,阻碍了英国经济的发展。之后英国经济学家亚当·斯密和大卫·李嘉图提出了实现自由贸易的理论基础,主张英国要推行自由放任的经济政策,同时建议世界各国(或地区)都要实施自由贸易政策,在国内只生产各具有绝对或相对比较优势的商品,然后去交换别国擅长生产的商品,那么各国在交换中都能获益。英国内部几经斗争,终于实现了自由贸易政策,取得了经济上的快速发展。之后英国在其殖民地也实行自由贸易政策,并通过签订贸易条约和关税协定将自由贸易政策扩散到其他国家,促进了欧洲经济一体化进程。

(2) 二战后贸易自由化迅速发展。二战后的贸易自由化以《关税与贸易总协定》的正式生效为标志,不同于早期的贸易自由化以西欧国家在内部推行贸易自由化政策为特征,此时的贸易自由化主要以国家间通过多边或双边贸易协定来削减关税、减少非关税壁垒、取消国际贸易障碍与歧视等形式为特征。

(3) 20世纪90年代以后贸易自由化内容的丰富。1995年世界贸易组织取代了延续40

多年的《关税与贸易总协定》,将贸易自由化范围从货物贸易(主要是工业品贸易)扩大到服务贸易、农产品、纺织品、知识产权以及与贸易有关的投资领域等,同时世界贸易组织还在完善世界多边贸易体制、规范国际贸易竞争规则以及促进贸易发展等方面做出了历史性的贡献。

(4) 2008 年全球金融危机后贸易自由化进程放缓。2008 年全球金融危机发生后,贸易自由化趋势受到逆全球化思潮的干扰,对贸易自由化是否会带来双赢或共赢的认识不断遭到质疑和挑战,贸易自由化进程放缓。与以前反对全球化的声音来自发展中国家不同,此次反全球化的声音来自以美国为代表的发达国家。据国际货币基金组织统计,2015 年全球实施的限制性贸易措施达到 736 个,同比增加 50%,是自由贸易促进措施的 3 倍。同时区域经济一体化进程也在放慢,英国脱欧事件造成欧洲经济一体化进程面临新挑战。

3. 贸易自由化的内容

(1) 贸易自由化最早表现为进出口关税的大幅度削减,主要是关于工业品关税的大幅度降低。

(2) 进口限额、进口许可证、出口补贴、倾销等非关税壁垒的逐步降低或取消。

(3) 外汇管制逐步放宽乃至取消。

(4) 国民待遇和最惠国待遇得到越来越广泛的运用,成为世界各国普遍接受的国际惯例。

(5) 发展中国家的贸易利益得到一定的照顾,多边贸易体系中发达国家普遍给予发展中国家普惠制待遇。

(6) 贸易自由化领域不断扩大,由工业品延伸至农产品、纺织品,由货物贸易延伸至服务贸易、与贸易有关的投资措施和知识产权领域等。

(二) 投资自由化

1. 投资自由化内涵

联合国贸易和发展会议(UNCTAD)在《1998 年世界投资报告》中对投资自由化进行了定义,认为"投资自由化是减少或消除政府对跨国公司实行的限制或鼓励措施,对其提供平等的待遇,废除歧视性、造成市场扭曲的做法,确保市场的正常运行。投资自由化最重要的特征就是消除国际投资进入和建立方面的障碍"。

投资自由化是经济全球化发展到一定阶段的产物。20 世纪 70 年代,一些新兴发展中国家开始在世界经济舞台崭露头角,它们通过吸引外商直接投资来发展本国经济,取得了不俗的成绩。之后其他众多发展中国家也纷纷效仿,对外商投资实行较为宽松的政策。而发达国家为了帮助跨国公司资本能在全球范围得到最优配置,通过双边或多边协议提倡在全球范围内推行投资自由化政策。

2. 投资自由化的发展阶段

(1) 20 世纪 70 年代起投资自由化政策出现。20 世纪 70 年代,一些新兴发展中国家先后实行出口导向型战略来发展本国经济,并注重利用外商直接投资。为了吸引外商直接投资,众多发展中国家制定了各种有关外商直接投资的法律、法规和制度。主要表现为规定了鼓励外商直接投资的优惠政策、保护政策和引导政策，为外商直接投资提供法律和制度上的保障。

(2) 20世纪80年代末投资自由化进入快速发展阶段。发达资本主义国家是经济自由主义的提倡者，不仅在其国内推行经济自由主义，还对外大肆宣扬经济自由主义的利处，在世界范围内鼓吹经济自由主义能促进所有国家的经济发展。1989年世界银行主导的《华盛顿共识》出台，引导发展中国家采取金融贸易自由化，取消对外资流动的限制，减少政府对企业的管制等一系列政策措施，投资自由化开始进入多边框架时代。同时，发达国家通过积极对外签订双边投资协定来规范东道国对外商投资的政策内容。20世纪90年代，每年新增双边投资协定的数量达到200个左右。双边投资协定的签订使得东道国放松对外商直接投资的限制，投资自由化政策迅速在世界范围内传播。

(3) 21世纪投资自由化进入稳步发展阶段。进入21世纪后，每年新增的双边投资协定数量有所下降，但是投资自由化的进程并没有放缓。更多的国家通过在自由贸易协定、经济合作伙伴关系协定中加入直接投资条款，要求东道国为外商直接投资提供更宽松的环境。同时，投资自由化政策内容在此阶段也得到扩展，大多数投资条款规定了一缔约方必须给予其他缔约方的投资在进入阶段和运营阶段的国民待遇和最惠国待遇，明确了缔约国对外资的保护和发生争端时的解决方式等。尤其是近些年签订的投资协议中，国民待遇和最惠国待遇延伸至投资的建立阶段，提倡东道国采用负面清单的模式对外资进入产业进行规定，并要求逐渐缩小负面清单范围，这些都使外资进入东道国变得更为自由。

3. 投资自由化的内容

(1) 外资准入方面。外资能否进入、在何种程度进入以及在多大范围进入一直是东道国外资管辖权的主要内容。20世纪80年代，发达国家通过双边或多边投资协定要求东道国在外资准入领域实行国民待遇和最惠国待遇，要求外资在准入阶段就与东道国企业以及第三国企业享受同等待遇。

(2) 履行要求的禁止。很多发展中国家通过设定履行要求来对外资进行指导，以期外资符合本国发展目标，如要求外资企业雇佣当地员工、股权占比不得超过50%等。对这些履行要求的禁止使企业能更自由地进入东道国。

(3) 投资保护方面。对外资的保护更加规范，要求东道国对于外资企业的征收、国有化必须符合一定的前提条件，且补偿必须是充分、及时、有效的。

(4) 投资争议解决方式的国际化。当东道国与外资企业发生争端时，重视以国际法作为可适用的法律规定。尤其是当东道国和外资企业所在国都是世界贸易组织成员国时，可向世界贸易组织的解决投资争议国际中心(International Center for the Settlement of Investment Dispute, ICSID)申请行政仲裁。

(三) 金融自由化

1. 金融自由化内涵

金融自由化指各国放松金融管制，允许金融资本在全球范围内自由流动和合理配置的过程和趋势。

20世纪70年代以后,世界经济呈现全球化的特点,国际贸易的发展和跨国公司的壮大加快了对国际资本的需求。资本的本性是在全球范围内寻求利益最大化。一方面,国际资本要求各国(或地区)放松对资本流动的限制,允许国际资本自由地进出国内市场;另一方面,资本在世界市场上的高收益也吸引了各国(或地区)的国内资本,要求政府放松管制。同时,各国(或地区)政府也意识到,严格的金融管制只能限制本国的金融市场发展,对一国的经济发展非常不利。因此20世纪后半期,全世界范围内都进行了金融体制改革,改革的目标就是放松金融管制、提倡金融自由化。

2. 金融自由化的发展阶段

(1) 初始的金融自由化阶段。16世纪末,意大利出现了银行。19世纪初,银行在西方发达国家得到了普遍发展。这一期间,非银行金融机构尚未大规模出现,银行的业务范围广泛,政府对银行的限制较少,银行经营活动自由。

(2) 19世纪30年代至二战后非银行业务迅速发展。1929~1930年世界经济危机的出现,导致各国终结了早期银行业务无所不包、无所限制的局面,开始出现非银行的金融业,金融业开始进入专业化、限制化的阶段。尤其是到了二战之后,国际贸易和跨国公司的迅速发展对金融业务产生了大量需要,此时的金融业发展主要发生在西方经济发达国家。非银行金融机构得到了快速发展,表现在非银行机构数量迅速增加、非银行机构经营范围也越来越广泛。此时各国政府和中央银行对金融体系的控制手段日趋完善,不再是对金融业无限制,而是有选择的限制。

(3) 20世纪80年代后全球范围内的金融自由化。20世纪80年代后,世界经济再一次融入了金融自由化的浪潮。此时的金融业务不再是由分散、小额经营的金融机构提供,而是由若干实力雄厚、拥有现代化通信工具、经营方式多种多样的大金融公司经办。这个阶段的金融自由化浪潮几乎席卷了世界上所有国家,包括发达国家和发展中国家,然而不同国家的自由化进程却不尽相同。发达国家的金融业起步早、范围广、竞争力强,此阶段的金融自由化重在金融创新与深化;发展中国家金融业相对起步晚,基于国内市场环境以及发展民族经济的需要,大多实行不同程度的金融管制,金融自由化以放松金融管制为主。

3. 金融自由化的内容

(1) 价格自由化。取消对利率、汇率的限制,放宽本国资本和金融机构进入外国市场的限制,充分发挥公开市场操作、央行再贴现、法定储备率要求等货币政策工具的市场调节作用。

(2) 业务自由化。政府不再限制金融机构的经营业务范围,金融机构不仅可以从事短期融通的货币市场业务,也可以从事长期借贷的资本市场、债券市场和保险市场业务;同时允许各类金融机构从事交叉业务,不仅允许国内金融机构从事境外金融业务,也允许国外金融机构从事境内金融业务。

(3) 金融市场自由化。各国金融市场不再相互分隔,全球金融市场趋向一体化。

(4) 资本流动自由化。放宽外国资本、外国金融机构进入本国金融市场的限制。

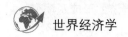

资料链接

2019全球跨境电商市场与发展趋势

2018年以来,全球跨境电商行业不断发展,艾媒咨询(iiMedia Research)数据显示,2018年全球B2C跨境电商交易规模同比去年增长27.5%,预计2019年将突破8000亿美元,全球跨境网购普及率达51.2%,其中中东地区使用跨境电商进行网购的消费者的比例最高,达到70%。服饰鞋帽为消费者通过跨境电商购买最多的品类。西欧是欧洲最大的电子商务市场,其中葡萄牙跨境网购普及率最高。跨境电商在澳大利亚电商市场份额占25%,澳大利亚网购者青睐跨境购买英美产品。在拉丁美洲,巴西电商发展较成熟,阿根廷电商发展迅猛。2018年进博会及相关政策出台促进中国跨境电商发展,中国跨境电商交易规模达到9.1万亿元,用户规模超1亿人。2018年,30.7%海淘用户因海外商品质量好而选择海淘,比2018上半年增长了7.8%,超五成用户每月购物一次。艾媒咨询分析师认为,质量越来越受到海淘用户重视,用户对高品质的跨境电商需求逐渐增加,同时高频次海淘购物为跨境电商企业带来更多发展机遇。

——资料来源:2019全球跨境电商市场与发展趋势研究报告,2019-04-04,艾媒新零售产业研究中心,艾媒网。

第二节　经济全球化对世界经济的影响

经济全球化对世界经济的影响广泛而深刻,对各国经济的影响具有异质性。经济全球化的过程中伴随着贸易自由化、投资自由化、金融自由化,促进了商品、资本、技术、劳动力等生产要素的自由流动,有利于资源在全球范围内的优化配置;促进了全球贸易、投资、就业的增长,提高了世界各国人民的生活水平;打破了各国封闭狭小的市场界限,使各国市场不断融合,形成了全球统一的大市场,为各国企业发展提供了广阔的市场空间,提高了全球的生产率水平。然而由于各国的经济发展程度不同,政治、经济力量不均,全球化的成果和收益并不被所有参与国所共享,给不同国家带来的机遇和挑战也不甚相同。

一、经济全球化对世界经济的积极和消极影响

(一)积极影响

1. 有利于各国优化资源配置

相比于封闭状态下的经济状况,参与全球化可以使一国经济不受本国资源的限制,可以有效利用全球范围内的资本、技术、劳动力等生产要素,充分利用各国的优质生产要素,使各国生产过程中优势互补、扬长避短,提高各国的生产率水平。具体来说,经济全球化使得发达国家可以充分利用发展中国家的自然资源、劳动力等生产要素,发展中国家也可以利用发达国家的技术、资本等生产要素,各国可以优化生产中的资源配置,发挥不同国家的生产要

素比较优势,提高生产率水平,增加世界总产出。同时经济全球化使得各国开放市场,各国贸易、投资、金融自由化措施的实行使得各国的总产出可以较为自由地交换和分配,提升了世界各国的福利水平。

2. 有利于发挥世界市场的竞争机制

经济全球化使各国企业参与到国际竞争中,一国的企业不仅面临着国内企业的竞争,同时也承受着来自其他国家企业的竞争压力。由于更多的企业在世界市场上进行竞争,因此企业必须更加努力地改善生产经营活动、降低生产成本、提高生产率,这样才不会被市场所淘汰。世界市场上更加激烈的竞争使资源能得到更有效的利用,同时还会刺激企业研发出更多的新技术和新产品。而且在同一个大市场中,新技术和新产品的扩散速度将比以前更迅速,竞争力弱的产品和企业被淘汰的速度也在加快。

3. 促进了国际贸易的发展

经济全球化的过程就是贸易、投资、金融自由化的过程。经济全球化促进了贸易、投资、金融自由化,同时贸易、投资、金融自由化又反过来促进了经济全球化进程。贸易自由化使商品能够突破各国的贸易限制,销往更多国家,不仅促进了国际贸易的发展,也丰富了各国人民的需求。投资自由化使得跨国公司可以在更多的国家进行投资,促进了国际投资的增长,特别是很多发展中国家通过吸引外资,不仅解决了资金短缺问题,还引进先进技术,促进东道国的经济增长。金融自由化使资金可以在各国资本市场上进行自由流动,随着信息技术的发展,金融交易更加便捷、金融成本更加低廉、金融风险更加可控,各国的国际金融业务发展的更为迅速。

4. 深化国际分工

经济全球化使跨国公司可以充分利用世界各国的生产要素,在全球范围内进行生产经营布局,形成了多层次的国际分工格局。发达国家在发展高技术产业等知识和技术密集型产业的同时,将劳动密集型产业和部分资本密集型产业转移至发展中国家;新兴发展中国家在接受发达国家产业转移的同时,一方面在国内通过学习效应对产业结构进行升级,另一方面将部分劳动密集型产业转移至其他发展中国家;发达国家和发展中国家的专业化分工进一步深化了国际分工。跨国公司的这种全球布局,即在世界各国进行专业化分工的行为,加深了整个世界的国际分工程度,促进了发展中国家的产业结构升级以及发达国家自身的产业结构升级。

（二）消极影响

1. 增加各国经济不稳定性

经济全球化下,各国之间贸易、投资、金融往来更加频繁,各国之间的经济相关性和依存度不断提高,一国经济发生动荡,会引发其他国家经济也发生变化。当出现世界性经济危机时,一些发达国家会利用贸易、投资、金融政策向其他国家转嫁危机,引起全球连锁反应,扩大经济危机的范围。特别是一些发展中国家,国内经济基础薄弱,贸易、投资、金融政策相对不完善,抵御外部冲击和干扰的能力相对较弱,在经济全球化的背景下更易受到经济危机的影响,致使国内经济受损。同时,经济全球化要求各国对贸易、投资、金融放松管制,致使各国政府和国际经济组织对经济的监控力度变弱,一旦发生经济突发事件,各国政府和国际经济组织难以对突发事件进行及时、全面、有效地干预,增强了各国经济的不稳定性和风险性。

2. 弱化了国家经济主权

各国融入经济全球化的过程就是逐步放松对贸易、投资、金融的限制过程,这个过程必然伴随部分国家经济主权的丧失,同时也导致国际经济组织和跨国公司的力量不断壮大。国际经济组织制定的经济规则以及跨国公司在全球的生产经营活动都会对世界各国的经济产生重要影响,使各国国内经济政策的有效性不能完全发挥。国际经济组织的主导者是发达国家,跨国公司的母国大多也是发达国家,所以经济全球化对发达国家经济主权的弱化影响比较小,而对发展中国家经济主权的弱化影响相对较大。

3. 拉大了不同发展程度国家之间的经济差距

经济全球化并没有使所有国家都获益,而是使发达国家和发展中国家之间的贫富差距急剧扩大,贫困问题更加突出。经济全球化使全世界范围内资源得以优化配置、生产率提高,发展中国家和发达国家的经济总量都有所提高,然而发展中国家的上升水平远低于发达国家。贸易、投资、金融的发展主要发生在发达国家或少数新兴发展中国家,大部分发展中国家参与全球化的程度仍然非常低。发展中国家参与全球化的主要表现形式是将人才、重要自然资源等生产要素流入发达国家,使发达国家获得经济发展的优质生产要素,发展中国家却流失经济发展所需的基本要素,两者之间的经济差距日趋扩大。

二、经济全球化对发达国家和发展中国家的不同影响

(一)对发达国家的影响

经济全球化的进程由发达国家发起和推动,发达国家领先的科技、灵活的市场体制、强大的经济基础使其在经济全球化过程中占据着有利地位,成为全球化的最大受益者。但是经济全球化也使得发达国家丧失了部分经济主权,受到其他国家经济的影响,也给其带来了一些负面影响,如劳动密集型产业优势的丧失导致低技能工人失业等。下面重点介绍经济全球化给发达国家带来的有利影响。

1. 发达国家享受了更多贸易自由化带来的收益

首先,贸易自由化最主要的内容是国家间相互降低关税,发达国家可以将其工业制成品更方便地销往发展中国家,同时发达国家由于科技先进而制定各种非关税壁垒阻碍发展中国家产品的进入。其次,投资自由化方便了发达国家的跨国公司在世界各国进行全球布局,刺激了发达国家对发展中国家的投资,但发展中国家由于资金短缺较少对发达国家进行直接投资。最后,发达国家拥有大量金融资本,在金融全球化的过程中处于控制和支配地位,发达国家的投机者到金融市场中处于弱势地位的发展中国家进行投机操控,获取高额利润,使得发展中国家金融市场动荡、经济受损。

2. 发达国家通过转嫁环境危机增强可持续发展能力

经济全球化下,发达国家向发展中国家转移一些技术相对落后、附加值小、能耗高的产

业,甚至将一些污染比较严重、在国内失去发展空间的产业转移至环境标准较低的东道国,通过压低当地工资、降低福利、破坏当地环境资源等途径获取超额利润。同时,发达国家将在发展中国家获得的巨额利润投资于国内新兴产业,实现新一轮产业结构升级,获取可持续发展能力。发达国家主要通过跨国公司这个载体来实现落后产业转移,转嫁国内的环境危机,维持本国生态平衡和可持续发展的资源条件。

3. 发达国家吸引众多发展中国家的人才充实发达国家的人力资本

在科技和知识经济高速发展的时代,人力资本是最重要、最活跃的生产要素,人力资本对经济增长的贡献远超过其他生产要素。经济全球化下,人才流动更为便捷和频繁。人才流动有两种形式:① 发展中国家的人才向生活质量较高、经济较为发达的地区进行移民性流动,通常称为明流;② 人才虽留在本国,却为跨国公司工作,通常称为潜流。发达国家较高的生活水平、优厚的物质待遇、良好的教育水平和科研条件等吸引了大量的发展中国家人才,既有明流人才,也有潜流人才。发达国家从发展中国家吸引众多人才,使其人力资本在存量和增量上都占据优势,保障了其在高科技行业的持续领先地位。

(二) 对发展中国家的影响

经济全球化导致发展中国家贸易量增加、资本流入增多、技术引进增加,缩小了部分发展中国家与发达国家的差距。然而并不是所有发展中国家都在经济全球化过程中获益,一些欠发达国家反而陷于更加贫困的境地。

1. 对发展中国家的积极影响

(1) 贸易自由化有利于发展中国家发挥比较优势,获得赶超发达国家经济的机会。贸易自由化为发展中国家提供了充分利用国际市场、参与国际分工与分配、更好地发挥比较优势、在全球范围内配置资源的机会。发展中国家通过引进资本、技术等生产要素来弥补国内缺口,利用后发优势实现技术进步、产业升级、制度创新,最终实现经济增长。

(2) 投资自由化使众多发达国家的跨国公司在发展中国家进行直接投资,将劳动和资源密集型产业向资金匮乏且劳动力和自然资源相对丰裕的发展中国家进行转移。一些新兴的发展中国家,将跨国公司的资金、技术、管理水平与本国传统优势相结合,有效促进了东道国的产业结构升级。特别是一些外向型经济国家,利用直接投资的外溢效应提升本国商品的品质、技术,融入跨国公司的全球生产链,与发达国家的经济发展保持同频。

(3) 金融自由化大大拓宽了发展中国家的融资渠道,弥补了部分国家在国内投资和外汇短缺这两个方面的缺口,使发展中国家可以利用外国资本进行基础设施建设、进口国外先进技术等,这些都有利于发展中国家国内经济的发展。同时,发展中国家可以学习发达国家的金融创新,提高金融业对经济发展的推动作用。

(4) 经济全球化推动了发展中国家的制度改革。经济全球化由发达国家主导,经济全球化的核心是发达国家将其国内的市场经济体制推广至全球。发展中国家在融入全球经济的过程中,逐步建立起与发达国家一致的,以价格为核心的市场经济体制和以公开、透明为原则的健全法律制度。这些制度改革保障了发展中国家能够使资源得到更有效的利用,促进了经济发展。

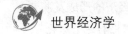

2. 对发展中国家的消极影响

(1) 贸易自由化使一些发展中国家陷入"贫困式增长"。经济全球化使世界商品结构发生了很大变化，初级商品需求减少，且初级商品的相对价格也在下降。发展中国家经济基础薄弱，生产的大部分商品是初级劳动密集型产品或者技术含量比较低的工业制成品。除了初级商品贸易条件恶化以外，发展中国家的工业制成品相对于发达国家的工业制成品贸易条件也在恶化。这使发展中国家不得不以更多低价值的产品换回少量高价值的商品，看似增长的贸易背后，福利水平却日趋恶化，陷入了越出口越贫困的状况。

(2) 投资自由化破坏了发展中国家的可持续发展能力，限制了东道国民族经济的发展。首先，投资自由化使发达国家向一些发展中国家转移本国即将淘汰的、高污染的夕阳产业，破坏了发展中国家的生态环境，掠夺了发展中国家重要的自然资源，影响了发展中国家可持续发展能力。其次，发达国家对发展中国家进行直接投资，利用合资、合作、独资、并购等方式逐步占领和扩展发展中国家的市场份额，使发展中国家脆弱的民族经济处于强大竞争之下，国内企业生存受到威胁。

(3) 金融自由化给发展中国家带来金融动荡的风险。发展中国家金融体系比较脆弱、金融监管经验不足。发达国家的投机者在国际金融市场操控资本的大规模无序投机活动，会带来发展中国家外汇储备的急剧变化和金融资产价格的剧烈波动，容易引发发展中国家金融市场动荡，威胁其国家经济主权和经济安全。

(4) 人才的流动导致发展中国家人力资本的丧失。当今世界是知识经济的时代，人力资本成为最重要的生产要素。经济全球化使得人才能更自由地流向发达国家，人才的流失使发展中国家与发达国家在人力资本、知识资源方面的差距愈来愈大，使发展中国家在全球化过程中处于更加被动的局面。

资料链接

从大历史观看逆全球化

2016年6月，英国做出逆全球化选择，成为首个公投决定退出欧盟的国家。2016年6月24日，英国退欧公投投票结果出炉，支持留欧占比48.1%，支持退欧占比51.9%，英国成为首个公投决定退出欧盟的国家。这是欧洲经济一体化进程的倒退，更是全球化遭遇逆转的真实呈现。其中，退欧阵营利用民粹主义情绪，广泛宣传英国留欧可能带来的难民增长、福利削减、犯罪率提升等情况，符合普通民众(特别是中老年民众)的担忧，使得逆全球化立场在英国基层得到广泛认可；伴随民粹主义情绪的进一步发酵，反移民、民族主义、贸易保护等逆全球化倾向可能在更大范围得到强化。

由于欧盟内部分化严重，英国公投结束后，欧洲逆全球化乱象仍在延续。2016年欧盟民调显示，欧盟主要国家的民众对欧盟的好感度并不高；其中，希腊、法国、西班牙等对欧盟的反感已经多于好感，欧盟内部民众的不满情绪较为强烈。尽管目前还没有出现新的"退欧公投"，但逆全球化情绪在此后意大利宪政公投失败、德国大选后内阁"难产"、法国右翼政党国民统一阵线党的崛起等事件中已有明显体现。此外，近两年来，欧洲涌现出一批持逆全球化观点的极端政党，在中下层选民中支持率不断上升，逆全球化逐渐从社会思潮和民间运动转向极端政党政治观点,欧洲逆全球化乱象仍在延续。

近期,美国加快推行贸易保护政策,再次引发对逆全球化问题担忧。2018年以来,美国加快推行贸易保护政策。为了扩大贸易保护范围、加重贸易惩罚力度,此次美国重新启用多个贸易保护工具,符合特朗普一直以来的逆全球化倾向。作为全球化的反对者,他的逆全球化观点包括:坚持美国中心主义、威胁退出北美自由贸易协定、驱逐非法移民、禁止穆斯林入境等。

——资料来源:长江宏观赵伟团队"从大历史观,看逆全球化",2018-04-08。

第三节 经济逆全球化及其原因

伴随着经济全球化的过程,质疑经济全球化的声音一直都存在,这种质疑的声音和力量集结在一起,形成了逆全球化的思潮和行动。逆全球化也称去全球化,与以资本、生产和市场在全球层面一体化的进程背道而驰,而是向地方和国家层面"返回"的过程。

一、经济逆全球化的表现

2008年全球金融危机以来,全球经济经历了十多年的低速增长,发达经济体和新兴经济对待经济全球化的态度出现了分化。一些发达经济体认为当前的经济全球化影响了其国内经济,提出全球化需要重新思考;另一些发达经济体则直接采取非常规的反全球化措施。

(一)英国脱欧

2016年6月,英国举行脱欧公投,投票结果是同意脱欧的选民占51.89%,共1570万人;同意留欧的选民占48.11%,共1458万人;英国因此走上了脱欧道路。欧盟是当前区域经济一体化程度最高的组织,是经济全球化过程中的重要成果。英国脱欧是区域一体化进程的倒退,同时也是经济全球化的倒退。

(二)特朗普政府"美国优先"政策

2017年美国总统特朗普就任后,奉行"美国优先"政策,实行了一系列与全球化相悖的政策,如退出跨太平洋伙伴关系协定(Trans-Pacific Partnership Agreement,TPP)谈判、搁浅跨大西洋贸易与投资伙伴关系协定(Transatlantic Trade and Investment Partnership,TTIP)谈判、征收边境税、把美国制造业迁回国内、对他国入境商品征收高关税、对世界贸易组织和北美自由贸易协定持怀疑态度等。这些政策都表明特朗普政府不再用常规方式开展对外合作,反映了其对经济全球化的不信任和不支持。

(三)欧美国家的反移民、反难民浪潮

2008年欧洲经济危机之后,随之而来的就是难民危机。中东、北非地区国内局势动荡、经济衰变,一直是欧洲难民的主要来源。对于本身已经不景气的欧洲经济来说,难民的到来不仅会引发经济问题,更严重的是会引发政治问题,即促使了欧洲右翼民粹主义政党的迅速崛起。欧洲右翼民粹主义的最主要特征是民族主义、仇外和威权主义。他们认为难民是外部人,受到了腐败的精英阶层的欢迎,所谓的"政治正确"的主张是以牺牲"人民"的利益为代价的。拥护右翼民粹主义的民众认为全球化是某种外来的邪恶事物,带来了移民,由此带来了工作岗位的不稳定和生活状况的恶化,因此他们鼓吹反移民、反难民思想。

（四）新型贸易保护主义的出现

2008年全球性的经济危机波及世界上绝大多数国家,很多国家为了降低经济危机的冲击,纷纷高筑壁垒,全球贸易摩擦事件频发,如美国在2008～2016年对其他国家采取了600多项贸易保护措施。贸易保护措施除了采取传统的反倾销、反补贴调查外,还出现了以提高产品标准和强调环境保护问题的新型贸易保护主义,限制了发展中国家产品出口至发达国家。同时发达国家为了所谓的增加就业岗位、避免国内产业结构空洞化,掀起再工业化的浪潮,重新重视和发展工业,把原先设置在发展中国家或地区的生产经营活动迁回国内,与生产全球化进程背道而驰。

二、经济逆全球化的原因

（一）民主政治走向极端

全民公投又称公民投票或全民表决,由拥有投票权的所有公民对于本国或地区的某些议题进行直接表决的一种制度安排,是"一人一票"民主制度的最直接表现。纵然全民公投有体现人民主权、提高民众政治参与度、提升政府的信任度等优点,但其同时也会存在导致民主泛化、消解政府权威、容易造成多数暴政等缺陷。欧美经济的滑坡,使底层公民将其自身福利水平的下降归结于经济全球化的影响,在进行投票时容易产生偏见和盲从,被右翼民粹主义政党所利用,导致全民公投的背后往往隐藏着民族主义情绪,扛起支持逆全球化政策的大旗。

（二）全球收入不平等加剧

在经济全球化发展进程中,全球性收入不平等和财富分配不公问题普遍存在,既表现为发达国家与发展中国家之间的财富差距进一步扩大,又表现在发达国家内部和发展中国家内部的财富分配不公问题日益严重。经济全球化加快世界经济增长,做大了世界经济总量,但做大的总量如何在国家之间进行合理分配、如何在一国之内进行公平分配是一个特别现实又难以解决的问题。目前正是因为没有解决好收益分配问题,致使全球收入不平等持续加剧,引发了逆全球化思潮的出现。

（三）欧洲多元文化并不融洽导致欧洲反对移民和难民

二战后,由于殖民体系的逐步瓦解以及二战后欧洲经济恢复需要劳动力,欧洲接受了大量来自原殖民地或者相邻国家或地区的移民,然而这些移民并不能享受同本地人一样的工作机会。虽然有些移民是因为自身素质不高或缺乏专业技能而得不到雇佣,但移民总体上还是面临着工作歧视的问题。欧洲的福利制度对移民也有所保留,一方面为了能持续不断地吸引移民而给予移民一部分福利政策,另一方面为了应对社会普遍反对声音而对福利政策有所保留,这一矛盾性的举措显示了欧洲并没有完全接纳外来移民。除了经济上的原因,文化上的差异也是欧洲排外的重要原因。历史上伊斯兰教和基督教一直相互仇视,双方在宗教意识上视对方为"异教徒"和"邪恶者",欧洲本土居民首先在宗教情感上就不认同外来移民,进而表现为民族情感上升至国家意志,最后表现为对移民政策的不满。

(四)发达国家和发展中国家经济力量对比发生改变

经济全球化的发展,使得发达国家的跨国公司为了优化资源配置、最大化利润,将很多中低端的生产经营活动转移至劳动力资源比较丰富的发展中国家。很多发展中国家经历了利润微薄的工业化生产时代,工业体系渐趋完善、国民经济实力不断增强,导致发展中国家与发达国家的经济力量对比发生了变化,尤其是新兴发展中国家在世界经济中的份额迅速上升,发达国家经济占总体份额大幅下降。这种经济力量对比的变化使得先前作为经济全球化中心的发达国家关注经济全球化对其带来的负面影响,例如,由于工厂外迁导致的失业人数增加问题,转而成为逆全球化政策的推动者。

◆ **内容提要**

经济全球化是世界经济发展到一定阶段的产物。经济全球化产生的动因包括第三次科技革命的兴起、各国经济体制的趋同以及跨国公司和区域经济一体化组织的快速发展。经济全球化主要表现在贸易自由化、投资自由化、金融自由化三个方面。经济全球化对世界经济的影响是广泛而深刻的,既有积极的一面也有消极的一面,对发达国家和发展中国家的影响也不一致。伴随着经济全球化的进程,逆全球化的思潮也不断涌现,当前最重要的表现形式是英国"脱欧"事件、美国倡导的"美国优先"政策、欧美出现的反移民反难民政策以及各地出现的新型贸易保护主义政策。产生逆全球化思潮的主要原因是欧美的民主政治走向极端、全球收入不平等加剧、欧洲多元文化相处不融洽以及发达国家和发展中国家经济力量发生对比。

◆ **关键词**

经济全球化　逆全球化　贸易自由化　投资自由化　金融自由化

◆ **思考题**

1. 经济全球化的动因是什么?
2. 贸易自由化的主要内容是什么?
3. 投资自由化的主要内容是什么?
4. 金融自由化的主要内容是什么?
5. 经济全球化对世界经济的积极影响和消极影响分别是什么?
6. 请问经济逆全球化的主要表现及动因是什么?

◆ **思考案例**

2018 年外商直接投资降至 2008 年金融危机后新低

联合国贸易和发展组织发布最新的《全球投资趋势监测报告》显示,全球外国直接投资(FDI)从 2017 年的 1.47 万亿美元降至 2018 年的 1.2 万亿美元,连续三年持续下滑,2018 年已降至 2008 年全球金融危机后的新低。2018 年全球外国直接投资下滑主要集中在发达国

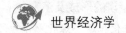

家,发展中国家作为一个整体吸收外资增长了3%,这个增幅虽然不大但相对稳定。亚洲发展中经济体表现最为亮眼,2018年流入亚洲发展中经济体的全球外国直接投资增至约5020亿美元,增长5%。东亚和东南亚是流入外资最多的地区,占2018年全球外国直接投资的三分之一。

试分析:为什么2018年发达国家吸收的FDI下滑,而东亚和东南亚流入的外资却在增加?

◆ 应用训练

经济全球化中的中国

中国是经济全球化的受益者,更是贡献者。20世纪70年代末,中国开启了波澜壮阔的改革开放。1986年,中国向关贸总协定(世界贸易组织的前身)提出恢复创始缔约方地位的申请,并于2001年加入世界贸易组织,全面参与国际分工和经济全球化,逐步发展成为全球供应体系的重要组成部分和"世界工厂"。1978~2016年,中国货物贸易出口和进口总额分别以19.33%和18.12%的年均增速快速增长。1983~2016年,中国实际利用外商直接投资额名义上增长了近136倍,成为举世公认的开放大国。

改革开放40多年来,中国严格遵循世界贸易组织原则和相关国际规则,积极参与经济全球化和国际分工,把丰富的劳动力资源转化为人口红利,形成了有利于经济增长的劳动力供给、较高储蓄率和投资回报率,促进了资源配置效率提高,显著提升了制造业产品的比较优势和国际竞争力。中国经济持续快速增长,为全球经济稳定增长做出越来越大的贡献。中国同一大批国家联动发展,使全球经济发展更加平衡。中国减贫事业取得巨大成就,使全球经济增长更加包容。中国改革开放持续推进,为开放型世界经济发展提供了重要动力。

习近平总书记指出,中国坚定不移地推进改革开放。通过推进"一带一路"建设和加强区域经济合作,中国持续推进对外合作多边化与贸易多元化,在继续从对外开放中获得发展动力的同时,也在为维护自由贸易、推动经济全球化朝着更加开放、包容、普惠、平衡、共赢的方向发展做出更大贡献。

——资料来源:蔡昉.经济全球化中的中国[N].人民日报,2018-9-12.

试分析:
1. 中国在经济全球化的进程中获得了哪些收益?
2. 中国是怎样维护经济全球化的?

第二篇
世界经济的运行机制

　　科技革命是推动世界经济形成、发展和演化的根本动力。近代历史上发生过三次重大的科技革命。科技革命不仅为生产力的发展创造了诸多条件,而且使生产力本身及其结构也发生了重大变化。每一次科技革命的发生必然赋予国际分工以新的内容和新的形式。在科技革命的推动下,通过国际贸易、国际金融、国际投资以及国际间人员和技术的流动,越来越紧密地把世界经济结合成一个有机整体。目前,以人工智能、区块链、生物工程、5G为代表的科技创新正日新月异,这将极大的影响世界经济发展的方向。商品贸易是各国经济产生联系的最早渠道,也是最基本最重要的渠道。二战后,国际贸易的增长持续快于世界GDP的增长,标志着国际贸易已成为世界经济增长的重要推动力量。国际贸易理论主张自由贸易,影响了各国的贸易政策。生产国际化和国际直接投资的迅速发展是当代世界经济活动的突出特点,它集中体现了市场经济体系和资本循环突破国界不断扩展的趋势。跨国公司作为生产国际化和资本国际流动的载体,其数量和规模持续扩大,组织形式和经营方式也不断表现出新的特征。国际直接投资和跨国公司的发展反映出世界经济的微观基础和运行机制发生了明显变化,并对世界经济的运行与发展产生广泛而深远的影响。随着生产国际化的不断发展,国际分工深入到产品的生产内部,每个国家只在商品生产的特定阶段进行专业化生产。与此同时,国家参与国际分工的模式发生重大变化,原本在一国国内完成的生产链条延伸至多个国家,从而形成全球范围内的生产链条乃至价值链。国际货币体系是国际资本流动的重要推动力。在金本位下,英国是国际资本流动的中心。在布雷顿森林体系下,全球经济和贸易的增长需要更多的美元作为支付手段,国际资本流动呈现出以美国为主的单中心局面。20世纪70年代,随着牙买加体系的建立,美国对外投资流出占世界总量的比例持续萎缩,欧洲、日本等拥有主权货币的国家对外投资量日益增大,以美国为单中心的资本流动开始向美、日、欧三个中心互流转变。与此同时,全球经济一体化及国际资本的大规模流动推动金融全球化的发展,在多数国家从中受益的基础上,金融风险明显增加,金融危机迅速扩散,产生国际金融动荡。为了应对金融全球化的新挑战,加强金融监管已成为无法回避的一项重要而紧迫的任务。

第四章 世界经济发展根本动力——科技革命

本章结构图

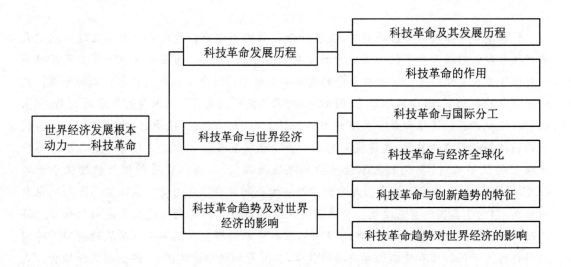

第二篇 世界经济的运行机制

第四章 世界经济发展根本动力——科技革命

学习目标

通过本章学习了解三次科技革命的内容和作用,熟悉科技革命对世界经济的作用,了解科技革命趋势及其对世界经济的影响。

导入案例

张维迎:我所经历的三次科技革命

人类的历史有 250 万年,但人类的经济增长只有 250 年的历史。经济增长在今天被当作常态,但 250 年前,经济不增长是常态。

真正的经济增长,不是表现在 GDP(国内生产总值)统计数字上,而是表现在新产品、新技术、新产业的不断出现,表现在人们的生产方式和消费方式的不断改善。250 年前,人类生产和消费的产品种类大概只有 100 种到 1000 种,今天则是 10 亿种到 100 亿种。根据 2017 年 10 月的统计,亚马逊网站销售的商品就有 5.98 亿种。

人类过去 250 年的经济增长,是三次科技革命的结果。第一次科技革命大约从 18 世纪 60 年代开始持续到 1840 年,其标志是蒸汽动力的发明、纺织业的机械化和冶金工业的变革;第二次科技革命大约从 19 世纪 60 年代开始持续至第二次世界大战之前,其标志是电力和内燃机的发明和应用,还有石油化学工业、家用电器等新产业的出现;第三次科技革命大约从 20 世纪 50 年代开始直到现在,其标志是计算机的发明、信息化和通信产业的变革。

但三次科技革命并不是在所有国家同时发生的。英国引领了第一次科技革命,美国和德国引领了第二次科技革命,美国接着又引领了第三次科技革命。有些国家虽然不是引领者,但在每次科技革命发生后,能很快追赶上,而另一些国家则被远远甩在后面,其中有些国家至今还没有完成第一次科技革命。这就是富国与穷国差距的原因。

西方发达国家像我这样年龄的人,当他们出生的时候,前两次科技革命早已完成,只能经历第三次科技革命,但作为中国人,我有缘享受"后发优势",用短短的 40 年经历了三次科技革命,走过了西方世界十代人走过的路!

——资料来源:张维迎.我所经历的三次工业革命[N].经济观察报,2018-1-8.

第一节 科技革命发展历程

一、科技革命及其发展历程

科技是第一生产力。世界经济的形成、发展与演变都与科技革命密切相关,可以说科技革命是世界经济发展的根本动力。科技革命是科学革命与技术革命的合称。科学革命指自然科学基础理论的重大突破和自然界客观规律的重要发现,是人类在认识客观世界上的质的飞跃;技术革命指人类改造自然界手段和方法上的重大发明和突破,是人类在改造客观世界上的质的飞跃。在科技发展史上,科学与技术曾经长期分离和脱节。近代历史上发生过

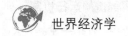

三次重大的科技革命。18世纪末,蒸汽机的发明和使用,引起了第一次科技革命;19世纪末,电力的发现和使用引起了第二次科技革命;二战后,特别是近三十年来,先后出现了信息、能源、新材料、空间、生物等新兴技术,引起了第三次科技革命。第三次科技革命无论在规模、深度与影响上都远远地超过前两次。

(一)古代科技发展

科学技术的发展和整个人类的发展同样悠久。从严格意义上说,在远古开端,只有技术经验而没有技术理论。因此,要追寻科学技术的开端,还必须探求技术的起源。

1. 古代技术的起源

人类与动物最大的差别就是能够制造工具。人类祖先最早制造的工具就是石器。打制石器标志着人类掌握了第一种最基本的材料加工技术,从此揭开了人类改造自然的第一个时代——石器时代的序幕。

古代技术起源的第二个标志是人工取火。原始人在长期的劳动中逐渐认识到了火的用途,并发明了取火的方法。我国距今170万年的云南元谋人和距今80万年的陕西蓝田人,都留下了用火的遗迹。火在人类进化史上有着特别重要的意义,它使人类逐步走出了茹毛饮血的野蛮时代。恩格斯对火的出现给出了这样的评价:"尽管蒸汽机在社会领域中实现了巨大的解放性变革……但是,毫无疑问,就世界性的解放作用而言,摩擦生火还是超过蒸汽机的,因为摩擦生火第一次使人支配了一种自然力,从而最终把人同动物分开。"

发明文字则是古代技术起源的第三个标志。文字的出现是由于人们在生产过程中需要记忆的事情非常多,而人的记忆力是有限的,需要采用其他的方法来帮助记忆,于是各种记载的方式出现了。经过长期的实践,通过对图画的简化和对记号的改造,人类就逐渐创造出了文字。

2. 古代科学发展成就

在原始社会,科学知识以萌芽状态存在于生产技术之中。石器的加工、人工取火、捕猎打鱼、制陶冶炼等都是科学知识萌芽的土壤。在人们逐渐掌握科学知识之后,对大自然有了更深的了解,科学也在人们的不断认识中继续发展。因此在古代河流文明有着许多成就,苏美尔人的历法,古巴比伦的建筑技术,古埃及的外科技术、金字塔建筑以及古代中国的数学、天文、气象学、冶金、物理学等。

3. 近代科技发展与进步

古代科学技术经历了原始社会、奴隶社会和封建社会,奠定了深厚的基础。到了近代,科技的发展更加迅速,大大提高了生产力,把人类带入到新的发展时期。

随着资本主义在欧洲的发展,新兴资产阶级为维护自身利益并从政治上完全取代封建统治,需要新的理论武器,从而导致文艺复兴、宗教改革和启蒙运动的兴起。在进行了一系列与神学的斗争之后,近代科学逐渐走上独立发展的道路。哥白尼的《天体运行论》、牛顿的《自然哲学的数学原理》以及"日心说"的提出,点燃了18世纪末第一次科技革命的火焰,推动了以纺织机和蒸汽机的发明与改良为代表的第一次科技革命。人类从农商业时代迈入了工业化时代。

（二）第一次科技革命

发生在18世纪60年代英国的第一次科技革命也称工业革命，是技术发展史上一次巨大的革命，这次革命以纺织机械的革新为起点，以蒸汽机的发明为标志，再以蒸汽动力的广泛应用为契机，最终实现了生产的技术方式从手工作坊到机械化的转变。

1. 第一次科技革命的内容

第一次科技革命首先出现于工厂手工业最为发达的棉纺织业。1733年，机械师凯伊发明了"飞梭"，大大提高了织布的速度，使得纺纱供不应求。1765年，织工哈格里夫斯发明的"珍妮纺织机"，引起了技术革新的连锁反应，揭开了第一次科技革命的序幕。从此，在棉纺织业中出现了骡机、水力织布机等先进机器。不久，在采煤、冶金等许多工业部门，也都陆续有了机器生产。随着机器生产越来越多，原有的动力，如水力和风力等已经无法满足生产的需要。1785年，瓦特制成的改良型蒸汽机的投入使用，提供了更加便利的动力，得到迅速推广，大大推动了机器的普及和发展。人类社会由此进入了蒸汽时代。随着工业生产中机器生产逐渐取代手工操作，传统的手工业已无法适应机器生产的需要。为了更好地进行生产管理、提高效率，资本家开始建造工房，安置机器雇佣工人集中生产。这样，一种新型的生产组织形式——工厂出现了。工厂成为工业化生产的最主要组织形式，发挥着日益重要的作用。机器生产的发展，促进了交通运输事业的革新。为了快捷便利地运送货物、原料，人们想方设法地改造交通工具。1807年，美国人富尔顿制成的以蒸汽为动力的汽船试航成功。1814年，英国人史蒂芬森发明了"蒸汽机车"。1825年，史蒂芬森亲自驾驶着一列有34节小车厢的火车试车成功。从此人类的交通运输也进入一个以蒸汽为动力的时代。1840年前后，英国的大机器生产基本上取代了传统的工厂手工业，科技革命基本完成。英国成为世界上第一个工业国家。18世纪末，工业革命逐渐从英国向西欧大陆和北美传播。后来，又扩展到世界其他地区。

2. 第一次科技革命的特点

（1）第一次科技革命发生在英国，英国成为世界发展的核心。英国的科技革命是在一个新的工业部门纺织业中开始的科技革命，它开始于轻工业，慢慢从轻工业转向重工业。重要的新机器和新的生产方法主要是在英国发明的，其他国家科技革命的发展进程相对缓慢，19世纪中期只有英、法、美三国完成科技革命，而德、俄、日等国是两次科技革命交叉进行的。

（2）各国科技革命受本国条件影响，发展不平衡。美国自身条件优越，在引进英国先进技术和设备时，加以创造性的改进，从而能迅速研制出更为先进的机器，发展迅速；法国科技革命起步较早，但步履维艰；德意志开始较晚，统一后才真正开始科技革命，两次科技革命交叉进行，成就显著；俄国科技革命是在沙皇专制制度和农奴制的统治下艰难而缓慢地开始，无论在广度上还是深度上，都远远落后于欧美国家。

（3）最重要的是蒸汽机的广泛应用，它利用热来做功，使人类利用能源的方式发生了变化，应用的科学技术有物理学中的简单机械、功和能、压力和压强、比热容、燃烧值、热机和热机效率、能量的转化与守恒定律等内容。

(4) 虽然第一次科技革命在各方面取得重大突破,但许多技术发明都来源于工匠的实践经验,科学和技术尚未真正结合。

(三) 第二次科技革命

1. 第二次科技革命的内容

第二次科技革命也称第二次工业革命或电气革命,发生于19世纪60年代到20世纪40年代。从英国发端的第一次科技革命,揭开了近代先进国家工业化的序幕。随着各国工农业和交通运输业的发展,社会对于生产资料的需求也迅速增长,重工业在国民经济中的重要地位便日益显现出来。为适应这一需要,以重工业为突破口的第二次科技革命的浪潮兴起了。

19世纪中后期,很多科学研究成果都应用于生产,各种新发明、新技术层出不穷,突出表现在以下三个方面:一是电力技术得到了广泛的应用。1821年丹麦物理学家奥斯特发现电流的磁效应。1831年英国科学家法拉第发现了电磁感应现象,这为电机及一切有线电器设备的创新奠定了科学基础。1888年德国物理学家赫兹电磁波的发现,则成为无线通信的科学基础。1866年德国人西门子研制发电机成功,从此电力开始成为影响人们生产和生活的一种新能源,强电能够提供绝大部分生产和生活的能源,而弱电则能够满足通信手段(电报、电话等)所需。二是内燃机的发明和使用。1862年,法国人德罗夏提出了四冲程理论,成为内燃机发明的科学基础。19世纪70到80年代,以煤气、汽油为燃料的内燃机相继问世,不久以柴油为燃料的内燃机也研制成功。内燃机的工作效率远远高于蒸汽机,大大提高了工业部门的生产力,特别是迅速推动了交通运输领域的革新。三是化学工业的兴起与发展。随着有机化学结构理论的发展,有机化学在应用方面亦硕果累累。人造燃料、橡胶、纤维等数以百计的新产品陆续问世。瑞典化学家诺贝尔和德国化学家赫普还先后发明了硝化甘油和TNT炸药,这些发明为化学工业的兴起奠定了基础。四是炼钢技术的革新和发展。长期以来,由于炼钢技术落后,钢的产量一直很低,价格也昂贵,阻碍了工业的发展。1856年,英国冶金学家贝塞默首先发明了酸性底吹转炉炼钢法,并于1862年在伦敦国际展览会上公开展出。不久,法国工程师马丁和英国工程师托马斯又于1865年、1875年先后发明了平炉炼钢法和碱性转炉炼钢法。上述三项技术的发展,终于使以往单纯靠体力和经验进行的炼钢法,转变为可以大量生产的近代科学炼钢法。纵观第二次科技革命,无疑电的应用意义最大,影响最为深远,它代表了这次科技革命的最高成果,并由此而揭开了人类以电为基础的现代文明生活的帷幕,因而被认为是第二次科技革命的主要标志。

2. 第二次科技革命的特点

(1) 科技革命的侧重点不同。第一次技术革命主要是以纺织业为代表的轻工业部门从过去的手工生产转变为机器生产,实现由手工工场制度向近代工厂制度的过渡。20世纪初,资本主义工业化已经发展到了后期阶段,工业化的重点陆续从轻工业转移到重工业,主要任务是创新重工业的各个部门,并利用其雄厚的力量,使工业在国民经济中的统治地位更加牢固。这一时期的技术革命,是为改变旧的工业内部格局而发展起来的,其主体是重工业及相关的交通运输业,而不是前一阶段工业的简单继续。

(2) 科技革命的主角不同。第一次技术革命主要是在实践经验基础上发展起来的,其主角大都是一些直接活跃在生产现场的能工巧匠。而在第二次技术革命中,由于当时工业领域所面临的技术问题十分复杂,单凭精湛的工艺已无法满足当前的需要。技术革命的主角不得不让位给各种掌握专门知识的科学家、工程师。因此,第二次科技革命是在近代科学理论的指导下发展起来的。正因为这样,科学便能够通过技术的进步而直接转化为强大的生产力,从而也就为工业发展开辟空前广阔的领域和提供更快的发展速度。

(3) 技术革命的规模和范围不同。与第一次科技革命相比,第二次科技革命涉及的领域更加广泛,不再局限于少数部门或学科,而是根据生产和社会发展的需要进行全面的探索。理论上建立了许多新学科,如化学、生物学、地质学等。在部门上,除原有的轻纺工业等部门外,还出现了重化工业部门和其他一些新兴工业部门。第一次科技革命主要发生于英国,而第二次科技革命在美国、德国同时出现。在地域的分布上,工业化的浪潮越出了19世纪前半叶所局限的各国首都、交通中心,而更深入地向边陲地区发展,向全国各地辐射。与此同时,在世界范围内,工业化的狂澜也从西欧、北美个别地区向更大的范围蔓延,工业化真正呈现出一幅世界图景。

(四) 第三次科技革命

1. 第三次科技革命的内容

第二次世界大战以后,出现了以核能、电子计算机和自动化技术为主要标志的第三次科学技术革命。第三次科技革命是人类文明史上继蒸汽技术革命和电力技术革命之后科技创新的又一次重大飞跃。

这次科技革命在20世纪40年代末从美国开始,以后逐步扩展到西欧、东欧和日本,并于20世纪60年代达到高潮。这是人类历史上规模空前、影响深远的一次科学技术上的重大变革。它不仅在个别科学理论上和生产技术上有所突破,而且几乎是在各门科学和技术领域里都发生了深刻的变化,并迅速引起了社会生产力的更大飞跃。这次科技革命发生后,许多新兴的工业部门迅速崛起,如高分子合成工业、核工业、电子工业、半导体工业、航天工业和激光工业等。实行生产的全面机械化和自动化,采用最先进的电子控制装置,是这次科技革命的一大特点。电子计算机的生产日新月异,从1946年世界上第一台电子计算机研制成功开始,在不到40年的时间里,电子计算技术就以其惊人的速度突飞猛进,不断更新换代。它的元件技术的发展,已经经历了四代,目前正在向第五代迈进。航天技术的发展,是科技革命的综合性产物。从20世纪50年代后期出现人造卫星以后,又进行了载人宇宙飞行、登月活动以及对火星、土星及太阳系其他星球进行探测,揭开了人类向宇宙空间迈进的序幕。航天技术的发展将会对社会生产力的发展起着不可估量的作用。20世纪70年代,以微电子技术、生物工程技术、新型材料技术为标志的新技术革命再次席卷全球,此次技术革命规模大、速度快、内容丰富、影响深远,在人类历史上也是空前的。电子计算机的广泛应用,促进了生产自动化、管理现代化、科技现代化和国防技术现代化,也推动了情报信息的自动化。以全球互联网络为标志的信息高速公路正在缩短人类交往的距离。此外,合成材料的出现、遗传工程的诞生和信息论、系统论和控制论的发展,也是这次技术革命的结晶。

2. 第三次科技革命的特点及影响①

第三次科技革命的特点有：

（1）科学技术在推动生产力的发展方面起着越来越重要的作用，科学技术转化为直接生产力的速度加快。

（2）科学和技术密切结合，相互促进。随着科学实验手段的不断进步，科研探索的领域也在不断开阔。

（3）科学技术各个领域之间相互联系加强。在现代科技发展的情况下，出现了两种趋势：一方面学科越来越多，分工越来越细，研究越来越深入化；另一方面学科之间的联系越来越密切，相互联系渗透的程度越来越深，科学研究朝着综合性方向发展。

第三次科技革命还对生产力、经济社会结构及国际关系产生了深刻的影响：

（1）推动了社会生产力的发展。过去人们主要是依靠提高劳动强度来提高劳动生产率，在第三次次科技革命条件下，主要是通过生产技术的不断进步、劳动者素质和技能的不断提高、劳动手段的不断改进，来提高劳动生产率。

（2）促进了社会经济结构和社会生活结构的变化。第三次科技革命造成第一产业、第二产业在国民经济中比重下降，使得第三产业的比重上升。为了适应科技的发展，资本主义国家普遍加强国家对科学领域研究的支持，大大加强了对科学技术的扶持和资金投入。随着科技的不断进步，人类的衣、食、住、行、用等日常生活的各个方面也在发生着重大的变革。

（3）对国际关系产生了深刻的影响。第三次科技革命一方面加剧了资本主义各国发展的不平衡，使资本主义各国的国际地位发生了新变化；另一方面使社会主义国家在与西方资本主义国家抗衡的斗争中获得强大的动力。同时，第三次科技革命扩大了世界范围的贫富差距，促进了世界范围内社会生产关系的变化。

分析案例

未来我们将生活在怎样的空间里

美国麻省理工学院教授及媒体实验室的创办人尼葛洛庞帝（Negroponte）所著的畅销书《数字化生存》描绘了数字科技为我们的生活、工作、教育和娱乐带来的各种冲击和其中值得深思的问题，是跨入数字化新世界的最佳指南。信息技术革命将把受制于键盘和显示器的计算机解放出来，使之成为我们能够与之交谈，与之一道旅行，能够抚摸甚至能够穿戴的对象。这些发展将变革我们的生活方式——学习方式、工作方式、娱乐方式。

我们现在的生存空间不再是单纯的物理空间，在很多方面已经被数字化了，其实我们生活在一个数字化的空间里面。把你的钱包拿出来看看，里面装得最多的可能不是钱，而是各色各样的卡。第二代居民身份证里面的芯片集成了有关你个人丰富的信息；各类银行卡和信用卡的磁条也可以通过读卡器轻松了解你的财富状况，交通卡方便你在一个城市乘坐不同的交通工具，如地铁、公共汽车、轮渡；你看的电视是数字信号的，机顶盒的使用实现了人机对话，让你不再被动地接受电视信号，而是可以主动地选择自己喜欢的电视节目；手机的

---

① 人民教育出版社历史室.世界近代现代史[M].2版.北京：人民教育出版社，2006：109.

功能越来越强大,听音乐、上网与朋友聊天、照相、GPS导航、看电视,俨然一个移动的数码平台;U盘的容量越来越大,价格越来越便宜……

二、科技革命的作用

(一)科技革命推动生产力发展

科技革命不仅为生产力的发展创造了诸多条件,而且使生产力本身及其结构也发生了重大变化,使其成为由两大要素构成的复杂系统,即实体要素和非实体要素。实体要素包括劳动者、劳动工具和劳动对象。除此以外,教育、技术、信息和管理等对生产力的发展也同样有着很大的影响,可将其称为非实体要素。

1. 生产力实体要素的变革

(1)劳动者日益智力化。科技革命特别是计算机的广泛应用使得生产发生了很大的变化。首先,生产的过程在越来越大的程度上由人工操作变成了机器自动化控制,体力劳动得到了更大程度的解放。从业人员的组成结构也发生了变化,其主要成分不再是体力劳动者,而是技术人员、专业人员和管理人员,这就是说"白领工人"的比重在不断上升,而"蓝领工人"的比重在下降。此外,为了满足人们的需求,越来越多的高科技产业开始诞生,这需要更多具有足够科学知识、专业技能和专业培训的劳动者,促使劳动者的智力因素地位迅速上升,体力因素地位逐渐下降,呈现出劳动者智力化的趋势。

(2)劳动工具日趋自动化。劳动工具是生产力发展水平最重要的标志。从三次科技革命所带来的成果可以看出,劳动工具在不断发展。早期的珍妮纺织、蒸汽机和内燃机等使得生产由传统的手工生产转为机器生产,生产过程越来越趋向于机械化。而随着计算机在生产上的广泛运用,使得机器增加了自动控制系统,从而使机械化生产转变为自动化生产。20世纪80年代,发达国家开始把计算机作为中枢工具,组成了具有各种功能的自动化生产系统,如自动化仓储系统、自动化配送系统等。到目前为止,自动化系统已经从机械加工等向电子、汽车、钢铁、医药、食品、建筑材料和服务业等多生产和服务领域扩展。

(3)劳动对象日趋非天然化。20世纪50年代,一系列非天然材料(塑料材料、复合材料、合成纤维材料和金刚石膜等)的发展成为当代科学技术和社会生产发展的物质基础。近年来,在新材料的发展中,非晶质金属、机能性高分子材料、新合金、新型纤维、单晶体和超导材料等新材料尤其引人注目。这些新材料不仅质量极高,而且都具有特殊功能。例如,新型纤维可用于制造人造心脏,超导材料可用于磁悬浮列车等。这一系列的新材料都为社会经济发展提供了全新的劳动对象。

2. 生产力非实体要素的强化

(1)科学技术已成为第一生产力。二战后科学技术的新发展,科学技术产业化和生产过程的科学技术化的循环加速,不仅使科学技术成为直接生产力,而且成为第一生产力,成为生产力发展的决定性因素。科学技术武装了劳动者,提高了劳动技能和管理水平。科学技术运用到生产过程,产生新机器、新设备和新工艺。科学技术运用到资源开发上,产生出新能源和新材料。这说明,科学技术是生产力各个实体要素发生变革和提高效率、效能的决定性因素。

(2) 教育成为现代生产力中重要的强化性要素。在资本主义机器大工业体系确立之前,教育基本上是作为提高人们的文化和道德修养的社会公共事业来发展的。机器大工业体系确立后,特别是在科技革命的条件下,科学技术对生产力发展的推动作用日益增强,科学技术已经成为一个庞大的体系。科技的继承、积累、传授和发展成为教育的基本任务,成为智力开发和科技进步的重要基础和推动力量。教育被认为是一项具有超前性和战略性的人力资源开发工程。

(3) 管理和信息成为现代生产力中重要的整体组合性要素。这里所说的管理,是指生产管理,即对生产过程所进行的决策、计划、组织、指挥、监督和调节等各种职能的总称。它贯穿于生产活动的全过程。管理对其他生产力要素具有重要的组合功能,即它把众多的劳动者、劳动工具和劳动对象等生产力实体要素,按合理的比例和形态组合起来,形成系列的整体,以较少的投入获得较大的产出,取得社会生产力的最大效应,增加社会生产力总量。管理这种特有的整体组合作用和功能,是其他任何生产力要素所不能取代的,也是相对独立的生产力要素。二战后,发达国家生产进入了自动化时代。随着科学技术的迅速发展,特别是计算机的应用和迅速普及,管理理论和管理技术不断发展,使管理内容、方式、组织和手段进一步革新,管理在国民经济中的地位和作用日益增强。其突出表现在两个方面:一方面是行为科学进入管理领域,强调在管理中正确处理人际关系,激发劳动者的积极性和主动性,给广大劳动者提供参与企业管理的机会,从而出现了"终身雇佣制""职工建议制度""目标管理制度""集体决策制度""工作轮换制""弹性工作制"等;另一方面是运筹学、系统工程等理论方法进入管理领域,强调管理的科学性和系统性,并通过采用计算机实现管理手段的自动化。信息是物质、能量、资金、人员和环境的结构、状态、特征的映像。信息是无形的,它必须通过一定的物质载体,如纸、声光、磁带等,被人们收集、加工、传递、存储和处理。任何决策、计划活动都必须以信息为其前提条件。信息在生产力形成和运行过程中发挥日益重要的运筹性功能,是人们从事生产、经营管理和决策的重要依据和手段。随着人类社会的发展,信息量不断增加,信息的传播手段不断改进,信息在社会发展中的作用也不断增大。迅速掌握和有效利用不断增长的科学知识和信息,是推动生产力发展的重要条件。

3. 科技革命是世界生产力发展的物质技术基础

(1) 科技革命极大地提高了劳动生产率,扩大了资本积累。现代生产力的发展,主要是通过提高劳动生产率来实现的。而科学技术进步是提高劳动生产率的决定性因素。科技革命促使发达国家的生产技术和生产率大幅提高。二战后,一项新技术的应用,往往能够使劳动生产率达到几倍、几十倍甚至上百倍的提高。二战后发达国家的经济发展主要是靠提高劳动生产率取得的。资本积累是扩大再生产的主要源泉,是社会生产力发展的基本要素。二战后发达国家职工工资虽有较大幅度的增加,但由于科技革命所带来劳动生产率的大幅度提高,企业的剩余价值率仍在增大,这就为扩大资本积累、扩大投资、加速生产力的发展提供了条件。

(2) 科技革命改善了扩大再生产所必需的物质条件,扩大了商品市场。资本积累是扩大再生产的前提。但是,把货币资本转化为实际应用的生产资本,还取决于有没有足够的物质条件。科技革命中核能的开发,石油化学工业的发展,塑料、合成橡胶、合成纤维以及各种合金和有色金属的开发,为生产力发展提供了新的能源和原材料。农业机械、化肥、农药、杂交品种的开发和利用,为农业和消费资料工业的发展,提供了坚实的基础。现代经济是高度发达的商品经济,没有不断扩大的市场,生产力就得不到发展。科技革命的浪潮,为生产资料和消费资料开辟了新的广阔市场。由科技革命引起的新兴工业部门的出现,高新技术群的形成,汽车的普及,一系列家用电器的问世,消费品种类不断增加、性能不断改进,不断刺激着人们的消费,使国内市场持续扩大。同时,通信、交通技术和贸易手段等的革新,也为开辟和扩大海外市场创造了物质条件。

(二)科技革命推动产业结构升级

1. 科技革命是促进产业结构升级的路径

产业结构是生产力的组织形式,是一个经济体所拥有的资源在各产业间的分配以及由此而形成的各产业在国民收入中所占比重的变化关系。产业发展及其结构的不断更新改造是科技革命实现经济效果的重要途径,主要表现为创立新的产业及产业部门、改造传统产业、传导产业间的关联、满足需求结构等。

(1)通过创立新的产业和产业部门推动产业结构升级。科技革命创立新的产业和产业部门沿着两条路径展开:① 使原有产业或部门的某一产品或生产阶段重要性凸显、效益提升,逐步从原有的产业或部门中分离出来,变成独立的产业和部门。② 因为新产品、新工艺、新能源、新材料的发明和利用,扩大了社会分工的范围,创造了生产活动的新领域,形成了新的生产门类和生产部门。新的产业增长潜力大,发展迅速,成为国民经济发展的主导产业,并逐步发展成为支柱产业。而那些技术已经成熟又没有重大突破性进展的传统产业,生产效率提高就比较缓慢,发展处于比较稳定的状态,甚至有的出现衰落的情形。这使原有产业结构升级换代为更高水平的产业层次。

(2)通过改造传统产业促进产业结构升级。在科技革命中,传统产业并不是完全被消灭,而是用新技术对原有的产业进行改造,即用新的技术、工艺、装备改造原有产业,提高其装备水平,改变其生产环境,优化其生产手段,带动原有产业的产品更新换代或质量提升,甚至创造出全新的产品。这些改造过的传统产业以新的面貌出现在新的产业结构之中。因此,科技革命使整个产业结构建立在新的技术基础之上,使产业结构的内涵、质量、层次均跨上一个新的台阶,达到新的水平。

(3)通过产业间的关联机制传导产业升级。科学技术的进步和变革在各个产业部门之间是不平衡的,这将会使各个产业部门在生产效率和发展速度上的差别扩大。国民经济各产业部门之间存在投入产出联系,上下游产品和上下游产业之间关系紧密。在若干关联密切的生产部门中,如果某一部门因科技革命提高了该部门的劳动生产率,就可能引导其他关联部门的技术创新。否则这些部门不仅会限制已创新部门效益的实现,而且还会限制全体部门的生产率和生产能力的提高。这种由创新产生的产业"瓶颈",将把创新的努力引导到解决新的产业瓶颈上去,新的瓶颈解决了又会产生更新的瓶颈和更新的创新活动。科技革命通过产业部门之间的关联机制,引导着产业结构的变动。

(4)通过影响需求结构引领产业结构变动。需求是引导产业发展的原始起因,需求结构的变化也是引导产业结构改变的最直接和最基本的原因,但是需求结构却受到科学技术进步的制约,即使有科学合理的需求,但技术上达不到新的产业也不可能出现。然而技术上一旦有重大突破或革命,就会极大地刺激新的需求,推动新产业的形成和发展,产业结构随之发生新的变化。

2. 历次科技革命对产业结构升级的影响

第一次科技革命形成了以蒸汽机制造业、纺织业、一般机械制造业、交通运输业(含铁路与汽船运输)、煤炭采掘业、冶铁业等为核心的主导产业群;出现了以曼彻斯特为中心的棉纺织工业区与以伯明翰为中心的钢铁工业基地。蒸汽动力技术的广泛应用、机械化生产方式的普及,使社会生产由传统手工工场时代转入到工厂大机器生产时代,自此开始了世界经济的工业化进程。第一次科技革命后,轻工业迅速发展,发达国家第二产业在 GDP 中的比重开始上升。

第二次科技革命形成了以电力工业、石油工业、内燃机制造业、钢铁工业、化学工业、船舶工业、汽车工业、航空工业、家电工业等为核心的主导产业群;出现了德国鲁尔工业区、英国中部工业区、美国东北部工业区、苏联以莫斯科和列宁格勒为中心的欧洲工业区。以电机(包括发电机和电动机)的广泛应用为标志,以电力工业为开端的这次革命,使人类从机械化时代进入电气化时代。第二次科技革命后,重工业突飞猛进,发达国家第二产业在 GDP 中的比重迅速提高。

第三次科技革命是一次涉及范围十分广泛的科技革命,是前两次科技革命所无法比拟的,形成了以信息产业(电子计算机业等)、原子能工业、航天工业、高分子化学工业为核心的主导产业群;出现了美国西南部的斯坦福工业区(硅谷)、日本九州岛(硅岛)、英国苏格兰电子工业基地、德国慕尼黑工业中心。第三次科技革命后,高新技术产业迅速增长,第三产业的比重开始加速上升。

第二节 科技革命与世界经济

一、科技革命与国际分工[①]

近代史上每一次科学技术革命的发生必然赋予国际分工以新的内容和新的形式。第一次科技革命发生后,世界建立了一个以英国为中心的垂直型国际分工为主的国际分工体系。第二次科技革命后,世界上出现了以一组中心国家之间内部的水平型国际分工为主的国际分工体系。西方资本主义国家完成了从自由竞争向垄断资本主义的过渡。二战后第三次科技革命发生后,发达国家之间的水平型产业内分工和发达国家与发展中国家之间的混合型分工,取代了二战前的以世界性工农业经济对立形式表现的国际分工体系,成为二战后国际分工的主导形式。

---

① 姜保山.试论技术革命对国际分工的影响[J].中国流通经济,2001(5).

（一）第一次科技革命与国际分工

第一次科技革命在英国的发生，推动了欧洲在机械和动力等生产技术的发明和革新。大机器工业的建立，把一切国家的生产和消费都变成世界性的，过去那种地方、民族自给自足和闭关自守的状态，被民族间各方面的互相往来和互相依赖所代替。

第一次技术革命使英国一跃成为当时世界第一强国。生产效率的提高，大量剩余工业产品的出现，交通运输工具的改进（蒸汽动力），使大规模的国际贸易成为可能并且成为当时英国倾销大量剩余工业品的现实需要。英国在海外建立了大量殖民地，通过强力手段使其顺利地实现了其工业品的倾销以及廉价原料的掠夺，因而带有殖民地色彩的新的大规模国际贸易由此形成，真正的国际分工体系得以确立。这是一个以英国为中心，英属殖民地以及其他资本主义列强为辅的国际分工体系。这一时期的国际分工主要体现为两种形式：① 宗主国（以英国为主，此外还有法、德等）与其殖民地国家的分工关系，我们将此种分工称为宗主分工；② 英国与其他资本主义列强生产力水平有差别的分工交换关系，即垂直分工，这时的国际分工体系以宗主分工为主要特征。

（二）第二次科技革命与国际分工

伴随着第二次科技革命的发展，西方资本主义完成了从自由竞争向垄断阶段的过渡，资本输出代替了商品输出，成为资本主义对外经济扩张的主要手段。

（1）宗主分工不断分化与演化，影响着国际贸易与国际分工的格局。19世纪下半叶至二战结束，随着英国地位的下降，美、法、德等资本主义列强迅速崛起，在殖民地国家中，除英镑区外，美元区、法郎区亦得以确立，英国国际分工的中心地位逐步下降。不仅如此，随着一战、二战结束后一些殖民地国家的独立，德、意、日轴心体系的瓦解，更是对世界分工体系与格局产生重要影响，宗主分工的地位开始下降。

（2）部门间的水平分工开始出现并占据主导地位。第二次产业革命伴随电力、化工、汽车制造等新兴产业的出现而发展。在此期间，国际分工中心由英国转变为一组国家，这些国家的工业生产分工各有侧重，形成了以经济部门为主的国家分工。美国专门从事电气化生产及汽车、谷物等，德国生产染料、药品等，比利时生产钢铁，挪威生产铝材等，这些以国家经济部门为特征的水平分工，成为当时重要的国际分工形式。

（3）垂直分工得到发展。表现为英、法、美、德等列强的工业产品与一些中小工业国以及一些获得独立的发展中国家初级产品交换的分工关系。这种垂直分工实际上是一种部门间的垂直分工形式。

（4）要素组合分工伴随资本输出初露端倪。19世纪末资本主义开始进入垄断发展阶段，各列强为垄断国际市场，纷纷在亚非拉地区进行投资，利用其新的技术成果，兴建铁路、港口、海底电缆，加强了世界范围内信息的传递、物流的通畅，极大地促进了国际贸易的发展以及世界统一市场的形成。同时通过发达国家丰富的资本与技术要素的输出与发展中国家、殖民地国家的资源与廉价的人力相结合，初步形成了亚非拉地区资源指向型初级产业发展体系及国际贸易与分工格局，使亚非拉地区开始步入资本主义经济体系。

（三）第三次科技革命与国际分工

第三次科技革命标志着世界生产力又发展到了一个崭新的阶段。世界生产力的纵向和横向发展不仅改变了世界的经济结构，也改变了以往的国际分工的形式。在新生产力发展的基础上，以往的以世界性工农业经济对立而表现出的垂直型国际分工体系，逐渐被发达国家之间各工业部门内部分工所取代。技术水平接近，经济结构相类似的发达国家产业间水平型国际分工，成为二战后国际分工的主导形式。发达国家之间的水平型国际投资，也取代了以往的垂直型国际投资，成为二战后国际投资的主要形式。

这种水平型世界工业分工成为主导形式的主要标志，就是二战后以制造技术为基础的发达国家之间的贸易比重增长了，远超过了发达国家与发展中国家的贸易比重，在世界贸易中占主要地位。

(1) 宗主分工纷纷瓦解。二战后，随着亚非拉国家民族解放事业的进行，世界政治发生了根本性的变化。这些国家纷纷摆脱英、法、美等列强的殖民统治（现存的英联邦国家也只是名义上的），宗主分工土崩瓦解，其影响几乎消失。

(2) 部门间水平分工成为国际分工的重要形式。由于二战后两大阵营的形成，鉴于意识形态的考虑，这一时期两大阵营内部国家间水平分工协作成为国际分工的重要特征。这其中以西方阵营中发达国家间贸易与分工对世界贸易与分工（"西西合作"）的影响更为显著，占据这一阶段世界贸易与分工的主导地位。同时亚非拉国家间的"南南合作"也是值得关注的水平分工的典范。

(3) 部门内水平分工开始出现。二战后随着科技与生产力的发展，人类对产品的需求消费逐步个性化、多样化，从而导致了生产的专业化、多样化。此种情况下，一个国家不可能生产出所有型号、规格的同类产品，而且在实际的国际贸易中，不同国家在产品的生产上，在不同的种类、型号、规格、款式上也有各自不同的优势。这在客观上形成了在一个部门内生产满足不同国家消费者个性需要的同类产品的产业内分工。此类分工典型的例子是世界轿车贸易，从部门内水平分工角度来看，人们不难理解美、日、欧之间轿车的频繁输出入。

(4) 协议式分工的出现。二战后跨国公司的大量出现，对国际贸易的影响重大，跨国公司内部贸易在国际贸易中占有重要地位。跨国公司内部的劳动分工，是通过全球性组织管理，凭借其分布在世界范围内所属单位的分工协作实现其产品、零部件以及工艺流程的专业化生产，波音公司飞机的生产分工协作即是如此。通过协议式分工生产的产品技术要求难度高，生产效率高、分工复杂亦正体现了科学技术发展的必然趋势与要求。

(5) 随着科学技术的发展，运输设备（如轮船）的大型化、高效化，强化了要素组合分工，并使世界生产力呈现临海型、临空型分布特征。

现代交通工具的大型化，降低了运输成本，使自然资源（通过从国外海运）流动性增强，进而降低了资源贫乏的国家对自然资源的依赖性。日本最为典型，日本虽然铁矿石、煤资源缺乏却发展了强大的钢铁工业，没有石油资源却发展了沿海布局指向的规模宏大的石化工业。此中道理在于世界范围内资源要素的组合，即国外的资源通过弱化运输成本进而与本国的资金、技术、人力相结合（优势要素资源组合）来发展本国的该项产业。从以上例子可以看出技术的发展、运输工具的改进、运输效率的提高对国际分工以及世界生产力布局的影响。

二、科技革命与经济全球化

经济全球化是商品、技术、信息、服务、货币、人员、资金、管理经验等生产要素跨国跨地区的流动,也就是世界经济日益成为紧密联系的一个整体。经济全球化是当代世界经济的重要特征之一,也是世界经济发展的重要趋势。

(一)第一次科技革命与经济全球化的初步萌芽

(1)这次科技革命的一个直接结果就是在欧美一些新兴资本主义国家建立了大机器工业体系,使这些国家走向工业化,并使资产阶级获得了战胜封建贵族地主的物质基础,确立和巩固了资本主义制度。这样,在世界的范围内就出现了少数以生产机器制成品为主的资本主义国家和多数以生产原料为主的落后国家的国际分工格局。国际分工的形成和发展,为国际贸易的扩大和统一的世界市场的形成提供了技术和经济的基础。日益强大的资产阶级凭借武力和在国际分工中占有的绝对优势,不断地开拓世界市场,使大多数落后国家成为其商品销售市场和工业原料供应地,最终促进统一的世界市场形成,并在此基础上建立起以少数资本主义国家占统治地位的资本主义世界经济体系。

(2)随着国际分工的形成和发展,以及资本主义的对外殖民侵略扩张,统一的世界市场逐渐形成。这一时期,国际贸易获得了极大的发展。这时的国际贸易不仅推动了资本主义的迅速发展而且成为维持资本主义再生产的必要条件。也就是说,资本主义生产过程与世界市场紧密地联系起来了。不仅如此,由于殖民地经济的依附性特点,使得殖民地国家经济的生产和再生产成为资本主义生产和再生产的一个重要环节和组成部分,因而它也必须通过参与世界市场的交换才能顺利进行,这表明它已成为世界市场的一部分。这样,世界市场的地理范围也就显著地扩大了。此时,世界市场的供求关系和行情的任何变化,对于世界各国的经济发展都会产生不同程度的影响。因此,世界市场的顺利运行就成为世界经济发展的重要条件。

(3)科技革命所带来的交通通信条件的改善则为世界市场的形成和发展提供了技术支持。19世纪前半期,轮船、铁路、电报先后被发明。19世纪70年代,这些交通通信工具实现了革命。轮船、铁路的大发展沟通起世界范围的生产、流通和消费,彻底地清除了世界市场形成的阻碍,把各地地方性、区域性的市场联结为一个统一的世界市场。另外,运河开拓和电报的使用也极大地促进了各地市场的沟通。统一的世界市场形成的一个重要标志是世界性经济危机的周期性发生。1873年资本主义的经济危机不仅影响了所有资本主义国家而且还影响了殖民地半殖民地国家。经济危机的世界性和同期性表明了通过世界市场联结各国经济已经成为一个统一的不可分割的整体。这表明由于科技革命和资本主义生产方式的发展,统一的世界市场形成了。至此,经济全球化的表现形式初步形成。

(二)第二次科技革命与经济全球化的曲折发展

(1)生产力的迅速发展,新的产业部门的兴起,使产品的数量和种类大大增加了,国际贸易也因此进一步发展,世界市场迅速扩大。这一时期,两极格局、国际分工进一步扩大深化,落后国家与发达国家的鸿沟拉大。到19世纪末20世纪初,世界基本被瓜分完毕,世界市场的范围也继续扩大。至此,由于帝国主义的侵略扩张,资本主义囊括了全世界,形成了一个庞大的帝国主义殖民体系。这一时期,世界市场的扩大仍然与交通通讯条件的改善是分不开的。到第一次世界大战前夕,世界交通运输基本上实现了近代化。电报和电话也获得了广泛使用,电信工业成为一大行业。电信技术的发展,极大地便利了人们的交往,把整个世界经济连成一体。

(2) 随着主要资本主义国家向垄断阶段过渡,资本输出逐渐取代商品输出,成为帝国主义对外扩张的重要手段,极大地促进了资本国际化的迅速发展,对世界经济产生了重大影响。一方面,资本输出有利于帝国主义国家获得垄断利润和加强对其他国家或地区的控制,从而有利于建立和巩固各帝国主义国家的殖民剥削体系。另一方面,资本输出也促进了生产的国际化,使资本主义生产方式更深更广地在全世界范围内发展起来。资本输出在全世界范围内的流通和重新配置更加便利也更加频繁,生产和资本国际化进一步发展,帝国主义国家与落后国家和地区的经济联系更加紧密了。帝国主义对殖民地的瓜分,资本国际化的发展,都进一步加深了资本主义生产和分配在世界范围内的不平衡,使资本主义世界经济体系包含着深刻的大危机,这又使经济全球化走上一条曲折的行程。

(3) 发展不平衡是资本主义发展的绝对规律。帝国主义国家之间矛盾日益激化,这一矛盾表现为帝国主义之间不断的贸易战、投资战和各种殖民地争夺战,导致了两次世界大战的爆发。这一切使世界经济遭到极大破坏,资本主义世界经济体系彻底破裂,经济全球化的进程也因此停滞甚至中断。具有讽刺意味的是,战争期间,最先进的科技都被用来毁坏世界经济,并破坏经济全球化的进程。直到二战后,科技发展又有了新的飞跃,为各国的经济发展与合作提供了新的技术和经济基础,一切又发生新的转折。经济全球化也由此进入了一个更高的新阶段。

(三) 第三次科技革命与经济全球化发展的新阶段

(1) 在新的科技革命的推动下,社会生产力迅速提高,世界经济面貌发生了显著变化。发达国家的工业经重工业化后开始向信息化迈进,国家垄断资本主义获得了发展;发展中国家也努力利用科技革命的成果实现工业化。科技革命和各国经济的加速发展,二战后国际分工有了新的发展,并以此为基础,生产国际化、国际贸易、国际金融迅速发展,世界市场急剧扩大,各国的科技、经济、文化交流与合作日益密切。同时,各国为了适应新的科学技术革命和新的世界经济、政治形势,纷纷变革经济、政治体制,走向更加市场化和自由化,更使各国经济以统一的世界市场为纽带,而紧密地结合在一起,使世界经济一体化程度大大提高。至此,经济全球化又获得了极大的发展,并呈现出许多新的特点。

(2) 科技的进步、国际分工的新发展,极大地促进了生产国际化的发展,体现为跨国公司获得迅速发展,并成为国际经济生活中一个突出的现象。跨国公司作为一种集投资、贸易、金融和技术转让为一体的特殊经营主体,其发展极大地促进了世界经济的发展和各国经济的相互联系。跨国公司的生产经营把各国包括发达国家、发展中国家的生产紧密地连接在一起,形成一种相互渗透、相互依赖的生产局面,大大地促进了生产的国际化,这也反过来进一步促进了生产的专业化和国际分工的纵深发展。生产国际化又促进国际贸易、国际金融的发展。通过跨国公司所形成的各种联系,各国经济实际上形成了你中有我、我中有你的关系,极大地促进了经济全球化的进程,使其具有网络型的特点,当代经济全球化的发展可以说与跨国公司的活动是分不开的。

(3) 网络技术凭借较强的渗透性,大大地突破了民族、国家地区的地理、心理和制度障碍,使整个世界经济通过网络连接成为一体,极大地促进了生产国际化、国际贸易特别是国际金融的发展。跨国公司全球生产经营如果没有现代信息通信技术的支持是不可想象的。这样,由于网络技术的发展,使得整个世界更加紧密地联系在一起,偌大的世界几乎消除了时间和地理上的距离,成为"地球村"了。

资料链接

达沃斯论坛:"领导力4.0:全球化新时代的成功之道"

2019年7月1日至3日,夏季达沃斯论坛在大连举行。来自全球近100个国家和地区的2000余名政商界领袖、学界专家和媒体代表共聚一堂,聚焦"领导力4.0:全球化新时代的成功之道"这一主题。

面对全球化进程中遇到的新情况、新问题,人们深刻地意识到,坚定不移地拥抱全球化,积极融入新一轮科技革命浪潮,是不可扭转的趋势。在经济全球化的进程中,必须更加积极主动地顺应全球化、融入全球化,推动更高水平的开放。

面对新一轮科技革命的澎湃浪潮,我们还必须更加积极主动地推动技术创新,增强经济创新力和竞争力。世界经济论坛主席施瓦布指出,第四次科技革命的主要特征是各项技术的融合,将日益消除物理世界、数字世界和生物世界之间的界限,会产生令人难以想象的力量。随着世界经济进入新旧动能转换期,加快推动技术创新,增强经济创新力和竞争力显得尤为迫切。

今天,中国同样必须抓住新技术、新产业、新业态不断涌现的历史机遇,营造有利的市场环境,尊重、保护、鼓励创新。中国还提倡国际创新合作,集全球之智,克共性难题,让创新成果惠及更多国家和人民。

又一届夏季达沃斯论坛落下帷幕,但这场思想盛宴描绘的全球化精彩未来,却如同一幅精美画卷清晰地展现。让我们携起手来,以更加开放、包容的姿态,拥抱经济全球化,共同走出一条互利共赢的康庄大道,为世界经济增长增添持久动力。

——资料来源:2019年7月4日,中国经济网,"以开放姿态拥抱经济全球化——写在2019夏季达沃斯论坛闭幕之际"。

第三节　科技革命趋势及对世界经济的影响

一、科技革命与创新趋势的特征[①]

当前,全球新一轮科技革命和产业变革方兴未艾,科技创新正加速推进,并深度融合、广泛渗透到人类社会的各个方面,成为重塑世界格局、创造人类未来的主导力量。从宏观视角和战略层面看,当今世界科技发展和创新趋势正呈现出以下十大特征:

(1) 颠覆性技术层出不穷,将催生产业发生重大变革,成为社会生产力新飞跃的突破口。作为全球研发投入最集中的领域,信息网络、生物科技、清洁能源、新材料与先进制造等正孕育一批具有重大产业变革前景的颠覆性技术。量子计算机与量子通信、干细胞与再生医学、合成生物和"人造叶绿体"、纳米科技和量子点技术、石墨烯材料等,已展现出诱人的应用前景。先进制造正向结构功能一体化、材料器件一体化方向发展,极端制造技术向极大(如航母、极大规模集成电路等)和极小(如微纳芯片等)方向迅速推进。

人机共融的智能制造模式、智能材料与3D打印结合形成的4D打印技术,将推动工业品由大批量集中式生产向定制化分布式生产转变,引领"数码世界物质化"和"物质世界智能化"。这些颠覆性技术将不断创造新产品、新需求、新业态,为经济社会发展提供前所未有的驱动力,推动经济格局和产业形态深刻调整,成为创新驱动发展和国家竞争力的关键所在。

(2) 科技更加以人为本,绿色、健康、智能成为引领科技创新的重点方向。未来科技将更加重视生态环境保护与修复,致力于研发低能耗、高效能的绿色技术与产品。以分子模块设计育种、加速光合作用、智能技术等研发应用为重点,绿色农业将创造农业生物新品种,提高农产品产量和品质,保障粮食和食品安全。基因测序、干细胞与再生医学、分子靶向治疗、远程医疗等技术大规模应用,医学模式将进入个性化精准诊治和低成本普惠医疗的新阶段。

智能化成为继机械化、电气化、自动化之后的新"科技革命",工业生产向更绿色、更轻便、更高效的方向发展。服务机器人、自动驾驶汽车、快递无人机、智能穿戴设备等的普及,将持续提升人类生活质量,提升人的解放程度。科技创新在满足人类不断增长的个性化多样化需求、增进人类福祉方面,将展现出超乎想象的神奇魅力。

(3) "互联网+"蓬勃发展,将全方位改变人类生产生活。新一代信息技术发展和无线传输、无线充电等技术实用化,为实现从人与人、人与物、物与物、人与服务互联向"互联网+"发展提供丰富高效的工具与平台。随着大数据普及,人类活动将全面数据化,云计算为数据的大规模生产、分享和应用提供了基础。

工业互联网、能源互联网、车联网、物联网、太空互联网等新网络形态不断涌现,智慧地球、智慧城市、智慧物流、智能生活等应用不断拓展,将形成无时不在、无处不在的信息网络环境,对人们的交流、教育、交通、通信、医疗、物流和金融等各种工作和生活需求作出全方位

[①] 白春礼. 世界科技发展的十大新趋势[N]. 人民日报,2017-2-16.

及时智能响应，推动人类生产方式、商业模式、生活方式、学习和思维方式等发生深刻变革。互联网的力量将借此全面重塑这个世界和社会，使人类文明继农业革命、工业革命之后迈向新的"智业革命"时代。

（4）国际科技竞争日趋激烈，科技制高点向深空、深海、深地、深蓝等领域开拓。空间进入、利用和控制技术是空间科技竞争的焦点。天基与地基相结合的观测系统、大尺度星座观测体系等立体和全局性观测网络将有效提升对地观测、全球定位与导航、深空探测、综合信息利用能力。海洋新技术突破正催生新型蓝色经济的兴起与发展，多功能水下缆控机器人、高精度水下自航器、深海海底观测系统、深海空间站等海洋新技术的研发应用，将为深海海洋监测、资源综合开发利用、海洋安全保障提供核心支撑。

地质勘探技术和装备研制技术也不断升级，将使地球更加透明，人类对地球深部结构和资源的认识日益深化，为开辟新的资源能源提供条件。量子计算机、非硅信息功能材料、第五代移动通信技术（5G）等下一代信息技术向更高速度、更大容量、更低功耗发展。5G有望成为未来数字经济乃至数字社会的"大脑"和"神经系统"，帮助人类实现"信息随心至、万物触手及"的用户体验，并带来一系列产业创新和巨大经济及战略利益。

（5）前沿基础研究向宏观拓展、微观深入和极端条件方向交叉融合发展，一些基本科学问题正在孕育重大突破。随着观测技术手段的不断进步，人类对宇宙起源和演化、暗物质与暗能量、微观物质结构、极端条件下的奇异物理现象、复杂系统等的认知将越来越深入，把人类对客观物质世界的认识提升到前所未有的新高度。合成生物学进入快速发展阶段，从系统整体的角度和量子的微观层面认识生命活动的规律，为探索生命起源和进化开辟了崭新途径，将掀起新一轮生物技术的浪潮。

人类脑科学研究将取得突破，有望描绘出人脑活动图谱和工作机理，有可能揭开意识起源之谜，极大带动人工智能、复杂网络理论与技术发展。前沿基础研究的重大突破可能改变和丰富人类对客观世界与主观世界的基本认知，不同领域的交叉融合发展有望催生新的重大科学思想和科学理论。

（6）国防科技创新加速推进，军民融合向全要素、多领域、高效益深度发展。受世界竞争格局调整、军事变革深化和未来战争新形态等影响，主要国家将重点围绕极地、空间、网络等领域加快发展"一体化"国防科技，信息化战争、数字化战场、智能化装备、新概念武器将成为国防科技创新的主要方向。大数据技术将使未来战争的决策指挥能力实现根本性飞跃，推动现代作战由力量联合向数据融合方向发展，自主式作战平台将成为未来作战行动的主体。军民科技深度融合、协同创新，在人才、平台、技术等方面的界限日益模糊。

随着脑科学与认知技术、仿生技术、量子通信、超级计算、材料基因组、纳米技术、智能机器人、先进制造与电子元器件、先进核能与动力技术、导航定位和空间遥感等的重大突破，将研发更多高效能、低成本、智能化、微小型、抗毁性武器装备，前所未有地提升国防科技水平，并带动众多科技领域实现重大创新突破。

（7）国际科技合作重点围绕全球共同挑战，向更高层次和更大范围发展。全球气候变化、能源资源短缺、粮食和食品安全、网络信息安全、大气海洋等生态环境污染、重大自然灾害、传染性疾病疫情和贫困等一系列重要问题，事关人类共同安危，携手合作应对挑战成为世界各国的共同选择。太阳能、风能、地热能等可再生能源开发、存贮和传输技术的进步,将提升新能源利用效率和经济社会效益,深刻改变现有能源结构,大幅提高能源自给率。据国际能源署(IEA)预测,到2035年可再生能源将占全球能源的31%,成为世界主要能源。

极富发展潜能的新一代能源技术将取得重大突破,氢能源和核聚变能可望成为解决人类基本能源需求的主要方向。人类面临共同挑战的复杂性和风险性、科学研究的艰巨性和成本之高昂,使相互依存与协同日趋加深,将大大促进合作研究和资源共享,推动高水平科技合作广泛深入开展,并更多上升到国家和地区层面甚至成为全球共同行动。

(8) 科技创新活动日益社会化、大众化、网络化,新型研发组织和创新模式将显著改变创新生态。网络信息技术、大型科研设施开放共享、智能制造技术提供了功能强大的研发工具和前所未有的创新平台,使创新门槛迅速降低,协同创新不断深化,创新生活实验室、制造实验室、众筹、众包、众智等多样化新型创新平台和模式不断涌现,科研和创新活动向个性化、开放化、网络化、集群化方向发展,催生出越来越多的新型科研机构和组织。

以"创客运动"为代表的小微型创新正在全球范围掀起新一轮创新创业热潮,以互联网技术为依托的"软件创业"方兴未艾,由新技术驱动、以极客和创客为重要参与群体的"新硬件时代"正在开启。这些趋势将带来人类科研和创新活动理念及组织模式的深刻变革,激发出前所未有的创新活力。

(9) 科技创新资源全球流动形成浪潮,优秀科技人才成为竞相争夺的焦点。一方面,经济全球化对创新资源配置日益产生重大影响,人才、资本、技术、产品和信息等创新要素全球流动,速度、范围和规模都将达到空前水平,技术转移和产业重组不断加快;另一方面,科技发达国家强化知识产权战略,主导全球标准制定,构筑技术和创新壁垒,力图在全球创新网络中保持主导地位,新技术应用不均衡状态进一步加剧,发达国家与发展中国家的"技术鸿沟"不断扩大。

发达国家利用优势地位,通过放宽技术移民政策、开放国民教育、设立合作研究项目、提供丰厚薪酬待遇等方式,持续增强对全球优秀科技人才的吸引力。新兴国家也纷纷推出各类创新政策和人才计划,积极参与科技资源和优秀人才的全球化竞争。

(10) 全球科技创新格局出现重大调整,将由以欧美为中心向北美、东亚、欧盟"三足鼎立"的方向加速发展。随着经济全球化进程加快和新兴经济体崛起,特别是2008年全球金融危机以来,全球科技创新力量对比悄然发生变化,开始从发达国家向发展中国家扩散。从2001年到2011年,美国研发投入占全球比重由37%下降到30%,欧洲从26%下降到22%。

虽然以美国为代表的发达国家目前在科技创新上仍处于无可争议的领先地位,但优势正逐渐缩小,中国、印度、巴西、俄罗斯等新兴经济体已成为科技创新的活化地带,在全球科技创新"蛋糕"中所占份额持续增长,对世界科技创新的贡献率也快速上升。全球创新中心由欧美向亚太、由大西洋向太平洋扩散的趋势总体持续发展,未来30年内,北美、东亚、欧盟三个世界科技中心将鼎足而立,主导全球创新格局。

二、科技革命趋势对世界经济的影响

(一) 新一轮科技产业革命对经济社会的影响①

新一轮科技产业革命在未来30年逐渐走向高潮,其产生的颠覆性技术将不断创造新产品、新需求、新业态、新产业、新模式,将深度改变人类生产生活方式和产业形态,重塑工业社会产生的基本社会结构和政治形态。

1. 产业形态和生产组织方式发生深刻变革

(1) 三次产业高度融合、边界模糊,新技术、新产品、新业态、新模式不断涌现,现代产业体系加速重构。

(2) 数字技术、网络技术和智能技术日益渗透融入到产品研发、设计、制造的全过程,推动制造业由大批量标准化的生产方式转变为以互联网为支撑的智能化大规模定制生产方式,异地设计、就地生产的协同化生产模式将被广泛接受和采用,制造业分享经济、产品全生命周期管理、精准供应链管理等将加速重构产业价值链体系。

(3) 智能化、网络化、绿色化、知识化、服务化成为现代产业体系新特征。

2. 逆"城市化"浪潮引发城乡结构变化

互联网、物联网等信息技术的广泛应用,将改变传统社会人们与工作方式,利用互联网和智能设备,人们可以实现弹性地、自由地安排自己的工作时间与空间,分布式协作办公将成为趋势。这种职业和工作方式的改变,将促使向往特色小城镇舒适生活和乡村田园生活的中产阶级,特别是从事新技术和新业态的人员逃离大城市的交通拥堵、高生活成本。与此同时,万物互联、人工智能等技术的发展,也将使得未来的教育、医疗实现在线化、远程化,居住在中小城镇或乡村同样能够获得大城市的教育和医疗资源,这也将促使越来越多的人口向中小城镇和乡村转移。

到2050年,中国城镇化率将达到70%左右,新一轮科技革命推动的"逆城市化"浪潮将使大量中产阶级向3万至5万人口的特色小城镇或乡村流动,中国城乡结构将发生重大变化。

3. 社会阶层两极分化趋势进一步加剧

未来人工智能和机器人技术的发展,在创造很多新就业岗位的同时,也将会对低技能的就业产生巨大冲击,大量的简单工作,如汽车司机、服务员甚至秘书等将被机器人替代。牛津大学和美国劳工统计局共同发布的数据显示,到2035年美国数百万劳动力将被机器人取代。

4. 全球贸易投资格局和规则加速重构

随着人工智能、机器人、3D打印等技术的发展和应用,全球贸易规则谈判将从实体贸易领域转向数字贸易领域,贸易投资规则除了关注投资管理、知识产权保护、环境保护等议题

---

① 路红艳.把握未来30年科技产业革命变化[N].社会科学报,2018-01-29.

外，重点将放在智能制造、交叉行业、混合行业的标准统一，非边界、非物质的市场准入和公平竞争等方面。传统跨国公司面临全球要素的重新布局和配置，以技术、知识和智能资源为支撑的新型跨国公司将成为全球化的主导力量。

(二) 未来科技革命对世界经济的影响

1. AI 革命对世界经济的影响①

在题为《前沿笔记：用模型分析人工智能对世界经济的影响》(Notes From the Frontier: Modeling the Impact of AI on the World Economy)的最新讨论报告中，麦肯锡全球研究院开拓新领域，模拟了由人工智能所催生的经济收益和损失可能以何种方式在不同的公司、员工和国家或地区之间进行分配。这里将人工智能定义为五种强大技术的集合，即计算机视觉、自然语言、虚拟助手、机器人自动化处理和高端机器学习。到 2030 年，人工智能有可能为全球额外贡献 13 万亿美元的 GDP 增长(此为总体数据，去除了竞争影响和转型成本)，平均每年推动 GDP 增长约 1.2%，足以比肩历史上其他几种通用技术所带来的变革性影响，如 19 世纪的蒸汽机、20 世纪的工业机器人和 21 世纪的信息技术。随着技术发展日益成熟，人工智能对经济的影响将渐渐积累，并可能在 2025 年之后加速显现。但是，人工智能所带来的潜在利益可能无法平均分配。

人工智能可能对经济产生影响的几个渠道，其中三个尤其值得注意：

(1) 通过劳动替代提升生产率。自动化和劳动替代的影响可能高达 9 万亿美元，约当于今全球 GDP 总量的 11%。此项估计涵盖了从目前到 2030 年这段时期内累计的经济附加值增长，在资本和劳动力技能的推动下，生产率得以提升，继而实现全球 GDP 总量的提升。但前提假设是：被取代的员工能够在经济的其他领域得到重新聘用。

(2) 产品和服务创新。人工智能可促进创新，改进现有的产品和服务，甚至创造全新的产品和服务。此次模拟显示，创新可以推动 GDP 增加 7% 左右，到 2030 年增加的产值可达到 6 万亿美元左右。

(3) 负面外因和转型成本。我们发现，部署人工智能技术很有可能会给劳动力市场带来冲击，而要实现劳动力市场的转型也很有可能会产生相应的成本，尤其是对那些自身技能不足，会被人工智能技术取代或部分取代的劳动者而言。负面外因和转型成本会导致 GDP 总量减少约 9%，也就是大约 7 万亿美元。

此外，人工智能技术的普及会扩大不同国家或地区、公司和劳动者之间的差距。

(1) 国家或地区。占据人工智能领导者地位的国家或地区(以发达经济体为主)可以在目前的基础上获得 20%～25% 的经济利益增长，而新兴经济体可能只有这一比例的一半。人工智能鸿沟可能会导致如今的数字鸿沟进一步加深。基于现有数据，麦肯锡将国家或地区分为 4 组，各组在人工智能筹备程度(涉及人工智能投资、人工智能研究活动等维度)和关键促进因素方面(例如数字化吸收、创新基础、人力资本和连接性)处于相似的水平。中国和美国同处于领先组。它们目前在人工智能领域均处于领先地位，而且具备独特优势。但若

---

① 麦肯锡全球研究院. 前沿笔记：用模型分析人工智能对世界经济的影响[EB/OL]. [2018-9-10]. http://www.sohu.com/a/253049918.651625.

止步不前,那么领先的国家或地区也无法确保实现其预期的经济利益。与此同时,发展中经济体也未必会在人工智能竞赛中失败。它们可以选择加强与人工智能相关的基础因素,增强实现人工智能潜力所需的促进因素,并主动加快技术采用速度。

(2)公司。领跑者指的是在未来5~7年能全面吸收人工智能技术的企业,它们有望将现金流扩大一倍(此处的现金流指的是其获得的经济利益减去相关的投资和转型成本)。领跑者往往拥有强大的数字化基础、较高的人工智能投资倾向,且对人工智能的商业案例持有积极观点。相较而言,到2030年仍然完全不采用人工智能技术,或者没有完全吸收人工智能技术的企业,现金流可能较目前下滑20%(假设成本与营收模型与现在相同)。企业之间的激烈竞争是导致这种利润压力的一个重要原因,可能造成的结果是市场份额从落后者向领跑者转移,还可能激发关于人工智能利益分配不均的争论。

(3)劳动者。拥有较强技术能力和认知能力的劳动者,或者其专业技能难以被自动化取代,对此类劳动者的需求很可能增加,工资也可能相应提高。但对于从事重复性任务的劳动者来说,市场需求和工资则可能双双降低。以重复性劳动为主及对数字技能要求较低的职位,在就业总量中的比例可能会出现最大幅度的下滑,从现在的40%左右下滑到2030年的30%。非重复性活动以及需要较高数字技能的工作所占的份额则可能出现最大增幅,从现在的大约40%增加到50%以上。

2. 区块链科技与数字货币对世界经济的影响

近年来,区块链作为新一轮科技革命和产业变革席卷全球,区块链技术在国际上被认为是最有潜力、最具想象力的一种技术革新。

众所周知,区块链技术是分散的,具有很高的透明度和公平性,可以用于互联网、金融、医疗、教育、娱乐、文化、体育等领域。在传统金融领域,区块链技术具有巨大的创新空间和强大的嫁接能量。区块链技术不仅使银行服务效率迅速提高,而且使商业银行能够充分地降低成本,使证券交易过程更加公开、透明和高效。更重要的是,网络金融作为当前监管的一个备受关注的领域,也将由于区块链技术的辐射而自我清算。区块链作为一种前沿技术,对加快新经济产业的发展和转型将发挥重要作用。

此外,经济全球化、贸易全球化、金融全球化,需要一个全球自由流通的货币体系做支撑。而比特币给了一种全新的解决方案,一个无疆域限制、无国家授权的货币体系,一个全球化资本自由流通的网络。这个解决方案,当然不一定是比特币,但是却给世界一种全新的启示,这种启示就是打破国家制度限制,实现货币与资本的全球自由流通,才能化解当今全球经济困局。经济全球化的今天,已经从原来简单的贸易全球化发展到金融全球化,金融全球化涉及的国际货币结算、国际金融资本投资、国际产业资本投资以及经常账户、资本账户与以疆域、国籍为基础的国家制度设计构成矛盾。比特币给世人的启发是,提供一种全球性的自由货币以及资本流通网络,来适应经济全球化的发展。

高盛2017年发布的《区块链:从理论到实践》报告指出了七大区块链的应用场景,其中,"区块链+共享经济"被放在首位。报告分析,区块链中的信息和数据具有公开透明、无法篡改等特点,可以为共享经济提供信用保障。区块链的去中心化、点对点网络、时间戳、不可篡改、共识机制、智能合约等技术特点与共享经济在本质上属性共通,具有天然的亲和性,"区块链+共享经济"目前来看可行性很高,可能成为解决共享经济症结的可行方案。而对于共享经济中行业规模最大的共享出行,借助区块链技术可以有效解决原有行业的痛点问题。

世界贸易组织(WTO)发布了一篇名为《区块链是否彻底革新国际贸易》的报告。根据该研究,到2030年,区块链在全球范围内的经济增加值可能达到近3万亿美元。该研究估计,区块链有可能通过提高透明度和促进流程自动化来显著降低贸易成本。

3. 基因技术和个性化医疗的普及对世界经济的影响

基因是人类与生俱来的生命标签,决定我们生命状态的根本。基因检测是整个人类发展史上最具有突破性的研究项目之一。随着全球经济飞速发展,美国等西方发达国家在基因检测等领域中做出了前瞻式布局,一直在鼓励高端测序的研发和商业化、建立配套的生物信息计算平台、推进基因组领域的科学研发和临床转化。甚至美国前首富比尔盖茨都认为下一个世界首富一定会出现在基因检测领域。总体而言,全球基因检测行业仍处于快速发展阶段,各类技术平台的创新速度在加快,应用领域得到不断拓展,应用产品的数量也在不断增加。同时,基因检测正作为战略性新兴产业得到各国政府的大力支持和培育,整个行业面临前所未有的发展机遇。

(1) 全球基因检测行业市场规模将持续增长,基因测序、PCR、基因芯片三大细分领域市场规模有望迎来新的突破,预计到2020年,基因测序、PCR、基因芯片市场规模将分别达到138亿美元、96亿美元、62.2亿美元。

(2) 肿瘤将继续成为基因检测市场竞争的主战场。尽管目前大多数临床级基因检测公司,都在探索基因检测在肿瘤疾病早筛、分子分型、辅助诊断、个性化用药方面的应用,看起来市场空间已经略显拥挤,但鉴于肿瘤领域潜在市场规模和发展前景巨大,该领域仍会有竞争者继续涌入。

(3) 随着技术的进步,测序价格也会变得更加低廉,价格的下降让基因测序变得越来越简单,使之前很多难以实现的科学问题得到解决,能在更广阔的研究领域舞台上发挥作用,包括临床诊断、遗传检测、个人基因组等。

(4) 以基因检测和生物信息解读为基础,基因产业整体将继续向基因编辑、基因治疗方向延伸,这反过来也将促进基因检测的应用。否则患者被检测出致病突变,将缺乏相应的治疗和干预手段。目前基因编辑技术尚不成熟,距离其大规模走向临床应用还有相当一段时间。

随着人类基因组计划的完成,人类医学正在迈入一个新的时代。一大波卓越的医学突破和金融投资将引领一个全新的个性化精准医疗时代。

4. 5G网络和物联网技术应用对世界经济的影响

5G经济的特征是初期持续强化基础设施和技术基础,然后在全球实现5G用例前所未有的深度部署。早期部署将偏向于增强型移动宽带应用,随着5G驱动移动深入行业和政府应用,海量物联网和关键业务型服务应用将在中长期进一步发力。根据一家全球领先的信息与咨询服务提供商 HIS Markit 估计,到2035年,5G在全球创造的潜在销售活动将达12.3万亿美元,并将跨越多个产业部门。这约占2035年全球实际总产出的4.6%。制造业将占据5G创造的全部经济活动中的最大份额——实现约3.4万亿美元产出,占5G总产出的28%。初看这个数据可能会显得很高,不过考虑到任何5G应用的实现都将起码刺激补充性设备支出,而这些都将由制造业生产,这个数据就很合理了。例如,无人机将驱动交通运输行业商品的销售。不过,这需要交通运输行业购买更多来自制造业的无人机。医疗健康应用将刺激制造业中5G设备的补充性支出。相同的逻辑也可应用到信息通信行业,该行业将占5G创造的全部经济活动中的第二大份额,超过1.4万亿美元。实现任何5G应用都会激发通信服务支出。

为了在更广泛的背景下考察这些研究成果,我们还必须考虑每个应用将真正影响多少产业。例如,自动驾驶汽车和无人机不仅刺激消费市场上的无人驾驶汽车和无人飞行器的销售,它们也将部署于农业和采矿业,如远程监控自然资源、矿石自动运输和自动驾驶牵引车等。它们将在交通运输业中被广泛使用,支持无人驾驶运输和运送商用品及消费品。市政部门将把自动驾驶汽车集成到他们的交通系统,同时利用无人机进行监控。在制造业,自动驾驶汽车也将在生产线储存与提取系统中得以应用。最后,随着汽车事故率的下降,自动驾驶汽车也将积极影响保险业。

为实现5G创造产出的潜力,相关企业需要在5G价值链中进行持续投资,不断改进和强化底层技术基础。5G价值链将覆盖广泛的技术企业,包括但不限于:网络运营商,核心技术和组件供应商,OEM终端制造商,基础设施制造商,内容和应用开发商。7个国家将处于5G发展的前沿,它们分别是:美国、中国、日本、德国、韩国、英国和法国。

在2020~2035年,HIS Markit预测,全球实际GDP将以2.9%的年平均增长率增长,其中5G将贡献0.2%的增长率。换言之,如果不部署5G,全球实际GDP增长率将是2.7%(即GDP总体增长率增加7%)。从2020年到2035年,5G为年度GDP创造的贡献达3万亿美元。尽管该数字以实际货币计算(经过通货膨胀调整),其简单求和结果不包括潜在全球风险。因此,HIS Markit利用GDP贡献的净现值,以3%的适度汇率折现,推导出经风险因素调整后的值,为2.1万亿美元。从比较的角度来看,2020~2035年,5G对全球实际GDP的总体贡献预计相当于印度目前的GDP——目前是全球第七大经济体。

总而言之,移动技术正从一个主要面向个人的技术演进为一个可支持全新前沿应用、促进商业创新并刺激经济增长的平台。在这一过程中,5G的兴起是一个引爆点。HIS Markit的结论认为,到2035年,5G将有潜力在全球广泛行业和用例中创造出12.3万亿美元销售活动,其将支持全球价值链生态系统创造3.5万亿美元产出和2200万个工作岗位,并对全球GDP增长产生长期、可持续的影响。

◆ 内容提要

科技革命是推动世界经济形成、发展和演化的根本动力。近代历史上发生过三次重大的科技革命。科技革命不仅为生产力的发展创造了诸多条件,而且使生产力本身及其结构也发生了重大变化。每一次科技革命的发生必然赋予国际分工以新的内容和新的形式。从一个以英国为中心的垂直型国际分工为主的国际分工体系到以一组中心国家之间内部的水平型国际分工为主的国际分工体系,西方资本主义国家完成了从自由竞争向垄断资本主义的过渡。第三次科技革命后,发达国家之间的水平型产业内分工和发达国家与发展中国家之间的混合型分工,成为二战后国际分工的主导形式。在科技革命的推动下,通过国际贸易、国际金融、国际投资以及国际间人员和技术的流动，越来越紧密地把世界经济结合成一个有机整体。目前，以人工智能、区块链、生物工程、5G为代表的科技创新正日新月异，这将极大地影响世界经济发展的方向。

◆关键词

科技革命　世界经济　生产力　国际分工　经济全球化

◆思考题

1. 简述三次科技革命的内容和特点。
2. 科技革命是如何推动产业结构升级的？简要谈谈你的认识。
3. 简述科技革命对国际分工的影响。
4. 分析科技革命对经济全球化的影响。
5. 简要谈谈科技革命趋势对世界经济的可能影响。

◆思考案例

未来已来唯变不变——对新科技革命的思考

现今社会，温饱、健康、安全需求已经得到基本满足，科技创新逐渐成为稀缺，人类社会将由物质型社会向知识型社会转型。历次科技革命启示我们：科技革命作为产业革命先导的趋势越来越明显；前一次科技革命为后一次科技革命奠定基础；世界科学中心每80～120年就会发生一次转移；新科技或产业革命的发生地均成为世界强国。就"新科技革命的基础、范式与突破点"，中国科学院副院长、中国科学院院士、上海交通大学原校长张杰谈到了两点认识：人类需求的新变化驱动新科技革命，新科技革命的基础是思维范式的转换。人类需求的新变化驱动新科技革命，新科技革命的基础是思维范式的转换。由于人类需求向"幸福、永生、超能"等方向转化以及新科技革命以大数据思维为基础等原因，健康产业、大数据产业将获得空前发展。

思考：科技革命的根本驱动力是什么？中国应该如何抓住新技术革命的机遇？

◆应用训练

人工智能：抓住新一轮科技和产业革命的"领头雁"[①]

人类已经历了蒸汽时代、电气时代、信息时代这三轮科技革命的浪潮。现在，新一代人工智能技术快速发展，正在掀起第四轮科技革命，推动人类社会迈向智能时代。

玩空战，它能打败空军上校，这事儿发生在2016年——美国辛辛那提大学研发的人工智能系统阿尔法驾驶三代机F-15，对抗有20多年飞行经验的美空军上校吉恩驾驶的四代机F-22，结果是阿尔法获得胜利；做医疗，它能打败资深医生，这也发生在2016年——IBM的人工智能"沃森"学习了海量医学论文后，在人类医生们对一名病人束手无策的情况下，10分钟内判断出病人得的是罕见白血病，并给出了治疗方案；下围棋，它能打败世界冠军，这是发生在2017年的事——围棋人工智能AlphaGo以3比0打败世界冠军柯洁；搞科研，它能打败科学家，精准预测蛋白质高级结构，这是2019年12月2日的事——DeepMind公司推出的人工智能AlphaFold在全球蛋白质结构预测竞赛CASP中一举战胜各国人类专家，夺

[①] 吴啸浪.人工智能：抓住新一轮科技和产业革命的"领头雁"[N].经济日报，2018-12-8.

得冠军。

人工智能是通用技术,在人类社会各领域都能应用。2016年9月咨询公司埃森哲发布报告预测,通过应用人工智能技术,到2035年,美、日、英等12个发达国家年经济增长率平均可翻一番;2018年麦肯锡发布的研究报告则预测,到2030年,人工智能新增经济规模将达13万亿美元。

正因为人工智能如此重要,世界各国都想抓住这只新一轮科技革命的"领头雁"。2016年10月,美国国家科技委连续发布了《为人工智能的未来做好准备》和《国家人工智能研究和发展战略计划》;2018年7月,德国联邦政府通过了题为《联邦政府人工智能发展战略要点》的文件……各科技强国都将人工智能纳入发展战略,人工智能成为一个"谁也输不起"的激烈竞争领域。

在这个群雄争战的领域,我国能否抓住人工智能发展机遇?很多专家都认为,我们有自己的优势,可以扬长避短。

(一)国家战略布局

2017年,中国先后发布了《新一代人工智能发展规划》和《促进新一代人工智能产业发展三年行动计划(2018—2020)》。前者提出我国人工智能的发展将分三步走,并最终实现在2030年使中国的人工智能理论、技术与应用总体达到世界领先水平;后者则阐明了中国发展人工智能的指导思想、基本原则、行动目标等。

(二)研发的技术、资金、人才基础

据清华大学发布的《中国人工智能发展报告2018》,在全球人工智能(AI)专利方面,中国已超美国和日本,成为全球人工智能行业专利最多的国家;在人工智能人才方面,中国的人才拥有量仅次于美国,居全球第二;在全球人工智能企业数量上,中国以1011家位居世界第二;在投资上,中国已经超越美国成全球第一。据统计,从2013年到2018年第一季度,中国人工智能领域的投融资占到全球的60%,成为全球最"吸金"的国家。

(三)新一代人工智能技术所必须的大数据和大市场

据《中国互联网络发展状况统计报告》,截至2019年6月,中国网民规模为8.02亿,雄踞全球第一。庞大的中国网民规模产生了巨大的有价值的用户数据,而机器学习需要丰富动态的数据,海量数据正是"训练"人工智能系统的前提条件。凭借海量数据,中国企业已在语音识别、语言翻译、精准推送广告、无人驾驶等领域取得领先地位。

广泛的行业分布也为人工智能应用提供了广阔市场。我国制造业产出占世界比重超28.57%,在500余种主要工业产品中,我国有220多种产量位居世界前列。在中国经济致力于转型升级的现在,这些行业都是智能制造可以大展身手的舞台。除制造业外,在金融、交通等诸多领域,中国庞大的人口基数,也给人工智能的发展既提供了大数据,又提供了大市场。

"机遇并不意味一定能弯道超车。"新加坡南洋理工大学教授黄广斌认为,要在2030年占领世界人工智能制高点,衡量标准是有没有自己的核心算法和核心芯片,而中国在这方面较薄弱,必须现在就做好全面布局。

"智能时代的到来,重塑了产业导向、商业模式、社会生态,带来社会领域巨大的全方位变革,这是让我们振奋的时代,也是给我们带来空前挑战的时代。"中国工程院院士刘永才表

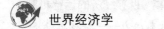

示,人工智能领域的专家们,将紧紧抓住机遇、迎接挑战,为实现中华民族伟大复兴中国梦而奋斗!

试分析:

1. 分析人工智能科技对世界经济的影响如何?
2. 在如今的背景下,中国应该如何发展人工智能产业,成为世界科技强国?
3. 中国人工智能科技发展的优势和劣势体现在哪些方面?

第五章　国际贸易与贸易自由化

本章结构图

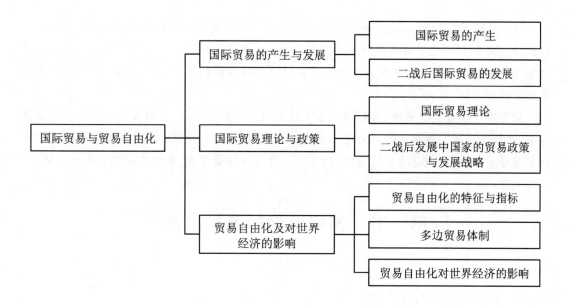

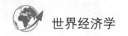

学习目标

通过本章学习,了解国际贸易的产生和发展及其基本概念和分类,熟悉国际贸易的结构变化,理解国际贸易理论与政策的演变,并且结合实际,了解贸易自由化对世界经济的影响。

导入案例

世界银行:2017 年全球贸易总额增长 4.3%

2018 年 4 月 3 日,世界银行撰文指出,贸易是消除贫困的关键,开放的贸易可提供低价商品和服务惠及低收入家庭,并通过全球价值链提高相关经济体增长速度,促进创新和生产率提高,在国别和全球范围内减少贫困。2017 年全球贸易总额增长 4.3%,创 6 年来最高水平。

从全球整体货物贸易额来看,出口额为 17.198 万亿美元,进口额为 17.572 万亿美元,分别增长约 11%。世界贸易组织表示:"旺盛的个人消费和投资是全球贸易的增长引擎",原油等资源价格上升也成为东风。亚洲的进出口均实现两位数增长,与北美和欧洲相比,势头更加突出。

世界银行一贯支持开放、可预测且基于规则的多边贸易体制,帮助成员国融入世界经济体系,共享多边贸易体制红利。为进一步巩固世界贸易体系,世界银行将与各国政府合作消除贸易壁垒,提升互联互通和贸易便利化水平,持续为消除贫困、实现共同繁荣做出贡献。

第一节 国际贸易的产生与发展

一、国际贸易的产生

(一) 国际贸易的产生

1. 人类历史上三次社会大分工

国际贸易的产生与发展是一个历史范畴,国际贸易是在人类社会生产力发展到一定阶段才产生和发展起来的。国际贸易的产生必须具备两个基本的条件:① 有剩余的产品可以作为商品进行交换,即商品贸易的出现;② 要有国家的存在,即出现了政治实体,商品交换要在各自为政的社会实体之间进行。这些条件不是人类社会一产生就有的,而是随着社会生产力的不断发展和社会分工的不断扩大而逐渐形成的。因此,社会生产力的发展和社会分工的扩大,是对外贸易产生和发展的基础。

国际贸易的产生与人类历史上三次社会大分工密切相关。

在原始社会初期,人类的祖先结伙群居,打鱼捕兽,生产力水平极其低下,人们处于自然分工状态,劳动成果仅能维持群体最基本的生存需要,没有剩余产品用来交换,因此谈不上对外贸易。

人类历史的第一次社会大分工,即畜牧业和农业的分工,促进了原始社会生产力的发展,产品除维持自身需要以外,还有少量的剩余,人们为了获得本群体不生产的产品,便出现了氏族或部落之间用剩余产品进行原始的物物交换。当然,这种交换还是极其原始并偶然发生的物物交换。

在漫长的年代里,随着社会生产力的继续发展,手工业从农业中分离出来成为独立的部门,形成了人类社会第二次大分工。由于手工业的出现,便产生了直接以交换为目的的生产——商品生产。当产品是专门为满足别人的需要而生产时,商品交换就逐渐成为一种经常性的活动。随着商品生产和商品交换的扩大,出现了货币,商品交换就变成了以货币为媒介的商品流通,这样就进一步促使私有制和阶级的形成,由于商品交换的日益频繁和地域范围不断扩大,又产生了专门从事贸易的商人阶层。第三次社会大分工使商品生产和商品流通进一步扩大。商品生产和流通更加频繁和广泛,从而阶级和国家相继形成。到原始社会末期,商品流通开始超越国界,这就产生了对外贸易。早在公元前3500年前后,人类文明已经在中东诞生。当时,世界其他地方还比较落后,处于亚、欧、非三大洲之间的中东就比较发达了,农业、城市、贸易也最早从中东开始。

人类社会三次大分工,每次都促进了社会生产力的发展和剩余产品的增加,同时也促进了私有制的发展和奴隶制的形成。在原始社会末期和奴隶社会初期,随着阶级和国家的出现,商品交换超出了国界,国家之间的贸易便产生了。可见,在社会生产力和社会分工发展的基础上,商品生产和商品交换的扩大,以及国家的形成,是国际贸易产生的必要条件。

总而言之,国际贸易的产生需要具备两个条件:① 剩余产品的出现产生了贸易;② 由各自为政的社会实体出现产生了国家。剩余产品的出现是生产力发展的结果,各自为政的社会实体的产生是社会分工的结果。归根到底,国际贸易的产生是人类社会生产力发展到一定阶段的必然结果。

2. 奴隶社会的国际贸易

在奴隶社会,自然经济占统治地位,生产的目的主要是为了消费,商品生产在整个生产中微不足道,进入流通中的商品数量很少。同时,由于生产技术落后,交通工具简陋,对外贸易的范围受到很大的限制。

在奴隶社会,对外贸易中的货物主要是奴隶和奴隶主阶级所追求的奢侈品,如宝石、装饰品、各种织物、香料等,当时雅典是贩卖奴隶的中心之一。

早在6000多年前,埃及就形成了最早的奴隶制国家,罗马、雅典、腓尼基、迦太基等是繁荣的商业中心。我国在夏商时代已进入奴隶社会,贸易集中在黄河流域。

3. 封建社会的国际贸易

在封建社会早期,封建地租采取劳役和实物形式,进入流通领域的商品不多。到了封建社会中期,随着商品生产的发展,封建地租由劳役和实物形式转变为货币地租,商品经济得到进一步发展。在封建社会晚期,随着城市手工业的发展,商品经济和对外贸易都有了较大的发展,资本主义因素已孕育生长。

在封建社会,奢侈品仍然是对外贸易中的主要商品。西方国家以呢绒、酒等换取东方国家的丝绸、香料和宝石等。

在封建社会,贸易范围不断扩大。在欧洲封建社会的早期阶段,国际贸易中心位于地中海东部。阿拉伯人是兴起于公元7~8世纪的贸易民族,他们贩卖非洲的象牙、中国的丝绸、远东的香料和宝石等。公元11世纪以后,随着意大利北部和波罗的海沿岸城市的兴起,国际贸易的范围扩大到地中海、北海、波罗的海和黑海沿岸。

我国在公元前2世纪的西汉时期就开辟了从新疆经中亚通往中东和欧洲的"丝绸之路"。中国的丝、茶、瓷器通过"丝绸之路"输往欧洲。明朝郑和七次率领船队下西洋,又扩大了海上贸易。

4. 资本主义社会的国际贸易

资本主义的原始积累很大程度上依赖于地理大发现,地理大发现使西欧大西洋沿岸国家取代了地中海沿岸国家成为世界贸易的主导者。英国的势力范围到17世纪就远远超过了其他殖民主义国家。

对外贸易为资本主义提供了劳动力、资本和市场。

从提供劳动力来看,资本主义国家以不同的方式,从农民手中夺去土地,把农民变为除出卖劳动力以外一无所有的"自由"工人,如英国在15世纪前后所发生的"圈地""清地"运动,这就是为工业资产阶级提供劳动力的过程。另外,对外贸易的发展促进商品经济与货币交换的发展,使其他小生产者,如手工业者发生两极分化。他们中的一部分人日益破产,被迫成为劳动力的出卖者,也为工业资产阶级提供了劳动力。

从提供货币资本来看,欧洲商业资产阶级通过对外贸易和其他手段,在16世纪到18世纪,从世界各地运回的黄金达200吨,白银12000吨,其中大部分在欧洲转化为货币资本。

此外,对外贸易还开辟了市场。欧洲殖民主义者在16~18世纪先后发动了一系列商业战争,占领旧市场,征服新市场,不仅扩大了殖民统治,而且扩大了市场。非洲和拉丁美洲广大地区都卷入到世界市场中来。

18世纪中期英国资产阶级革命胜利并完成了产业革命,标志着资本主义生产方式的正式确立。随后欧洲其他国家也相继完成了产业革命,建立了资本主义制度。18世纪中期的产业革命又为资本主义生产提供了良好的物质基础,国际贸易有了空前的巨大发展。

18世纪后期至19世纪中叶是自由资本主义时期,原先局部的、地区性的交易活动转变成了全球性的国际贸易,贸易量迅速增长,贸易品种不断增加,贸易方式与支付方式也有较大进步,出现了凭样品交易方式、期货交易方式以及信贷、汇票和其他票据等新的贸易支付手段,贸易组织及其职能也有创新发展。

19世纪70年代,资本主义进入垄断时期,主要资本主义国家的对外贸易被为数不多的垄断组织所控制,他们互相勾结,共同瓜分势力范围。资本输出开始出现并有较大发展。20世纪的前50年,发生了两次世界大战和一次世界经济大危机,这三大事件使得国际贸易停滞了半个世纪。1950年的国际贸易额大体相当于1900年的规模。

(二)国际贸易的概念

国际贸易指世界各国家(地区)之间商品(货物和服务)交换的活动,是各国(地区)之间劳动分工的表现形式,反映出世界各国(地区)在经济上的相互依赖。从一国(地区)的角度来看,他与世界其他国家(地区)之间的商品交换活动,称为对外贸易。有的国家如英国、日本等,把它称为海外贸易。由于对外贸易由商品的进口和出口两部分组成,人们有时也把它称为进出口贸易。

包括货物和服务的对外贸易称为广义的对外贸易,如果不把服务包括在内则称为狭义的对外贸易。国际贸易和对外贸易都是超越国界的商品交换活动,从这一点来讲,两者是一致的。但他们也有明显的区别,前者着眼于国际范围,后者着眼于某个国家(地区)。

(三) 国际贸易的分类

1. 货物贸易与服务贸易

对外贸易按照商品形式与内容的不同,分为货物贸易和服务贸易。

国际贸易货物种类繁多,为便于统计,联合国秘书处公布的《联合国国际贸易标准分类》(SITC)把国际货物贸易共分为10大类,分别为:① 食品及主要供食用的活动物;② 饮料及烟类;③ 燃料以外的非食用粗原料;④ 矿物燃料、润滑油及有关原料;⑤ 动植物油脂;⑥ 未列名化学名及有关产品;⑦ 主要按原料分类的制成品;⑧ 机械及运输设备;⑨ 杂项制品;⑩ 没有分类的其他商品。在国际贸易统计中,一般把①到⑤类商品成为初级产品,把⑥到⑨类商品成为制成品。

按关贸总协定乌拉圭回合多边贸易谈判达成的《服务贸易总协定》,国际服务贸易指:"从一参加方境内向任何其他参加方境内提供服务;在一参加方境内向任何其他参加方的服务消费者提供服务;一参加方在其他任何参加方境内通过提供服务的实体的介入而提供服务;一参加方的自然人在其他任何参加方境内提供服务。"服务贸易多为无形、不可储存的;服务提供与消费同时进行;其贸易额在各国国际收支表中只得到部分反映,在各国海关统计中查询不到。

世界贸易组织列出服务行业包括:① 商业;② 通信;③ 建筑;④ 销售;⑤ 教育;⑥ 环境;⑦ 金融;⑧ 卫生;⑨ 旅游;⑩ 娱乐;⑪ 运输;⑫ 其他。

2. 直接贸易、间接贸易和转口贸易

按是否有第三国参加,国际贸易可以分为三种:① 商品生产国和商品消费国不经过第三国进行的商品交换,称为直接贸易;② 商品生产国和商品消费国经过第三国进行的商品交换,称为间接贸易;③ 商品生产国和商品消费国经过第三国进行的贸易,对第三国来讲,就是转口贸易。

转口贸易有两种:① 商品从生产国运到第三国后,由该国的转口商销往消费国;② 商品由生产国直接运往消费国,但两国并未发生直接交易关系,而是由第三国的中间商分别同生产国与消费国发生交易关系。

3. 其他

除上述分类外,国际贸易分类方法还有:① 按清偿工具是货币还是货物划分,可分为自由结汇贸易和易货贸易;② 按货物运输方式划分,可分为海路贸易、陆路贸易、空运贸易和邮购贸易;③ 按相互间保持贸易收支平衡的介入国数量划分,可分为双边贸易、三角贸易和多边贸易;④ 按参加国的经济发展水平划分,可分为水平贸易和垂直贸易。

二、二战后国际贸易的发展

二战后,随着社会化大生产的发展和生产国际化的加深,各国之间特别是不同经济制度和不同经济发展阶段的国家之间相互依赖与相互竞争的程度也日益加深。为了保持和提高在国际市场上的竞争力,世界许多国家积极努力寻求与其他国家合作,通过优惠贸易安排、自由贸易区、关税同盟、共同市场等不同方式,组建区域经济贸易集团,实现区域内商品、资本、劳动力和服务等的自由流动。同时,跨国公司也有了比较迅猛的发展。这一切都推动了国际贸易的迅速发展,使国际贸易的规模、结构、范围、内容和方式等都发生了巨大的变化。

二战后国际贸易的发展大致可分为三个阶段。第一阶段为1948~1973年,与这一时期世界经济迅速增长相适应,国际贸易发展迅速。第二阶段是20世纪70年代初至1990年,由于发达国家纷纷陷入了滞涨困境,国际贸易出现了缓慢增长。第三阶段是从1990年至今,与国际经济形势变化相对应,国际贸易增长速度反复变化。总体来看,二战后国际贸易的特点有以下五点:

(一)国际贸易增长速度明显超过世界经济增长速度

世界经济年平均增长速度20世纪60年代为5%,70年代为4%,80年代为3%,1948~1999年年均为3.64%。而国际贸易平均增长速度,自1965年起至20世纪80年对中期保持在10%左右。

(二)服务贸易增长速度明显超过货物贸易增长速度

"服务贸易"一词最早出现在1972年9月经济合作与发展组织(OECD)的一份名为《高级专家对贸易和有关问题的看法》的报告中,但其中包含的某些服务要素的交换却有着悠久的历史。服务的交换和贸易随着货物商品贸易的产生而问世,并随着货物商品贸易的发展而不断壮大。服务业的国际化和跨国转移成为世界经济贸易发展的重要特征。

(三)高科技产品的国际贸易比重不断上升

以微电子信息技术、生物工程为代表的新的科技革命和产业革命正在迅速崛起。科技创新的成果已经渗透到社会经济生活的各个方面,如电子银行、电子货币、电子商务以及众多的转基因生物,甚至在军事上已出现电子战。由于这种高科技成果的出现,国际贸易的商品结构正在发生重大的变化。在发达国家的出口中,高新科技产品的出口占比均在40%以上,并且呈现上升的趋势。

(四)多边贸易组织的作用不断扩大

世界贸易组织的前身是关贸总协定。在关贸总协定存在的46年间,经过8个回合的谈判,尤其是乌拉圭回合的谈判,大大扫除了国际贸易中的障碍,明显降低了各国的关税,使发达国家的平均关税降至1%~3%,发展中国家的平均关税降至13%~15%,有力地促进了国际贸易的发展。在关贸总协定的基础上,1995年成立的世界贸易组织在促进国际贸易发展方面将更加有效。地区经济一体化组织是多边贸易组织的另一种形式,它在推动本地区贸易和投资自由化方面取得了实质性进展。特别是20世纪90年代,无论是发达国家还是发展中国家的地区经济一体化组织,其区域内的贸易和投资增长速度都超过了区域外的增长,成为推动世界贸易增长的重要因素之一。

(五) 跨国公司及其国际贸易迅猛发展

跨国公司间的贸易以及公司内部的贸易目前占整个国际贸易总额的70%以上。随着跨国公司的进一步发展,国际贸易越来越被它们垄断,或者说,国际贸易越来越演变成为跨国公司的贸易。跨国公司一般都将贸易与投资两者同时并举,只不过不同时期有不同的侧重点而已。当遇到贸易壁垒,或者母国制造成本太高时,他就更多地向外投资,以绕过贸易壁垒,或者寻求产品的低成本。

资料链接

20世纪90年代的汽车生产国际分工

20世纪60年代以来,全球产业结构加快调整,经济全球化迅猛发展,有力地推动了全球服务业的发展,服务业在世界经济中的地位持续攀升。1990年,全球服务业占全球GDP的比重突破60%,标志着全球服务型经济格局的形成。到2004年,这一比重进一步上升至68%。其中,发达国家从65%上升至72%,美国更是高达77%;发展中国家也从45%上升到了52%。

伴随服务型经济的发展,全球经济竞争的重点正从货物贸易转向服务贸易。从1980到2005年,世界服务贸易出口额从3650亿美元扩大到24147亿美元,25年间增长了5.7倍,占世界贸易出口总额的比重从七分之一上升到近五分之一。20世纪70年代,世界服务贸易出口与货物贸易出口均保持快速增长且大体持平,年均增长17.8%。进入80年代,世界服务贸易出口平均增速开始高于货物贸易,80年代后期年均增长10%以上。到了90年代,服务贸易平均增速呈波动下降趋势,约为6%,恢复到与货物贸易基本持平的状态。其间"乌拉圭回合"《服务贸易总协定》(GATS)于1994年最终签署,成为世界服务贸易全球化发展的标志。跨入21世纪后,世界服务贸易出口进入稳定增长期,增幅逐渐回升,2004年首次突破2万亿美元。这一期间世界服务贸易平均增速略低于货物贸易。尽管2005年服务贸易出口增速与2004年的19%相比下降了8个百分点,但总的趋势还是保持增长的。

——资料来源:根据中国服务贸易指南网相关资料整理

第二节　国际贸易理论与政策

一、国际贸易理论

(一) 传统自由贸易理论

传统自由贸易理论主要包括绝对优势理论、比较优势理论和要素禀赋理论等。作为自由主义经济思想,传统自由贸易理论主张以经济自由为理念,以分工原理为基础,将一国内部不同职业之间,不同工种之间的分工原则推演到各国之间的分工;国家间自由贸易会使交易的国家都能获取利益,从而促使全球产出最大化。

1. 绝对优势理论

亚当·斯密认为国际分工与贸易的基础是绝对优势。绝对优势指对于某种商品的生产,一个国家所耗费的劳动成本绝对低于自己的贸易伙伴国,在劳动生产率上占有绝对优势。如果各国都生产具有绝对优势的商品,继而进行自由交换,那么彼此都可以获得绝对优势的好处,反之,就要进口。这就是绝对优势理论主张自由贸易的来源。随着经济和分工的发展,各国生产技术都可因"业精"而提高,绝对优势随之加强。相互贸易的国家都可获得生产和消费利益改善,实现国民财富的增值。

绝对优势理论虽然对重商主义和贸易保护主义政策进行了有力的批判,也充分反映了当时英国新兴资产阶级对外贸易扩张的经济要求,但局限性也较为明显,因为他要求参与自由贸易的国家必须具备某种商品生产上的绝对成本优势。一旦某些国家或地区生产的所有商品都不具备绝对成本优势,他们还要不要参与国际分工?斯密的理论没有对此进行解答,直到大卫·李嘉图的比较优势理论的出现。

2. 比较优势理论

李嘉图的比较优势理论认为,国际贸易的基础是生产技术的相对差别(而非绝对差别),以及由此产生了相对成本的差别。每个国家都应根据"两利相权取其重,两弊相权取其轻"的原则,集中生产并出口其具有"比较优势"的商品,进口其具有"比较劣势"的商品,自由贸易对双方都可节省劳动力,获得专业化分工提高劳动生产率的好处。比较优势理论在更普遍的基础上解释了贸易产生的基础和贸易利得,大大发展了绝对优势理论。

李嘉图论述"两利相权取其重,两弊相权取其轻"的比较优势理论,从以下假定开始:① 贸易中只存在两个国家和两种商品;② 两国只投入一种劳动生产要素,但各国的生产技术不同导致各国劳动生产率差异,进而两种商品的生产成本也不同;③ 两国的商品与要素市场完全竞争,要素在国内可自由流动,但在国家间不可流动;④ 不存在交易费用和运输成本,也不存在任何关税或影响国际贸易自由进行的其他壁垒;⑤ 国际经济处于静态之中,分工前后的两国比较利益静态不变,不存在规模经济、技术进步和资本积累;⑥ 两国资源得到了充分利用,不存在未被利用的资源和要素;⑦ 自由贸易在完全竞争的市场结构下进行,商品流动采用物物交换的形式;⑧ 在自由竞争条件下,两国贸易平衡,一国总进口额等于另一国的总出口额。

与绝对优势理论不同,比较优势理论认为,即使一国在所有商品上的劳动生产率都低于另一国,即所有商品的生产均处于绝对劣势,也可以通过国际分工和自由贸易获取贸易利得,但是要求比较劣势较小的商品较之那些相对劣势较大的商品而言,具有比较优势。当一国在两种商品的生产上较之另一国均处于绝对劣势,但只要处于劣势的国家在两种商品生产上劣势的程度不同,处于优势的国家在两种商品上优势的程度不同,则处于劣势的国家在劣势较轻的商品生产方面具有比较优势,处于优势的国家则在优势较大的商品生产方面具有比较优势。两个国家分工专业化生产和出口其具有比较优势的商品,进口其处于比较劣势的商品,则两国都能从贸易中得到利益,都可以提升福利水平。

在比较优势基础上,李嘉图同样继承了斯密的经济自由主义思想,主张国与国之间自由贸易,他不仅对"看不见的手"推崇备至,而且还将他伸向了整个世界。李嘉图还举例说明,如果个人或厂商迫于政府的限制,不得不用他们不甚擅长的商品,即他们使用花费更多资本与劳动成本的商品,去交换别国的商品,则不仅他们个人的利益受损,整个国家的利益也势必受到损害。

3. 要素禀赋理论

国际贸易的要素禀赋理论又被称为资源禀赋学说或 H-O 理论,由瑞典经济学家赫克歇尔和俄林创立,后者还因此获得 1977 年诺贝尔经济学奖。要素禀赋理论从等优势或等劣势出发,提出当国家间生产技术相同时,他们的生产成本和商品价格相同,在此背景下,进行国际贸易给任何国家都不会带来收益,也不会产生损失。

要素禀赋理论的核心思想是:一国的比较优势应建立在密集使用相对丰裕要素的商品上,出口密集使用本国丰裕要素的商品,进口密集使用本国稀缺要素的商品。例如,劳动丰裕的国家应该出口劳动密集型商品,进口资本密集型商品。相反,资本丰裕的国家则应该出口资本密集型商品,进口劳动密集型商品,与比较优势理论一样,要素禀赋理论也建立在若干假设条件基础上,这些假设条件有些与比较优势理论相同,有些进行重大修正。这些假设条件包括:

(1)两个国家生产两种商品,每种商品的生产至少投入劳动与资本两种生产要素,两国同等数量的劳动和资本在相同时间内的产量相等。

(2)两国的生产技术相同,生产同一种商品的生产方法一样,只是投入的要素比例不同。

(3)要素市场是完全竞争的,生产要素只能在一国内自由流动,国家间不允许流动。商品市场也是完全竞争的,但商品可以在国内和国际市场上自由流动。

(4)两国的初始要素禀赋不同,一国是资本相对丰裕的国家,从而使用资本的价格相对较低,而另一国是劳动相对丰裕的国家,劳动的工资率相对较低。

(5)一些影响国际贸易的其他因素都被排除在外,比如两国消费者的偏好一样,生产商品的规模报酬不变,不存在运输成本,不存在有形或无形的贸易壁垒等。

赫克歇尔和俄林最重要的发现是,即使放松两国因生产技术导致劳动生产率的不同这一前提条件,要素禀赋和生产要素配置的不同,也会促进国际贸易发展。也就是说,赫克歇尔和俄林的要素禀赋理论可成功解释各国生产技术相同、同一生产要素的劳动生产率也相同的国际贸易的发生原因。其基本解释逻辑是:要素的自然禀赋→要素供给→要素的相对丰裕→要素的相对价格→商品的相对价格→商品的国际交换。

赫克歇尔和俄林认为,只要国家间要素禀赋不同,要素的供给和相对使用价格就有差异,导致生产商品的相对价格不同,为国际贸易奠定了基础。要素丰裕国家密集使用相对丰裕要素的商品产出量的绝对增加,密集使用相对稀缺要素的商品产出量的绝对减少,构成了著名的雷布津斯基定理,该定理以英国经济学家雷布津斯基的名字命名。

商品相对价格的调整一直伴随着要素相对价格变化的过程。对于劳动相对丰裕的国家,随着国际贸易的展开,密集使用劳动要素的商品相对价格上涨,厂商将更多生产劳动密集型商品,对劳动要素的需求自然增加,由于供给有限,需求增加后的劳动价格将会上涨,导致厂商将使用更多的资本替代劳动。同样,经过要素相对价格变化的过程,直到两国资本和劳动相对价格相等,生产两种商品的国际相对价格也等同,则贸易自动停止。丰裕国家和稀缺国家的要素相对价格相等的结果,被称为要素价格均等化定理。该定理表明:在两国采用相同技术、规模报酬不变前提下,当两国生产两种商品的相对价格处于均等化状态时,要素相对价格也呈现出均等化状态。

要素价格均等化定理从另一个层面表明,要素丰裕国家的丰裕要素的实际收入将会上升,而稀缺要素的实际收入将会下降,这就是斯托尔珀-萨缪尔森定理,该定理解释了贸易对收入分配的影响。假定在贸易开放前后都是充分就业状态,贸易引起丰裕要素的价格上涨,而稀缺要素的价格下降,将导致丰裕要素所有者实际收入的提高,而稀缺要素所有者实际收入的下降。斯托尔珀-萨缪尔森定理在一定程度上解释了支持和反对自由贸易的现象:相对丰裕要素的所有者往往是"自由贸易的向往者",而相对稀缺要素的所有者往往主张贸易限制、反对自由贸易。

(二)新贸易理论

以比较优势和要素禀赋为基础的传统贸易理论,由于坚持规模报酬不变、各国需求偏好相似及完全竞争的商品与要素市场等假定,主张自由贸易、自由竞争和市场价格决定机制,对国家限制贸易和贸易保护主义措施基本持批判态度。但第二次世界大战以后的国际贸易,尤其是发达国家之间的贸易呈现出许多不同以往的特点,针对传统贸易理论的不足,新贸易理论应运而生。新贸易理论的核心内容由三个部分组成:① 行业内贸易理论;② 战略贸易理论;③ 新贸易政治经济学。这些理论不仅在方法上存在一致性,而且在发展上存在很好的逻辑关系。

1. 产业内贸易理论

首先对行业内贸易现象进行解释的是林德的需求相似理论。该理论认为:当要素禀赋条件以及产品开发过程、创新和规模经济能够在特定的产品上创造出口潜力时,这种潜力只有在出口国对该种产品具有强大的实际需求的条件下才能被开发出来,即出口优势应当有需求基础。一旦国内贸易在这种需求的基础上被开发出来,国际贸易尤其是在那些具有相似的(但不相同的)国内需求模式的国家间才有可能发生。如果收入水平是国内需求模式的衡量指标,那么这种国际贸易将会在具有相似的人均收入水平的国家间进行。

克鲁格曼等人沿着这一线索引入开放经济,总结出包括消费偏好多样化和规模经济的新国际贸易理论,其核心思想是:经济中的纯消费者喜好多样化消费,而厂商的生产中有无止境的规模经济。如果每个产品对消费者而言都不是必需品,则消费品种越多,消费者的效用就越多。但是由于资源的有限性,多生产产品的品种就意味着产品生产的数量将会减少,产品的生产也就无法获得规模经济,这将意味着每种产品的生产成本将上升,则导致产品价格上升、消费者效用下降。因此,解决问题的方法就在于市场规模(一般用人口规模来表示)或可使用的经济资源的增加。因此可以通过国际贸易,扩大市场规模,利用各国在行业内的专业化和分工解决上述问题。

规模经济的引入,使国际贸易理论对不完全竞争给予特别关注;而不完全竞争理论的引入,直接将产业组织理论与国际贸易理论结合起来,使国际贸易理论出现了新的发展高潮。不完全竞争条件下的国际贸易理论主要包括:

(1) 寡头垄断下的行业贸易理论。该理论阐述的是一种极端的例子,在两个规模大小、偏好模式以及技术水平等方面都完全一样的国家中,尽管存在不完全竞争,但两国依然可以发生贸易。在封闭体系下,国内如果有两个严格分割开的市场,那么垄断者就可以在利润最大化的作用下,依据不同市场的不同价格弹性实施价格歧视战略。这种价格歧视和市场分割理论,得出了一些令人吃惊的结果。该理论认为即使在完全相同的产品世界中,双向贸易也会发生,甚至在两国的贸易成本极高的情况下也会发生。

(2) 不完全竞争的产品差异化理论。对于相同产品的倾销分析并不能解释差异化的贸易问题,需要进行修正。不完全竞争的产品差异化理论对需求多样化进行了研究,有两个基本假定:① 对消费者效用函数进行处理,要求具有多样化偏好;② 对生产函数进行处理,要求生产的规模经济递增。这样在规模经济与多样化消费的作用下,国际贸易的收益来自两个方面:① 专业化和规模经济的收益,② 更大的多样化消费的收益。这种分析也有一个困难,即每个消费者或许并不需要全部的差异化产品,而仅仅需要其中的一部分,加总成差异化宏观需求或许存在"加总谬误"。只要每个人只需要一类差异化的产品,在总体上也能够形成多样化需求。鉴于此,兰卡斯特利用霍特林早期的研究成果,将这种思想运用到国际贸易理论之中,形成新霍特林垄断理论。新霍特林垄断理论认为:消费者是把产品看作一系列特征的集合,人们对产品感兴趣并不是因为产品本身,而是由于产品所具有的特殊性质,所以对产品的需求是引申的或间接的,其取决于对这些特征的偏好以及把这些特征集合的不同偏好的反应,而不是对商品特征的不同认知,因此,在数量与特征之间存在一定的替代性。如果国外生产的产品样式与本国存在很大的差异,那么两国将存在贸易的基础,这个基础就是行业内产品的差异化。

(3) 纵向产品差异化理论。在纵向产品差异化理论中,所有人都喜欢质量好的产品,只是其价格仅有很少的人承担得起。因此,很多人不得不因为财富的约束选择质量较差的产品。显然在收入的不同分布之中,必定会形成对质量的不同需求。现在假设两国的要素禀赋不同,生产差异化产品的技术也不同,那么两国可以根据各自的禀赋和技术情况进行差异化产品生产的分工和专业化。技术较高且相应禀赋相对充裕的国家专门生产高质量产品并出口,而其他国家则生产低质量产品。该理论最大的成功就在于他通过引入纵向产品差异化理论,在没有垄断的情况下将行业内贸易和差异化产品贸易纳入李嘉图和 H-O 模型之中,也就是说行业内贸易并不一定要依赖于不完全竞争、规模经济等假设。

2. 战略贸易理论

战略贸易理论和行业内贸易理论构成了自 20 世纪 80 年代以来国际贸易理论发展的前沿。相比而言,战略贸易理论的出现所引起的理论关注和政策效应远远大于行业内贸易理论。该理论主张各国政府应当确定战略性产业,实施战略性产业政策,通过出口补贴等政策,帮助战略性产业中的垄断企业获得更多的国际市场份额,以此得到来自规模经济、知识外溢效应和学习效应等方面的收益,改变本国的竞争地位,最终提高本国的福利水平。这种贸易理论主张成为20世纪90年代西方发达国家贸易政策制定的理论基石之一,从根本上改变了许多国家的贸易战略思想。

寡头垄断下的行业贸易理论以及规模经济基础上的行业内贸易理论,是战略贸易理论的基础理论。这些理论在阐述新的国际贸易基础的同时,在贸易所得以及贸易格局方面的结论直接引出了战略性贸易政策。

战略贸易理论假定分属于不同国家的两个生产相同产品的垄断企业,他们把第三个国家作为出口市场。同时假定这两个垄断企业按照古诺双头垄断方式行动,在没有政府干预的条件下,双方将按照对方的反应作出最优决策,生产并向第三方市场出口相同的产量。但是如果其中一方的政府对该垄断企业进行出口补贴,该企业的行为就会发生根本性的变化,出口补贴会使该国企业按照领导者方式进行生产,而使对方沦为追随者。由于出口补贴的企业将处于"独立供应商地位",他将更多地获取来自垄断的利润,而这种利润来自另一个企业因市场份额下降所导致的利润下降。

然而,仅仅根据垄断和利润转移的假定,并不能给国家实施战略性贸易政策提供充足的理由。克鲁格曼在充分考虑规模经济、学习效应以及知识的外溢性等外部经济的条件下,才能充分地证明战略性贸易政策实施的可能性。因为,一国垄断企业国际市场份额的扩大会在规模经济的作用下降低生产的边际成本,从而将规模优势转化为成本优势和更大的规模优势,以保证利润的增加额远远超过国家的补贴额,以及本国福利的动态递增。此外,在学习效应的作用下,本国政府扶持的企业保持先发优势,阻止其他潜在竞争者进入市场,同时增加另一个国家实施报复性补贴的成本,避免出现两败俱伤的局面。因此,出口补贴等措施由于不完全竞争和规模经济共同作用就具有了战略性意义。

3. 新贸易政治经济学

新贸易政治经济学产生的最为直接的原因是20世纪80年代末到90年代初,以行业内贸易理论和战略贸易理论为核心内容的早期新贸易理论,受到了自由主义猛烈地攻击。在自由主义经济学家看来,早期新贸易理论虽然建立了具有理论突破性的精美模型,但简单地从这些模型得出干预主义的理论结论是不正确的。因此,修正后的新贸易理论必须从理论上解决这种理论与现实的冲突,以说明那些后期新贸易理论家们认为没有经济发展效率基础和社会福利基础的贸易政策广泛存在的原因。这直接导致了新贸易政治经济学的崛起,政治成为新贸易论调和上述冲突的落脚点。围绕这个核心观点,经济学家建立的理论分析可以分为三大类:

(1)将选举过程与贸易理论结合起来,分析保护贸易政策决定的政治过程。由于不同的要素所有者会成为有利于自身利益最大化的贸易政策的投票者,生产要素所有权的分布状况也就决定了选民的分布状况。因此,利用公共选择理论,就可以确定哪些贸易政策可以通过投票,但其最大的缺陷在于不可能预测贸易保护的程度,也不能说明政治团体在何种程度上对博弈方式产生作用。

(2)放弃对实际政治决策过程以及决策方法的关注,而采取了对相互作用的利益团体的行为和作用方式进行模型化的方法,一方面解释贸易保护的供给,另一方面解释贸易保护的需求,最终确定各方最优化条件下的贸易保护水平。但是,这类理论依然存在很大的缺陷,因为它无法说明为什么国际贸易政策没有采取自由主义所认为的社会福利最优的自由贸易政策,也难以说明为什么保护贸易政策总是偏向于某些特定行业,如农产品等。

(3) 从交易费用的视角对上述未能分析的问题进行了补充,即交易费用分析框架。该框架认为,如果交易费用为零,政治决策过程一定能够制定出社会福利最大化的贸易政策。但由于信息问题、有限理性、机会主义以及资产专用性等因素的存在,很多契约会因为交易费用过高而无法达成,很多有利于社会福利水平的改进的活动无法展开,从而导致最优政策无法形成,保护政策在具有不同特性的群体和产业中具有很大的差异。

(三) 新-新贸易理论

新贸易理论在产业结构、规模经济、母国市场效应等基础上,虽然能较好地解释第二次世界大战以后行业内贸易蓬勃发展的趋势,但它和传统贸易理论一样,仍然难以解释为何有些企业能出口而有些不能。背后的原因在于同质性企业的假定。随着微观实证证据的增加,越来越多的研究认为:即使处于同一行业,企业也表现出很强的异质性,即只有某些生产率高的企业才会选择出口。理论呼唤新的突破,以哈佛大学年轻学者梅勒茨为代表的经济学家对此进行了研究,提出了后来被学界称为新-新贸易理论的异质性企业贸易理论。目前新-新贸易理论主要沿着企业的出口选择和企业组织的生产选择两条主线展开。

为了解释企业的异质性和贸易参与的正相关关系,寻找企业自我选择出口的原因,新-新贸易理论将企业的生产率差异与规模报酬递增、不完全竞争、产品多样化结合起来,不仅很好地解释了上述微观贸易数据的实证结论,也成为新-新贸易理论分析框架的核心。同时,不断扩展的异质企业贸易模型还为不同国家提供了参与贸易的福利新含义,已成为经济一体化和全球化时期各国研究者和政策讨论的中心话题。

新-新贸易理论首次将生产的固定成本作为企业进入国内市场的条件,将出口的固定成本作为企业进入出口市场的条件,将偏好多样化的消费者需求和规模报酬递增的垄断竞争结合起来,分析企业出口的自我选择机制,得到瓦尔拉斯一般均衡。这说明企业的这种自我选择机制是一种产业内的达尔文进化过程:生产率最高的企业出口,企业的规模、市场份额和利润增加;中等以上生产率的企业仍然出口并增加市场份额,但利润会有所减少;中等生产率的企业只能在国内市场销售,市场份额和利润都减少;生产率最差的企业被逐出市场。

一国从封闭走向开放,提高了出口企业的利润,增加了进入企业的预期收益,潜在进入市场的企业增加。为保证进入企业的预期利润等于进入的沉没成本,潜在生产者成功进入市场的概率下降,企业的零利润生产率增加。生产的零利润提高,隐含着贸易自由化具有产业内的企业再分配效应。原来能够在国内市场上销售的生产率较低的企业,由于零利润生产率的提高,导致其不能继续获得正利润,被迫退出市场;中等生产率的企业虽然还能够继续在国内市场上销售,但其收入会因为临界生产率的提高而下降;生产率高的出口企业在国内市场上的销售收入也会收缩,但国际市场上的收入会增加,并且这种国际收入的增加超过了国内收入的损失,高生产率的出口企业的总收入增加。因此,贸易自由化有利于高生产率出口企业增加收入、扩大规模、提高市场份额,并通过低生产率企业的退出,提高该国的总生产率水平。

建立在企业生产率异质性基础上的新-新贸易理论,虽然很好地解释了微观贸易数据的实证结论,然而局限性也是显而易见的,它过分强调出口的自我选择效应,完全排除了贸易促进竞争的作用。仅注重出口自我选择效应将出现两个问题:① 出口企业的较高生产率从何而来;② 出口企业的市场规模扩大,是否会形成垄断。垄断相比竞争,效率更差。主张自由贸易的经济学家又对此进行了多角度的扩展。

拓展方向之一是确定市场规模对企业生产率的影响,技巧是使用拟线性和二次效用函数代替标准分析框架中的固定替代弹性效用函数。如果只存在两个国家,当双方市场分割后,企业在一个市场上生产的商品出售到另一市场中,边际成本与市场规模呈现出反向变动状态。于是市场规模越大的国家,企业边际成本越低、出口更加容易,从而解决了经验研究中发现的"市场规模是决定企业生产率的重要因素"这一事实。

拓展方向之二是将比较优势异质化。将工人划分为熟练和非熟练劳动力后,企业的异质性不影响 H-O 模型的基本结论:技术丰裕的国家相对密集地使用其丰裕的技术工人,出口技术密集型产品、进口劳动密集型产品。这样,即使产业内的企业不再是一个代表性的企业,而是生产率具有差异的众多异质性企业,一国也会密集使用其相对丰裕的要素,进行产业内贸易,要素价格均等化定理、斯托尔珀-萨缪尔森定理、雷布津斯基定理和 H-O 定理成立。

拓展方向之三是价值链贸易的完善。为对工序分工进行新的考查,新-新贸易理论还将中间投入品纳入分析中,得出结论:生产率低的企业既不进口中间产品,也不出口最终产品;生产率高的企业进口中间产品,出口最终产品;中等生产率的企业可能进口中间产品,不出口最终产品,也可能不进口中间产品,出口最终产品。中间产品的进口既可以采用外包,也可以采用一体化方式,这涉及企业的边界问题。将企业内生边界和新-新贸易理论结合起来,扩展后的南北贸易模型,可以用来分析企业的生产率水平与组织形式的差异对国际贸易、外国直接投资和企业组织选择的影响。进一步将产品生命周期、不完全契约融入南北贸易模型后,还可以说明在契约较为有效的北方国家生产最终产品;低技术的中间产品将转移到南方国家,以便利用南方国家的低工资成本优势。当然企业是实行一体化生产中间产品还是将中间产品外包给供应企业,取决于契约制度的质量。南方国家契约制度有效性的提高,可能会减少垂直一体化的外国直接投资或中间产品的外包。

拓展方向之四是考虑多种最终产品。实际上,大多数企业生产和出口多种最终产品,而不是一种最终产品。受此影响,必须将一种最终产品的新-新贸易理论拓展到多种最终产品情形,用来解释"生产率越高的企业,生产的产品种类越多,企业出口的产品比国内市场销售的产品具有更强的竞争力"等问题。与一种最终产品相比,多种最终产品的拓展具有以下特点:① 多种最终产品模型不仅强调了企业对市场的自我选择效应,而且强调了企业对产品的自我选择效应;② 存在两种形式的资源再分配效应,资源从低生产率的企业向高生产率的企业流动和资源从低生产率的产品向高生产率的产品流动;③ 企业生产的多种产品中,只是出口质量更好的产品,出口产品种类低于国内市场;④ 企业生产和出口某一产品的产出越大,生产和出口的产品种类也会增加。这种集约边际与扩展边际共存的正向关系,不同于单一最终产品模型,是多种最终产品模型的一大亮点。

拓展方向之五是企业异质性的内生化。新-新贸易理论强调的自我选择效应是以不变的生产率为假设前提。然而,出口企业的生产率不是固定不变的,而是存在出口学习效应的:企业的生产率在参与出口以后得到了显著提高。使用新技术是企业生产率内生化的重要途径。如果所有企业使用的技术相同,只有那些生产率较高的企业才能获得正的出口利润,出口企业的生产率比非出口企业高,出现企业出口的自我选择效应。随着贸易成本的下降,企业出口获得正利润的条件降低,进入出口市场的企业数量增加。生产率较高的企业为保证其出口市场地位,会采用新技术,提高生产率水平,出现出口学习效应。也就是说,随着贸易成本的逐渐下降和贸易自由化预期的逐渐增强,企业为了出口,将不断采用新技术生产产品,促进企业的生产率内生增长。

新-新贸易理论是国际贸易理论的前沿,代表了未来的理论发展方向和研究思路。然而,已有的一些理论都是以发达国家较为成熟的市场机制为假设前提的,没有体现出发展中转型国家的特点,在新-新贸易理论的研究框架下,加入发展中国家的特定变量,仍是一个较为新颖且富有挑战性的前沿问题。

二、二战后发展中国家的贸易政策与发展战略

从发展中国家的工业化讲,贸易政策与各国的工业化战略密切相关。实行贸易保护主义的发展中国家,采取的是进口替代工业化战略;而实行贸易自由政策的发展中国家,实施的是出口导向工业化战略。从结果看,二战以后实施出口导向工业化战略的日本、韩国、中国台湾、新加坡,以及20世纪80年代的中国大陆都获得了很好的发展,成为世界经济史上的"东亚发展奇迹"。而曾经信奉贸易保护主义理论,实行进口替代工业化战略的拉美国家,发展很不理想。从20世纪80年代开始,拉美进入了几乎无增长的阶段,经济史学者称之为"拉美失去的20年"。

(一)进口替代工业化战略

进口替代工业化战略指一国采取各种措施,限制某些外国工业品的进口,促进本国有关工业品的生产,逐渐在国内市场上以本国产品替代进口产品,为本国工业发展创造有利条件,实现工业化。它是内向型经济发展政策的产物,首先在20世纪30年代的拉美国家实施,持续了大约半个世纪,曾经使拉美国家的经济和社会发展取得了非常瞩目的成就。但该战略缺陷也十分严重,这些国家和地区至今仍未跨出"中等收入陷阱"。因此,对拉美国家进口替代战略进行全面客观的评价,无论在理论研究还是政策实践上,都很有必要。虽然不能把拉美经济发展失败完全归咎于进口替代工业化战略,但这种发展模式的缺陷或弊端确实存在,可以归结为以下几点:

(1)过高估计进口替代对经济增长的积极效果。后发国家发展工业必须进行适当的保护,但过度保护难以提高经济效益。根据李斯特的经济发展阶段论,保护民族工业需要选择重点部门进行适当保护,保护的目的是为了促进国内幼稚产业的发展,待竞争力增强后,降低保护水平,鼓励开拓国际市场。但拉美国家进口替代工业化的过度保护,削弱了产业发展的后向联系。

(2)国内市场容量的过度自信。在保护国内工业发展的同时,一些拉美国家试图通过提高国内竞争程度弥补因进口替代产生的效率低下问题。然而,经济发展的历史经验表明,市场容量决定了企业产量的大小,生产效率取决于生产设备的使用时间和技术更新的速度。

但是拉美国家进口替代工业化的过程中常常面临一个市场容量狭小的难题,一方面是因为国家经济发展水平低,国内工业品需求小;另一方面是因为国内生产者在保护政策下,不必开拓国际市场就可获得高额利润,这就形成了一个恶性循环。

(3) 忽视比较优势的作用。按照比较优势,拉美应生产劳动密集型产品,进口资本、技术密集型产品。然而,进口替代工业化战略扭曲了这一优势,这种发展模式不仅不能真实反映资本的市场价格,造成严重的投资浪费现象,而且人为干预劳动力市场,造成新一轮收入分配不公平,隐形失业状态。压低利率还导致消费者的储蓄积极性不高、过度消费现象严重,既造成支持工业发展的资本积累不够,又不利于控制国家的通货膨胀。

(4) 贸易条件恶化,国际收支得不到有效改善。贸易条件持续恶化是拉美国家实施进口替代工业化战略的主要借口,但真正实施进口替代工业化战略后,仅仅改变了进口产品的结构,即从进口最终产品变为进口中间产品和机器设备。实际上,进口替代、拉美高估本币的工业保护是导致国际收支问题的根源,最终在 20 世纪 80 年代出现债务危机和经济危机,进口替代战略由此破产。

总之,拉美国家实行进口替代工业化战略既有历史的必然性,也具有相对的合理性,更重要的是它为其他发展中国家的工业化发展提供了借鉴。但这一战略对刺激落后国家工业发展是有限的,在实践中逐渐暴露出许多缺陷。因此,从 20 世纪 60 年代开始,一些国家和地区就开始转向更加开放的工业化战略,取得了令人瞩目的成就。

(二) 出口导向工业化战略

出口导向工业化战略又称出口替代工业化,是外向型经济发展战略的产物。要求一国采取各种措施扩大出口,发展出口工业,并逐步用轻工业产品出口替代初级产品出口,用重化工业产品出口替代轻工业产品出口,以带动经济发展、实现本国工业化。出口导向战略就是利用出口对经济发展的积极作用,通过对初级产品的深加工,然后组织产品出口,以替代原先的初级产品的出口,利用扩大出口来积累资金,带动整个国家的工业发展和国民经济增长。

与进口替代工业化战略相比,发展中国家采取出口导向工业化战略,有其特有的优势:

(1) 有效利用国际市场,解决工业化过程中本国市场狭小的限制,获取规模经济,提高产品的国际竞争力。

(2) 可以充分利用国外资源,与本国具有比较优势的劳动力资源相结合,生产并出口本国具有比较优势的产品,以缓解本国的外汇压力。

(3) 通过贸易开放,学习国外先进技术和管理经验,并以出口换取经济发展所需要的资金和新型机器设备,加快本国经济增长的速度,推进本国工业化的进程。

(4) 可以在国际分工中节约劳动,充分发挥自身的比较优势,在全球性的产业结构调整中,促进本国产业结构的优化升级,获取因分工而产生的规模经济效益。

(5) 增加就业、改善收入分配状况,可以通过对外贸易、互通有无,使本国居民享受到更多的经济福利,提高其生活水平。

出口导向工业化战略实施后,东亚国家或地区的经济增长速度远远领先于其他地区,也超过西方发达国家曾经创造的纪录。但出口导向工业化也存在不可避免的弊端,表现在:

(1) 畸形产业结构易造成产业发展的失衡。

(2) 外贸依存度大,增加本国经济对外部需求的依赖性,不仅易受国际需求波动的影响,而且易丧失经济发展的主动权。

(3) 以扩大出口为目的,易导致贸易摩擦加剧。

(4) 盲目追求引进外资的数量,易出现金融危机。

东南亚金融危机表面上是金融领域的危机,实际上暴露了东亚国家或地区出口导向工业化战略发展的固有缺陷。东亚国家或地区整体尚不具备依靠内需市场拉动经济增长的条件,外贸依存度高,外部市场需求依赖度大,这在根本上决定了缺乏调整经济发展的内在机制。再加上金融体制的不健全、金融监管不力、外汇政策不当、市场体制发育不成熟、政府在资源配置上的过度干预、产业结构调整缓慢、泡沫经济空前膨胀等因素,未来类似的经济危机可能还会出现。即便如此,东亚出口导向工业化发展的历史奇迹,依然为其他落后国家的发展提供了借鉴。

(三) 综合实施进口替代与出口导向工业化战略

综合型贸易战略坚持进口替代的理由是建立民族工业体系。发展中国家的工业基础通常十分薄弱,工业品层次低、价格高,如果没有国家的保护,发达国家质优价廉的工业品很容易冲击和占领本国市场,导致工业发展陷入贫困的恶性循环。以进口关税为基础,辅助以国内产品的销售补贴,将大幅减轻国内同类产品生产企业的价格竞争劣势,弥补产品质量上的差距,保证国内产品的市场需求和企业盈利需求,扶持国内工业的健康发展。从工业体系上看,通过横向的大量工业制成品的进口替代和纵向的单一制成品中间投入品的进口替代,发展中国家可以逐步实现工业制成品和中间投入品的国产化,建立相对完善的民族工业体系。

然而,发展中国家经济发展水平低、储蓄少导致投资不足,难以突破经济发展的低收入恶性循环。如果能大量利用外资,不仅能解决工业发展的资本短缺,而且能依托国际市场,赚取引进国外先进技术、设备、关键零部件的外汇资金,实现经济的迅速起飞和发展。

综上所述,进口替代与出口导向工业化战略对发展中国家来说,都有实施的必要性和合理性,两者混合实施构成了综合型贸易战略的基础。两者的有机结合,既能优势互补,又能适应多变的国际环境,促进发展中国家参与较高层次的国际分工,加快本国工业化发展步伐。

资料链接

美国贸易政策的百年变迁

贸易政策一直是国际经济学领域引人注目同时又备受争议的话题。达特茅斯学院教授道格拉斯·埃尔文是从事国际贸易研究的著名学者,2017年年底出版了《商业冲突——美国贸易政策史》(《Clash Over Commerce——A History of US Trade Policy》)一书。该书洋洋洒洒800多页,详细介绍了美国建国200多年来贸易政策演变历程,为我们观察美国贸易政策的形成提供了重要视角。

埃尔文将美国的贸易政策目标概括为三个"R",分别是增加财政收入(Revenue)、对国外商品进行限制(Restriction)、促进贸易公平(Reciprocity)。根据贸易政策目标重要性排序的不同,1763年至今,美国的贸易政策大体上可分为三个阶段。第一个阶段是从北美殖民地时期到美国南北战争之前,政策的优先目标是获取财政收入。美国建国之初,关税是美国联邦政府的主要收入来源,比重一度达到90%左右。第二个阶段是从南北战争结束以后到大萧条之初,政策的优先目标是限制国外商品的竞争。南北战争打破了原来的政治均衡,制造业比重更大的北方各州占据上风,美国实施了高关税政策。第三个阶段是大萧条至今,优先目标是促进公平贸易,帮助美国企业打开海外市场。1934年美国通过《公平贸易法案》,第二次世界大战以后签署多项自贸协定,逐步降低关税水平。

——资料来源:许伟.美国贸易政策的百年变迁[EB/OL].[2019-4-2].www.sohu.com.

第三节　贸易自由化及对世界经济的影响

贸易自由化指一国对外国商品和服务的进口所采取的限制逐步减少,为进口商品和服务提供贸易优惠待遇的过程并且主张以市场为主导,无论是以往的关贸总协定,还是现在的世贸组织,都是以贸易自由化为宗旨。

贸易自由化的理论基础来源于斯密和李嘉图的比较优势论。该理论认为,对于一个国家来说,不仅在其具有超过其他国家的绝对优势的产品上进行专业生产是有利的,而且在那些具有比较优势的行业进行专业生产也是有利的。通过贸易互通有无,各国在具有相对较高生产力的领域进行专业化生产,将有助于提高各国的真实财富总量。而比较优势理论所赖以存在的基础又正是斯密的自由市场经济学说。在《国民财富的性质和原因研究》中,斯密对实行经济自由的必要性作了深刻分析,他认为经济人的谋利动机、社会资源的优化配置、国际分工的发展都要求经济自由。斯密通过发展诺思关于国际分工的思想,进一步论证了自由贸易的好处。正像国内每个生产部门内部和彼此之间存在着分工并且这种分工的发展能够提高劳动生产效率一样,国际上不同地域之间也存在着分工,这种国际地域分工通过自由贸易也能促进各国劳动生产力的发展。萨缪尔森对李嘉图的比较利益说的阐释进一步论证了自由贸易带来的种种好处:"最有效率和最富生产性的专业化模式,是个人或国家都集中精力从事相对或比较而言比其他的人或国家效率更高的活动……在自由贸易条件下,当各国集中在其有比较优势的领域进行生产和贸易时,每个国家的情况都会变得比原先要好。与没有贸易的情况相比,各国的劳工专门生产自己具有比较优势的产品并将其与比较劣势的产品相交换时,他们工作同样的劳动时间就能够获得更多的消费品"。

从古典经济学家阐述的贸易理论可以看出,一国最佳贸易政策的选择应是自由贸易政策,也即国家对进出口贸易不加干预和限制,允许商品自由输出和输入,在国内外市场自由竞争。然而以比较成本学说为基础的自由贸易理论在推行和传播过程中并非一帆风顺。早在重商主义时期,保护主义的主张就已出现。保护主义的贸易政策指国家采取各种限制进口的措施来保护本国市场,免受外国商品竞争,并对本国出口商品给予优待,鼓励商品出口的贸易政策。时至今日,贸易自由化作为符合"自然秩序"的一种贸易模式,仍是人类不懈追求的一种理想贸易政策,只是国际贸易有望达到的一种美好境界。斯密也很清楚这一点:

"期待贸易自由像期待乌托邦一样的荒谬,因为不仅公众的偏见会反对,而且更无法克服的是存在许多个人的私利,都会不可遏制地出来阻挡和反对自由贸易"。这主要是各国经济发展不平衡,仍然存在国家利益和民族利益,社会制度、经济体制和文化观念等方面的差异,使贸易利益不可能在世界各国之间均衡分配。"在贸易政策中,国家安全不是唯一的非经济目标,各国可能非常想保留自己的文化传统或保护本国环境。有些人将其保护主义的论点建立在纯经济论据的基础之上;另一些人则宣称由于社会的和政治的原因,采取保护主义是适当的"。基于国家利益和民族利益的需要,在经济上落后的国家为了保护本国生产力的发展,特别是为了保护国内的幼稚工业,大力倡导并推行保护贸易;而那些发达国家为了维护国内市场的垄断价格和夺取国外市场,也总是打着贸易自由化的旗帜,实行严厉的贸易保护政策。

通过考察世界市场经济发展的历程,不难看出,贸易自由化与贸易保护主义一直交错存在,各个国家总会自觉或不自觉地采取保护本国贸易的措施,只不过两种力量对比的不同可能导致在一定时期更倾向于一个方面。在国际贸易自由化的趋势下,关税保护和进口配额已置于 GATT/WTO 规则约束之中,非关税措施在国际保护贸易政策中的地位越来越重要,保护的重点也由过去的传统竞争性产业逐步转向高技术产业并且由政策法规的间接限制代替了过去的行政性限制。随着知识产权在国际贸易中的地位越来越重要,如果不加强知识产权的国际保护,各国必然会利用知识产权壁垒阻碍贸易自由化。这也是尽管各国矛盾重重,利益分歧巨大,TRIPs 协议得以最终达成的一个重要原因。

一、贸易自由化的特征与指标

(一) 全球贸易快速增长

第二次世界大战后,各国对战前的贸易保护主义政策进行了深刻的反思,认识到只有实行自由贸易才能促进世界经济的繁荣与稳定,因此贸易自由化迅速在全球展开。二战后成立的关税与贸易总协定(GATT)是贸易自由化的产物,极大地促进了全球贸易的发展。特别是 20 世纪 90 年代中期以后,在世界贸易组织的推动下,包括商品和服务在内的国际贸易日益自由化、法制化和规范化,得到了长足的发展。

世界经济与国际贸易都易受到多种经济、非经济因素的影响,其在一段时间内往往表现出一定的波动性,但总的来说国际贸易的增长快于世界 GDP 的增长,从 1971 年至 2003 年世界商品与服务的出口、进口年平均增长率分别为 6.66% 与 6.30%,而同期世界 GDP 的年平均增长率只有 2.99%,国际贸易的增速远远高于世界 GDP 的增长速度。但在经济衰退期间,国际贸易也最易受到冲击,波动幅度超过世界经济的波幅。例如,受 1973~1974 年和 1979~1980 年两次石油危机的影响,世界经济陷入衰退,进出口贸易也严重萎缩,在 1975 年和 1982 年呈现负增长。海湾危机的爆发,更使经济衰退的范围不断扩大,国际贸易也受到严重影响。2001 年由于世界经济增长放缓,发达国家经济发生衰退,以及"9.11"恐怖事件的影响,国际贸易增长势头减弱,出口增长率只有 0.92%,但进口增长率(2.42%)仍大于世界 GDP 的增长率(1.61%)。

（二）贸易全球化的广度不断扩大

贸易全球化的广度不断扩大指参与贸易全球化进程的国家和地区越来越多。1948 年，关税与贸易总协定成立。虽然它是二战后美国等发达资本主义国家为了实现自己的经济利益而主导成立的，但客观上促进了各国贸易的发展，使各国逐渐融入全球贸易的链条中。作为贸易自由化的推动者，关税与贸易总协定虽然存在一些缺陷，但毕竟是各国追求贸易自由化、寻求贸易国际协调的一次伟大尝试。到 1995 年世界贸易组织成立前，已有 128 个国家加入到关贸总协定中。世界贸易组织的成立是国际贸易发展史重要的里程碑，作为关贸总协定乌拉圭回合谈判的重要成果之一，它是当代涉及世界经济贸易范围最广、影响最大最深远的国际多边贸易组织，是真正的"经济联合国"。它继承了关贸总协定促进世界贸易自由化的理念，其组织结构更趋合理，谈判议题更加广泛，法律框架日益完善，推动着国际贸易体系走向自由化、法制化和规范化。世界贸易组织的成立是 20 世纪国际贸易自由化取得的最大成就，它将越来越多的国家卷入到全球化的浪潮中，其成员方贸易额占世界贸易总额的比例一直在 90% 以上。

（三）贸易全球化的深度不断加强

贸易全球化的深度指世界和各个国家或地区对进出口贸易的依赖程度，通常用进出口贸易总额占国内生产总值的比重表示，也就是对外贸易依存度。二战后，在贸易全球化、自由化的大趋势下，无论是世界贸易或是各国贸易都得到了快速发展，大多数年份都要快于国内生产总值增速，因此世界和绝大多数的国家的对外贸易依存度都在不断提高。

虽然世界对外贸易依存度整体趋势不断提高，但具体到不同国家又显示出巨大的差异。尽管横向上各个国家的进出口依存度存在差异，但从纵向上看，都表现出不同程度上的加深趋势。发展中国家这一趋势更加明显，如中国伴随着近年来贸易的快速发展，进出口贸易依存度不断提高，1980 年进出口贸易依存度分别只有 6.6% 与 6.3%，而到 2008 年分别达到 28.4% 与 35.0%。其他一些亚洲国家或地区也表现出同样的趋势，中国香港的出口依存度从 1980 年的 89.9% 上升到 2008 年的 212.5%，进口依存度也从 90.8% 上升到 201.6%。其他发展中国家如墨西哥在加入北美自由贸易区后，对美贸易大增，其对外贸易依存度上升很快，出口依存度由 1980 年的 10.7% 上升到 2008 年的 28.3%，进口依存度上升到 30.5%。

发达国家近年来对外贸易依存度变化不大，如美国、日本。这主要是因为这些国家经济实力强，GDP 总量大，国内市场大、需求大，尽管它们都是贸易大国，但是进出口额占其庞大的国内生产总值的比重并不会太高。

（四）全球贸易发展极不均衡

随着贸易全球化广度不断扩大，深度日益加强，各个国家或主动或被动地加入全球贸易网络中，极大地促进了全球以及各个国家贸易的巨大发展。但在飞速发展的背后隐藏着巨大的不平衡，这种不平衡既体现在地区与地区之间，也体现在国家与国家之间。

全球商品贸易主要集中在北美洲、欧洲与亚洲地区，中南美洲及非洲在全球商品贸易份额中所占比例很低，在贸易全球化不断深化的今天，这些地区的国家却有被"边缘化"的危险。北美洲、欧洲与亚洲集中了全球商品贸易的 90% 以上，这些地区包括发展中国家如亚洲的中国以及东盟一些国家,北美洲的墨西哥等,它们的对外贸易近年来发展迅速。同时,这些地区也包括发达国家如美国、日本和欧盟国家,它们一直是全球贸易的主导,在贸易全球化中扮演着重要的角色。

贸易全球化的不平衡性也体现在国家(地区)与国家(地区)之间,主要的贸易大国集中了全球贸易份额的大部分。但在商品贸易领域,世界商品贸易排名前十位的国家中,大多数为发达国家,只有个别是发展中国家,这也说明了贸易全球化中南北国家贸易的非均衡性。在服务贸易领域,发达国家更是占有绝对的优势。

二、多边贸易体制

(一) 多边贸易体制内涵

多边贸易体制即WTO所管理的体制。世界贸易组织是多边经济体系中三大国际机构之一,也是世界上唯一处理国与国之间贸易规则的国际组织。在WTO事务中,"多边"是相对于区域或其他数量较少的国家集团所进行的活动而言的。大多数国家,包括世界上几乎所有主要贸易国,都是该体制的成员,但仍有一些国家不是,因此使用"多边(Multilateral)"一词,而不用"全球(Global)"或"世界(World)"等词。

世界贸易组织采取"多边贸易体制"。多边贸易体制的最大目的是使贸易尽可能自由流动。1995年1月1日世界贸易组织的建立,标志着自二战以来国际贸易体制最大的改革。世界贸易组织是处理各国及单独关税区之间贸易规则的唯一国际组织,而《世界贸易组织协议》则为国际贸易提供法规。

多边贸易体制最重要的目的是在不产生不良负面影响的情况下,使贸易尽可能自由地流动。这不仅意味着消除壁垒,还意味着保证个人、公司和政府了解世界上的贸易规则,使他们相信,政策不会发生突然的变化。《世界贸易组织协议》是涵盖范围广泛的各项活动的法律文本,冗长而复杂。但几个简单而根本的原则贯穿于所有这些文件,构成了多边贸易体制的基础。

(二) 多边贸易体制主要原则

虽然世界贸易组织1995年才成立,但多边贸易体制已有50多年的历史了。自1948年起,《关税与贸易总协定》就已为多边贸易体制制定了规则。

多边贸易体制有五项主要原则:

(1) 非歧视性,即一国不应在其贸易伙伴之间造成歧视,它们都应该被平等地给予"最惠国待遇";也不应在本国和外国的产品、服务或人员之间造成歧视,要给予其"国民待遇"。

(2) 更自由的贸易,即通过谈判不断减少贸易壁垒,这些壁垒包括关税、进口禁令或进口配额等有选择地限制数量的措施,以及繁文缛节、汇率政策等其他问题。

(3) 可预见性,在世界贸易组织中越来越多的关税税率和市场规则受到约束,外国公司、投资者和政府应相信贸易壁垒不会随意增加。

(4) 促进公平竞争,不鼓励"不公平的"做法,如出口补贴和为获得市场份额而以低于成本的价格倾销产品。

(5) 鼓励发展和经济改革,给予欠发达国家更长的调整时间、更多的灵活性和特殊权利。

上述原则显然有利于维护各个成员方在国际贸易中的基本利益,各国自然积极加入世界贸易组织这一国际组织。

(三) 多边贸易体制作用

从 GATT 到 WTO,多边贸易体制一如既往以贸易自由化为宗旨。《1947 年关税与贸易总协定》在序言中开宗明义指出:"期望通过达成互惠互利安排,实质性削减关税和其他贸易壁垒,消除国际贸易中的歧视待遇,从而为实现这些目标作出贡献。"《马拉喀什建立世界贸易组织协定》在保留这一论述的同时,进一步指出"决定建立一个完整的、更可行的和持久的多边贸易体制,以包含《关税与贸易总协定》、以往贸易自由化努力的成果以及乌拉圭回合多边贸易谈判的全部成果。"2008 年全球金融危机衍生成为全球性贸易保护主义浪潮,在使 WTO 多边贸易体制经历着严峻时代考验的同时,也迫使 WTO 扛起了维护贸易自由化形象的旗帜,在对抗和遏制贸易保护主义过程中发挥着更多的价值。2008 年 12 月 14 日,西方著名经济学家鲍德温和埃文奈特撰文指出,为应对金融危机,维护国际贸易稳定,WTO 应立即采取三项应急措施:① 迅速完成 WTO 贸易便利化谈判,WTO 成员每半年向 WTO 通报一次贸易便利化义务落实情况;② 建立全球贸易保障机制,WTO 成员每周通报一次本国进口增长、关税变化及反倾销措施等情况;③ 所有 WTO 成员承诺约束现行贸易开放水平,不采取任何新的贸易限制措施,并每两年向 WTO 通报一次落实情况。事实上,在过去的数月,WTO 正在通过多种方式和手段扮演着全球贸易保护主义"遏制者"和"终结者"的角色,为避免全球经济滑向深度衰退设置了一道"安全阀"。世界贸易组织的作用有下面几点:

1. 通过多种途径和渠道呼吁反对贸易保护主义

WTO 基本哲学是开放市场、非歧视以及国际贸易的全球竞争有益于全世界各国的福利。WTO 是磋商和扩展多边贸易自由化以及对贸易和相关政策进行合作的场所,确保需要取消进口壁垒的政府进行国内贸易政策改革。金融危机爆发以来,WTO 总干事拉米先后两次应邀参加 G20 金融峰会,并促成反对贸易保护主义和推动多哈回合谈判连续成为华盛顿峰会和伦敦峰会的重要议题。拉米还在一份声明中呼吁,G20 集团领导人应该联合行动,避免实行任何进一步的贸易保护,否则贸易保护主义措施将会进一步延长危机的持续时间。

2. 通过政策审议对贸易保护主义措施实施监督

努力增强透明度和审议贸易政策占用了 WTO 很大一部分的时间。这一过程被美国著名贸易专家巴格瓦蒂教授称为"德拉库拉原理",即问题一旦曝光就会消失。2009 年 1 月,WTO 开始启动"特殊监督机制",对各成员为应对金融危机采取的贸易措施进行集体审议,对遏制保护主义起到了重要的预警和监督作用。WTO 要求各国为刺激经济发展采取的政策应有利于推动贸易增长,各国应不使用新的贸易限制措施和具有贸易扭曲效应的补贴措施,且各国应保证采取的措施以透明和非歧视的方式实施。

3. 通过促贸援助增强发展中国家的贸易自由化能力

作为多哈回合谈判的有益补充,促贸援助是 WTO 发起的一项倡议,旨在通过加强基础设施、提供技术援助和能力建设,帮助发展中国家和最不发达国家提高参与国际贸易的能力,促进其经济增长和社会发展。该倡议经 2005 年 WTO 中国香港部长级会议通过,被作为一项重要成果载入《香港部长宣言》。根据 2006 年 12 月确定的路线图,2007 年 WTO 在秘鲁、菲律宾和坦桑尼亚等三个亚、非、拉国家相继举行了三次地区性促贸援助审议会议,并成功举办了第一次全球审议大会。2008 年 2 月 25 日,WTO 通过 2008 年促贸援助工作路线图,旨在提高发展中国家在接受援助过程中的自主参与,加强对援助实施情况的监督,确定若干指标衡量援助活动的有效性和发展中国家的贸易能力。2008 年全球金融危机爆发后,WTO 已将促贸援助作为 2009 年工作重点,并计划在年中举行第二次全球促贸援助审议大会。毕竟,在当前全球同舟共济应对金融危机的形势下,增强发展中国家,特别是最不发达国家的贸易能力和强化贸易基础设施也符合发达国家自身的根本利益。

4. 通过呼吁贸易融资为全球贸易自由化提供资金保证

贸易融资被认为是贸易的生命线,现如今全球贸易的 90% 依靠贸易融资。然而,金融危机导致全球性资金紧缺,进出口商在获得贸易融资上遇到困难,外贸信用风险增大,特别是发展中国家资金更加紧张,导致全球贸易难以为继。2008 年 10 月 14 日,WTO 宣布成立"贸易融资特别任务组",研究金融危机对贸易融资的冲击。受到贸易融资短缺影响的发展中国家也积极向 WTO 建议对贸易融资进行深入讨论,并加强与其他国际机构的联系,共同寻找解决办法,以真正实现多哈宣言中"防止多边贸易体制受到财政和货币不稳定性影响"的授权。如今,WTO 正在大力推动建立"流动资金库",以解决贸易融资困难问题。

5. 通过争端解决机制对贸易保护主义国家实施制裁

争端解决机制是多边贸易体制的主要支柱,是 WTO 对全球经济稳定做出的最独特的贡献。根据 WTO 成员的承诺,如果他们认为其他成员正在违反贸易规则,他们将使用多边贸易体制的争端解决机制,而不是采取单边行动,这意味着遵守议定的程序和尊重判决。作为全球贸易争端的准司法机构,争端解决机制使全球贸易规则更为有效,为规则导向的体制运行进一步增添了安全性和可预见性。尤其是对于发展中国家和弱小国家而言,在面临单边主义威胁与挑战时,他们可求助于多边争端解决机制维护自身利益。

6. 通过推动多哈回合谈判提振各国对世界经济复苏的信心

20 世纪 30 年代经济大萧条催促了以自由贸易为基础的多边贸易体制的诞生。GATT/WTO 的创立和成功已经成为历史上曾以重商主义为准则的领域开展国际合作的杰出范例,给世界各国和地区经济带来了普遍的繁荣和福利。根据 WTO 统计,多边贸易体制 60 年来所倡导的多边贸易自由化为世界货物贸易的发展奠定了坚实基础,多边贸易体制被认为是发展的基础和经济贸易改革的工具。自 1950 年以来,世界贸易总额增长了 27 倍,为同期世界 GDP 增长速度的 3 倍。制造业产品贸易增长(年增长率 7.5%)是农产品贸易增长速度(年增长率 3.6%)两倍以上。国际贸易这一增长速度在历史上是空前的。整体来看,在 1870 年至第一次世界大战开始期间(有时被称为第一次全球化浪潮),贸易增长速度约为 1950 年后的一半。根据麦迪森的统计,世界贸易与世界 GDP 的比率在 2005 年达到 19.4%。无疑,通过推动多哈回合谈判达成平衡协议以建立一个更加公正、合理、稳定的多边贸易体制将对各国应对金融危机、提振全球信心、加快世界经济复苏发挥着十分重要的作用。此外,尽早结束多哈回合谈判的意义不仅在于对贸易保护主义的爆发形成机制性约束和威胁,而且还有利于保护贸易利益,确保发展中国家和发达国家在全球产业链中相互倚重,共同受益。据 WTO 测算,多哈回合谈判成功将大幅度削减农业补贴,使全球关税水平在现有基础上下降 50%,每年至少将为世界经济创造 1500 亿美元的收益。特别是在当今重塑国际经济秩序的努力中,多哈回合规则谈判将对今后 20 年甚至更长一段时间的国际贸易起到规范作用。

三、贸易自由化对世界经济的影响

(一) 国际贸易与经济增长

1. 传统理论认为国际贸易可以促进贸易各国的经济增长

(1) 国际贸易可以实现资源在国际上的有效配置,从而促进世界经济的增长。按照比较优势原则进行国际贸易,可以实现资源在国际上的有效配置,从而促进世界经济的增长。斯密提出的"绝对利益"理论,是比较优势原则演化的最早理论渊源,也是比较优势原则的特殊体现。斯密还提出了"剩余产品出口"模型,研究了贸易对经济增长的带动作用。该模型认为,贸易可以使本国的闲置资源得以利用从而促进产出的增加。如果出口扩大利用了国内的剩余资源,必然会导致国民生产总值增长。因此认为一国如果将闲置的土地和劳动力资源用来生产剩余产品以供出口。这样贸易就为本国的剩余产品提供了"出路"。如果这些产品不输出国外,就没有任何价值。这种剩余产品的生产不需要从其他部门转移资源,也不必减少其他国内经济活动,因而出口所带来的收益以及换回本国所需求的产品,也没有机会成本,因而必然促进该国的经济增长。

李嘉图创立的比较成本理论论证了贸易静态利益的基础。他认为对外贸易是实现英国工业化和资本积累的一个重要手段。经济增长的基本动力是资本积累。随着人口的增加,食品等生活必需品的价格会因土地收益递减规律的作用而逐渐昂贵,工资(劳动力的价格)也将随之上涨。在商品价格不变的条件下,工资上涨将使利润下降,从而妨碍资本积累。通过对外贸易,如果能够从外国获得较便宜的食品等生活必需品以及原料,就会阻止在本国发生作用的土地收益递减倾向,促使经济增长。总之,通过进口廉价初级产品,阻止土地收益递减、工资上涨和利润下降倾向,就可保证资本积累和经济增长。

20 世纪 30 年代,美国经济学家罗伯特逊同样基于落后国家存在大量的农产品以及原材料等闲置资源的前提,提出了对外贸易是"经济增长的发动机"的命题。另一位经济学家诺克斯在随后的 20 世纪 50 年代对 19 世纪英国等发达国家与新移民地区国家的经济发展进行分析,认为国际贸易是带动新移民地区的经济发展的主要原因,进一步证明发展了罗伯特逊的命题。诺克斯认为,因为各国按比较成本规律进行国际贸易,通过专业化分工,使资源得到有效配置,增加了产量,从而获得静态的经济效益。除此,更重要的是国际贸易使发达国家对农产品及原材料迅速增长的需求传递到发展中国家,从而使这些国家的出口产业获得迅速发展,出口贸易增长又以"乘数效应"传递到其他的非贸易部门,从而带动整个国民经济的发展。这就是对外贸易产生的间接的动态经济效益。

(2) 贸易可以通过外部市场扩大产量,获得规模经济效益。一国国内市场相对来说总是狭小的,而出口的扩大克服了国内市场的狭小性,生产规模可以不断扩大,使生产效率提高,单位成本下降,获得规模经济效益,增强国际竞争力。1984 年,美国经济学家克鲁格曼在其《工业国家间贸易的新理论》的论文中提出了著名的产业内贸易学说。他认为,传统的贸易模式是建立在规模报酬不变与完全竞争假设的基础上的,各国按照比较优势进行国际分工与交换。而我们在微观经济学中已经了解到,在工业生产中,许多产品都具有规模经济的特点,即产品的平均成本随着产量的上升而出现下降的趋势。克鲁格曼的贸易理论正是建立在这样一种基础上,并且认为产品市场往往并不是处于完全竞争状态。在规模经济与不完全竞争条件下,同一产业内的国际分工,可以增加相同产业内不同类型产品的需求,从而使各国获得规模经济利益。由于任何一个国家都不可能囊括一个产业的所有产品,产业内贸易的出现也就十分自然,这就解释了国际贸易中为什么会存在大量的产业内贸易。同时,产业内贸易的发展,使得贸易各国通过扩大规模获得规模经济的利益,进而提高要素的边际产出率,实现了要素投入不变情况下的经济增长。

(3) 贸易可以刺激技术进步,从而促进经济增长。20 世纪 80 年代,经济学家开始关注贸易通过技术进步(制度创新)促进经济增长的作用。其实贸易促进技术进步的作用早在斯密时代就已受到了重视。20 世纪 80 年代以哈根为代表的经济学家开始更深入和集中地考察出口贸易对技术进步的促进作用,以此来解释贸易对经济增长的推动作用。哈根认为,出口扩大往往是一个技术创新的信号,从而使新技术与新管理方法得到采用,因此在出口扩大的同时,也伴随着产品质量的提高,这就增加了国民收入。出口产业新技术的外溢效应,也会在其他非出口产业产生连锁反应,最后实现整个国民经济规模和质量的提高。在进口部门,同样可以体现出国际贸易的技术进步效应。直接的技术进口对于提高国内技术水平的作用无疑是巨大的,对一国经济发展的作用也是毋庸置疑的。其他产品的进口如资本品,一般其与国内现有的资本品相比拥有更高的技术含量,那么本国不但可以获得比较优势下的贸易利益,还可以获得贸易下资本生产效率的提高。通过进口,国外先进技术还可以以贸易商品为载体,通过溢出效应传播到进口国。这一切都通过技术水平的提高达到刺激经济增长的目的。

2. "中心-外围"说认为国际贸易导致了发展中国家的日益贫困化

虽然经济学家提出了大量有关贸易促进经济增长的理论与学说,也提供了不少实证经验分析加以证明。然而并不是所有的经济学家都同意以上观点,这其中以阿根廷著名经济学家普莱维什为代表,他提出的"中心-外围"说证明了国际贸易会使发展中国家日益贫困化的机制,并得到了一大批经济学家的响应。普莱维什用"中心-外围"的体系结构来描述整个国际经济格局,少数经济发达国家处于"中心"地位,而大多数经济落后的发展中国家则处于"外围"地带。发达国家是生产技术的领先者,在国际贸易中生产并出口制成品,在国家贸易中处于有利位置,是国际贸易的获利者;发展中国家是技术的模仿者和接受者,主要出口原料、农产品等初级产品,进口发达国家的制成品,在国际分工中处于不利地位。在"中心-外围"的贸易格局下,贸易条件越来越不利于外围国家,国际贸易条件的长期恶化将阻碍发展中国家的经济增长。因此,普莱维什认为传统的贸易理论从逻辑上是正确的,但它的前提是

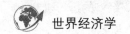

贸易主体的地位是平等的,而"中心-外围"贸易格局下的贸易主体间地位是非平等的,造成了传统贸易理论下的贸易利益分配的不公平。因此,贸易不但不能促进发展中国家经济增长,反而会对经济增长起阻碍作用。从二战后部分发展中国家的实践来看,不平等的贸易条件确有阻碍发展中国家通过贸易促进经济增长的消极作用。

(二) 国际贸易与经济增长的经验分析

1. 国际贸易促进世界经济增长的实证分析

二战后,国际贸易的增长持续快于世界 GDP 的增长,这标志着国际贸易已成为世界经济增长的重要推动力量。1951~2008 年世界商品出口的年平均增长率达到 6.17%,远远高于同期世界 GDP 的年平均增长率 3.76%,在国际贸易增长迅速的年份,世界 GDP 也表现出较高的增长率,而国际贸易在增速放缓甚至是负增长的情况下,世界经济也显示出增长的乏力。经测算,两者的相关系数达到 0.4,显示出国际贸易对世界经济增长的巨大促进作用。

整体来看,国际贸易促进世界经济的增长是毫无疑问的,但对于各个国家的情况如何呢?在当今贸易全球化、自由化趋势不断加强的情况下,对这一问题的不同回答,会对相应国家的贸易发展战略产生重要的影响,同时理论上的分歧也要求经济学家对国际贸易与单个国家经济增长的关系进行深入细致的实证调查。

1987 年,世界银行考察了 1963~1973 年和 1973~1985 年 41 个国家和地区的贸易战略与经济增长的关系,按贸易战略将它们分为:坚定外向型、一般外向型、一般内向型与坚定内向型。坚定外向型经济的贸易自由化程度最高,坚定内向型自由化程度最低,一般外向型和一般内向型处在两者中间。研究得出,贸易自由化的国家或地区经济表现不俗,例如国内生产总值增长率,1963~1973 年,坚定的外向型经济的年平均增长率为 9.5%,比坚定内向型经济的 4.1% 高出一倍多。1973~1985 年,上述两者的年平均增长率分别为 7.7% 和 2.5%,表明差距正在扩大。人均收入增长、国内积累等一系列经济指标也显示出自由贸易经济要好于非自由贸易经济。

2002 年 9 月的《世界经济展望》以贸易和金融为主题,特别提到了贸易自由化与经济增长的关系。它谈到有关贸易与经济增长的实证研究近来主要集中在四个方面:跨国计量经济研究、国别案例研究、产业水平及公司水平分析。以上四个方面的研究综合表明,贸易开放对劳动生产率和人均收入都有重要的促进作用,其结论是贸易自由化有助于经济增长。

2. "中心-外围"学说的经验考察

"中心-外围"理论以及其他一些经济学家的理论,认为贸易主体的非平等性,导致了发展中国家对外贸易条件不断恶化,从而在对外贸易中受损。因此,按此理论,贸易条件走势成为判断发展中国家在对外贸易中获利与否的重要依据。

考虑到两次石油危机的影响,在剔除石油输出国后,发展中国家的贸易条件表现出恶化的趋势。从个别国家来看,贸易条件表现不一。韩国、巴基斯坦与巴西显示出贸易条件恶化的趋势,而印度的贸易条件从 20 世纪 70 年代急剧下降之后,80 年代开始有小幅上升。然而几个国家的经济表现大相径庭。以上几个案例看出,贸易条件与经济增长的关系并没有保持一对一稳定的关系,贸易条件的恶化并不必然阻碍经济增长。

按"中心-外围"理论的观点,贸易条件的恶化是由于发展中国家商品出口结构造成的。中低收入国家商品出口对食品、燃料等初级产品具有很大的依赖性,其制成品份额上虽有上升,但十分有限。因此,尽管大部分发展中国家正积极参与到贸易自由化进程中,并获得其带来的好处。但也应该看到,仍然有一部分发展中国家在贸易全球化、自由化下遭受着损失。典型的如一些非洲国家。多数非洲国家只生产和出口低附加值的几种农矿产品,这些产品的价格完全操纵在少数几个发达国家手中,因此非洲的对外贸易非常脆弱。1981～1994年,撒哈拉以南非洲国家在世界市场原料价格长期疲软的情况下,贸易条件不断恶化。据联合国估计,1990～1993年整个非洲因贸易条件恶化经济损失达56亿美元。20世纪90年代初,在国际社会的压力下,非洲开始实行贸易自由化,但是由于这些国家民族工业弱小,产品质量和价格难以与进口品竞争,自由化的后果是国内大量企业倒闭,失业增加,带来一系列经济社会问题。虽然在世界贸易组织的推动下,全球贸易自由化进程加快,但非洲并没有在这一进程中获益,相反,预计每年还将减少26亿美元的贸易收入。

贸易全球化、自由化是否促进经济增长,既有正面的实践经验支持,也有相反的国家案例。贸易全球化与自由化既可以带来收益,也暗含着陷阱。总的来说,发达国家在经济全球化中处于主导优势地位,它们在贸易全球化与自由化中最容易获得好处。而大部分发展中国家经济基础薄弱,企业、产业的竞争能力差,在全球化进程中与发达国家相比处于劣势。但是贸易全球化、自由化在为广大发展中国家带来挑战的同时,也带来了机遇。发展中国家也可以成为经济全球化的受益者。在全球化的浪潮下,发展中国家可以利用世界范围内产业结构调整的契机,加速本国产业结构的调整,发挥本国的比较优势,积极融入全球化进程中,并占有一席之地。同时,通过参与全球化促进国内资源的合理配置,为其自身发展提供全球化的市场、资金、技术、人才及先进的管理经验,尽快提高本国民族企业的竞争力,加快经济改革与对外开放,促进经济现代化的早日实现。

◆ **内容提要**

国际贸易也称进出口贸易,指跨越国境的货品和服务交易。国际贸易的产生必须具备两个基本条件:① 有剩余的产品可以作为商品进行交换;② 要有国家的存在。国际贸易的产生与人类历史上三次社会大分工密切相关。二战后,国际贸易在世界局势相对稳定的基础上和世界经济组织的推动下取得了快速发展。主张自由贸易的国际贸易理论包括绝对优势论、相对优势论和要素禀赋理论。以全球贸易的新态势为契机,新贸易理论和新-新贸易理论应运而生,从不完全竞争、规模经济、企业异质性等角度解释了新的贸易事实。从GATT到WTO,多边贸易体制一如既往以贸易自由化为宗旨。贸易全球化、自由化是否促进经济增长,既有正面的实践经验支持,也有相反的国家案例。贸易全球化与自由化既可以带来收益,也暗含着陷阱。总的来说,发达国家在国际贸易中处于主导优势地位,它们在贸易全球化与自由化中最容易获得好处。而大部分发展中国家经济基础薄弱,企业、产业的竞争能力差,在贸易自由化中与发达国家相比处于劣势。但是贸易全球化、自由化在为广大发展中国家带来挑战的同时,也带来了机遇。发展中国家也可以成为国际贸易的受益者。

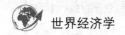

◆ **关键词**

传统国际贸易理论　贸易政策　新贸易理论　新-新贸易理论　贸易自由化　多边贸易体制

◆ **思考题**

1. 简述二战后国际贸易的发展趋势。
2. 简述国际贸易政策的演变。
3. 简述新贸易理论和新-新贸易理论的内容。
4. 简述多边贸易体制的原则。
5. 论述贸易自由化对世界经济的影响。

◆ **思考案例**

"里昂惕夫之谜"

经济学家对要素禀赋理论进行实证检验后,并不能就相对要素禀赋解释国际贸易发生的原因达成一致。这其中,第一个也是最重要的实证分析来自里昂惕夫在20世纪50年代初对美国贸易数据的检验。

里昂惕夫使用投入-产出方法,在1953年和1956年的两次研究中发现了一个难以解释的现象:按照要素禀赋理论,美国作为世界上具有最昂贵劳动力和最密集资本的国家,应主要出口资本密集型产品,进口劳动密集型产品。但事实恰好相反,美国出口量最大的是农产品等劳动密集型产品,进口量最大的是汽车、钢铁等资本密集型产品。这完全违背了H-O理论的预期,这个发现被称为里昂惕夫之谜。

正是由于里昂惕夫之谜,激发了许多经济学家探寻重新解释国际贸易产生原因的新欲望,从而推动国际贸易理论的向前发展。关于里昂惕夫之谜的解释,实际上是从不同侧面对要素禀赋理论假定前提的修正,并为以后一系列国际贸易新理论的产生奠定了基础,同时带来了二战后国际分工和国际贸易理论的发展,形成了后来的技术差距理论、新要素贸易理论、偏好相似理论、产业内贸易理论、人力资本理论、产品生命周期理论等。

试分析"里昂惕夫之谜"。

◆ **应用训练**

特朗普与WTO的未来

特朗普政府为什么逐渐走上与WTO为敌的道路?这与特朗普的总体思路——反对以规则为基础的现行国际治理体系,是一脉相承的。威胁退出WTO和退出《跨太平洋伙伴关系协定》(TPP)、退出《巴黎气候协定》以及对诸多贸易伙伴发动或者威胁发动贸易战,遵循的是同样的思路。

1995年在GATT基础上成立的WTO,主要包含两个关键元素:以规则为基础的多边贸易体制和稳定可靠的促使成员国解决贸易争端的机制。

但是,像任何治理机制一样,WTO并不完美,甚至可以说缺陷很多。WTO目前面临的危机,并不始自以特朗普为代表的西方民粹主义的崛起,可以说其病根在十几年前就已经埋下。

为什么昔日GATT不断取得降低关税和削减非关税壁垒的重大成果,有力推动了贸易、投资等各方面的国际合作,而更为制度化的 WTO 成立后不久便走入了僵局?

其实这并不代表制度化、法治化是错误的方向,其根源是现实因素。WTO 相对于 GATT 有不少进步,比如增强了贸易规则的确定性与法律效力、争端解决机制更为健全有效等,对于"冷战"后的全球经济繁荣有很大贡献,这些都不容否认。WTO 进程之所以陷入停滞,一个重要原因是成员国增多,各国经济政治状况千差万别,"众口难调",利益关系复杂化,这导致通过谈判取得实质性进展的难度增大。当国际自由贸易的"低垂之果"收割殆尽,需要深入到实质性的贸易不公与各国体制变革时,WTO 后劲缺乏的弱点就暴露了出来,而谈判者数量大增与需要所有人达成一致的规则设定,更使得获取实质性成果的想法变成天方夜谭。

在此情况下,更容易取得突破的双边与多边自由贸易协定或经济伙伴协定的模式复兴,经济模式与发展水平接近的国家纷纷踏上这一路径。我们不能说这构成对 WTO 的取代,但它具有一定积极意义。一方面可以克服全球谈判中发生的"集体行动困境",另一方面可以让经贸协议涉及劳工、知识产权、环保等更广泛的议题,满足谈判方更多样化的关切,尤其是各国内部利益团体的关切,从而更贴近现实。

理论上,这些协议也可以成为区域甚至全球性协议的孵化器,即在探索中形成的规则可以推广和普遍化。但另一方面,在现实中,由于各国经济实力不均等因素,这一模式也可能使经贸协议的公平性降低、规则性与统一性减弱,使全球性多边贸易体制的功能被弱化,同时博弈能力最弱的国家或群体彻底沦为边缘和陪衬。以 TPP 为例,TPP 蓝图尽管受到多方赞誉,但各国国内也有强大的抗议声音,认为 TPP 是由大企业利益集团主导,对其可能造成的冲击表示警惕。总之,WTO 进程陷入僵局后,尽管新的尝试不断出现,但这些尝试究竟将对贸易与全球经济产生积极还是消极的影响,依然晦暗不明。

同时,WTO 另一个引以为傲的特征——司法化和强制性的争端解决机制,其实自身也存在着严重的问题。WTO 体制禁止成员国通过双边途径解决纠纷,但是,由于程序复杂,且案件繁多,诉讼压力沉重,成员国起诉到 WTO 争端解决机制的案件往往审理期限过长,而这当然会影响成员国选择这一救济路径的动力。

此外,尽管 WTO 争端解决机制的审理人员在理论上是以中立、独立身份工作,不代表其所在国,也不接受政治性的影响或施压,但由于该机制实质上拥有巨大的裁判权,所以各国仍会就相关任命展开激烈博弈,从而导致扯皮现象以及职位空缺,而这会大大降低争端解决机制的效率,以及对成员国的吸引力。

这也是特朗普政府向 WTO 体制发难的一点。美国贸易代表莱特希泽曾要求对 WTO 争端解决机制实行"有意义的改革"。但当然,由于特朗普政府持非常现实主义的态度,所以它提出这一点的目的只是想使该机制朝向更符合美国利益的方向发展,使之更多地做出对美国有利的裁决,而不是使之变得更公平。对此,WTO 各成员国亦有清醒认识。总体来讲,WTO 机制既是有效的也是拥有合法性的,它需要被改革,而不是被颠覆。

特朗普对 WTO 的不满,源于他从根本上对于多边体制的不信任。与其说他是想解决 WTO 机制的问题,不如说他只是把 WTO 的规则视为一种单纯的束缚,而想加以摆脱。所以特朗普试图通过双边途径的施压强行推动世界走向"零关税"状态(假如这是他的真实意图而不是一种讹诈手段的话),只能是一种幻想。

当然，单纯的贸易自由化并不是历史的终点，假如各国能在投资准入、补贴、政府采购、国有企业、知识产权、劳工保护、环保等方面制定统一规则，必将能产生强大的正向效应。但问题是，WTO机制本身并不涉及这些问题，人们也无法通过WTO这一途径，使各国的经济模式走向统一，并解决政府干预过度等诸多问题。解决这些问题，只能诉诸国内改革途径。假如美国本身不遵守WTO规则，随心所欲而且基于自身利益本位对其他国家滥施压力，可能无助于这些国家的体制改革。相反，美国树立的"坏典型"很可能刺激各国内部矛盾激化，极端民族主义与民粹主义潮流涌起，给市场化改革增添复杂性与变数。

西方国家出现的贫富差距等问题并非WTO造就，相反，WTO是人类应该坚守的文明遗产，同时也是人类继续建设自由贸易体制的基石。世界需要抵御贸易保护主义洪流，在这块基石上建筑更宏伟的自由贸易与国际合作大厦，而不是把WTO当作替罪羊，任由其在非理性的民粹主义浪潮中被毁弃。

——资料来源：刘淄川.特朗普与WTO的未来[N].经济观察报.2018-9-10.

试分析：

1. WTO在推动世界贸易自由化方面做了哪些工作？
2. 特朗普为什么威胁要退出WTO？
3. 为什么世界贸易组织最近几年进展缓慢？

第六章 跨国公司与生产国际化

本章结构图

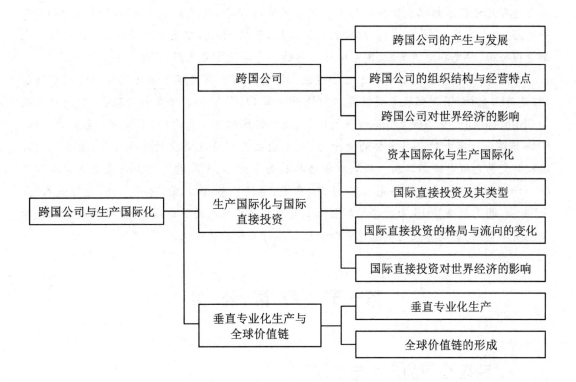

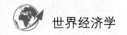

学习目标

通过本章学习,了解跨国公司的产生与发展、国际直接投资的格局与流向,掌握跨国公司定义、组织结构类型、垂直专业化分工基本概念以及了解垂直专业化分工的特点和全球价值链的发展动因。

导入案例

好莱坞迪士尼收购福克斯

2017年12月14日,迪士尼公司通过官网宣布,将以524亿美元(约合人民币3460亿元)的价格收购传媒大亨默多克旗下20世纪福克斯(以下简称福克斯)的大部分资产。如果算上迪斯尼还将承担福克斯公司约137亿美元的净债务,这笔交易总金额将达到约660亿美元(约合人民币4356亿元)。此次收购达成后,包括Hulu、印度星空传媒、20世纪福斯电影电视公司、福克斯电视集团、国家地理在内的福克斯的主要资产,都将归入迪士尼旗下。

目前Hulu、Netflix、亚马逊Prime视频占据着目前全美流媒体市场绝大部分的市场份额,是前三大OTT视频服务提供商。即使近年来OTT增加了许多新的服务,但是并未削弱Hulu、Netflix、亚马逊Prime视频的地位,用户仍然对这三家的OTT视频服务较为青睐。IP与渠道是一家电影公司重要的竞争力,也是迪士尼现阶段需要的竞争资源,迪士尼的此次收购交易无疑是一石二鸟。而从市场格局层面来看,此次收购更是令好莱坞从曾经的传统"六大"公司,即20世纪福克斯、迪士尼、索尼、华纳兄弟、派拉蒙、环球影业,直接进入"五大"时代,两大巨头2016年票房相加占北美电影票房总收入的近四成,此次收购后不仅使迪士尼实现重组,更是好莱坞版图的重塑和全媒体行业局面的重组。

第一节 跨国公司

一、跨国公司的产生与发展

(一)跨国公司的产生与发展

国外理论界对跨国公司的理论研究始于20世纪60年代,最初研究者以不同的研究视角和界定标准,如地域标准、所有权标准、行为特性标准等,探讨跨国公司的内涵,丰富了人们对跨国公司这一经济现象的理解,但是概念多重,容易混乱。1973年,联合国经社理事会发表《世界发展中的多国公司》报告中收集关于跨国公司的定义多达20多种。这些定义分别使用"多国公司""国际公司""世界公司""环球公司""宇宙公司"等名称,其中使用最多的是"多国公司"或"多国企业"。为了求得比较一致的认识,由联合国秘书长指定的知名人士小组在《多国公司对发展和国际关系的影响》报告中采用一个定义,指出"多国公司就是在它们的基地所在国之外拥有或控制着生产或服务设施的企业,这样的企业并不总是合股份的或私人的公司,它们也可能是合作社或国有的实体"。同时,报告还指出"跨国一词更好地表达了这些公司从事以本国为基地跨越国界经营的概念"。1974年,联合国经社理事会的决议引用这一定义,并以"跨国公司"作为正式名称,取代原先使用的"多国公司"。

随着对跨国公司研究的深入和跨国公司实践的发展,1986年联合国《跨国公司行为守则》对跨国公司进一步界定:"本守则中使用的跨国公司一词系指在两国或更多国家之间组成的公营、私营或混合所有制的企业实体,不论此等实体的法律形式和活动领域如何;该企业在一个决策体系下运营,通过一个或一个以上的决策中心使企业内部协调一致的政策和共同的战略得以实现;该企业中各个实体通过所有权或其他方式结合在一起,从而使其中的一个或多个实体得以对其他实体的活动施行有效的影响,特别是与别的实体分享知识、资源和分担责任。"与1973年的定义相比,这次的界定特别强调了跨国公司内部一体化的经营策略,这是目前能为国际社会普遍接受的较权威的跨国公司概念。据此,我们给跨国公司这一经济现象下一个近似的定义:跨国公司指在两个或两个以上国家拥有相互联系的分支机构,并在一个统一的决策体系下从事生产、经营活动的国际性企业。

跨国公司的形成可以追溯到19世纪60年代甚至更早。但是直到第二次世界大战之前,跨国公司在规模、地域分布上都很有限,对世界经济的影响不大,第二次世界大战以后,对外直接投资迅猛发展,跨国公司也获得极大发展,成为世界经济中的一股强大势力。据统计,20世纪60年代,美国187家制造业跨国公司子公司平均每年增加900家以上;英国47家跨国公司子公司同期平均年增加850家。20世纪60年代末,日本67家跨国公司子公司平均每年增加200家以上。

跨国公司作为生产国际化的企业组织形式,凭借其巨大的规模与雄厚的实力,已成为当代世界经济活动的主要组织者和操纵者。目前,全世界已有4万多家跨国公司母公司和25万家国外子公司,他们管理和控制的资产占世界私营部门生产性资产的三分之一,每年的总产值占世界生产总值的近一半。跨国公司掌握的国际贸易占国际贸易总额的三分之二,其中公司内部贸易占国际贸易总额的三分之一,在新增的FDI中,约90%由跨国公司进行。此外,跨国公司还控制了全世界80%的民用技术研发,75%的国际技术转让。跨国公司日常经营所需的流动性资金已超过世界各国政府外汇储备总额。可以预见,未来跨国公司对世界经济的影响还将进一步增强。

(二)跨国公司的发展趋势

(1)强强联合、企业兼并仍是跨国公司扩大规模、提高竞争力的重要形式。经济全球化和逐步开放统一的世界市场,一方面使跨国公司面临更为广阔的市场容量,使他们更有必要和可能展开更大规模的市场销售,以充分实现规模效益;另一方面,跨国公司也进入全球范围内更激烈的竞争,原有的市场份额和垄断格局不可避免地发生变化,跨国公司一向追求全球战略,尽可能提高全球市场占有率和获取全球利润。国际经济环境的外部压力和内在战略要求都促使跨国公司加快扩大规模、抢占市场的步伐,强强联合和战略性兼并就成为实现这一目标的具体路径。例如,美国波音公司兼并麦道公司、戴姆勒-奔驰汽车公司与克莱斯勒汽车的合并、花旗银行并购旅行者金融公司,都是当前跨国公司并购、实现强强联合、增强企业竞争力的典型案例。

(2) 研究与开发日益国际化。跨国公司为了应对复杂的国际市场,产品的多样性以及满足不同消费者偏好,同时为了充分利用不同国家的科学技术资源,降低开发成本和风险,跨国公司更加重视企业的技术要素在全球各地优化配置,增强其技术的多元化和互补性。传统的以母国为技术研究和开发中心的格局被摒弃,跨国公司倾向于根据东道国在人才储备、科技实力与科技基础设施的比较优势,在全球范围内安排科研机构,从事新技术、新产品的研究与开发工作,从而促使跨国公司的研究与开发活动朝着国际化、全球化的方向发展。目前,全球500强公司研发海外化率已接近40%,微软、西门子、三星等大型跨国公司均建立庞大的国际化研发网络,保持技术领先优势。

(3) 跨国联盟成为跨国公司的重要组织形式。跨国联盟指两个以上的跨国公司采取联合结盟的方式在形式、科研、生产和开拓市场等方面进行密切合作应对其他竞争对手的一种战略,是一种重要的现代企业组织形式。随着世界经济区域集团化和国际化倾向的加强,跨国公司为了保持和发展自己的生存空间,纷纷组建跨国联盟。跨国联盟备受青睐的原因在于这种形式有利于突破贸易壁垒、实现规模经济、引进新技术及开拓新领域。国际战略联盟主要以美国、日本、西欧为主,它们所建立的联盟占到全球的90%。

跨国联盟发展势头正旺,主要表现在:全球竞争日益激烈,原先是竞争对手的跨国公司组成战略联盟对付新的竞争对手;同业跨国公司之间组成跨国联盟,一些大公司通过合资、承包、协议等形式,把中小跨国公司联合起来,提高全球竞争力。随着新技术革命步伐加快和国际市场竞争加剧,跨国公司尤其是西方跨国公司不断变换投资方式,相互缔结战略联盟成为国际直接投资的一个突出现象,也反映跨国公司发展的新趋势。

(4) 跨国公司本土化战略。自1990年以来,跨国公司的本地化战略已经成为一种趋势。跨国公司纷纷贯彻"思考全球化,行动本土化"的准则,在世界范围内实施本土化战略。所谓本土化战略指跨国公司的海外子公司在东道国从事生产和经营活动的过程中,为迅速适应东道主国的经济、文化、政治环境,淡化企业的母国色彩,在人员、资金、产品零部件的来源、技术开发等方面都实施当地化策略,使其成为地道的当地公司。跨国公司本土化发展依次经历产品导入型本土化、市场导入型本土化和全面整合资源型的全方位本土化阶段,跨国公司本土化程度不断提高,与东道国社会、经济、文化联系更加密切。

二、跨国公司的组织结构与经营特点

(一) 跨国公司的组织结构

随着企业的不断发展和企业规模的不断壮大,企业的组织结构形式必须适应企业不同阶段的发展需要,而不断扩大的企业规模又促进企业组织结构的不断调整,当企业成长为实施国际化经营的大型跨国公司时,其组织结构形式相应经历一系列变化。同时,伴随经济全球化程度提高和信息技术的快速发展,跨国公司为适应新的经济环境和全球化战略也不断产生新的组织结构形式。目前,被广泛采用的跨国公司组织结构有六种典型形式:出口部或国际业务部组织结构、职能部组织结构、产品分部组织结构、地区分部组织结构、全球混合式组织结构、网络式组织结构。

1. 出口部或国际业务部组织结构

出口部或国际业务部组织结构在国内组织结构的基础上下设一个专门负责出口业务或国际业务的部门。这种组织结构适合出口业务量小,而且国外市场相对集中的情况,因而比较适合企业国际化发展刚刚起步时采用。它有利于总公司集中管理公司的出口或国际业务,不足之处在于出口部门权力有限,部门业务开展需要与其他职能部门的配合,不利于公司灵活主动地开拓国际业务。

2. 职能部组织结构

职能部组织结构是按照企业各项职能来划分的组织结构,一般分为生产、销售、财务、研究和开发等部门,这种组织结构下,母公司总部确定全球目标和战略,由各副总经理控制的职能部门全盘负责本职能部门国内、国际的一切经营活动。这种组织结构适用于规模较小,产品系列不复杂的跨国公司。它的优点在于业务职能专业化,有利于提高全球竞争力,缺点在于难以开展多种经营。

3. 产品分部组织结构

产品分部组织结构按公司经营的产品种类设立产品部,每一种产品的开发、生产、销售等活动都由产品部负责。这种组织结构适合经营规模庞大、产品系列复杂和产品多样化的跨国公司。它最大的优点是把国内业务和国外业务统一起来,兼顾集中决策和分散管理两方面,有利于总部对跨国经营的控制,组织效率较高。不足在于不同产品的职能机构设置有可能重复,内部协调困难。

4. 地区分部组织结构

地区分部组织结构把跨国公司经营业务按地区划分,设立地区分部,由地区分部全盘负责本公司在这一地区的生产经营活动。这种组织结构适合产品种类少、技术和销售条件变化不大的跨国公司。它的优点是发挥地区分公司的积极性和灵活性,满足不同市场的需要,缺点是机构重置,增加管理成本,而且容易形成"区位主义",忽视公司整体利益。

5. 全球混合式组织结构

全球混合式组织结构根据扬长避短的原则,在兼顾不同职能部门、不同地理区域以及不同产品类别之间的相互依存关系的基础上,将以上两种或三种组织结构结合起来形成的组织结构。这种结构适合于规模庞大、产品种类繁多、经营业务多样的跨国公司。它的优点是有利于企业根据特殊需要和业务重点,选择或采用不同的组织结构,灵活性强。不足之处在于公司分权过多,管理和协调复杂,因此可能会降低管理效率。

6. 网络式组织结构

跨国公司将产品的研发、生产和销售等价值创造活动根据各自不同的区位优势分布在全球各地,联结所有的分支机构进行一体化的经营管理。与混合式组织结构不同的是,这种组织结构加强了各分部之间的协调。这种组织结构比较适合于生产规模庞大、产品多样化、市场分散、分支网络众多的跨国公司。它的优点是精简管理层级,有利于企业在全球范围内充分利用各地的信息和资源优势。但是这种组织结构存在多重信息传递渠道和多重指挥控制系统,管理难度大,对管理人员的能力提出很高要求。

各种跨国公司的组织结构各有利弊,企业在设计其组织结构时需要综合考虑各种影响因素。出口部或国际业务部比较适合国际化经营的初期,对全球战略和当地战略强调不高的情况;全球产品结构具有更强的全球视野,全球地区结构能够有效满足"思维全球化,行动当地化"战略的要求;企业对全球战略和当地战略要求都很高时,跨国网络组织结构往往成为理想选择,同时,跨国网络组织结构也代表着跨国公司组织设计的未来发展方向。

资料链接

沃尔玛的组织结构

沃尔玛公司由美国零售业的传奇人物山姆沃尔顿先生于1962年在阿肯色州成立。经过四十多年的发展,沃尔玛公司已经成为美国最大的私人雇主和世界上最大的零售企业。目前,沃尔玛在全球开设了6600家商场,员工总数达180多万人,分布在全球14个国家。沃尔玛于1996年进入中国,在深圳开设了第一家沃尔玛购物广场和山姆会员商店。目前,沃尔玛在全球经营所采用的组织结构如下图所示。

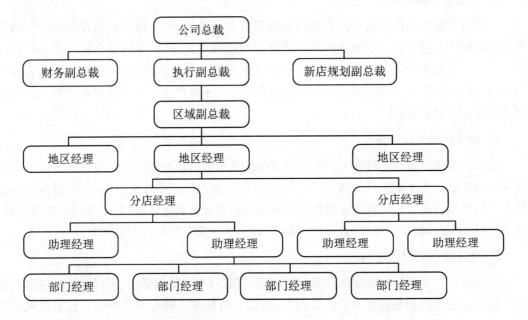

(二)跨国公司的经营特点

与国内公司相比,跨国公司面向世界市场从事跨国经营,它所面临的市场状况更为复杂、多变。跨国公司要在这样的市场环境中求得生存发展,决定了它必须具备一些不同于国内公司的经营特点。

1. 国际化的经营方式

跨国公司最基本的特征是其经营方式的跨国性,或者说国际性。跨国公司通过对外直接投资,在世界范围内组织生产、销售、科研和资金融通等经营活动,它所作出的经营决策以整个公司的利益为基点,而不是囿于某个子公司或某一地区市场的利害得失,这样它可以充分利用各地市场的优势,通过各子公司之间的协调,取得最佳经营效果。另外,国际市场的复杂多变又增加了整个公司管理、协调的难度。跨国公司经营中所表现出来的其他特点,都是从其国际化经营方式中衍生出来的。

2. 具有统一的决策体系和经营决策

统一决策体系的中心是跨国公司的母公司,母公司通过制定长远的经营战略,控制和协调世界各地子公司的经营行为,使其成为统一的经营实体。母公司之所以具备这种能力,源于其对子公司的股权控制或其他非股权安排而取得对子公司真正上的控制权。同时,母公司根据本公司经营特点和各地市场的实际情况,设计一套完整的管理组织结构,以确保决策系统的有效性和公司经营战略的顺利实施。

3. 高度集权和适当分权相结合的经营管理体制

跨国公司为了实行其全球战略目标,对整个公司的整体规划和有关全公司整体利益的重大决策实行高度集中管理。同时,由于市场环境复杂多变,为了使分散在世界各地的分公司或子公司积极主动适应当地市场环境变化,公司总部在一定程度上赋予它们自主权。

4. 灵活多样的经营策略

跨国公司会根据国际形势、东道国的具体情况、自身的实力以及竞争地位等,采取灵活多样的经营策略,以更好地适应东道国的实际情况,获得良好的经营效益。

5. 承担风险能力强

由于跨国公司实行国际化经营,其外部环境远比国内复杂得多,因而在政治、经济、文化、习俗等方面遇到的风险也远比国内企业大得多,这就要求跨国公司具备较强的承担抗风险能力。为了分散和降低风险,跨国公司常常通过设立子公司使市场交易内部化,减少外部市场的不确定性风险。此外,跨国公司所实行的产品多样化、市场多元化、投资分散化战略,也是分散和降低风险的有效方法。

6. 强大的技术创新能力

跨国公司是当代技术创新与技术进步的主导力量,主要体现在其雄厚的技术优势和强大的创新开发能力。跨国公司要在国际竞争中保持领先,就必须不断投入巨额资金,加强科学技术研究与开发,保持自身的技术优势。技术领先所带来的丰厚回报,又激励跨国公司不断进行技术改造,推动技术进步。

三、跨国公司对世界经济的影响

(一)跨国公司对世界经济的积极影响

(1)跨国公司的发展推动了国际分工的进一步发展,加速了国际经济一体化进程和社会生产力的提高。国际分工是社会生产力发展的结果,同时国际分工的发展又将促进生产的国际化和生产力的进一步提高。二战前发达资本主义国家跨国公司主要将其资本投向殖民地和半殖民地国家和地区,利用当地廉价的原料和劳动力来获取超额垄断利润。二战后随着科学技术进步和新能源、新材料的广泛应用,对初级产品需求逐渐减少,发达国家之间的相互直接投资开始增强,甚至超过对发展中国家的投资。20世纪80年代发展中国家为了推动本国经济的发展,也开始将一部分资金投向发达国家,出现第三世界国家的跨国公司。随着社会主义国家改革开放的发展,一些社会主义国家在吸收外资的同时,也开始向发达国家和发展中国家投资,出现了社会主义国家的跨国公司。所有这些使长期以来各国相对独立的经济体系出现"你中有我,我中有你"的局面,国际分工和生产国际化程度不断提高,从而使日益紧缺的资源能够在全球优化配置,促进社会生产力的发展。

(2) 跨国公司所带动的贸易占世界贸易额的比重很大,促进了世界贸易的快速增长。二战后世界贸易的快速增长与跨国公司发展密切相关,跨国公司对外扩张需要在东道国开办子公司,建立生产基地,输入大量的商品和劳务,并向子公司提供关键原材料、零部件等;跨国公司通过国外子公司不仅占领所在国市场,而且积极向其他国家渗透跨国公司内部的细密分工,促使各种零部件、半成品的内部贸易大大增加,这也增加了国际贸易的流量。据联合国贸发会议及世界贸易组织的有关报告显示,世界贸易中大约三分之一是在各跨国公司内部进行的,不同跨国公司之间的贸易占世界贸易的三分之一,换句话说跨国公司在世界贸易中所占份额约为70%。

(3) 跨国公司内部科学技术的不断研发带动东道国和其他国家经济技术水平的提高。跨国公司为了在激烈的市场竞争中占据优势,保持和扩大自己的市场份额,需要不断地进行技术研究开发,每年投入大量的研究与开发费用,直接促进了新产品的研究和开发,加速了产品的更新换代,也促进了国际技术贸易的快速发展。据统计,跨国公司研发支出费用占营业收入的比重呈逐年上升趋势,一般在5%~10%之间。美国亚马逊公司的研发费用占到营收比例的12.73%,高达226亿美元。跨国公司在不断研究与开发高新技术的同时,也加快了国际技术转移的速度并扩大了国际技术转移的规模,发展中国家有可能从其技术转移中获得更多的技术溢出效益。

(4) 跨国公司的发展为发展中国家吸引外资、增加就业提供机会。发展中国家在经济发展过程中面临的主要问题是资金短缺,跨国公司大量向外输出资本为发展中国家吸引和利用外资创造了更多的条件和机会。2017年发展中国家吸引外资达到6710亿美元,比2010年增长4.5%。利用外资规模的不断扩大可有效解决发展中国家的资金稀缺问题。

就业问题也是影响发展中国家经济发展和社会稳定的一个令人头痛的问题,跨国公司在当地投资办厂,为了节约成本,除了高层管理和技术人员之外,会选择在东道国雇佣员工,直接带动东道国就业。此外,通过带动上下游产业发展,能够间接创造就业。因此,跨国公司进入可以为发展中国家提供更多就业机会。

(5) 跨国公司投资推动产业国际转移,东道国出口结构的优化以及竞争力的提高。跨国公司对外直接投资的过程也是产业转移的过程。一方面,从产业部类来看,跨国公司投资的产业结构经历了从第一产业为主向第二产业为主,再向第三产业为主转移的发展过程;另一方面,从产业内部调整与升级来看,跨国公司对外直接投资在各大产业内部调整趋势是从低生产率和劳动密集型产业向高生产率和高智能行业调整,从低技术含量、低附加值商品向高技术含量、高附加值商品和劳务生产调整。

跨国公司对外直接投资缩小了投资国境内已经或正在失去竞争优势产业的生产规模,但是却为国内有竞争优势的产业让出资源,从而使投资国原有的产业结构得以调整和升级。而投资国在调整升级自身产业的同时,将劳动密集型、低技术、低增值工序转移到发展中国家,也在一定程度上带动东道国的产业结构升级与调整,提高产业竞争力。

(二) 跨国公司对发展中国家的消极影响

1. 对发展中国家民族工业的影响

通过与跨国公司合作,积极参与工业部门的垂直型分工,是发展中国家加速工业化进程的有效途径。但是外资大量涌入,势必在一定程度上冲击民族工业的发展。跨国公司追逐利润与垄断的天性,必然将东道国当地的生产和销售纳入母公司的总体战略,根据母公司利润最大化原则来决定当地的生产与销售,从而导致行业主动权的转移。同时,即便是发展中国家的优势企业,与大型跨国公司相比,其竞争力还是有很大差距的。

2. 给发展中国家金融业带来危机

跨国公司不仅把资本投向生产,还投资于金融业,目前国际流动资本的数量远远超过实际经济规模,这些资本不停地运转以获得最大收益,其结果必然引起正常投资生产和贸易的资金供求频繁波动,引起汇率和利率的连锁反应。同时,发展中国家普遍存在金融体制不完善、金融监管能力不强、金融风险防范意识薄弱等问题,在这种情况下发展中国家金融市场很容易成为国外游资攻击的对象,1997年亚洲金融危机就是很好的例证。

3. 先进技术的"虚入效应"

跨国公司大量独资的情况下,先进生产要素以及随之而流入发展中国家的先进技术都牢牢掌握在跨国公司手中。即采用合资形式,跨国公司利用对合资公司的绝对控制,把已投入的或在东道国开发出的先进技术和其他资源转移出去,这不仅不利于东道国提高技术水平,而且还造成东道国技术和资源的流失。

第二节 生产国际化与国际直接投资

一、资本国际化与生产国际化

资本作为能够带来剩余价值的价值,只有在不断运动中才能存在和发展。资本的本性要求它不受国家或民族疆域的局限,在一切可能的范围内寻找最佳配置,以便最大限度地发挥效率,同时得到更高的收益。但是,资本的国际性并不意味着从一开始就在国际范围内大规模地移动。资本的国际化过程是随着国际分工的发展和世界市场的形成而逐步展开的。20世纪初,世界市场发展成熟,资本国际化表现为众多国家参加的大规模的国际资本流动。

国际资本是指资本跨越国界,从一个国家或地区转移到其他国家或地区的过程,是资本的一种跨国运动形态。由于资本的运动无论是在国内还是在国外,都要经过流通—生产—流通这三个阶段,采取货币资本、生产资本、商品资本这三种形态,因此,国际资本的国际流动也采取商品资本流动、货币资本流动和生产资本流动这三种形式。商品资本的流动表现为国际贸易,货币资本的国际流动表现为国际间接投资,而生产资本的国际流动则表现为国际直接投资。其中生产资本的国际化即国际直接投资,具有促进实体资源转移的效应,因而在资本国际化的诸形态中居于基础地位,在当今世界经济发展和经济全球化的过程中起着决定性作用。

资本的国际化是与生产国际化这一范畴密切相关的。所谓生产国际化指世界各国的社会生产过程日益突破国界,不断向国际范围延伸并结合为一个有机整体的过程,它是生产社会化即分工合作超出国界而在国际间的扩展。当一国的社会生产过程超出国家和民族疆界的狭隘范围以后,它就转变为国际性的社会生产过程,国别的社会化生产也就发展成为国际性的社会化生产。

生产国际化是生产力发展和国际分工进一步扩大的客观要求。随着科学技术的进步和生产力水平的提高,生产的社会化程度不断提高,生产社会化的不断扩展,促使一国的生产过程越来越向国外延伸,从而使生产社会化深化为生产国际化。因此,生产国际化可以看作生产社会化的国际形式和高级形式,是各国社会生产力高度发展的产物。反之,生产的国际化又会进一步提高生产的社会化程度,深化国际分工,从而推动社会生产力的发展。此外,由于国际商品贸易本身存在交易成本过高等缺陷,通过国际贸易间接实现国际分工,越来越难满足国际分工不断深化和细化的要求,因而通过直接生产过程的国际化来推动国际分工的发展,成为世界经济的必然趋势。

二、国际直接投资及其类型

(一)国际直接投资的含义及特点

国际直接投资(International Direct Investment)指投资者为了在国外获得长期的投资效益并得到对企业的控制权,通过直接建立新的企业、公司或并购原有企业等方式进行的国际投资活动。从一国角度出发,国际直接投资也被称为对外直接投资或外国直接投资(Foreign Direct Investment,FDI)。国际间接投资指在国际证券市场上通过购买外国企业发行的股票和外国企业或政府发行的债券等有价证券,来获取利息或红利的投资行为。两者的本质区别在于国际直接投资是以得到被投资企业的直接控制权为目标,而国际间接投资的目的在于获得投资收入或资本利得。

国际直接投资是生产资本国际化的表现形式。在直接投资过程中,一个国家的生产要素以生产资本的形态输出到国外,组织和经营直接的生产过程,从而使投资国的生产过程扩展到国际范围。在这一过程中,投资者的跨国投资行为,主要是集中在生产领域,并直接控制被投资企业的运作和经营,控制其生产活动。正因为如此,国际直接投资过程也就是生产国际化的过程,两者是分不开的。

作为生产资本国际化实现形式的国际直接投资,与作为货币资本国际化实现形式的国际间接投资相比,具有自己的特点,主要表现为:

(1)投资者拥有被投资企业的控制权。这是国际直接投资与国际间接投资之间最根本的区别,也是国际直接投资最突出的特点。无论投资者采取直接创立独资子公司的方式、购买外国企业股权的方式,还是通过投入资本或技术与东道国投资者建立合资企业,只有获得了东道国企业的全部或部分控制权,能够参与企业的生产经营管理,才可以被视为国际直接投资。美国认为拥有国外企业10%以上的股份就是直接投资,法国规定为20%,国际货币基金组织的标准为25%。

(2) 能够实现生产要素的跨国流动。在国际间接投资中,从投资国流向东道国的一般只有货币资本,而在直接投资中,投资者往往要将生产设备、技术、管理技能、人力资本等生产要素引入被投资企业,从而引发实体生产要素的国际流动。对于投资者来说,这可以使其生产要素得到更高的配置效率并提高在东道国的竞争优势;对东道国而言,则能够达到引进国外设备和技术、促进技术进步、提高企业管理水平的目的。

(3) 投资周期长、风险大。进行国际直接投资的投资者,一般要直接参与被投资企业或公司的经营和管理,并在直接获取其营业收益的同时,也要承担企业经营的最终责任和风险。同时,直接投资涉及企业的建设与长期经营,因此投资周期往往较长,一般在10年以上,投资责任的加大和周期的延长,都会增加投资者的投资风险。当然,从东道国的角度来看,由于直接投资周期长,短期内波动性较小,又不形成本国的外债负担,恰恰是一种风险较低的外资引进方式。

(4) 国际直接投资主要通过跨国公司进行。国际间接投资的主体多种多样,可以是厂商、国家、个人或金融机构等,但直接投资的主体基本上就是跨国公司。据统计,目前全球国际直接投资总额中,至少有90%是由跨国公司进行的。同时,国际直接投资本身也是形成跨国公司的前提条件。

(二) 国际直接投资的类型

按照不同的标准,国际直接投资可以分为不同的类型或形式:

(1) 按照投资者控制被投资企业产权程度可以分为独资经营、合资经营、合作经营和合作开发等形式。独资经营是一种国际直接投资方式,指外国投资者在东道国境内出资并独立经营;合资经营是指两个或两个以上国家的投资者在平等互利的基础上,共同商定各自在被投资企业的股权比例,并根据东道国法律,通过签订合同举办合营企业,共同投资、共同经营、共享收益、共担风险的投资方式。合作经营与合作开发都是以签订合同或协议为基础的国际经济合作形式。合作经营企业根据合同规定投资方式和投资比例分配收益并承担风险。合作开发通常是由拥有特定资源的国家,通过招标方式与外国投资者签订合作开发协定或合同,并联合组成开发公司对东道国资源进行开发。

(2) 按照投资者控制被投资企业的方式可以分为股权参与式的国际直接投资和非股权参与式的国际直接投资。按照这一标准,独资经营属于全部股权参与式投资;合资经营属于部分股权参与式投资;而投资者没有在东道国企业中参与股份,通过与东道国企业签订有关技术、管理、销售、工程承包等方面的合约,取得对该东道国企业的某种管理控制权,属于非股权参与式的直接投资。

(3) 按照投资者是否建立新企业可以分为新建投资和跨国并购。一国投资者到国外单独或合作创办新的企业,或者组建新的子公司进行生产经营活动,均属于前一种形式;而通过收购国外公司或与国外公司合并取得对东道国企业的控制权,则属于后一种形式。20世纪90年代后,国际直接投资中的并购比重逐渐加大。

（4）按照投资主体与其投资企业之间国际分工的方式可以分为水平型投资、垂直型投资和混合型投资。水平直接投资指一国的企业到国外进行投资,建立与国内生产和经营方向基本一致的子公司或其他企业。这种类型投资常见于机械制造业和食品加工业等部门;垂直型直接投资指一国企业或跨国公司到国外建立子公司或附属机构,这些国外子公司或附属机构与母公司之间实行纵向专业化分工协作。这种类型投资在汽车、电子行业较为普遍。混合型投资则是水平型投资与垂直型投资相结合的投资方式。

三、国际直接投资的格局与流向的变化

（一）投资来源国结构的变化

国际直接投资来源国结构变化有:① 投资流出国数量增加,呈现多元化趋势,但仍然以发达国家为主;② 美国在国际直接投资中的地位有所下降,西欧和日本在国际投资中的地位上升,但美国仍是最大的对外直接投资国。

早期国际直接投资全部来自于一小部分资本主义国家,而且以英、美为主。1914年国际直接投资流出量中,英、美、德、法四国所占比重达86.7%,其中英国占到45.5%,美国位居第二,占18.5%。20世纪50年代,国际直接投资格局发生最大的变化是英国地位的下降和美国地位的上升。二战后初期,美国在世界对外直接投资中一直居主导地位。1960年,美国对外直接投资存量为319亿美元,占世界对外直接投资总额的47.2%,英国退居第二,对外直接投资存量为124亿美元,所占比重为18.3%。20世纪60年代以后,在国际直接投资流量不断增加的同时,流出国结构呈现明显的多样化趋势。英、美占统治地位的特征逐渐消失,取而代之的是以西欧、日本和北美为中心的国际直接投资大三角结构。在国际直接投资总额中,美国所占比重逐步下降,1975年为44%,1985年为35.1%,1990年下降到26.2%,到2004年已降为20.7%,但其直接投资绝对数量增加到2.02万亿美元,居世界第一位。同期,西欧对外直接投资稳步增加,除英国的比重由1960年的18.3%下降到2004年的14.2%,法国由1967年的5.7%上升到2004年的7.9%;德国增长较快,从1960年的1.2%猛增到2004年的8.6%。相比之下,日本地位的变化则表现为较大波动。1960年其对外直接投资存量为5亿美元,在世界对外直接投资总额中的比重仅为0.7%,1980年达到6.6%,1989年上升到12.94%,到1990年达到19.2%,超过英国成为第二大对外直接投资国。进入20世纪90年代以后,日本国内经济的长期萧条导致其大幅缩减对外直接投资规模,1999年日本对外直接投资额下降到2928亿美元,占世界对外投资总额的比重降至6.2%,成为世界第六对外投资国。到2004年,对外投资比重进一步下降,只有3.8%。

2008年金融危机之后,随着新兴经济体和发展中国家的崛起,在新一轮的跨国直接投资中,发展中国家在全球直接投资的占比不断上升,其中亚洲发展中国家成为全球重要的投资来源地。2014年发展中经济体对外直接投资流出4680亿美元,占全球比重的35%,中国、新加坡、印度对外直接投资增长迅速。亚洲发展中经济体达到4320亿美元,占到全球FDI流出的三分之一。发达国家对外直接投资的国别结构也发生显著变化。在欧洲,德国与法国FDI流出显著增长,英国和卢森堡对外直接投资大幅下降,美国、加拿大、日本对外直接投资变化不大。联合国贸易和发展会议发布的《2019年世界投资报告》,指出2018年全球

外国直接投资(FDI)同比下降13%,降至1.3万亿美元,全球FDI连续第三年下降。2018年对外投资方面,日本对外投资额全球居首,为1430亿美元;第二位是中国,1300亿美元;法国1020亿美元,位居第三;中国香港以850亿美元列第四。美国跨国公司的大规模资金回流导致美国未能进入全球二十大对外投资经济体名单。发达经济体对外投资大幅下降40%,发展中经济体对外投资下降了10%。

(二)投资流向地区结构的变化

二战后国际直接投资流向地域结构出现的最显著变化,就是对发展中国家的投资比重下降,发达国家之间资本的双向流动和相互渗透大大增加。根据联合国跨国公司中心统计,1967年世界对外直接投资总额为1050亿美元,其中724.5亿美元流向发达国家,占总额的69%,发展中国家占31%。1975年发达国家所占比重更上升为74%,发展中国家的比重则下降为26%。到1986年世界对外直接投资总额为7755亿美元,其中投到美、英、日、德、荷兰、加拿大六国就占了82.2%。2000年,全球近80%的外国直接投资流向发达国家和地区,其中,欧盟是吸收外国直接投资最多的地区,达到6170亿美元,占53%,美国则以2810亿美元成为引进外国直接投资最多的国家。

国际直接投资流向发展中国家的资本相对较少,而且还存在区域分布不平衡。据统计,1997年发展中国家吸收国外直接投资占世界直接投资流入额的比重为37.1%,其中亚洲国家占20.6%,拉美和加勒比地区占14.7%,非洲占1.6%,中东欧国家仅占0.2%。2000年,世界49个最不发达国家仅吸引了全球直接投资的0.3%。

值得注意的是,进入21世纪后,流入发展中国家的直接投资比重明显上升。2004年全球国际直接投资流量中,流向发展中国家的比例高达36%,而流向发达国家的比例则下降到64%。联合国贸易和发展会议发布的《2018世界投资报告》显示,2017年流入发达国家的外国直接投资相较上年下降了37%,而流入发展中经济体的外国直接投资则保持平稳;中国是全球第二大外资流入国和第三大对外投资国,并继续成为发展中国家中最大的外资流入国和对外投资国。《2019年世界投资报告》显示,美国是2018年最大的外资流入国,流入量达2520亿美元;其次是中国,流入量为1390亿美元;中国香港及新加坡分别排名第三和第四。2018年全球前二十大外资流入目的地中,半数为发展中及转型经济体,发展中经济体吸收全球FDI的比重升至54%,创历史新高。其中亚洲2018年吸收了全球39%的外国直接投资;2018年流入非洲的FDI增长了11%。

(三)投资的产业部门结构的变化

第二次世界大战之前,发达国家的对外直接投资主要集中于经济落后国家的资源开发、交通运输及其他公用事业上,对制造业的投资只占很小的比重。二战后,这种情况发生重大变化,在国际直接投资总量不断增加的同时,国际直接投资的产业部门结构发生以下变化:

(1)第二次世界大战结束到20世纪70年代,国际直接投资的重点产业从生产初级产品的第一产业(矿业和石油业)向制造业转移。以美国为例,1950年美国对外投资中制造业所占比重为32.5%,1960年上升到34.7%,1970年为41%,1980年达到41.7%,而同期其第一产业对外直接投资的比重明显萎缩,由1950年的38.5%下降到1980年的25%。就发达国家总体而言,到 1980 年,全部制造业对外直接投资中初级产业所占比重为 18.5%,制造业比重则达到 43.8%。

(2) 20 世纪 80 年代以来,各国对第二产业(制造业)的直接投资呈现相对下降趋势,而对第三产业(包括批发业、服务业、金融业、保险业)的直接投资大幅度增长。20 世纪 70 年代初期,第三产业投资在全球直接投资中的比重为 25%,到 80 年代中期,这一比重上升到接近 40%,到 90 年代初期已提高到 50% 左右。进入 21 世纪以来,对以金融保险、贸易服务为主的第三产业投资比重仍呈上升趋势。第三产业直接投资大幅增长的原因主要有:① 对投资国而言,第三产业的投资普及面广、影响范围大,比制造业和初级产业投资灵活性高,投资回收期短,有利于获得更加可观的盈利;② 对东道国而言,在第一、第二产业发展到一定程度后,必然会对第三产业提出更高的要求,需要尽快增加这部分项目和设施,提高银行服务、贸易服务和旅游服务的效率。许多国家先后取消了对金融、保险等行业外商直接投资的限制,也极大地促进了第三产业直接投资的快速增长。

(3) 21 世纪以来,国际直接投资的产业结构进一步升级,高新技术产业受到投资者和被投资者的青睐。随着科学技术的不断创新和各国产业结构的加速调整,国际直接投资的重心不断从以资源为基础的传统制造业向高新技术产业转化。生物技术产业、新能源、精密机械、通信产业和化学工业成为国际直接投资发展最为迅速的产业部门。

从全球对外国直接投资流入的行业来看,2017 年以农业为主的第一产业仅仅占总外资的 3%,较 2016 年的 8% 有了大幅的下降。由于化学原材料及化学制品制造业,食品及烟草行业出现较大的跨国并购案例,制造业领域的跨国并购较 2016 年的 41% 提升了 6 个百分点,流向制造业的投资占 47%。服务业依旧是最吸引外国直接投资的行业,其中商业服务业和煤气及水的生产和供应业贡献最大,分别达 1870 亿美元和 1490 亿美元。近年很多重要的大国都出台一系列的产业政策,如德国的"工业 4.0",中国的"中国制造 2025",美国的"制造业回流"以及日本的"机器人新战略",各国均在高新技术领域采取产业扶持的战略以扩大自身的优势进而提高产品在市场中的竞争力,促使高新技术制造业在全球对外直接投资行业中的占比不断攀升。

四、国际直接投资对世界经济的影响

(1) 推动了世界经济的增长,并加深了各国之间的经济联系。FDI 首先表现为资本在世界范围内的重新配置与组合,有助于资本使用效率的提高。资本的国际流动和生产国际化客观上也促进了劳动力、技术等生产要素的国际流动。生产要素配置的日趋合理化,有助于推动世界经济的增长。FDI 和生产国际化的发展,使各国之间的经济联系由贸易和货币信用领域进一步深入到生产领域,扩大和加深了各国经济联系的范围和程度,各国国民经济更加紧密地结合成为一体化的世界经济。

(2) 推动了国际贸易的发展和贸易格局的改变。FDI 导致生产的国际化,这种以生产为目的的资本跨国流动,带动了与生产有关的机器设备、技术、原材料、各种零部件和半成品的跨国界流动,推动了国际贸易的发展。另外,出口导向型的 FDI 也会产生贸易替代效应,从而减少了制成品的国际贸易数量。但总的来说,FDI 对贸易格局的影响主要表现在两个方面：① 使国际贸易"内部化"。目前，跨国公司的"内部贸易"已占到国际贸易总量的三分之一以上。② 使国际贸易重心转移到发达国家之间。这与发达国家间资本对流状态是一致的，发达国家之间的资本对流，带动了发达国家之间贸易的增加。

（3）推动了国际金融和金融市场的发展。FDI和生产国际化调动了巨额金融资产在各国之间的流动，加深了各国之间的金融联系。跨国公司在生产经营活动中，经常需要使用各种手段在全球范围内调动资金，这极大地促进了国际金融市场的扩大和各种金融工具的发展。

（4）加剧了不合理因素对世界经济的影响。各国垄断资本为了谋取高额利润，巩固自己的垄断地位，借助FDI积极对外扩张，各垄断资本之间争夺世界市场的竞争十分激烈，加剧了世界经济的动荡和不稳定。而垄断资本争夺世界市场的结果，造成了世界市场的垄断竞争局面，市场的不完全性降低了世界市场的效率。以发达国家为主体的FDI使不平等的国际经济旧秩序进一步强化，发展中国家由于其薄弱的经济实力，常常处于生产国际化体系的底层，不可避免地遭受发达国家的剥削。

第三节 垂直专业化生产与全球价值链

全球分工格局发生深刻变化，由产业间分工向产业内分工以及产品内分工转化，由此产生垂直专业化生产以及逐渐形成以纵向分离和协调为重要特征的全球价值链。

一、垂直专业化生产

国际分工指"国与国之间在广义生产中所形成的产业分工与产品生产过程的分工，是超越国民经济疆界的社会分工，是国民生产之间的分工"。在国际市场日益走向一体化的同时，国际分工开始发生了实质性的改变，产业间分工日益为产业内分工乃至产品内分工所取代，国际生产的形式却逐渐走向非一体化，垂直专业化成为当今国际分工的一个主要特点。

垂直专业化使国际分工深入到了产品的生产阶段内部，每个国家只在商品生产的特定阶段进行专业化生产。Audet(1996)、Campa和Goldberg(1997)以及Hummels等人(2001)经验研究表明，垂直专业化分工使全球中间品贸易在国际贸易中的比重大大上升，对各国的生产效率以及出口绩效产生了重大影响。

（一）垂直专业化的含义

垂直专业化的概念首先由美国经济学家Balassa(1967)提出，指一种商品的生产过程分解成多个连续的生产阶段，每一个国家只在某个连续的特殊阶段进行专业化生产，中间产品贸易因此不断增长并形成一个跨越许多国家的垂直贸易链。

垂直专业化分工是一种新型国际分工类型，与传统国际分工相比，这种分工形式包括三方面特点：① 一种产品生产经过连续的若干阶段；② 两个或两个以上国家参与不同生产阶

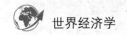

段并提供价值增值;③ 至少一个国家在其生产过程中使用进口投入品,并将一部分产出出口。垂直专业化分工包括进口和出口两方面,进口原材料或中间投入品,出口中间投入品或产成品。

(二) 垂直专业化的经营模式

跨国公司对垂直专业化的安排有两种模式:

(1) 由多个国家的多个独立的跨国公司通过生产的紧密联系,共同组成上下游产业垂直专业化生产的链条。如国家 1 的跨国公司 A 生产中间产品,并出口到国家 2,销售给跨国公司 B;跨国公司 B 结合本国的资金、劳动和国内生产的其他投入品,生产出最终产品,这些最终产品除部分用于国内销售外,其他的均出口给国家 3,由跨国公司 C 进行进一步加工,并出口到国家 4……以此类推。这种跨国公司间的垂直专业化分工既是国际间企业的分工与协作,也是国家间产业的分工与协作。例如,日本从澳大利亚进口铁矿生产钢铁,并把钢铁出口到墨西哥,由墨西哥的企业把钢铁压延成形,再出口到美国用于制造农业设备,这些农业设备再从美国部分出口到其他国家。

(2) 一家跨国公司贯穿于多个国家,通过其全球化的战略安排和国际直接投资,把产品生产链的主要环节分别设置在国家 1、国家 2、国家 3、国家 4……在跨国公司管理总部的遥控指挥下,其在各个国家的下属公司分别完成整个产品生产流程的特定阶段。例如,国家 1 的企业 A 生产一种中间品并把它出口到国家 2;国家 2 的企业 B 结合进口的中间品、资金、劳动和国内生产的中间投入品来生产最终产品(总产出),并把部分最终产品出口到国家 3。

(三) 垂直专业化的特点

与传统的国际分工相比,垂直专业化分工活动推进到特定产品范围内部,随之,国际分工扩展到生产供应链的各个环节和相关的经济活动中。具体而言,当代垂直专业化呈现出以下新特点:

1. 垂直专业化以价值链流程展现生产的价值创造活动

垂直专业化分工的边界在于价值链,一国或地区的产业竞争优势不再以某个特定产业或某项特定产品为标志,而是体现在它们在产业价值链中所占据的工序或环节上。传统的国际分工大多表现为发达国家从事机械、电子等技术、资金密集型产品的生产,发展中国家从事服装、玩具等资源、劳动密集型产品的生产,分工大多表现为产业间分工。随着科学技术的不断进步和产业结构的不断升级,尤其是现代信息技术和物流技术的不断发展,制造业的空间组织形态发生了越来越深刻的变化。垂直专业化分工中,产品生产过程突出表现为价值链的创造过程,并且价值链的环节具有越来越强的空间可分性。资金、技术密集型产业中含有劳动密集环节,如高科技产品的加工装配环节,劳动密集型产业同样含有知识、技术密集环节,如服装产业的设计环节,这样,国际分工逐渐从产业间、产业内细化至产品内的垂直专业化分工。

2. 垂直专业化是生产分散化与要素整合性的统一

传统的国际垂直分工,大多以产业或产品为分工界限,产品生产的国际分布相对集中。

如今,处于生产主导地位的制造业厂商,越来越注重于在全球范围内寻找最具优势的生产区位进行相关价值链环节的生产布点,以开展大规模的专业化生产,或在全球范围内寻求最合适有效的专业化生产制造商作为提供相关价值链服务的供应商,实现产品生产的全球性整合。随着国际投资领域的逐渐拓展与生产要素流动范围的进一步扩大,处于经济不同发展阶段的国家纷纷参与到垂直专业化中,各个层次国家的生产要素在某些国家集聚,然后面向世界进行生产,分工合作领域更广、程度更深。这种新的特点,就是经济全球化下国际分工的"要素合作型国际专业化"。

3. 垂直专业化使当今国际贸易的方向变得多样化

传统的国际贸易,无论是工业制成品与初级产品之间的贸易,还是技术、资本密集型产品与资源、劳动密集型产品之间的贸易,大多发生于发达国家与发展中国家之间,贸易方向相对比较固定。随着国际分工的垂直专业化程度不断提高,国际贸易的方向变得更加多样化,尤其从事加工贸易的发展中国家开始向发达国家或者发展中国家出口一些技术、资本密集型产品,而发达国家也开始向发展中国家或发达国家出口一些知识密集型产品或服务。"在美国硅谷设计芯片——在日本制造芯片——在中国台湾厂商制造主板——在中国大陆生产外围设备并组合成最终产品",这种价值链的拆分组合与中间产品的交易方式在很大程度上正是当今制造业空间组织形态或全球生产体系的典型写照。这样,在美国、日本、西欧和广大发展中国家之间形成了一种国际垂直专业化分工体系的梯级结构,中间产品通过北对北、北对南、南对北以及南对南等方向多样的国际贸易,完成最终产品的生产与加工。

4. 垂直专业化促进了产品内贸易的发展

垂直专业化生产方式,意味着特定产品生产过程的零部件和中间产品在不同国家之间多次流通,构成过去几十年国际贸易增长速度显著高于 GDP 增长的重要原因。与垂直一体化分工不同,垂直专业化分工推广到生产供应链各个环节和侧面的经济活动,把不同工序的经济活动拆分到不同国家进行,但是生产特定产品的目标,又使这些空间离散的经济活动具有内在联系,构成具有整合性功能的结构和系统。这就使原来一次性贸易的产品经过多次中间产品贸易使得国际贸易产生倍增的效果,也就是说垂直专业化促进了产品内贸易的发展,进而促进了国际贸易的发展。垂直专业化把国际分工基本对象层面从不同行业产品推进到不同工序区段,从而极大地拓展了国际分工交换的空间,扩大了通过互利合作途径谋求各国发展的潜力,对经济全球化产生重大推动作用。

(四) 垂直专业化的测算

衡量跨国公司垂直专业化的基本方法,不论处于上述哪种模式之中,都可以用体现在出口产品中的进口中间投入品的比例(VS)来反映:

$$VS = (进口中间品金额 / 总产出) \times 出口金额$$

对每一个特殊的经济体(如某个国家、某个地区、某一产业或者某个企业)来说,如果其总产出全部用于出口,则其 VS 值就等于进口的中间投入品金额(由于国内消费和投资活动的存在,这种情况不可能出现);如果进口的中间品全部用于国内消费,即出口为零,则 VS =

0;如果仅仅利用国内资源和生产要素生产出口品,而不进口任何中间投入品,则 $VS=0$。

一个国家的垂直专业化程度 VS 可以表示为

$$VS_k = \sum_i VS_{ki}$$

其中,k 表示某国家,i 表示该国某产业。这样,该国总出口中的 VS 份额就可以表示为

$$\frac{VS_k}{X_k} = \frac{\sum_i VS_{ki}}{\sum_i X_{ki}} = \frac{\sum_i (VS_{ki}/X_{ki})X_{ki}}{\sum_i X_{ki}} = \sum_i \left[\left(\frac{X_{ki}}{X_k}\right)\left(\frac{VS_{ki}}{X_{ki}}\right)\right]$$

上述公式可以进一步用矩阵表示为

$$\frac{VS_k}{X_k} = \boldsymbol{\mu} A^M (\boldsymbol{X}/X_k)$$

其中,$\boldsymbol{\mu}$ 为 $1\times n$ 维的元素为 1 的向量,A^M 为 $n\times n$ 维的进口系数矩阵,$\boldsymbol{X}$ 表示 $n\times 1$ 维的出口向量,n 是产业部门数目,X_k 是各产业部门出口之和,A^M 的元素 a_{ij} 表示一个单位的 j 部门产出量所需要的来自 i 部门的进口投入量。

因为进口投入品可以被用于某一部门,该部门的产出再被用于第二、第三部门作为中间投入,直至最终体现在出口商品中,这样进口投入品在作为出口被排除出国内经济体系前,可能会在国内经历许多阶段的流通。考虑到进口投入品的所有这种直接和间接的循环利用效应,我们可以得到计算总出口中 VS 份额的一般公式是

$$\frac{VS_k}{X_k} = \boldsymbol{\mu} A^M (\boldsymbol{I} - \boldsymbol{A}^D)^{-1}(\boldsymbol{X}/X_k)$$

其中,$\boldsymbol{\mu}$ 为 $1\times n$ 维的元素为 1 的向量,A^M 为 $n\times n$ 维的进口系数矩阵,$\boldsymbol{I}$ 是单位矩阵,是 $n\times n$ 维的国内系数矩阵,$\boldsymbol{X}$ 表示 $n\times 1$ 维的各部门出口向量,n 是产业部门数目,X_k 是各产业部门出口之和,$(\boldsymbol{I}-\boldsymbol{A}^D)^{-1}$ 是里昂惕夫逆矩阵,它表示各部门进口的中间产品成为最终出口产品之前,在第 2、第 3、第 4……第 n 阶段体现在国内产出上的一种直接和间接的循环利用效应。因此上述公式允许商品出口前在国内经济的各个部门循环流通,甚至包括服务部门。

二、全球价值链的形成

(一)全球价值链的含义

价值链一词由美国经济学者波特首次提出。波特认为,企业的生产过程、营销、运输、售后服务、采购、技术、人力资源和财务等活动在价值创造过程中相互联系,构成公司的价值链条。产品的价值链环节分布在一国之内时只能称之为一国的价值链,当原本分布在一国之内的价值链条跨越国家或地区时才形成了全球价值链。

全球价值链(Global Value Chains,GVC)指为实现商品或服务价值,而连接采购、研发、生产、销售、服务和回收处理等过程的、跨越处于不同地理空间的、企业或其他经济行为主体的全球性价值创造链,如图 6-1 所示。

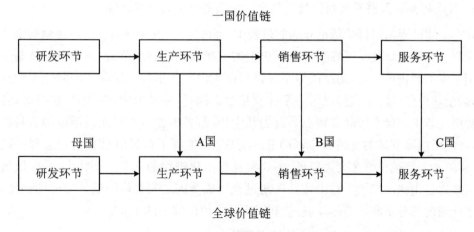

图 6-1 全球价值链形成示意图

资料链接

全球价值链面临的挑战

全球价值链是20世纪80年代以来基于经济全球化而形成创新机制。从经济活动的空间分布、产业关联、资源协同、市场开放、利益共享等特征看,这一创新的全球性专业化分工机制,为人类命运共同体理念提供了理论和实践层面的支撑。全球价值链曾经在2007年美国次贷危机之前经历了约10年的黄金发展期。如今,在逆全球化暗流涌动的背景下,全球价值链又面临诸多新问题、新挑战,主要表现在以美国为代表的西方国家依据其技术先行、制度供给以及美元体系等综合优势,通过掌控全球价值链体系治理主导权从而过度获取超额垄断价值。这种治理模式,一方面削弱了链主自身的技术创新意愿,弱化了价值链体系的驱动动能,另一方面损害了链条参与方的利益,积累了系统性结构失衡风险,久而久之,会影响世界经济良性发展。

(二) 全球价值链的发展动因

1. 全球市场竞争是全球价值链的外部动力

20世纪80年代以来,随着全球市场的逐渐融合,技术革新速度的不断加快,产品生命周期的日益缩短,世界各国逐渐被纳入到以国际分工为基础的全球网络中,企业的经营环境、运作模式发生了很大变化,国际竞争日益激烈和直接。在竞争的区域上,由国内竞争扩展到全球竞争;在竞争的主体上,全球资源不断地向少数大型企业集团集中,国际化经营进入了一个超强竞争时代;在竞争的性质上,相互依赖、相互竞争成为全球竞争的一个新特点;在竞争的方式上,要求企业在营销、生产、组织、管理诸方面变得灵捷起来,速度竞争成为信息时代新的竞争观念;在竞争的要素上,由有形资源竞争到无形资源竞争,更多地依赖知识、技能、人力资本和信息等无形资源,而无形资源往往造就企业的核心竞争优势。因此,国际竞争的巨大压力迫使一些大型企业的生产垂直专业化,集中精力打造无形资源,而将产品的一些环节外包出去,推动了全球价值链的形成。

2. 经济体制以及贸易规则的接轨是全球价值链产生的制度条件

在产品生产走向全球价值链布局的过程中,经济体制、贸易规则的国际接轨提供了制度上的保障。经济全球化是世界经济发展史上的一场深刻的制度革命,市场经济体制成为世界各国基本的经济体制,市场经济体系在世界范围内的基本统一推动了国际分工的进一步发展,为全球价值链的出现搭建了一个体制平台。同时,随着国际贸易的快速发展,各国的贸易规则也越来越带有国际性特点。过去几十年间,各国通过不同途径推进的贸易自由化改革,降低了国际贸易的交易成本;GATT 和 WTO 推动了世界贸易自由化进程的制度构架,关税壁垒和非关税壁垒大大降低;当代贸易自由化进程的一个重要特点,是区域贸易自由化与多边自由化的发展。自由贸易区通过推动成员国之间关税降低等方面的制度安排,促进了区域内部分工和贸易的发展,便利了产品价值链的全球布局。

3. 信息技术是全球价值链产生的技术条件

第三次技术革命对企业产生的深刻影响,促使企业生产体系的组织结构和管理方式发生了重大的变革。从 20 世纪初到 80 年代,美国等西方发达国家重要产业部门一般采用福特制的产业组织模式。福特制属于垂直一体化的生产体系,从产品设计、制造到销售及售后服务,都要在同一企业内部完成。虽然此时许多产品具有多节点的价值链,但是这些价值链还没有发展成独立的产业部门。20 世纪 90 年代初期,信息技术的典型代表微软和英特尔的联盟,打造出了温特模式(Wintelism)。在这一模式下,产品的价值链可分成独立的模块布置在不同的区域,企业生产围绕着产品标准进行。温特模式的出现,使信息产业的各个价值链独立出来成为单独的产业部门在技术上成为可能。企业可以不必控制整个价值链,而是占据价值链的某些高附加值环节,将其他的价值链环节转移出去。在温特制下,国际外包成为普遍现象,以战略价值链为核心的新型跨国生产体系逐渐形成。

4. 跨国公司是全球价值链产生的组织力量

全球价值链与传统国际分工最明显的区别是全球价值链分工打破了传统分工中的国家边界,凸出了跨国公司在国际分工和贸易中的主体地位。降低成本和获得利益是跨国公司组建全球价值链分工体系的基本动力,跨国公司在跨国经营中为了绕过贸易壁垒、适应当地市场特点、降低运输成本等原因将价值链环节转移出去,直接组织和主导了全球价值链的分工和贸易体系。而全球价值链使跨国公司在资源的使用上整合了世界比较优势,在生产过程中产生了规模经济优势,在交换中占据了价格倾斜优势,在交易中实施了转移定价优势,使跨国公司能获取全球价值链的分工利益。通过跨越国界和地区界限的生产经营,跨国公司在全球范围内进行最佳的资源配置和生产要素组合,主导和推动着当前国际分工的发展。

◆ **内容提要**

生产国际化和国际直接投资的迅速发展是当代世界经济活动的突出特点,它集中体现了市场经济体系和资本循环突破国界不断扩展的趋势。跨国公司作为生产国际化和资本国际流动的载体,其数量和规模持续扩大,组织形式和经营方式也不断表现出新的特征。国际直接投资和跨国公司的发展反映出世界经济的微观基础和运行机制发生了明显变化,并对世界经济的运行与发展产生广泛而深远的影响。随着生产国际化的不断发展,国际分工深入到产品的生产内部,每个国家只在商品生产的特定阶段进行专业化生产。与此同时,国家参与国际分工的模式发生重大变化,原本在一国国内完成的生产链条延伸至多个国家,从而形成全球范围内的产业链和价值链。

◆ **关键词**

跨国公司　国际直接投资　生产国际化　垂直专业化　全球价值链

◆ **复习思考题**

1. 跨国公司组织结构的主要类型与特征?
2. 简述跨国公司对当代世界经济的影响?
3. 简述国际直接投资的特点与类型?
4. 简述垂直专业化分工的特点?
5. 分析全球价值链形成的动因?

◆ **思考案例**

戴尔收购 EMC

戴尔 2018 年 10 月宣布以约 670 亿美元的价格收购 EMC。就交易数额来看,这笔交易是全球科技市场上最大规模的并购交易。作为全球领先的 PC 和服务器制造商,随着用户不断涌向移动设备和其他新设备,戴尔正在努力应对计算机销售下滑的局面。通过获得 EMC 的数据存储硬件产品线以及 VMware 的数据中心软件,戴尔旨在把自身塑造为领先的信息技术一站式服务提供商。

试分析:戴尔收购 EMC 属于什么类型的国际直接投资?

◆ **应用训练**

特斯拉中国建厂

2018 年 6 月 28 日,国家发展改革委、商务部发布《2018 年版外商投资准入特别管理措施(负面清单)》以后,特斯拉公司在 7 月 10 日宣布,将在上海建立一座"超级工厂",其注册资本 1 亿元。在此之前,特斯拉的"超级工厂"都是建立在美国,中国的"超级工厂"是特斯拉在国外建设的第一家工厂。随后,特斯拉与上海临港管委会、临港集团签署纯电动车项目投资协议,根据协议,特斯拉将在临港地区独资建设集研发、制造、销售等功能于一体的特斯拉超级工厂(Giga Factory 3),该项目规划年生产 50 万辆纯电动整车,是上海有史以来最大的外资制造业项目。

试分析:

1. 特斯拉为什么选择在中国独资办厂?
2. 特斯拉作为跨国公司的优势体现在哪里?

第七章 资本流动与金融全球化

本章结构图

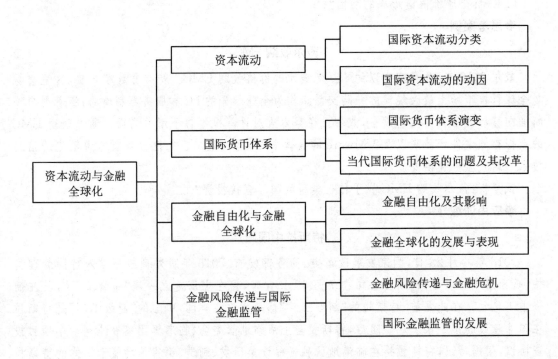

第七章 资本流动与金融全球化

> **学习目标**

通过本章的学习,了解国际货币体系的主要内容与演化进展;了解国际资本流动的分类、金融自由化、金融全球化以及金融风险传递渠道、金融监管等。

> **导入案例**

全球贸易摩擦对国际货币体系的影响

自参加总统竞选以来,特朗普一直宣称应大幅削减美国的贸易逆差。当选美国总统以后,特朗普逐步兑现其在贸易议题上的竞选承诺,减少或消除贸易逆差成为其贸易政策的重要目标。在这一目标的指引下,美国不断对相关贸易伙伴施加压力。2018年3月起,随着中美贸易摩擦不断升级,中国政府与美国政府进行多轮贸易谈判,美国政府的要求之一就是中国要增加自美国进口,以大幅削减美国对中国的贸易逆差。除中国外,美国还要求德国、泰国、日本等国削减美国对这些国家的贸易逆差。如果美国大幅削减贸易逆差,那么会对国际货币体系产生什么影响呢?

由于经常项目是美元对外输出的重要通道,美国通过贸易保护主义强行削减贸易逆差将带来全球美元流动性紧缩压力。根据国际货币基金组织《国际收支和国际投资头寸手册》(第六版),经常账户可细分为货物和服务账户、初次收入账户、二次收入账户,因此,经常项目差额就来自以上三个账户的差额之和。其中一国货物和服务出口与进口的差额就是贸易逆差,它是经常项目逆差的重要组成部分。特朗普政府将削减贸易逆差作为其贸易政策的重要目标,如果目标实现,在资本和金融项目余额不变的情况下,美国的经常项目逆差收窄,则全球美元流动性势必降低。根据美国经济分析局(BEA)的统计,2017年美国的贸易逆差为5522.8亿美元,经常项目逆差为4491.4亿美元,分别占当年全球已识别美元储备资产的8.8%和7.2%,因此如果美国大幅削减贸易逆差,将为世界经济带来严重的美元流动性紧缩效应。

全球贸易摩擦还将从其他方面对全球美元流动性带来影响。一是美元汇率渠道。贸易摩擦总体对美元带来贬值压力。美国通过贸易保护主义措施大幅削减经常项目逆差,虽有利于恢复投资者对美元的信心,促进美元升值,但经常项目对汇率的影响是长期的,同时美国经常项目的改善是通过贸易保护主义措施而不是经济调整造成的,因此对美元升值的促进作用有所降低。此外,在贸易摩擦背景下,美国存在实施弱势美元政策的需要。美元贬值将推动全球资本流出美国,有利于缓解全球流动性紧张局势。二是贸易摩擦加剧市场不确定性,引发全球经济信心下降,对美元需求势必增加,同时全球投资者的风险偏好也将降低,国际资本加速回流美国,从而加剧美元的供求紧张状况。

第一节 资 本 流 动

资本流动即国际资本流动。国际资本流动指资本从一个国家或地区转移到另一个国家

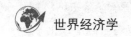

或地区。随着金融自由化和全球化的发展,资本在国际间大规模的频繁流动已成为20世纪80年代以来世界经济的一个显著特征。

国际资本流动与一国的国际收支有着直接的联系,它主要反映在一个国家国际收支平衡表的资本与金融账户中。资本流入指资本从国外流入国内,它意味着本国在外国的负债增加(外国在本国的资产增加)或者本国在外国的资产减少(外国对本国的负债减少)。资本流出指资本从国内流到国外,它意味着本国在外国的资产增加(外国对本国的负债增加)或者本国对外国的负债减少(外国在本国的资产减少)。

一、国际资本流动分类

国际资本流动通常可划分为长期资本流动和短期资本流动。

(一) 长期资本流动

期限在一年以上的资本流动是长期资本流动,它包括直接投资、证券投资和国际贷款。

1. 国际直接投资

国际直接投资指一国企业或个人对另一国的企业等机构进行的投资。直接投资可以取得对方或东道国厂矿企业的全部或部分管理和控制权。国际直接投资主要有以下三种类型:

(1) 创办新企业。如在国外设立子公司、附属机构,或者与多国资本共同在投资东道国设立合营企业等。这类直接投资往往不局限于货币形态资本的投资,特别是创办合资企业时,机器设备、存货甚至技术专利、商标权等都可以折价入股。

(2) 收购国外企业的股权达到一定比例以上。如美国有关法律规定,拥有外国企业股权达到10%以上,就属于直接投资。

(3) 利润再投资。投资者在国外企业投资所获利润并不汇回国内,而是作为保留利润对该企业进行再投资,这也是直接投资的一种形式,虽然这种投资实际上并不引起一国资本的流入或流出。

直接投资实际上并不仅限于国际资本流动,它还包括企业的管理权限和方法、生产技术、市场营销渠道、专利专卖权和商标等多种无形要素的转移。另外,直接投资的实现有时也不需要资本的实际国际移动。比如投资者可以在东道国筹集资金或用公司的保留利润进行再投资,或用专利、无形商标等无形要素入股等。

2. 国际证券投资

国际证券投资亦称国际间接投资,指在国际债券市场上购买中长期债券,或在外国股票市场上购买企业股票的一种投资活动。各国政府、商业银行、工商企业和个人都可以购买国际债券或股票进行投资,同样,这些机构也可以发行国际债券或股票来筹集资金。从一国资本流出和流入角度来看,购买国际证券意味着资本流出,发行国际证券则意味着资本流入。

国际证券投资与国际直接投资的区别在于:证券投资者对于投资企业并无实际控制和管理权,即使是购买股票的投资也没有达到能够控股的比重,所以证券投资者只能收取债券或股票的利息或红利;而国际直接投资者则可以管理、经营投资企业,并承担企业的经营风险和享受企业的经营利润。

3. 国际贷款

国际贷款主要有政府贷款、国际金融机构贷款、国际商业银行贷款和出口信贷。

(1) 政府贷款是一国政府利用自己的财政资金向另一国政府提供的优惠贷款。是以政府名义进行的政府双边贷款,一般是在两国政治外交关系良好的情况下进行的,是条件优惠的贷款。特点是:贷款期限较长,一般为10~30年,甚至长达50年;利率较低,一般为1%~3%,甚至无息。但是政府贷款受到贷款国国民生产总值、国际收支和财政收支的制约,数额一般不大。另外,有的低息援助性贷款还有附加条件,如要求借款国必须采取特别的经济政策,或者必须具备一定的财政能力等。

(2) 国际金融机构贷款是国际金融机构向其成员国政府提供的贷款。国际金融机构包括世界银行、国际货币基金组织以及亚洲开发银行等区域性国际金融机构。国际金融机构贷款带有援助性质,一般利率较低,期限较长,如国际开发协会,主要是对低收入的贫困国家提供开发项目以及在文教建设方面的长期贷款,最长期限可达50年,只收0.75%的手续费。但是国际金融机构贷款对象只限于成员国,而且贷款审查严格,手续繁多。

(3) 国际商业银行贷款。国际商业银行贷款是国际金融市场上由各种商业银行或银团发放的贷款。与其他类型的国际贷款相比,国际商业银行贷款的利率高,不带有援助性质,以盈利为目的。贷款多为中短期贷款,期限在一年或五年以内。国际商业银行贷款不限定用途,借款人可以自由使用资金,贷款资金的数额也不受限制。

(4) 出口信贷。出口信贷指商业银行对本国出口商或者外国进口商及其银行提供的贷款,以解决本国出口商资金周转的困难,或满足国外进口商对本国出口商支付货款需要的一种国际信贷方式。出口信贷的特点是:贷款指定用途,必须用于购买贷款国提供的出口商品;贷款利率低,其低于国际金融市场的差额通常由出口国政府或政府金融机构予以补偿;有偿还担保,一般由出口国的官方或半官方信贷保险机构承担。

出口信贷还可以分为卖方信贷和买方信贷。卖方信贷是出口商所在国的银行向出口商提供的贷款,出口商用这笔资金向外国进口商提供延期分期付款。买方信贷是进口商所在国的银行直接将贷款提供给进口商或进口商所在国银行,贷款用于向出口商支付货款。

(二) 短期资本流动

流出或流入期限为1年以下(含1年)的国际资本流动是国际短期资本流动。短期资本流动从性质上可分为银行资本流动、贸易资本流动、保值性资本流动、投机性资本流动。

1. 银行资本流动

银行资本流动指各国外汇专业银行之间由于调拨资金而引起的资本国际转移。各国外汇专业银行在经营外汇业务过程中,由于外汇业务或谋取利润的需要,经常不断进行套汇、套利、掉期、外汇头寸的抛补和调拨、短期外汇资金的拆进拆出、国际间银行同业往来的收付和结算等,都要产生频繁的国际短期资本流动。

2. 贸易资本流动

贸易资本流动指由国际贸易引起的货币资金在国际间的融通和结算,是最为传统的国际资本流动形式。国际贸易活动的进行必然伴随着国际结算,引起资本从一国或地区流向另一国或地区。各国出口贸易资金的结算,导致出口国或代收国的资本流入;各国进口贸易资金的结算,则导致进口国或代付国的资本流出。随着经济开放程度的提高和国际经济活动的多样化,贸易资本在国际流动资本中的比重已经大为降低。

3. 保值性资本流动

保值性资本流动指金融资产的持有者为了资金的安全或维持其价值不致遭到损失而进行资金调拨转移而形成的短期资本流动。保值性资本流动产生的原因主要有国内政治动荡、经济状况恶化、加强外汇管制和颁布新的税法、国际收支发生持续性的逆差,从而导致资本外逃到币值相对稳定的国家,以期保值,免遭损失。

4. 投机性资本流动

投机性资本流动也称热钱,是各种投机者利用国际金融市场上行情涨落的差异以及对行情变动趋势的预测,从而进行投机活动以牟取预期利润而引起的短期资本流动。由于经济金融全球化、国际金融创新等因素的影响,投机性资本的力量越来越大,在国际金融市场上越来越活跃,已成为国际短期资本流动中最主要、最有影响的组成部分。比如 2019 年 5 月中美贸易摩擦升级,离岸人民币兑美元汇率下跌,部分海外投机资本借机沽空人民币套利,引起短期资本流动。

进入 20 世纪 90 年代,随着金融全球化趋势的不断加强,短期国际资本流动日益频繁,成为了国际资本流动中的重要组成部分,并对活跃国际金融市场以及促进国际资本的全球合理配置发挥了积极的作用。然而,由于复杂性、政策性、投机性等特点,短期国际资本正逐步由保守避险资本异化为积极投机资本,并在墨西哥金融危机(1994)、东南亚金融危机(1997)、俄罗斯金融危机(1998)、阿根廷金融危机(2001)以及美国金融危机(2008)中均扮演了不可或缺的角色,对当事国乃至全球的宏观经济与金融市场的稳定都造成了严重冲击和威胁,充分暴露出其两面性的本质。本章的资本流动主要指短期国际资本流动。

二、国际资本流动的动因

(一)利率差异动因

传统上,人们将国际资本流动视为一种生产要素的国际转移,认为与国际贸易类似,国家间的要素报酬差异将造成生产要素在国际上的流动。如果与国外相比,一国的资本相对充裕,则该国作为资本报酬的利息率就会较国外的利息率低,由此资本就会由该国流向他国,以谋求收益差异。相反,如果一国的资本相对匮乏,较高的利息率则会吸引国外资金流入。国际资本流动的原因和影响如图 7-1 所示。

图中 XA、YU 线分别表示 A 国和 B 国资本的边际生产能力随资本投入的增加而减少。在资本流动前,A 国的资本存量为 OC,全部投入本国生产,国民生产总值应为 $OXGC$,其中 $OKGC$ 为资本的总收益,剩下的 KXG 为其他生产要素的报酬。同理,B 国投入资本 $O'C$,国民生产总值为 $O'YIC$,资本总收益为 $O'JIC$,其他要素报酬为 JYI。

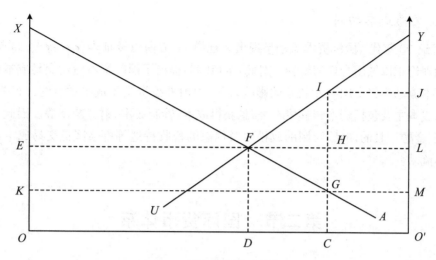

图 7-1 国际资本流动效应图

显然,由于 A 国的资本报酬低于 B 国,当资本自由流动后,A 国就会有 DC 数量的资本流入 B 国。这样,A 国的资本价格由 OK 上升到 OE,国内产值为 $OXFD$,国外资产投资所得为 $DFHC$,A 国资本的总产值为 $OXFD+DFHC=OXFHC$,比原先增加了 FHG。资本的报酬由原先的 $OKGC$ 增至 $OEHC$。对 B 国而言,DC 数量的外资流入使资本价格由 $O'J$ 降至 $O'L$,总产值由 $O'YIC$ 增至 $O'YFD$,增加了 $CIFD$,其中 $CHFD$ 支付给国外投资者,净增 HIF。而国内资本报酬由 $O'JIC$ 减至 $O'LHC$,其他生产要素的报酬由 YIJ 增至 YFL。

从全世界的角度看,总产值由 $OXGC+O'YIC$ 增至 $OXFD+O'YFD$,增加了 GIF。因此,资本流动的效果有利于资本的合理配置和有效使用,增加世界经济福利。

(二)证券投资分散化动因

对国际资本流动的传统解释只能说明资本的单向流动,实际上国际资本流动并非简单的获取利率或是投资利润,投资者不仅关心投资收益,还注重风险规避、投资收益的稳定性。

证券投资面临两类风险:系统性风险和非系统性风险。系统性风险是所有公司都要面临的,产生于所有公司共同经历的事件,如经济周期、宏观经济政策等。非系统性风险是某一特定公司或产业面临的独特风险。在一国内,非系统性风险可以通过分散化策略加以消除,而系统性风险则无法通过分散化策略予以降低。但是,如果将投资范围扩展到全球,系统性风险则能够在一定程度上从国际分散化中获益。各国虽然都存在系统性风险,但是由于各国经济周期不完全一致,一国经济处于衰退期,另一国可能处于繁荣期;各国实行的宏观经济政策是根据自身经济状况制定的。因此,当投资范围扩大到全世界,原本在国内出现的系统性风险可以转变为国际范围内投资的非系统性风险。

从实证来看,尽管各国之间经济一体化程度不断加深,但即使是发达国家之间的证券市场也不是完全互动的。只要各国证券市场的相关系数不等于 1,那么投资者不仅可以在各产业间使其持有的资产组合分散化,而且还能够通过资产组合在各国间的分散化来获取额外收益。

（三）交易成本动因

20世纪90年代，国际资本流动呈现出大规模、多方向以及证券化等特点，即有的国际资本流动理论难以做出合理的解释。对此，金(1999)提出了国际资本流动交易成本模型，认为国际资本流动不仅受国内外利差的影响，还受国内外投资交易成本的制约。有关国际投资的交易成本主要包括资本转移成本、信息获得成本、管制成本、财务成本等。因此，通信技术的发展、金融工具的创新、管制的放松以及优惠的税收待遇等都会降低交易成本，促进资本的国际流动。

第二节 国际货币体系

一、国际货币体系演变

国际货币体系是各国政府为适应国际贸易与国际结算的需要，对货币的兑换、国际收支的调节等所作的安排或确定的原则，以及为此而建立的组织形式等的总称。国际货币体系的主要内容是：① 各国货币比价的确定，包括汇率确定的原则，波动的界限，调整的幅度等；② 各国货币的兑换性以及对国际收支所采取的措施，如本国货币能否对外兑换以及是否限制对外支付等；③ 国际储备资产的确定以及储备资产的供应方式；④ 国际收支的调节方法，包括逆差国和顺差国承担的责任；⑤ 国际金融事务的协调、磋商和有关的管理工作。按照历史进程与发展特征可以将国际货币体系分为国际金本位制、布雷顿森林体系和牙买加体系。

（一）国际金本位制

国际金本位制度是以黄金作为国际本位货币的制度，1816年英国率先实行金本位制度，促使黄金转化为世界货币。到19世纪末资本主义各国已经普遍实行这一货币制度。其特点是各国货币之间的汇率由各自的含金量比例决定，黄金可以在各国间自由输出输入，国际收支具有自动调节机制。历史上曾有过三种形式的金本位制：金币本位制、金块本位制和金汇兑本位制。其中，金币本位制是最典型的形式。就狭义来说，金本位制即指金币本位制。金本位制的主要内容包括：

(1) 用黄金来规定货币所代表的价值，每一种货币都有法定的含金量，各国货币按其所含黄金的重量而有一定的比价。

(2) 金币可以自由铸造，任何人都可按法定的含金量，自由地将金块交给国家造币厂铸造成金币，或以金币向造币厂换回相当的金块。

(3) 金币是无限法偿的货币，具有无限制支付手段的权利。

(4) 各国的货币储备是黄金，国际间结算也使用黄金，黄金可以自由输出或输入。

金本位制是一种较为稳健的货币制度，表现为该体系下各国货币之间的比价、黄金以及其他代表黄金流通的铸币和银行券之间的比价以及各国物价水平相对稳定。因而对汇率稳定、国际贸易、国际资本流动和各国经济发展起了积极作用。但是随着资本主义社会固有矛盾的加深和世界市场的进一步形成,金本位制的基础受到严重威胁。第一次世界大战前夕,各国为了准备世界大战,加紧对黄金的掠夺,使金币自由铸造、价值符号与金币自由兑换受到严重削弱,黄金的输出入受到严格限制。第一次世界大战爆发以后,各国军费开支猛烈增加,纷纷停止金币铸造和价值符号的兑换,禁止黄金输出和输入,从根本上破坏了金币本位制赖以存在的基础,导致了金币本位制的彻底崩溃。

(二) 布雷顿森林体系

1944年7月1日,44个国家或政府的经济特使在美国新罕布什尔州的布雷顿森林召开了联合国货币金融会议,商讨二战后国际货币体系问题。会议通过了以怀特计划为基础的《联合国家货币金融会议最后决议书》以及《国际货币基金协定》和《国际复兴开发银行协定》两个附议,由此确立了以美元为中心的国际货币体系,即布雷顿森林体系。布雷顿森林体系的主要内容包括:

(1) 美元与黄金挂钩。国际货币基金组织成员国要承认美国政府规定的35美元等于一盎司的黄金官价,各国政府或中央银行可随时按官价向美国兑换黄金,并且需协同美国政府维持黄金的官价水平。

(2) 各国货币与美元挂钩。美国政府规定每一美元的含金量为0.888671克黄金,其他国家政府规定各自货币的含金量,通过含金量的比例确定同美元的汇率。

(3) 可调整的固定汇率。各国货币对美元的汇率,只能在法定汇率上下各1%的幅度内波动。若市场汇率超过法定汇率1%的波动幅度,各国政府有义务在外汇市场上进行干预,以维持汇率的稳定。若会员国法定汇率的变动超过10%,必须得到国际货币基金组织的批准。

此外,根据国际货币基金组织协定和国际复兴开发银行协定同时建立的国际货币基金组织和国际复兴开发银行以及GATT这三个国际组织,被称为二战后世界经济的三大支柱。

布雷顿森林体系使美元成为国际主要支付手段和国际储备货币,在布雷顿森林体系运行期间,世界经济增长迅速,全球贸易和国际资本流动也取得较快发展。虽然布雷顿森林体系对二战后世界经济恢复与稳定发挥重要作用,但是随着时间的推移,该体系的问题也逐渐显露出来。由于布雷顿森林体系是一种非对称性的货币体系,美元的双挂钩和双重身份是该体系的根本缺陷,其运行过程中必将面临"特里芬难题",世界上任何一个国家的货币如果充当世界货币都将遇到这种问题,这种内在制度的缺陷造成布雷顿森林体系的瓦解。20世纪50年代开始,爆发过多次美元危机。1971年7月第七次美元危机爆发,尼克松政府被迫于8月15日宣布实行"新经济政策",停止履行外国政府或中央银行可用美元向美国兑换黄金的义务。1971年12月以《史密斯协定》为标志,美元对黄金贬值,美联储拒绝向国外中央银行出售黄金。至此,美元与黄金挂钩的体制名存实亡。1973年3月联邦德国、法国等国家对美元实行"联合浮动",彼此之间实行固定汇率。英国、意大利、爱尔兰实行单独浮动,暂不参加共同浮动。其他主要西方货币实行了对美元的浮动汇率。固定汇率制度取消。至此,布雷顿森林体系彻底瓦解。

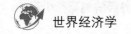

(三) 牙买加体系

布雷顿森林体系崩溃以后，国际金融秩序又复动荡，国际社会及各方人士也纷纷探析能否建立一种新的国际货币制度。1976年1月，国际货币基金组织"国际货币制度临时委员会"在牙买加首都金斯敦举行会议，就若干重大国际金融问题达成协议，即《牙买加协议》，以此为基础形成的国际货币制度为"牙买加体系"。牙买加体系的主要内容包括：

(1) 实行浮动汇率制度的改革。《牙买加协议》正式确认了浮动汇率制的合法化，承认固定汇率制与浮动汇率制并存的局面，成员国可自由选择汇率制度。同时国际货币基金组织继续对各国货币汇率政策实行严格监督，并协调成员国的经济政策，促进金融稳定，缩小汇率波动范围。

(2) 推行黄金非货币化。《牙买加协议》作出了逐步使黄金退出国际货币的决定。并规定：废除黄金条款，取消黄金官价，成员国中央银行可按市价自由进行黄金交易；取消成员国相互之间以及成员国与IMF之间必须用黄金清算债权债务的规定，国际货币基金组织逐步处理其持有的黄金。

(3) 增强特别提款权的作用。主要是提高特别提款权的国际储备地位，扩大其在国际货币基金组织一般业务中的使用范围，并适时修订特别提款权的有关条款。

(4) 增加成员国基金份额。成员国的基金份额从原来的292亿美元特别提款权增加至390亿美元特别提款权，增幅达33,6%。

(5) 扩大信贷额度，以增加对发展中国家的融资。

牙买加体系是在保留和加强国际货币基金组织作用的前提下，对布雷顿森林体系的进一步改革。牙买加体系的积极作用主要体现在三个方面：① 储备货币多元化，摆脱了布雷顿森林体系下各国货币间的僵硬关系，为国际经济提供了多种清偿货币，在较大程度上解决了储备货币供不应求的矛盾；② 汇率安排多样化，有利于适应差异化、发展程度不同的各国经济，为各国维持经济发展与稳定提供了灵活性与独立性，同时有助于保持国内经济政策的连续性与稳定性；③ 多种渠道调节国际收支。然而，牙买加体系也不是尽善尽美的，该体系也存在一定的缺陷。在多元化国际储备下，缺乏统一的稳定的货币标准，这本身就可能造成国际金融的不稳定；汇率体系的不稳定加大外汇风险，抑制国际贸易与国际投资活动，对发展中国家的影响尤为突出。

二、当代国际货币体系的问题及其改革

(一) 当代国际货币体系存在的问题

以牙买加协定为基础的当代国际货币体系，对维持国际经济的正常运转，推动世界经济的持续发展发挥了一定的积极作用，该体系也曾被认为是一种比较理想的国际货币体系，但是从其运行发展的实践来看，还存在不少的问题。

汇率制度存在严重的不均衡和不稳定性。尽管牙买加协议承认了浮动汇率制的合法性，自此浮动汇率制取代固定汇率制成为大多数国家的选择。但实际所谓的汇率自由浮动只是一种理想，绝大多数发展中国家基于本国经济发展的实际情况，只能采取带有固定性质

的钉住汇率制度,这就使得该国的加权平均有效汇率决定于主要发达国家之间汇率的波动状况,而与本国经济脱节,势必造成本国汇率对经济的非均衡干扰。另外,钉住汇率制加大了受国际游资冲击的可能性,钉住汇率制相对固定的特性使汇率的浮动趋势被人为抑制,在国际市场巨额游资的攻击和"羊群效应"的作用下,发展中国家的汇率保卫战往往以被迫放弃钉住汇率制、实行浮动汇率制而告终,从而造成发达国家和发展中国家之间的利益冲突更加尖锐和复杂化。多种汇率制度并存加剧了汇率体系运行的复杂性,汇率波动和汇率战不断爆发,金融危机风险大增,不利于弱国利益的保护。

"特里芬难题"尚未得到根本解决。牙买加体系允许国际储备货币的多元化提供国际清偿能力,而不是相对单一国际货币,"特里芬难题"在一定程度上得到了缓解。但是,多元化的国际货币储备体系并未从根本上解决"特里芬难题",它只是将原有的矛盾进行了适当的分散化。在多元化的国际货币储备体系中,一个国家的货币同时充当国际货币的矛盾依然存在,这就使得国际储备货币国家几乎能无约束地向世界倾销其货币,并且借助金融创新产生出巨大的衍生金融资产,这势必与世界经济和国际金融的要求发生矛盾,一旦矛盾激化,将会引起国际金融市场动荡以及爆发危机的严重后果。

国际金融组织缺乏独立性和权威性。IMF 作为现行国际货币体系的重要载体之一,未发挥出其应有的作用。主要表现在:① 被美国、欧盟等少数发达国家操纵,其宗旨和金融救助的规则反映的是发达国家尤其是美国的意志,成为美国的经济工具,而不能体现发展中国家的利益,从而制约了国际金融机构作用的发挥。② 对金融危机的预防和援救不当。国际货币基金组织的金融援救属于"事后调节",缺乏一种有效的监控机制。并且 IMF 对会员国的贷款规模极其有限,按会员国交纳的份额分配,由于主要发达工业国占有份额的最大比重,所以发展中国家得到的贷款资金非常有限。③ IMF 提供贷款时附加的限制性条件极其苛刻,这种限制性条件是指 IMF 会员国在使用它的贷款时必须采取一定的经济调整措施,由于 IMF 对发展中国家国际收支失衡的原因分析不够准确和全面,附加贷款条件规定的紧缩和调整措施却给借款国的经济带来了很大的负面影响。如 2001 年出现的阿根廷金融危机。

(二)国际货币体系的改革

随着中国等新兴经济体的崛起和全球经济多极化发展,现行国际货币体系已经不能适应世界经济格局的深刻变化。美国转向"逆全球化"和美元霸权的滥用,对国际金融危机后全球经济恢复和发展起到越来越消极的作用就是一个例证,国际货币体系改革势在必行。

建立主要储备货币稳定的汇率体系。首先,在美元、欧元、日元等国际主要货币的层面,建立各方都能接受的货币汇率稳定协调机制,通过政策调节及充分的协商,保持三者间汇率水平的相对稳定,各国有义务在汇率达到目标边界时采取必要的干预措施,以维护汇率机制的灵活性和稳定国际金融市场的信心。其次,在其他相对弱势货币之间,允许其根据自身情况,在钉住、可调节和浮动之间作出恰当的选择。同时,相关国际组织应建立汇率制度和汇率水平的监测机制,对成员中实际汇率水平高估或低估现象及时提供调整意见,以保证新的货币汇率机制的正常运行。

超主权国际储备货币。建立"超主权国际储备货币"被认为是解决"特里芬难题"最理想的路径。在超主权货币下,所有国家的货币都将处于国际货币体系的外围,各国的货币地位将是完全对称的,从而提高国际货币体系的稳定性。SDR 具有超主权货币的特征,它以篮子货币为定价基础,可有效避免币值无序波动。IMF 每 5 年对 SDR 篮子货币进行审查,其构成可随世界经济形式变化进行灵活调整。2016 年 10 月人民币被正式纳入 SDR 货币篮子,这是新兴市场国家在国际货币体系中代表性和发言权显著提升的标志,也是 IMF 不断推进国际金融货币体系发展完善的必然选择。

进一步改革国际货币基金组织的体制功能。国际货币基金组织作为当代国际货币体系重要的载体,理应发挥更重要的作用,但当代国际货币体系的演变,使国际货币基金组织的职能被弱化和异化,因此有必要对国际货币基金组织进行广泛的改革:① 改革不合理的份额制,提高新兴经济体和发展中国家的份额,降低美国对国际货币基金组织的绝对控制;② 增加国际货币基金组织的基金份额,扩大其资金实力,以便在某个国家或地区爆发危机时,增强国际货币基金组织可动用资金的规模;③ 扩大国际货币基金组织提供援助的范围,增强其应付国际货币危机的职能。

资料链接

多国呼吁对国际货币基金组织进行改革

过去 20 多年里,国际金融领域发生了很多变化,作为全球重要金融机构之一的国际货币基金组织也随之发生了改变。然而,这些改变并不能满足世界金融体系多样化的发展需求,多国呼吁国际货币基金组织进行更深层次的改革。

当前,随着货币和汇率政策的持续调整,很多国家放弃了以汇率为基础的货币政策,转而根据通货膨胀目标制定相关货币政策规则。这种转变也对国际货币基金组织制定货币规则提出了新的要求。此外,各国都在储备外汇,尤其是亚洲国家。这是在 1997 年亚洲金融危机期间,国际货币基金组织没有对相关国家给予足够帮助的结果。尽管后期国际货币基金组织相应地制定了一些预防性信贷方案,但都没有成功实施。目前,很多国家央行间签署了双边货币互换协议,以便他们能在金融危机发生期间较快地维持经济稳定。可见,人们对国际货币基金组织救助机制的便利性和灵活性并没有足够的信心。

关于国际货币基金组织存在的问题,智利大学经济学院教授何塞·德·格雷戈里奥认为,国际货币基金组织资源长期性问题值得关注。格雷戈里奥提到,当前国际货币基金组织体系严重依赖少数几个主要货币央行,以维持紧急资金的流动性,这会导致不可预测性增加。若能够建立一个由国际货币基金组织自己支撑的等额信贷体系,就会让国际货币基金组织的资金更加稳定。

瑞士日内瓦国际研究院教授查尔斯·维普洛兹表示,随着新兴经济体逐渐走近国际金融市场舞台的中央,以中国为代表的新兴经济体若能一直保持较高的经济增长率,就会有权要求在国际货币基金组织中获得更多配额,并在决策中拥有更多话语权。建立更加合理的国际货币基金组织管理机制,以便维护国际货币基金组织的稳定发展。未来,国际货币基金组织应该与世界银行、亚洲开发银行、亚洲基础设施投资银行共享贷款标准,以维持国际金融市场的健康发展。

目前,国际货币基金组织拥有的设施和资源正在逐渐增多,这也让管理层为了平衡主要股东权益而失去公平性。因此,必须对国际货币基金组织管理体系进行改革。对此,格雷戈里奥表示,如果只是重新调整配额和投票权,并不能解决根本性问题。如果对机构进行重组,则可能解决相关问题。例如,组建包括执行主任和副执行主任在内的专门负责经营决策的小组。该小组对国际货币基金组织的救助方案、付款方法等业务做决策,这些决策不受其他因素干扰。有了这个小组,执行主任和副执行主任的选择就变得更加重要,为了保证其合法性,人选方面需要由会员国代表通过加权投票选出。

维普洛兹表示,国际货币基金组织管理体系的改革主要涉及投票权,这是一个需要不断完善的过程。例如,以中国为代表的新兴经济体在 2016 年生效的份额改革中,话语权得到了一定提升。但新兴经济体一直对美国在国际货币基金组织的重大决策上拥有一票否决权存在担忧,并且对国际货币基金组织调节国际收支平衡的能力存在质疑。国际货币基金组织的确存在救助方案滞后、缺乏对存在金融风险的国家提出合理改革方案等问题。因此,维护国际金融体系有序发展、避免金融市场泡沫,以及提高金融监管力度是国际货币基金组织未来改革的主要方向。

——资料来源:赵琪. 多国呼吁对国际货币基金组织进行改革[N]. 中国社会科学报,2018-09-18.

第三节　金融自由化与金融全球化

金融全球化是经济全球化的核心,而金融自由化则是金融全球化的重要组成部分。20世纪 70 年代以来全球开始了以放松金融管制为主要内容的金融自由化进程。

一、金融自由化及其影响

(一) 金融自由化的含义

金融自由化,对应有两个英文词语,常见的是 Financial liberalization,有时也用 Financial deregulation,两者的本意都是"解除金融束缚"。金融自由化一词最初源于 20 世纪 70 年代美国经济学家罗纳德·麦金农和爱德华·肖的金融深化理论。与其相对的一个概念则是"金融抑制"(Financial Repression)。麦金农和肖在各自的专著中指出,发展中国家普遍存在着利率限制、高储蓄率、信贷管制以及各种对金融中介歧视性税收政策等"金融抑制"现象,会减少持有货币等金融资产的动机和可贷资金,降低投资的效率和质量,不利于经济的增长。因此,针对发展中国家经济发展过程中普遍存在的金融抑制现象,他们提出进行金融自由化的改革建议。金融自由化指减少政府对金融的干预,放宽对金融机构和金融市场的限制,通过加强本国的筹资功能改变对外资的依赖,实现利率和汇率自由化,使之分别反映资金供求和外汇供求,促进储蓄率的提高,抑制通货膨胀,刺激经济增长。

金融自由化有狭义和广义之分:狭义的金融自由化是指放松金融管制;广义的金融自由

化不仅包括放松金融管制,还包括一切能够促进经济发展的金融改革和金融创新。

(二)金融自由化的基本内容

纵观各国金融自由化历程,虽然在内容上多有不同,但几乎都包括了价格自由化、金融机构和业务自由化、金融市场准入自由化、资本流动自由化等内容。

1. 价格自由化

价格自由化主要包括利率自由化和汇率自由化。利率自由化指使利率能正确地反映金融市场的价格与金融资源的配置状况。利率自由化有利于投资者寻求最佳的投资组合,实现利润最大化;有利于融资者正确进行融资决策,改善融资组合,提高融资效率;有利于政府借助利率杠杆实现金融资源供给与需求的均衡,提高金融效率。同时,金融中介在此过程也逐渐学会根据市场原则从事金融活动,对于金融中介效率的提高有积极意义。利率自由化一般都伴随着利率上升,从而有利于增加储蓄,调动社会金融资源。如表7-1所示,发达国家中,美、日、英、法等国在20世纪80年代都已经实现了利率自由化。

表7-1 发达国家利率自由化

国 别	时 间	改革内容
美国	1975年	改革固定佣金制度,采取协定佣金制
	1983年	废除Q条例,基本实现利率自由化
日本	1978年	实行短期拆借市场利率和票据利率市场化
	1983年	金融调查委员会决定渐进实现利率自由化
	1987年	完全解除利率限制
英国	1986年	取消传统的股票交易所固定佣金制,启动金融"大爆炸"改革
	1997年	进行以股票交易为改革核心的"第二次大爆炸"
法国	1965年	取消了6年以上定期存款、两年以上25万以上法郎的存款利率管制
	1985年	废止对金融机构的贷款增加额控制,对活期存款不计利息,允许银行发行自由利率的大额单

资料来源:徐义国. 金融自由化:路径及其效应[M]. 北京:中国经济出版社,2008.

汇率自由化主要指一国由固定汇率制度向浮动汇率制度的转变,实现汇率由外汇市场供求关系来决定。在金融市场里,汇率是利率之外的另一个重要的价格信号,特别是在开放经济条件下。金融自由化过程中,汇率的作用是理顺外贸关系,促进贸易发展,在利率上升的情况下保持物价的稳定。汇率自由化的核心是让汇率自由浮动,实行外币自由兑换,同时再配以外贸体制的改革,实现外贸自由化。一般而言,金融自由化使国内利率高于国际利率水平,而在利差未被汇率贬值抵消时,会导致资本流入,而外资大量流入(特别是短期资金的大量流入)可能会影响到国内当局对货币基础的控制,影响到物价稳定,从而产生"过度借款综合征",这种综合征极容易使借款国家发生外资逆流的现象,导致宏观经济发生动荡。所以,在金融自由化初始阶段,各个国家应根据本国具体情况,确定合理的汇率自由化政策,适当控制短期资本流入,防止短期资本的"大进大出"给经济造成灾难性后果。

2. 金融机构和业务自由化

金融机构和业务自由化指放宽对金融机构业务范围的管制,允许同一金融机构同时经营银行、证券和保险等业务,也泛指金融机构开发业务不需要经过严格的审批,使得金融业由分业经营走向混业经营。其本质是放弃分业经营制度,使金融机构、特别是商业银行向全能化发展。金融机构和业务的自由化可以促进金融机构的有效竞争,并充分利用金融资源,提高创新能力,增加盈利渠道,提高经济效益。美国的金融机构和业务自由化改革最为典型。1982年美国在颁布了《1982年存款机构法》即高恩-圣杰曼法案后,消除了储蓄机构和商业银行的区别,商业银行允许跨行业、跨州兼并。其后,《1995年金融服务竞争法》的实施,旨在彻底拆除导致银证分离的法律障碍,推动银行界在商业银行与投资银行业务领域进行全面竞争。此举曾被美联储主席格林斯潘称为"有重大意义的突破性进展"。1999年美国国会正式通过了《金融服务现代化法案》,允许金融企业从事具有金融性质的任何业务,即银行、证券和保险业务。

3. 金融市场准入自由化

金融市场准入自由化指放开金融机构市场准入的限制条件,对内指放宽金融机构的设立,对外指放宽外资金融机构进入国内市场的要求。对金融市场准入的限制主要表现在三方面:① 政府对金融市场准入的条件、程序的控制;② 对金融分支机构设立的限制;③ 对金融企业合并所持的态度和政策。金融市场准入方面的管制是各国保证国内金融安全、稳定发展的有效防范措施。进入20世纪80年代以后,各国纷纷放松了对金融市场准入的管制。各国金融市场准入的要求渐趋统一和透明。例如,苏丹、也门、叙利亚这一时期开始对外资银行开放,2010年利比亚进驻第一家外资银行——意大利联合信贷银行。世界金融企业尤其是银行间并购活动的增加被认为是各国放松管制的直接后果。随着市场准入的放宽,金融机构市场竞争将加剧,从而有利于金融机构提高金融服务质量和标准,改善金融服务条件。同时,银行业的适度竞争可使居民储蓄存款最大限度地转化为企业投资。

4. 资本流动自由化

资本流动自由化是生产国际化和资本国际化的必然结果。资本流动自由化,包括经常项目下的资本自由流动和资本项目下的资本自由流动两个层次,在这里主要指后者,即开放资本账户,允许资本在国际间自由流动。通过资本流动自由化的改革,逐步取消对资本流动的各种限制,吸引外国资金进入本国资本市场,使国内公司、企业融资的渠道更加多元化。例如,巴林1989年成立了巴林证券交易所,但市场交易一直不活跃。政府通过放宽非巴林籍人限制的方法刺激交易,允许海合会公民可拥有上市公司100%的股份,其他外国人拥有上市公司股份比例从24%上升到49%。资本流动自由化不仅允许外资银行包括其他金融机构参与资本交易,也允许非本地居民投资其上市股票并允许国外企业在本地上市,从而扩大国内资本市场规模,有利于国内企业在资本市场筹措到相对稳定的长期资金,促进企业的生产经营和发展。

(三)金融自由化的影响

金融自由化促进各国经济发展的作用是不同的,这里我们从发达国家和发展中国家两个维度来分析：

（1）对于发达国家，在金融体系放松管制之后，各类金融机构的创新动力被充分地激发，由于大多数发达国家的金融制度都已十分完善，金融人才充沛和技术水平先进，因此金融创新的蓬勃发展很好地活跃了金融市场，提高了资本的运营效率；此外，由于发达国家通过OECD等组织较早地相互开放了资本账户，使得各发达国家间的资本流动更加顺畅，彼此间的资本利用效率不断提升，同时放开了金融市场的准入机制，加快了本国金融机构和国外金融机构的竞争，使得发达国家间的金融市场一体化的程度不断提高。

（2）对于发展中国家，推行金融自由化改革后，金融中介在国民经济发展中的作用得到扩大，初步形成现代金融机构体系，增强了金融市场的竞争性。同时，金融市场的不断发育，使得发展中国家在国际金融市场中的地位与作用有所提高，利率制度和汇率制度日趋改善，金融市场的价格机制趋于市场化，能更有效地反应资本的供求关系，优化资源配置。特别是韩国和新加坡等国实施的渐进式的金融自由化进程让其对经济增长的积极效应得到了较为充分的发挥，为后来它们经济在20世纪80年代的高速增长起到了良好的推动作用。

同样，金融自由化是一把"双刃剑"，带来机遇的同时也带来挑战，金融自由化削弱了各国，尤其是发展中国家金融体系的稳定性，甚至引发金融危机。80年代拉美债务危机和1997年东南亚金融危机的产生，以及2007年美国次贷危机的爆发都很明显地体现了金融自由化"双刃剑"的效应。

二、金融全球化的发展与表现

金融全球化是世界经济广泛关注的热点问题，但是究竟什么是金融全球化，国内外学术界并无统一的定义。代表性的观点主要有：

（1）核心论。金融全球化是经济全球化的重要组成部分，经济全球化必然要求，也必然带来金融全球化，正如金融是现代经济的核心一样，金融全球化也是经济全球化的核心，但它同时又是相对独立于并在很大程度上背离实质经济的全球运动。

（2）趋势论。金融全球化是一种趋势，指因全球范围内金融管制放松和金融业开放加速而使国别资本得以在全球范围内自由流动的趋势；是资金或资本或金融服务在全球范围内迅速、大量的自由流动，最终形成全球统一金融市场、统一货币体系的趋势。

（3）过程论。金融全球化不仅是一个金融活动越过民族国家藩篱的过程，而且也是一个风险发生机制相互联系而且趋同的过程。尽管它在给全球各国带来巨大经济利益的同时也会带来极大的不安定因素，尽管它的发展历程可能存在曲折，但总体来说是一个不可逆的过程。

（4）一体化论。金融全球化指世界各国或地区的金融活动趋于一体化，一国的金融活动与其他国家金融活动密切相关，各国货币体系和金融市场之间日益紧密的联系，国际金融市场日趋一体化。金融全球化的目的是统一金融市场、金融机构、金融产品和货币，是经济发展到一定阶段的产物。

（5）综合表述。上述定义从不同的角度对金融全球化进行了界定，但是各个定义中有一些观点都是共同存在的，只是强调的程度不同而已。金融全球化应该是一个综合性的概念,综合起来看,金融全球化是经济全球化的重要组成部分,是金融业跨国境发展而趋于全球一体化的趋势,是全球金融活动和风险发生机制日益紧密关联的一个客观历史过程。

(一) 金融全球化的动因

1. 资本的全球寻利动机是金融全球化的根本动因

对高额利润的狂热追求和由此带来的巨大的竞争压力,使资本尤其是金融资本对外扩张的冲动必然要跨越国境向全世界发展。在20世纪50年代以前,金融资本对外扩张采取的主要形式是银行贷款;从20世纪50年代到80年代,直接投资逐渐演变成金融资本对外扩张采取的主要形式;20世纪80年代以来,证券投资形式与直接投资共同成为金融资本采取的对外扩张形式。可以看出,只要制度条件和技术条件允许,金融资本必然向世界各个角落渗透以获取高额利润。

2. 高新技术发展是金融全球化的主要推动力量

20世纪90年代信息技术的突破使世界经济加快向知识经济时代过渡,深刻地改变着经济发展和人类生活的面貌,尤其在金融领域表现突出。各类信息技术的广泛应用,大大扩展了金融业的服务范围和规模,迅速提高了它的运作效率,使金融市场的流动性大幅度地提高,资金运营效率大大增加,金融市场价格形成机制更为合理、有效。这为资金在全球的转移提供了可靠的手段,使市场参与者在同一瞬间可获得各地的市场信息并完成金融交易,使全球金融市场的一体化程度提高。

3. 各国金融自由化发展的推动

20世纪80年代,西方主要国家普遍推行以放松金融管制为主要内容的金融自由化改革浪潮,放松对金融的行政限制,金融机构可以更加自由开展各类业务活动。金融自由化包括利率自由化、业务自由化和资本流动自由化,大部分西方国家放宽了对非居民在本国进行资金交易的限制,通过减免税收、放松外汇管制推进资金的国际流动,特别是英国在20世纪80年代中后期全面放松金融管制,促进英国金融市场的崛起。进入20世纪90年代以后,不仅发达国家金融化不断取得新进展,越来越多的发展中国家也加入金融改革与开放的行列。发展中国家、地区的金融改革与开放,使一大批新的国际或区域金融中心迅速崛起,离岸金融市场迅速发展,推动了金融全球化。

4. 国际货币体系演变和金融创新体制的发展对金融全球化也起到促进作用

布雷顿森林体系崩溃之后,美元逐渐丧失了作为唯一国际储备货币的地位,德国马克、日元、英镑、瑞士法郎、荷兰盾等其他西方国家货币作为国际贸易结算货币的地位增强,非美元金融工具逐渐增加,客观上促进非美元金融市场的发展和国际化,全球金融市场的联系日益紧密,一体化程度提高。

金融全球化需要新的制度、新的技术,更需要新的载体。从20世纪60年代末期,各国金融机构为了规避政府对金融业的管制,拓展海外市场,掀起了金融创新浪潮。新的金融工具、新的金融市场和新的金融机构,比如金融产品证券化、金融衍生工具、离岸金融市场、跨国银行等不断出现,为金融全球化提供了适当的载体。

(二) 金融全球化的表现形式

由于金融活动是投资者和融资者通过一定的金融机构、利用金融工具在金融市场进行的资金交易活动,因此金融全球化就是金融活动的全球化。金融活动的全球化主要包括以下几个方面:

1. 金融机构全球化

金融机构是金融活动的组织者和服务者。金融机构全球化就是指金融机构在国外广设分支机构,形成国际化或全球化的经营。20世纪80年代以来,为了应对日益加剧的金融服务业全球竞争,各国大银行和其他金融机构竞相以扩大规模、扩展业务范围和推进国际化经营作为自己的战略选择。进入20世纪90年代后,世界一些国家先后不同程度地放松了对别国金融机构在本国从事金融业务或设立分支机构的限制,从而促进了各国银行向海外的拓展。1997年年末,世界贸易组织成员国签署"金融服务协议",把允许外国在其境内建立金融服务公司并将按竞争原则运行作为加入该组织的重要条件,进一步促进了各国金融业务和机构的跨国发展。随着近年全球竞争的加剧和金融风险的增加,国际上许多大银行都把扩大规模、扩展业务以提高效益和增强抵御风险能力作为发展新战略,国际金融市场掀起了声势浩大的跨国并购(兼并和收购)浪潮。金融机构的并购与重组成为金融机构全球化的一个突出特点。全球金融业并购浪潮,造就了众多的巨型跨国银行。银行并购使全球金融机构的数量减少,单个机构的规模相对扩大,银行业的集中度迅速提高。

2. 金融市场全球化

金融市场是金融活动的载体,金融市场全球化就是金融交易的市场超越时空和地域的限制而趋向于一体。目前全球主要国际金融中心已连成一片,全球各地以及不同类型的金融市场趋于一体,金融市场的依赖性和相关性日益密切。金融市场全球化有两个重要的因素:① 放松或取消对资金流动及金融机构跨地区、跨国经营的限制,即金融自由化;② 金融创新,包括新的金融工具、融资方式与服务方式的创造,新技术的应用,新的金融市场的开拓,新的金融管理或组织形式的推行。特别是信息通信技术的高度发达和广泛应用,全球金融市场已经开始走向金融网络化,即全球金融信息系统、交易系统、支付系统和清算系统的网络化。全球外汇市场和黄金市场已经实现了每天24小时连续不间断交易。世界上任何一个角落有关汇率的政治、经济信息,几乎同步显示在世界任何一个角落的银行外汇交易室电脑网络终端的显示器上。远隔重洋的地球两端以亿美元为单位的外汇交易在数秒钟之内就可以完成。

(三) 金融全球化对世界经济的影响

金融全球化对世界经济的影响具有两面性:一方面,金融全球化大大提高了国际金融市场的效率,有效地配置资源,促进世界经济的发展,有利于全球福利的增进;另一方面,金融全球化也带来了众多负面影响。

1. 金融全球化对世界经济的正面影响

(1) 促进资金在全球范围内的有效配置。金融全球化是经济全球化的组成部分,它的不断发展以及资本跨国界流动的增加,使有限的资金在全球范围内得到了更合理的分配,在世界经济高速增长时期,起到了及时调剂资金余缺的作用。金融全球化促进资金在全世界范围内重新配置,一方面使欧美等国的金融中心迅速发展,另一方面也使发展中国家特别是新兴市场经济国家获得了大量急需的经济发展启动资金,带动了地区经济和世界经济的增长。

(2) 促进了国际投资和贸易的迅速发展。金融全球化消除了国际资本流动的障碍,极大地压缩了国际金融市场上的时空限制,使国际资本流动可以在全世界范围内瞬间完成,资金的迅速、方便调拨,资金交易成本的大幅度降低,为投融资和贸易提供了便利,极大地促进了国际投资和国际贸易的发展,为各国经济发展提供了有利条件。近20年来世界贸易以高出世界产出两倍的速度增长。1986～1990年国际直接投资仅为1690亿美元,1991～1995年增加到2299亿美元,1996～1999年增加到6418亿美元。近10年来,国际直接投资以高出世界产出近三倍的速度增长。

(3) 促进全球金融体制与金融结构的整合。金融全球化促进全球金融体制的整合,有利于金融机构加速改革和重组,提高金融体系的效率。这种变化主要表现在:① 金融全球化促进了金融体制的整合,使一些国家的专业银行制度逐渐向全能银行制度转变。与专业银行相比,全能银行具有规模经济、分散风险、较高的应变能力和灵活性等优势。在金融全球化的推动之下,原先实行专业银行制度的美国、英国、日本等国都在向德国式的全能银行制度转变,促进了金融体制的整合趋势。② 金融全球化促进了金融结构的整合,一方面表现在以间接金融为主导的国家金融结构向以直接金融为主导的金融结构转变,在金融结构上出现美国、英国等国趋同的态势。另一方面突出表现在金融证券化发展,传统的通过银行等金融机构筹资的方式逐渐转变为通过证券市场发行债券的方式筹资。

2. 金融全球化对世界经济的负面影响

(1) 加大金融风险和引发金融危机。金融全球化促进了虚拟金融资本对利润的追逐,加剧其投机性,而虚拟金融资本和交易的膨胀易于诱发金融泡沫,导致经济和金融的动荡。同时,金融全球化使金融政策关联化,使一些经济体部分地丧失宏观经济决策的独立性和宏观经济的控制能力。由于各国经济决策的独立性降低,减弱了政府的宏观调控能力,削弱了国别宏观经济政策效应。因此,金融全球化给世界一些国家带来经济失衡和金融不稳定的风险。而金融全球化带来的国际资本的大规模无序流动,又会造成各国金融市场的动荡不安,一国的金融动荡又极易"传染"给其他国家,引起全球金融危机。

(2) 加大发达国家和发展中国家之间的差距。金融全球化的发展使国际社会日益重视统一标准的制定与实施,由于发达国家掌握了金融全球化的主导权,按发达国家水平制定的标准必然不利于发展中国家,使其难以获得所需的发展资金,从而进一步扩大发展中国家与发达国家的差距。

第四节　金融风险传递与国际金融监管

金融全球化不仅是各国金融活动联系日益紧密的过程,而且是各国金融风险发生机制日益紧密的过程。20世纪80年代以来金融全球化的发展,使任何一国的金融危机都有可能迅速转化为地区性或全球性的金融危机,因此加强金融监管的国际合作成为各国的共识。

一、金融风险传递与金融危机

随着世界金融市场向自由化和全球化不断发展,金融深化程度不断提升,而金融管制的逐步放松使得金融风险更易发生。

(一) 金融风险含义

金融风险通常指经济主体在金融活动中遭受损失的不确定性和可能性。具体是指金融机构或资金经营实际收益或所达水平与预期收益或预期水平发生一定的偏差,从而有蒙受损失和获得额外收益的机会或可能性。

金融风险是一种特殊的经济风险:① 金融活动的主体——银行、保险公司、投资公司、证券公司等,不同于一般的工商业企业,而是更多地涉及存款人和投资者的资产安全与利益;② 金融交易的对象是货币资本而非一般的商品,对经济的连锁影响异常突出;③ 金融交易金额庞大,其风险的后果也异常突出。

(二) 金融风险的特征

(1) 客观性。现代经济社会中各类经济主体的行为及其面临的经济环境的不确定性决定了金融风险存在的客观性,是与金融经营活动相伴而生的。只要有货币、信用、银行活动,金融风险就必然存在。

(2) 不确定性。金融风险的大小是不确定的,因为金融系统、金融活动、金融决策本身并不是封闭的,它涉及生产、流通、消费、服务、分配等领域。金融风险的大小一般以损失发生的大小以及损失发生的概率来进行综合衡量。

(3) 潜伏性。金融风险的出现是金融领域一系列问题和矛盾显露、激化的结果,它总会经历一个问题和矛盾由小到大、由少到多、由轻微到严重、由良性到恶化的累积过程。

(4) 传染性(扩张性、社会性):金融活动与国民经济各部门有密切关系,所以它能通过利率、汇率、收益率等经济变量关系,在各领域之间形成多米诺骨牌效应。在世界经济一体化日趋增强的今天,金融风险比过去任何时期都更具有传染性。

(5) 可控性。通过对金融活动中的资产结构、盈利状况等真实资料进行检查和分析,会有助于对金融风险作出事前识别和预防、事中化解、事后补救。

(三) 金融风险传递路径

金融风险的传递路径主要有三种:汇率与贸易传导路径、跨国投资传导路径和产业联动效应传导路径。

1. 汇率与贸易传导路径

一国货币汇率变动的直接结果是影响该国的进出口贸易,进而影响整个国民经济的发展。当一国货币贬值时,会对该国的外贸带来双重影响:① 因本国出口商品价格下降而增加出口量;② 因进口商品价格上升而减少进口量。但是,从贸易额的增减来看,本币贬值是否必然会导致出口的增加和进口的减少,则是不确定的。马歇尔-勒纳条件认为,只有进出口需求弹性之和必须大于1时,本币贬值才能够起到扩大出口、减少进口的作用。在现实中,人们对工业国家进出口产品的需求弹性进行统计分析的结果表明,大多数国家的需求弹性都满足该条件。一般认为,一国货币汇率下跌将扩大出口,限制进口,促进贸易收支的改善。

当危机发源国出现本币贬值后,危机便会循着汇率与外贸的传导机制向外扩散。假设甲国为危机发源国,乙国为受危机影响国。当甲国发生了金融危机,货币贬值,其商品无论在甲国市场、乙国市场还是在第三国市场上,都具有了价格竞争力。面对这种竞争压力的乙国只能有两种选择:使本国货币贬值或者不贬值。如果选择前者,迫于竞争压力,乙国货币币值也相应大幅度下调,在保持了外贸竞争力的同时会引发一系列其他恶果,如引起乙国股市、汇市的震荡,经济衰退和社会的不稳定,并最终把金融危机全面传入乙国。在前面的假设中,乙国的另一种选择是保持本国货币币值的稳定。这样做的结果是乙国货币相对于甲国而言处于币值高估状态,会影响出口。如我国政府在亚洲金融危机中坚守人民币不贬值的承诺,出口受到较大抑制。越南也因本币贬值幅度较小而使出口行业受到了损害,并进而影响了整体经济的稳定增长。所以,面对贸易伙伴国出现的金融危机和货币贬值,受危机威胁的国家更愿做出的政策选择是使本币贬值,以减缓危机对本国经济的直接冲击,并尽可能地以贬值手段把危机的破坏作用转嫁出去。其结果必然是:一国又一国的货币贬值,导致危机在各国间传导。

2. 跨国投资传导路径

证券投资市场和产业投资市场上的各种跨国投资行为也为金融风险在国际间的传递大开方便之门。当这种跨国投资基于收益和风险的变化而调整自身行为的同时,也引起了金融风险在国际间的扩散。

(1) 证券投资组合行为。某个市场上证券收益的变化,尤其是某个新兴市场上证券收益发生变化,可能会立即引起投资者对其他新兴市场的证券组合进行重新安排,从而导致危机在相邻近或相类似的发展中国家市场上传递。因为不同的有价证券的收益率和风险有很大的差异,为了减少风险,投资者倾向于将资金分散投资于不同的证券组合上,从而可以使各种风险和收益相互抵消,获得稳定的低风险收益。根据托宾和马柯维茨的资产选择理论,资产持有者的效用取决于预期收益和风险的组合,针对任何既定的预期收益率,财富的持有者总是偏好风险较少的资产组合,只要在某种资产组合中不同资产的收益率变动不是完全正相关的,资产的多样化就可以降低同样收益率情况下的风险,收益的运动越独立,多样化的利益越大。

由于发展中国家新兴市场的金融资产属于风险和收益基本相近的同一类资产,所以它们之间的收益和风险的相关性是很高的。只要一个发展中国家有价证券的收益率发生了显著变化,跨国的机构投资者就会对其证券投资组合中的其他发展中国家,或者起码是与该国相邻近及贸易联系密切国家的资产进行调整。因此,当一个市场发生了危机,某种资产,比如该国货币价格猛跌后,投资于相邻国家资产的跨国投资基金就会迅速抛出它们认为风险相似的这些资产,从而导致危机从一国传染到其他国家。

(2) 投资相关性的影响。国际投资者在不同国家进行资本或产业投资,当某个国家发生危机或产业结构发生变化,投资于该国的跨国投资者就会遭受损失,为了弥补这些损失,或者为了应付客户的提存和收回投资,投资者往往从其他的市场上收缩投资以维持一定的现金量和保持资产的流动性。这一收缩过程同样导致了危机从初始国传递至相邻国家。

3. 产业联动效应传导路径

产业联动效应的传导路径是通过"存货的加速原理"和产业的"结构性震荡联动效应"发生作用。

存货的加速原理指当出现经济衰退和消费需求下降时,生产企业的库存会大量增加,为了使存货降低到企业所能承受的水平,企业在短期内会大幅度减少生产,解雇工人,减少对供应商的原料采购。对供应商来说,意味着存货超过正常水平,需要缩减生产,这反过来又会进一步减少消费需求。如此循环反复,会把更多的产业和行业卷入危机,并由此引发社会上信贷链条的断裂并导致金融危机的发生与蔓延。本币贬值、高利率以及销售额的下降恶化了企业的财务状况,企业减少存货以对付经济衰退的措施,使危机又传向了其他的产业和行业。除此以外,由于各国产业同国际市场的联系日益密切,外贸依存度普遍较高,一旦某国的某一产业因结构不合理、投入的短期资金太多或替代品的出现而产生非效率,就会影响国际上与该产业相关的其他产业的发展,出现大量的公司倒闭,从而使与之有密切联系的金融机构坏账骤增、经营困难,最终引发国际性金融危机。结构性震荡的联动效应,是指某些国家在产业结构方面与危机发生国十分相似,产业的碰撞使这些国家也出现了结构失衡状态,从而引发国际资本对这些国家的资本和货币市场进行类似的投机性冲击和规避性撤离,导致它们也出现严重的金融动荡。

(四) 金融危机

金融危机指一个或几个国家或地区的全部或大部分金融指标的急剧、短暂和非正常的恶化。其特征是人们对未来经济感到悲观,货币大幅度贬值,经济总量、经济规模减少,经济增长速度降低甚至负增长。其中,金融指标是指短期利率、货币资产、证券、房地产、土地(价格)、商业破产数和金融机构倒闭数等。金融危机的发生往往导致大量企业效益下滑甚至破产、倒闭,社会失业率提高,经济普遍萧条,甚至社会动荡。金融危机可分为货币危机、债务危机、银行危机和次贷危机。

(1) 货币危机。货币危机有狭义、广义之分。狭义的货币危机指实行固定汇率制的国家被迫调整、实行浮动汇率制而引发的危机。这里,被迫调整的情况指经济基本面恶化的情况,或遭遇强大的投机攻击。由于被迫由固定汇率制调整为浮动汇率制,而由市场决定的汇率水平远远高于原来所刻意维护的水平(即官方汇率),这种汇率变动的影响难以控制、难以容忍,就会爆发货币危机。可见,狭义的货币危机与固定的汇率制度相联系。广义的货币危机指汇率的变动幅度超出了一国可承受的范围的现象。

(2) 债务危机。债务危机指一个或几个国家或地区过度负债、无力还债或必须延期还债的现象。衡量一个国家外债清偿能力最主要的是外债清偿率,即一个国家在一年中外债的还本付息额占当年或上一年出口收汇额的比率。通常情况下,这一指标应保持在20%以下,超过20%就表明外债负担过高。债务危机对债务国和债权国都会造成严重影响,甚至影响世界经济。债务危机破坏了国际经济关系发展的正常秩序,是国际金融体系的一大隐患,尤其对债务国即危机爆发国的影响更大,会给经济和社会发展带来严重后果,如国内投资规模大量减少、通货膨胀恶化、经济增长缓慢甚至衰退、社会动荡不安等,进而影响国际金融体系。

(3) 银行危机。银行危机指商业银行等金融机构不能如期偿付债务、政府被迫提供大量援助以避免其违约、破产而产生的危机。一家银行发生危机并积累到一定程度,必然波及其他银行,进而给整个银行系统带来危机。这里所说的银行是指商业银行,即除中央银行、各种保险公司、各种类型的基金以外的金融机构,主要是商业银行。在金融危机发展史上,距今最近的银行危机发生在 20 世纪 80 年代,那场银行危机给世界经济特别是西方经济带来沉重打击。从那时起,国际货币基金组织(International Monetary Fund,IMF)成员国中有 130 个国家产生不同程度的银行危机,其中,四分之三的银行危机发生在发展中国家。

(4) 次贷危机。次贷即"次级按揭贷款"(Subprime Mortgage Loan),"次"的意思是指与"高""优"相对应的,形容较差的一方,在"次贷危机"一词中指信用低、还债能力低。因次级抵押贷款机构破产、投资基金被迫关闭、股市剧烈震荡引起的风暴。

资料链接

拉美债务危机

拉美债务危机的导火索是 1982 年墨西哥财政部长通知美国和国际金融机构暂停偿付外债的本息,这一举动引起了外部市场的恐慌,导致外资大规模撤出拉美国家。拉美国家在没有新的借款来帮助其偿还旧债的情况下,纷纷陷入无法偿债的债务危机的泥潭,最后只好请求国际货币基金组织(IMF)和发达国家政府提供援助。在这样的背景下,拉美经济也陷入停滞,整个 80 年代都在债务的泥潭中挣扎。1980~1990 年,拉美年均经济增长率只有 1.2%,10 年内拉美净流出资金 2000 多亿美元,地区外债余额却由 1980 年的 2415 亿美元上升到 1990 年的 4390 亿美元。1990 年,拉美贫困人口占总人口比例达到 48.3%,创历史最高纪录。

二、国际金融监管的发展

美国次贷危机引发的国际金融危机,严重威胁了全球金融系统的安全与稳定,各经济体受到了沉重冲击。各国也因此日益认识到加强对国际资本流动监管的重要性。

(一) 国际金融监管的内涵

国际金融监管指国家的金融监管机构或国际金融组织对金融机构及其活动进行规范和约束的行为的总称。主要包括四方面内涵:

(1) 国际金融监管的主体包括一国金融监管机构,如美国联邦储备委员会、日本大藏省、中国人民银行等;区域性监管组织,如欧共体银行咨询集团、阿拉伯银行监管委员会、中西亚银行监管委员会等;国际金融组织,如巴塞尔委员会、证监会国际组织、国际货币基金组织等。

(2) 国际金融监管的客体包括跨国金融机构及其分支机构和设在东道国的外资金融机构以及它们的金融业务活动。金融机构可分为银行和非银行金融机构(包括证券公司、财务公司、保险公司、金融租赁公司、信托投资公司等)两大类。

(3) 国际金融监管的法律渊源有相关国内法律、法规、国际条约和国际惯例。

(4) 国际金融监管的目的有三方面：① 确保金融机构的安全与健全，维持整个金融体系的稳定；② 保护投资者和存款人的利益；③ 促进金融机构平稳、效率、安全功能的发挥以及市场竞争机制的良好运作。

(二) 国际金融监管组织

1. 巴塞尔银行监管委员会

巴塞尔银行监管委员会亦称"巴塞尔委员会"，1974年由十国集团中央银行行长倡议建立的一个由中央银行和银行监管当局为成员的委员会，总部设在瑞士的巴塞尔。主要任务是讨论银行监管问题，被视为银行监管领域的首要国际组织。

巴塞尔委员会并不具备任何凌驾于国家之上的正式监管特权，其文件从不具备亦从未试图具备任何法律效力。不过，它制定了许多监管标准和指导原则，提倡最佳监管做法，期望各国采取措施，根据本国的情况，通过具体的立法或其他安排予以实施。委员会鼓励采用共同的方法和共同的标准，但并不强求成员国在监管技术上的一致。该委员会的主要宗旨在于交换各国的监管安排方面的信息、改善国际银行业务监管技术的有效性、建立资本充足率的最低标准及研究在其他领域确立标准的有效性。委员会的一项重要任务是堵塞国际监管中的漏洞，它遵循着两项基本原则：① 没有任何境外银行机构可以逃避监管；② 监管应当是充分的。

2. 国际证券事务监察委员会组织

国际证券事务监察委员会组织(IOSCO)是国际间各证券期管理机构所组成的国际合作组织。1974年创建于美洲，总部设在加拿大的蒙特利尔市。1983年，该组织正式成为全球性组织。

该组织的宗旨是：通过交流信息，促进全球证券市场的健康发展；各成员组织协同制定共同的准则，建立国际证券业的有效监管机制，以保证证券市场的公正有效；共同遏制跨国不法交易，促进交易安全。国际证监会已经通过的正式协议有《国际商业行为准则》《国际审计标准》《金融合并监管》《国际会计标准》《跨国证券与期货欺诈》等。

3. 国际保险监管协会

国际保险监督协会(International Association of Insurance Supervisors, IAIS)又称国际保险监管者协会，成立于1994年，是唯一专门致力于保险业监管制度和监督问题的全球性组织。该协会自成立以来，主要开展的工作有：① 研究制定偿付能力与会计核算标准；② 加强监管信息交流，在国际论坛发挥积极作用；③ 推动并监控保险监管国际规则的执行；④ 加强与其他国际金融和监管机构的联系和交流。国际保险监督官协会在制定全球保险监管标准、改善跨行业的监管、推动保险监管国际规则的执行等方面取得了明显成效。

4. 金融稳定委员会

2008年全球金融危机爆发后，2009年4月伦敦G20峰会决议设立一个全球的金融监管体系，金融稳定委员会在此背景下应运而生。金融稳定委员会的任务就是在主权国家之外，建立一套包括新兴国家和发展中国家，涵盖主要经济体的制度和机制，加强国际监管的协调和合作，其具体职能有：评估全球金融系统脆弱性，监督各国改进行动；促进各国监管机构合作和信息交换，对各国监管政策和监管标准提供建议；协调国际标准制定机构的工作；为跨国界风险管理制订应急预案等。

目前，尚无集中、权威的国际金融监管机构，在现有国际金融结构进行改革的基础上加强和扩大多种形式的协调与合作。

（三）巴塞尔协议

巴塞尔协议是国际清算银行成员国的中央银行在瑞士的巴塞尔达成的若干重要协议的统称。其实质是为了完善与补充单个国家对商业银行监管体制的不足，减轻银行倒闭的风险与代价，是对国际商业银行联合监管的最主要形式，并且具有很强的约束力。

1. 巴塞尔协议的产生背景

从20世纪60年代开始，银行业金融创新层出不穷，银行开始突破传统银行业务的限制，跨国银行的发展也使风险跨越国界，银行业的整体风险增大，不稳定性增强。1974年美国、英国、德国和阿根廷先后发生国际性银行的倒闭和国际贷款违约事件，其中美国富兰克林银行和德国赫斯塔德银行的倒闭最令人震惊，它们的倒闭使监管机构在惊愕之余开始全面审视拥有广泛国际业务的银行监管问题。1974年9月，十国集团中央银行行长在瑞士巴塞尔市召开会议，倡议成立巴塞尔银行监督委员会。1975年，巴塞尔委员会通过了第一个国际银行监管协议——《巴塞尔协议》。第一个协议主要强调加强各国的银行监管合作，划分监管责任。1983年又通过了第二个《巴塞尔协议》，实际上是对第一个协议内容的进一步明确和具体化。

2. 1988年巴塞尔报告

20世纪80年代后，拉美爆发债务危机，加上银行业的过度竞争，很多银行因资本金过少、不良贷款过多而倒闭。巴塞尔委员会意识到仅仅为银行维持一个良好的外部环境是远远不够的，监管必须深入到银行内部。1988年7月，巴塞尔委员会通过了具有标志性的《关于统一国际银行资本衡量和资本标准的报告》，1996年和1999年又分别作了补充和修正，习惯上人们把这一协议称为《巴塞尔协议Ⅰ》，也称《旧巴塞尔协议》。协议主要是强调银行必须拥有足以覆盖其风险资产的充足的资本金，并提供了统一的计算标准。在协议中，银行资本被分为核心资本和附属资本，核心资本也被称为一级资本，主要包括永久性的股东权益和公开储备；附属资本也被称为二级资本或补充资本，指银行的长期次级债务等债务性资本。风险资产是由不同的信贷资产以不同的风险权重计算的加权总资产，资本金除以风险资产就是资本充足率。协议规定，银行的核心资本充足率不能低于4%，总资本（核心资本＋附属资本）充足率不能低于8%，这就是众所周知的最低资本充足率要求。《巴塞尔协议Ⅰ》在国际银行监管史上具有重要的意义，该协议统一了国际银行业的资本充足率标准，有助于消除各国银行间的不平等竞争,成为各国银行监管的统一准则。

3. 新巴塞尔协议

1997年全面爆发的东南亚金融风暴引发了巴塞尔委员会对金融风险全面而深入的思考。从巴林银行、大和银行的倒闭到东南亚的金融危机,人们看到金融业存在的问题不仅仅是信用风险或市场风险等单一风险的问题,而是由信用风险、市场风险外加操作风险互相交织、共同作用造成的。2003年6月巴塞尔委员会发布修订的新巴塞尔协议征求意见稿,2006年十国集团开始实施新协议。在新协议中,最引人关注的是"三大支柱",如下:

(1) 最低资本要求。最低资本充足率达到8%,而银行的核心资本充足率应为4%。目的是使银行对风险更敏感,使其运作更有效。新协议在资本要求上的重大变化体现为:① 拓展风险范畴,信用风险仍然是银行经营中面临的主要风险,但市场风险和操作风险的影响也受到很大关注;② 改进计量方法。新协议根据银行错综复杂的业务,改进计量风险和资本的方法;③ 鼓励使用内部模型。新协议主张有条件的大银行建立更精细的风险评估系统,并提出一整套精致的基于内部信用评级的资本计算方法。

(2) 监管部门监督检查。监管者通过监测决定银行内部能否合理运行,并对其提出改进的方案。

(3) 市场制约机能。新协议强调市场纪律,要求银行及时公开披露包括资本结构、风险敞口、资本充足比率、对资本的内部评价机制以及风险管理战略等在内的信息。

4. 巴塞尔协议Ⅲ

2008年美国次贷危机爆发后,巴塞尔委员会和各国监管当局对《巴塞尔协议Ⅱ》进行深刻反思,并积极探讨和推进国际金融监管体系的改革,最终20国集团领导人于2010年11月在韩国首尔共同签署了《巴塞尔协议Ⅲ》框架。与《巴塞尔协议Ⅱ》相比,《巴塞尔协议Ⅲ》进行了如下改进:

(1) 重新定义资本,大大提高资本质量。按照新定义,一级资本包括普通股本和其他工具,但不包含创新型金融工具;二级资本主要包括次级债务;三级资本被取消。

(2) 建立资本留存要求。为了维持一个缓冲空间,以便在资本水平恶化时承受损失,《巴塞尔协议Ⅲ》限制银行进行不适当利润分配(如在经济不景气,银行面临压力时,银行还自主发放给股东、员工和其他资本奖金和分配高额红利),要求银行保持相当于风险加权资产2.5%的有形普通股本作为资本缓冲。

(3) 引入杠杆比率要求作为补充。新协议引入无风险基准杠杆比率,作为对风险基准资本要求的补充。杠杆比率将成为一级资本的一个衡量尺度,等于其资产加上资产负债表外风险和衍生工具的一个百分比。通过引入杠杆比率,该框架仍然是基于风险的,但与此同时可以掌握全部资产所带来的风险。

(4) 建立逆周期资本缓冲。《巴塞尔协议Ⅲ》要求各国或地区管辖内的银行部门增加一项逆周期资本缓冲要求,幅度为0~2.5%。该缓冲可以减轻银行在经济高涨时信贷过度增长,在经济困难时遭受过度损失的情况。

(四) 金融监管的国际合作

金融监管理念随着不同时期经济金融的发展,经历了一个不断变化的过程。监管理念的变化集中体现在对安全与竞争、效率与成本的权衡上。在 20 世纪八九十年代,监管当局因重视监管成本与金融业效率和竞争力导致了对金融监管的放松,当时各国金融监管机构秉持的信条是金融监管不应当阻碍金融机构和金融业务的发展。美国次贷危机发生后,为缓解市场压力、拯救经济,欧美等国家频繁"注资"救市,监管缺失付出高额救助成本和经济损失,金融监管理念发生颠覆性转变,各国认为相对于监管成本,金融稳定更加重要,由此各国重视以系统性风险防范为核心的宏观审慎监管。

◆ **内容提要**

国际资本流动的实质是资本在收益性、安全性和流动性之间的平衡。国际货币体系是国际资本流动的重要推动力。在金本位下,英国是国际资本流动的中心。在布雷顿森林体系下,全球经济和贸易的增长需要更多的美元作为支付手段,国际资本流动呈现以美国为主的单中心局面。从 20 世纪 70 年代中期开始,随着牙买加体系的建立,美国对外投资流出占世界总量的比例持续萎缩,欧洲、日本等拥有主权货币的国家对外投资量日益增大,以美国为单中心的资本流动开始向美、日、欧三个中心互流转变。与此同时,全球经济一体化及国际资本的大规模流动推动金融全球化的发展,在多数国家从中受益的基础上,金融风险明显增加,金融危机迅速扩散,产生国际金融动荡。为了应对金融全球化的新挑战,加强金融监管已成为我们无法回避的一项十分重要而紧迫的任务。

◆ **关键词**

长期资本流动　短期资本流动　国际货币体系　布雷顿森林体系　金融全球化　金融风险　金融监管

◆ **思考题**

1. 简述布雷顿森林体系的内容?
2. 论述金融全球化对世界经济的影响?
3. 金融风险的含义及特征是什么?
4. 国际金融监管组织有哪些?

◆ **思考案例**

德洛尔报告与《马斯特里赫特条约》

1989 年 6 月,以欧共体委员会主席雅克·德洛尔为首的委员会向马德里峰会提交了德洛尔计划。该计划与魏尔纳计划相似,规定从 1990 年起,用 20 年时间,分三阶段实现货币一体化,完成欧洲经济货币同盟的组建。1991 年 12 月,欧共体在荷兰马斯特里赫特峰会上签署了《关于欧洲经济货币联盟的马斯特里赫特条约》,简称《马约》。《马约》目标是:最迟在 1999 年 1 月 1 日前建立"经济货币同盟"(Economic and Monetary Union,EMU)。届时将在同盟内实现统一货币、统一的中央银行(European Central Bank)以及统一的货币汇率政策,EMU 的形成分为三个阶段。

《马约》还规定,只有在 1999 年 1 月 1 日达到以下四个趋同标准的国家,才能被认为具备了参加 EMU 的资格条件:① 通货膨胀率不得超过三个成绩最好的国家平均水平的 1.5 个百分点;② 当年财政赤字不得超过 GDP 的 3%,累积公债不得超过 GDP 的 60%;③ 政府长期债券利率不得超过三个最低国家平均水平的2个百分点;④加入欧洲经济货币同盟前两年汇率一直在欧洲货币体系汇率机制规定的幅度(±15%)内波动,中心汇率没有重组过。

经过不懈努力,欧共体各成员国议会于1993年10月底通过了《马约》,1993年11月1日,欧共体更名为欧盟。1995年芬兰、奥地利、瑞典加入欧盟,欧盟成员国增至15个。同年的《马德里决议》将单一货币的名称正式定为欧元(EURO)。欧洲货币一体化自此开始进入了稳定的发展阶段。

试分析欧元的产生对现行国际货币体系的挑战。

◆ **应用训练**

美国次贷危机

20世纪90年代初以来,美国房地产经历了长达十几年的繁荣。住房销售量不断创下新纪录,房价也以每年增幅超过10%的速度攀升。2000年美国纳斯达克股市泡沫破灭之后,美联储一直保持相对宽松的货币环境,刺激了房地产市场的繁荣,常常被批评为"用一个泡沫,替代了另一个泡沫"。正由于此,在主流的金融机构都对次贷风波不以为然的时候,在任期间一直保持宽松货币政策的格林斯潘,则一直强调次贷风波很可能演化扩大为更大范围的金融危机,可见他对于这种泡沫之间的替代是有清醒的把握的。实际上,10年前,美国家庭拥有的房地产资产总值不超过8万亿美元,约占家庭资产总额的40%;到了2005年年底,美国家庭房地产资产总值已升至21.6万亿美元,在家庭财产中的比例提高到56%。这种房地产价格的持续上升,掩盖了次贷证券化中的一系列深层次的问题,如风险评估能力的缺乏、证券化资产的流动性不足等,在房地产价格持续上扬的时期,这些问题都不容易暴露。但是,从2006年中期开始,美国房地产市场开始降温,房地产的价格出现下滑。2006年9月,新房中间价比上年同期下降9.7%,创下近36年来的最大跌幅。这就使得原来在房价上扬时期掩盖的问题日益清晰地暴露出来。雷曼兄弟公司最近发布的一份报告称,2006年获得次级抵押贷款的美国人中,约有30%无法及时还贷,全国约有220万人可能因为最终无力还贷而失去住房。受此影响,近几个月已有约20家贷款机构和抵押贷款经纪公司破产。

试分析:

1. 美国次贷危机的成因。
2. 次贷危机对中国金融业发展的启示。

第三篇
世界经济发展不平衡及协调

世界经济发展不平衡是世界经济格局演变的根本原因。尤其是20世纪下半叶世界经济快速发展时期，世界经济形成了三种类型的国家，即发达国家、发展中国家和社会主义国家。发达国家与发展中国家相比有三大基本特征：科学技术和生产力水平高、产业结构高级化和市场经济成熟。二战后，虽然发展中国家的经济地位不断提高，在国际经济事务中的作用也不断加强，但在世界经济中仍处于相对落后状态和不利地位。而在发展中国家，由于发展模式和经济政策的差异，发展速度和工业化水平也参差不齐。苏联和东欧等社会主义国家在建国初期取得了一定的经济发展成就，但高度集中的计划经济体制的弊端与不足很快体现出来，苏联和东欧国家在不断的改革中始终无法解决这些问题，最后东欧剧变、苏联解体，虽然一些转型经济体已进入发达国家行列，但包括俄罗斯在内的多数东欧转型国家经济发展依然面临不少障碍。20世纪70年代以后，资源、环境、人口等要素约束与经济的增长和发展构成了严重的冲突，人类开始反思自己的行为，实现可持续发展成为整个社会共同的奋斗目标。人类重新考虑资源、环境、人口与经济增长的关系，实现资源、环境、人口和经济的和谐发展，这是人类历史上对自然关系认识的一次重大飞跃，它对世界经济产生了积极而深远的影响。经济全球化、经贸摩擦与经济危机、世界经济发展不平衡、多极化格局等许多单靠个别国家无法解决的世界性经济问题则成为国际经济协调的现实基础。国际经济协调的主要内容包括国际贸易协调、国际投资与债务协调、国际货币与汇率协调、宏观经济政策协调等。其中，国际贸易协调主要通过GATT以及WTO展开多轮谈判以促进国际贸易的正常运行；国际货币与汇率的协调主要经历了固定汇率以及浮动汇率下的国际协调，其中国际货币基金组织在其中发挥了重要作用；宏观经济政策的协调在二战后主要是通过G7对财政政策和货币政策等宏观经济政策进行协调。国际经济协调对世界经济的发展有一定的贡献，它能够促进世界的稳定发展，纠正世界经济的不平衡，但是随着经济全球化的进一步推进，国际经济协调也日益暴露出局限性，如协调缺乏预见性、公正性、权威性以及协调的效果与目标相偏离等。

第八章　世界不同类型国家的经济发展比较

本章结构图

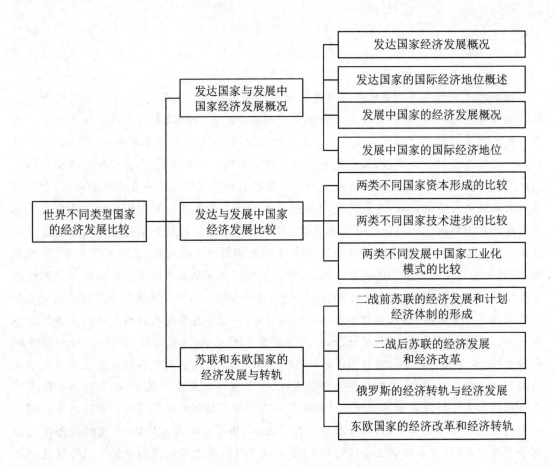

第三篇 世界经济发展不平衡及协调

第八章 世界不同类型国家的经济发展比较

学习目标

通过本章学习,了解发达国家与发展中国家在国际经济中的地位和影响力;熟悉发达国家与发展中国家在资本形成、技术进步和工业化模式方面的不同及其原因;了解二战后社会主义国家经济发展成就,理解其经济体制的弊端和不足。

导入案例

南 北 失 衡

近年来,新兴经济体成为世界经济增长的重要引擎,其中较具代表性的有中国、俄罗斯、印度、巴西、南非、印尼和马来西亚(简称"新兴七国")。1990~2013年新兴七国人均GDP由627美元提高到4555美元。尽管如此,新兴七国人均GDP目前尚不及美国、日本、德国、法国、英国、意大利和加拿大(简称"发达七国")平均水平的十分之一。从国别来看,经济发展的不平衡更为显著。2010年美国的人均GDP相当于印度的34.1倍,2013年进一步上升到35.4倍。从总体来看,"南北失衡"是世界经济格局演变过程中存在的突出矛盾之一。

在当今大数据时代,能否安全有效利用互联网已成为影响各国综合竞争实力的关键因素。根据世界银行统计,2014年,全球安全互联网服务器由2004年的32亿台增加到137亿台。但其中的绝大多数集中在发达国家,发达七国占有67%,仅美国一家就占36%。从每百万人拥有的安全服务器台数来看,印度、印尼的水平仅相当于美国的4‰,新兴七国也只有发达七国平均水平的1.3%。2013年,发达七国每百人中的互联网用户数达到83人,印度、印尼都不到16人,新兴七国平均只有33人左右。发展中国家的大量人口仍然没有搭上互联网的高速列车。发展中国家和发达国家之间存在的巨大"数字鸿沟",将进一步加大世界经济发展不平衡。

——资料来源:赵晋平.发达国家与发展中国家发展不平衡[N].人民日报.2015-07-12.

第一节 发达国家与发展中国家经济发展概况

在世界经济格局中,发达国家占有绝对优势,它们经济实力雄厚,在国际经济事务中占据支配地位。相比之下,发展中国家总体生产力水平低、经济结构落后,对发达国家仍存在较大的依赖性。但是近年来,发展中国家经济发展迅速,经济地位不断提高,在国际经济事务中的作用不断加强。以BRICS(巴西、俄罗斯、印度、中国、南非)为代表的崛起的新兴大国,对世界经济的影响力日益显现。

一、发达国家经济发展概况

发达国家(Developed Country)指世界上那些工业化进程已完成、科学技术水平和生产力水平高、市场经济成熟的国家。美国、日本、德国、法国、英国、意大利、加拿大等国是当代最主要的发达国家。

(一)科学技术水平和生产力水平高

历史上,第一次科技革命和第二次科技革命都发生在发达国家,它们的科学技术水准代表着当时世界最先进的科学技术水平。二战后,以信息技术、材料技术、能源技术、生物技术、空间技术等为主要标志的第三次科技革命也主要发生在发达国家,尽管发展中国家在新科技革命中也取得了不少硕果,但就总体上来看,发达国家依然是当今世界最高科技水准的代表。在诺贝尔科学奖中,有95%以上是发达国家的科学家获得的;世界科研活动的80%以上掌握在发达国家手中,仅美国发表的科学论文就占世界科学文献的40%以上;世界应用的技术专利、专有技术大都出自发达国家,二战后应用的主要技术革命成果中美国就占了大约40%,而日本则在技术的商品化、产业化方面走在世界的前列。

科学技术是第一生产力。高度发达的科学技术造就了高度发达的生产力,发达国家借助自身较高的科学技术水平创造了领先于世的生产力水平。回顾历史,在第一次和第二次科技革命中,发达国家的生产力获得巨大发展。二战后,信息技术的广泛运用使得发达国家的生产力水平迅速提升,人均劳动生产率显著提高。2008年,发达国家仅拥有世界16%的人口却创造了世界近74%的价值,其人均收入为40525美元,远远高于9042美元的世界平均水平。

(二)产业结构高级化

随着科学技术的不断进步和生产力水平的迅速提高,二战后发达国家的产业结构也逐渐向高级化方向发展,主要表现为农业的比重下降,工业的比重相对稳定或略有下降,服务业的比重上升并保持在较高的水平。1975年美国的三大产业在国民经济中的比重分别是:3.4%、32.5%和64.1%。随着时间的推移和产业结构高级化的发展,美国各产业在国民经济中的比重发生了明显的变化,主要表现为物质生产部门(农业和工业)的比重显著降低,非物质生产部门的比重明显提高。2008年三大产业在国民经济中的比重已经达到1.1%、21.9%和77.0%,如表8-1所示。

表8-1 1970~2008年美国三大产业占国民经济的比重(%)

1970	1980	1990	2000	2008
2.9	2.4	1.9	1.0	1.1
33.8	32.9	27.5	23.6	21.9
63.3	64.7	70.6	75.4	77.0

资料来源:UNCTAD, Handbook of Statistics On-line。

第一产业和第二产业比重的下降并不意味着发达国家农业、工业等产业的落后和退步,恰恰相反,二战后发达国家实现了全面的机械化和电气化,目前正向着生物化、自动化的方向发展,第一产业和第二产业已经由劳动密集型转变为资本或技术密集型,劳动生产效率空前提高,以相对较少的投入就可以满足全社会的需求,同时为第三产业的发展奠定了物质基础并开拓了发展空间。

(三)市场经济成熟

自从18世纪资产阶级革命以来,经过数百年的探索、发展和完善,发达国家的市场经济都已经比较成熟,并根据各国自身特点,逐渐形成各具特色的市场经济模式,如美国的自由市场经济模式、德国的社会市场经济模式、日本的政府主导型市场经济模式等。发达国家成熟的市场经济主要表现在:以私有制为基础,多种经济共同协调发展;市场通过价格机制在资源配置中起主导作用,使资源得到充分利用;企业制度发达;完备的经济法律法规体系,确保经济运行的法制化;国家通过财政政策、货币政策等间接方式对市场进行有效的宏观调控,来弥补市场经济本身的缺陷。世界银行数据显示,2004年在美国新开一家商业机构所需要的时间仅为5天,是全世界市场效率最高的国家,而同期世界的平均水平为50.2天,如表8-2所示。

表8-2 2004年主要发达国家新开一家商业机构所需要的时间(单位:天)

世界平均	美国	英国	德国	法国	日本
50.2	5.0	18.0	45.0	8.0	31.0

资料来源:世界银行数据库。

二、发达国家的国际经济地位概述

发达国家在世界经济中具有举足轻重的地位,其生产力水平高、生产关系相对完善、经济实力强大,对整个世界经济的运行和发展发挥着巨大的支配作用。

(一)发达国家拥有强大的经济实力

从世界近代经济发展史来看,当代发达国家中的大部分,如英国、美国,是世界上最早走上工业化道路的国家,历史上它们曾经拥有广阔的殖民地,为其经济发展提供了所必需的资本原始积累和原料产品市场,从而奠定了其雄厚的经济基础和对世界经济的主导权。二战后,新兴工业化经济体异军突起,它们抓住了发达国家产业转移的历史机遇,制定了符合自身条件的经济发展战略,使国民经济迅速增长,取得了举世瞩目的经济成就,其中一些发展水平较高的国家,如韩国等,就一跃跻身于发达国家的行列。

发达国家对整个世界经济的运行和发展之所以发挥着巨大的支配作用,主要是因为它们拥有强大的经济实力做后盾。从国内产出和对外贸易方面看,发达国家拥有最强的经济实力。如表8-3所示,2018年GDP世界前十位的国家中,有7个是发达国家的成员,只有中国、印度和巴西是发展中国家。

表8-3 2017~2018年GDP前十位的国家(单位:亿美元)

排名	国家	2018年	2017年	增量	名义增速
1	美国	205130.0	194854.0	10276.0	5.3%
2	中国	136051.3	121560.6	14490.7	11.9%
3	日本	49684.1	48615.6	1068.5	2.2%
4	德国	40018.0	37023.5	2994.5	8.1%

续表

排名	国家	2018年	2017年	增量	名义增速
5	英国	28234.8	26416.3	1818.5	6.9%
6	法国	27759.9	25905.2	1854.7	7.2%
7	印度	26899.9	26023.1	876.8	3.4%
8	意大利	20869.1	19386.8	1482.3	7.6%
9	巴西	19093.9	20551.4	−1457.6	−7.1%
10	加拿大	17337.1	16530.4	806.6	4.9%

资料来源：IMF, World Economic Outlook Database, 2019。

在国际对外直接投资方面，发达国家拥有绝对优势。如表8-4所示，2018年发达国家的对外直接投资总额为1506.5亿美元，占全世界对外投资总额的81.1%，累计总额占全世界投资总额的84.1%，是世界直接投资主要来源；而发达国家在2018年吸引的FDI占世界FDI流入量的近六成，累计总额占世界近七成，是为世界最主要的投资场所。

表8-4 2018年发达国家FDI在世界中的份额（单位：10亿美元）

	当期流入		累计流入		当期流出		累计流出	
	总额	占世界份额	总额	占世界份额	总额	占世界份额	总额	占世界份额
世界	1697.4	100%	14909.3	100%	1857.7	100%	16205.7	100%
发达国家	962.3	56.7%	10212.9	68.5%	1506.5	81.1%	13623.6	84.1%

资料来源：UNCTAD, Handbook of Statistics On-Line Foreign Direct Investment Database, 2019。

就国际黄金储备来说，2018年发达国家的黄金储备占世界的73.3%，其中美国的黄金储备占世界的27.2%，如表8-5所示。

表8-5 2018年12月世界黄金储备排名前十的国家情况

排名	国家	央行黄金储备（吨）	黄金储备占外汇储备比例
1	美国	8133.5	73.8%
2	德国	3369.7	69.1%
3	意大利	2451.8	65.8%
4	法国	2436.0	59.5%
5	俄罗斯	2066.2	17.6%
6	中国	1842.6	2.3%
7	瑞士	1040.0	5.1%
8	日本	765.2	2.4%
9	荷兰	612.5	66.0%
10	印度	586.4	5.7%

资料来源：世界黄金协会。

(二)发达国家主导着世界经济的发展

强大的经济实力和先进的科学技术使发达国家拥有了对世界经济发展和运行产生巨大影响和支配的能力。随着经济全球化的不断加深,世界各地的经济联系不断加强,发达国家对全球经济的影响和支配作用不断得到强化。

1. 影响全球和发展中国家或地区的经济增长

如表 8-6 所示,全球经济增长和发展中国家或地区的经济增长都随着发达国家的经济增长速度变化而变化。当发达国家的经济增长率上升的时候,发展中国家的经济增长加快;当发达国家的增长率下降的时候,发展中国家或地区的增长便会放慢。

表 8-6 1970~2008 年发达国家和发展中国家实际 GDP 增长率(%)

	1970~1980	1980~1989	1992~2000	2000~2005	2006	2007	2008
世界	3.81	3.26	3.08	2.82	3.98	3.79	2.07
发达国家	3.38	3.10	2.79	1.94	2.83	2.48	0.75
发展中国家	5.78	3.81	4.82	5.46	7.18	7.20	5.45

资料来源:UNCTAD, Handbook of Statistics On-Line。

2. 在国际分工体系中处于主导地位

在国际分工体系中,发达国家主要从事资本密集型和技术密集型的产业,而发展中国家特别是比较落后的发展中国家则以劳动密集型或者资源密集型的产业为主。发达国家通过跨国生产体系对资源进行整合,从发展中国家进口能源、原材料,并通过自身发达的生产体系将这些资源加工成制成品再返销给发展中国家,将产品价值链中利润最为丰厚的部分牢牢控制在自己的手中;或者把自己即将淘汰的"夕阳产业"转移到发展中国家去,以便集中物力财力发展"朝阳产业",从而不断提升自己的产业结构,保持在国际分工体系中的主导地位。

(三)发达国家支配着国际经济事务

发达国家凭借其强大的经济实力,在国际经济事务中拥有绝对的话语权,对国际经济事务起着支配作用。

1. 控制着三大国际经济组织的活动

IMF 和世界银行均实行加权投票制,发达国家,特别是美国在其重大事务的决策中掌握着绝对的主动权。IMF 按规定,重大事项必须有 85% 的多数票才能通过,重要事务也要 70% 的多数票通过,而美国根据自己在 IMF 中认缴的份额就拥有 16.83%(2009 年)的票数。也就是说,美国在 IMF 的重大决策中拥有独家否决权,没有美国的同意,IMF 的任何重大决定都不能通过。同样,在世界银行中,美国也有 15.85%(2010 年)左右的表决权。在 WTO 的多边框架体系中,虽然规定各个成员国都以平等的权利参与 WTO 的谈判并对最终决议达成统一的意见,但谈判主要还是在发达国家之间,特别是美国、欧盟、日本三方之间进行。

2. 支配着世界市场主要商品和服务价格

目前,世界上重要产品的国际价格等在很大程度上都受到发达国家的操纵。在国际商品市场上,粮食、石油、金属矿产、钢铁、化工等大宗商品的主要买家或卖家都是发达国家,因此它们通过自身供给和需求的调节来对这些商品的国际价格施加广泛的影响,压低初级产品的进口价格,提高工业制成品的出口价格,从中牟取巨额的利润。

三、发展中国家经济发展概况

发展中国家(Developing Countries)是发达国家的对称,通常指过去长期遭受发达国家殖民统治和剥削,现已获得政治独立,但经济发展水平相对落后,面临着经济发展问题的国家。

(一) 经济特征上差异化较大

1. 在自然条件上的差异

据世界银行统计,1998年,人口在500万以下的发展中国家有23个;人口在5000万以上的发展中国家有11个,其中,人口在1亿以上的有5个国家,分别是中国、印度、印度尼西亚、巴西和孟加拉国。一般来说,大国自然资源比较丰富,一些国家(如中东地区国家)拥有丰富的石油资源,一些国家(如撒哈拉以南的非洲国家)则自然资源贫乏,自然环境恶劣。

2. 经济发展道路不同

二战后,获得民族独立的国家由于历史、社会条件和阶级力量对比的差异,以及受国际环境的影响,在社会主义和资本主义两条道路之间作出了不同选择。部分国家走上了社会主义的发展道路,建立了社会主义的经济政治制度,这些国家有中国、朝鲜、越南和古巴等。有些国家仿效社会主义模式,走形似社会主义或曰"非资本主义"的道路。从1955年到1990年,先后有50多个民族独立国家的执政党宣称要建立社会主义国家,这些国家约占二战后新独立国家总数的59%,分布在亚洲、非洲、拉丁美洲。这些国家所选择的社会主义,与中国等国共产党领导下的科学社会主义不同,是非无产阶级领导的社会主义,其采取的经济措施包括建立国有经济、实行土地再分配、通过经济计划干预经济活动以及试图通过平均分配和福利措施来实现社会公正。此外,绝大多数国家选择了资本主义的发展道路,建立了资本主义的政治经济制度。极少数国家继续维持着封建的、前资本主义的制度,在旧基础上缓慢发展。

3. 经济发展水平和人均收入水平的差异

发展中国家由于社会、历史、资源禀赋、发展战略不同,工业化进程和经济发展水平不同,人均收入也有较大差异。对于低收入国家和地区,世界银行《2000/2001年世界发展报告》把1999年人均GNP低于755美元的国家和地区划归低收入国家和地区。这类国家共有59个,约占发展中国家的三分之一,主要分布在南亚、中亚和撒哈拉以南的非洲地区,此外还包括美洲的海地和尼加拉瓜等。中等收入国家和地区指1999年人均GNP在756~

9265美元国家和地区。其中,人均GNP在756～2995美元之间的为中下等收入国家,这类国家共有57个,主要分布在拉丁美洲、东欧和亚太地区;人均GNP在2996～9265美元之间的为中上等收入国家,这类国家有38个,大部分是拉丁美洲国家。高收入的发展中国家指1999年人均GNP超过9266美元的国家。主要包括几个石油生产和出口国,如阿拉伯联合酋长国、科威特、卡塔尔、文莱等中东和亚太地区国家。这些国家虽然人均收入高,但是制造业还不够发达,产业结构单一,主要依靠丰富的石油资源来促进经济发展。

(二) 共同经济特征

发展中国家有几个共同的经济特征:

1. 生产力发展水平较低

发展中国家处在经济发展的起始阶段劳动生产率水平较低,从而导致生产力发展水平普遍较低。这是因为这些国家在获得政治和经济独立以前,长期遭受帝国主义的剥削和压迫。在摆脱了殖民统治后,这些国家经济基础薄弱、生产力水平低下的状况不可能在短期内改变。虽然在独立以后发展中国家致力于发展生产力,一些发展中国家甚至跨入了新兴工业国家的行列,但是在总体上发展中国家的生产力发展水平仍然较低,与发达国家相比有很大的差距。1993年发展中国家作为整体的劳动生产率仅相当于发达国家的二十四分之一,从而产出也低,发展中国家的人口占世界人口的85.5%,然而其GDP总额只占世界GDP总额的20%。

发展中国家生产力发展水平低的主要原因是科技发展水平落后和劳动者文化素质低。而生产力发展水平低的结果又制约了发展中国家的整体发展状况。1990年联合国开发计划署(UNDP)提出了"人类发展指数"(HDI)。该指数是预期寿命指数、受教育程度指数和生活质量指数三方面单项指数进行简单平均得出的,其中受教育程度指数包括成人识字率(占三分之二权重)和综合入学率(占三分之一权重)两项指标,生活质量指数用人均GDP表示。大部分发展中国家HDI指数得分较低,排名靠后。

2. 产业结构比较落后

世界产业结构演变的历史表明,随着一国工业化进程的发展和人均收入水平的提高,在国内生产总值中,第一产业的比重趋于下降,第二产业的比重先上升后下降,第三产业的比重趋于上升。根据世界银行发展报告的内容,1950～1990年,美国、日本、法国、德国、英国、意大利和加拿大7个主要发达资本主义国家第一、二、三产业占国内生产总值比重的变化就反映了这种趋势。1950年,1970年,1990年,以上7国第一产业占国内生产总值的比重平均为15%,5%,3%;第二产业相应为42%,43%,36%;第三产业相应为43%,52%,62%。相比之下,发展中国家产业结构发展水平较低,与发达国家相比明显落后。

发展中国家产业结构发展水平低的主要原因是:发展中国家的工业化发展水平以及人均收入水平还未达到相应的高度,与发达国家相比还有较大差距。

3. 二元经济结构突出

二元经济结构指在一个国家内不同产业、不同地区的发展水平,不同阶层或群体的生活状况和生活方式,形成强烈的反差,造成不同产业、不同地区之间发展的不平衡,社会不同阶层或群体的生活水平和生活方式的不平衡。发展中国家的这种二元经济结构突出地表现为:现代、先进的工业与传统、落后的农业并存;繁荣、现代化的城市与原始、封闭的农村并存;少数富裕阶层与多数贫困阶层并存;开放、现代化的生活方式与保守、传统的生活方式并存。

造成以上状况的原因是广大发展中国家在独立以前长期遭受殖民主义的压迫和剥削,被纳入资本主义的国际分工体系,成为宗主国的附庸,生产方式原始落后,生产力水平极其低下。一些国家独立以后,仍然存在着落后的前资本主义的生产关系,经济基础薄弱,产业结构畸形,产品结构单一,还未能很快摆脱对前宗主国的依附关系。

独立以后的发展中国家为了摆脱贫穷、落后的状态,进行了改革,开始走工业化发展的道路,一些国家的工业化取得了显著成绩。但是在从传统社会向现代化社会转型的过程中,在工业化、城市化发展过程中,不可避免地会在发展中国家出现不同程度的二元经济结构,这种状况还要持续相当长的时间,并随着工业化的完成而逐步减轻。值得注意的是,发展中国家的二元经济结构的严重程度在不同国家不是完全一样的,这会由于不同国家采取的政治经济体制、经济发展战略和政策措施的效果而有所区别。

4. 在国际经济关系中处于弱势地位

发展中国家由于经济不发达,在国际经济关系中特别是与发达国家的经济交往中往往处于弱势地位。虽然在经济全球化条件下,发达国家与发展中国家的经济是相互依赖和紧密联系的,但是发达国家凭借其经济优势和强大的经济实力,与发展中国家的经济交往中经常处于主导、控制和支配地位,而发展中国家则往往处于被动、依附和外围地位。发展中国家的这种弱势地位主要表现在以下几个方面:

(1) 在资金方面的弱势地位。发展中国家为了解决经济建设中资金短缺的问题,往往需要利用外国资本,特别是引进跨国公司的直接投资,或者向国际金融机构和西方银行借贷。为此不得不接受跨国公司和国外金融机构提出的一些苛刻条件,使发展中国家的经济在一定程度上受到外国资本的影响或控制,一些发展中国家由于债务负担沉重甚至面临着债务危机。

(2) 在国际贸易方面的弱势地位。由于在工业和科技发展水平上发达国家对发展中国家处于优势地位,发达国家一般向发展中国家大量出口附加价值高的资本品和高技术产品,而发展中国家往往向发达国家大量出口附加价值低的农矿初级产品和劳动密集型产品,初级产品的价格下降使发展中国家的贸易条件恶化,同时又不得不与发达国家的制成品进行不平等交换,导致贸易逆差扩大。一些发展中国家的经济由于对出口的依赖很大,国际市场价格波动往往会对国内经济造成冲击。另外,发达国家经常采取形形色色的非关税壁垒措施限制发展中国家的商品进口,使发展中国家处于被动地位。

(3) 在技术和人才方面的弱势地位。发展中国家由于科技基础薄弱,不得不引进发达国家的先进技术和设备,这不仅要支付大量的技术转让费和设备购置费,还不得不接受发达国家提出的附加条件,甚至受到一定程度的控制。另外,由于发展中国家技术人才短缺,不得不从发达国家引进专业技术人才;与此同时,由于发达国家科研和生活条件优厚,吸引了大批发展中国家培养出来的优秀人才流入发达国家,使一些发展中国家专业人才短缺状况更加严重。

(4) 在国际经济体系和国际经济组织中的弱势地位。由于发展中国家在国际贸易、国际金融、科技水平和专业人才等方面与发达国家相比在总体上处于弱势地位,因此在国际经济体系、国际分工和国际经济组织机构当中也处于弱势地位。例如,在世界银行、国际货币基金组织和世界贸易组织当中,发达国家都居于主导地位。在旧的国际经济秩序中,发达国家处于中心和支配的地位。经过数十年的不懈努力,发展中国家在建立国际经济新秩序的斗争中虽然取得了一些新进展,但是还远未达到预期目标。

四、发展中国家的国际经济地位

(一)经济地位不断提高

二战前,广大亚、非、拉国家和地区多为发达国家的殖民地或附属国,在政治和经济上完全依附于发达国家。二战后,这些国家和地区摆脱了原殖民体系的控制,成立新的政治独立的国家。随着发展中国家的发展,其经济总量不断扩大,产业结构不断提升,在世界经济中的地位也不断提高,并作为世界经济中的新生力量逐渐改变着世界经济的格局。

从二战后世界经济的发展历程来看,发展中国家的经济增长速度都高于同期的发达国家和世界经济的增长速度,成为促进世界经济发展的重要力量。发展中国家在20世纪70年代的经济增长速度为5.78%,80年代为3.81%,90年代为4.82%。进入21世纪,发展中国家的经济增长速度呈现迅速发展的态势,2001年的增长率为2.83%,到2004年已经跳跃到6.37%,2006年和2007年两年都保持在7%以上,尽管受美国金融危机的影响,2008年仍达到5.45%,成为推动全球经济复苏的重要力量。据IMF预测,2017年新兴经济体和发展中国家经济增速将达到4.6%,2018年将达到4.9%,远高于同期全球经济增速,其中金砖国家表现最为抢眼,如表8-7所示。

表8-7 2016~2018年主要发展中国家经济增速(%)

国 家	2016	2017	2018
中国	6.7	6.8	6.5
印度	7.1	6.7	7.4
俄罗斯	−0.2	1.8	1.6
巴西	−3.6	0.7	1.5
墨西哥	2.3	2.1	1.9
东盟五国(印尼、泰国、越南、菲律宾、马来西亚)	4.9	5.2	5.2
全球低收入国家	3.6	4.6	5.2

数据来源:国际货币基金组织。

(二)在国际经济事务中的作用不断加强

二战后,发展中国家摆脱了殖民体系的控制,走上了独立发展本国经济的道路。但是在旧的国际经济秩序下,发展中国家仍然处于受制于人的局面,主要表现在南北经济差距不断拉大,南北贸易冲突加剧,发展中国家债务负担沉重等方面。为改变国际经济旧秩序,为民族经济的发展创造良好的国际经济环境,广大发展中国家开展了长期不懈的努力,于1955年在印度尼西亚的万隆召开亚非会议,发展中国家第一次向全世界发出了要求改变国际经济旧秩序,建立新的、公正的国际经济秩序的呼声;1961年,第一届不结盟国家首脑会议在南斯拉夫首都贝尔格莱德召开,不结盟运动兴起;1964年,日内瓦召开第一届联合国贸易和发展会议,发展中国家的77国集团成立,为维护自身的利益与发达国家进行不懈的斗争;1972年,77国集团决定由该集团中的24个国家(其中亚洲7个,非洲和拉丁美洲各8个,欧洲1个)成立24国集团,全称"关于国际货币事务的二十四政府间集团",以在国际货币制度等问题上协调其立场和政策,制定发展中国家关于国际货币制度改革、债务问题及资金转移等重大问题的共同政策和方针;1973年,石油输出国组织在收回石油主权、掌握石油定价权的基础上,为维护自身利益,通过减产、提价等措施,打击了发达国家,并引发了发达国家的"石油危机"。

近些年来,随着发展中国家经济地位的不断提高,发达国家普遍意识到对于一些重大的国际经济事务,离开发展中国家的合作是行不通的,于是发达国家不得不改变先前的态度,开始倾听发展中国家的意见并积极争取与发展中国家的合作。1999年12月,由西方七国提出的一个包括主要发达国家和具有广泛代表性的发展中国家(中国、阿根廷、巴西、印度、墨西哥、沙特阿拉伯、南非等)在内的20国集团正式成立,发展中国家与发达国家就国际经济、货币政策等举行非正式对话,在稳定国际金融和货币体系、推动国际金融体制改革、促进世界经济的稳定和持续增长等方面发挥了重要的作用。

(三)在国际经济中仍处于相对落后的状态

虽然发展中国家的经济地位不断提高,在国际事务中的作用不断增大,有些发展中国家甚至取得了经济发展的巨大成就,但从总体上讲,发展中国家在国际经济中仍然没有摆脱相对落后的状态。

发展中国家的人口占全世界人口总数的85%,但国内生产总值却只占世界GDP的五分之一左右,尤其在人均国内生产总值上的差距更大。据联合国贸发会议统计,1992年发达国家的人均GDP已经达到2万多美元,而此时发展中国家的人均GDP只有1000多美元,发达国家的人均GDP比发展中国家多了整整2万美元。然而十多年的经济发展并未使这种差距得到缩小,相反还在持续扩大,到2008年,虽然发展中国家的人均GDP水平比2000年增加了1700美元左右,但发达国家却增长了15000多美元,发达国家与发展中国家之间的差距进一步扩大到约33000美元。此外,发展中国家在工业化水平、劳动生产率、科技水平、生活质量、文化教育和医疗卫生水平等发展指标上都远远落在发达国家后面。

资料链接

全球化导致贫富差距扩大,劳工组织呼吁调整政策

国际劳工组织在题为《公平的全球化:为所有人创造机会》的报告中指出,世界领袖在推动经济全球化的时候,必须妥善处理所谓的"道德真空"问题。否则,他们将不得不面对贫富差距扩大和社会矛盾加剧的局面,甚至陷入政治动荡和战争。尽管这份报告承认全球化是美好的,但同时指出,世界经济发展不平衡的现象也是不容忽视的。报告称,除了发达国家外,只有十多个发展中国家从全球化中得到好处。

报告强调,那些贫穷、不识字和没有专长的劳工在全球化中失去了竞争力。全世界最贫穷的20个国家的人均收入过去40年来几乎没有改变,但是全世界最富有的20个国家的人均收入却几乎增长了3倍。全球化创造了财富,但是许多国家和人民却享受不到这些好处。据国际劳工组织统计,全世界的失业人口数量目前高达1.85亿,是有史以来的最高点。报告对全球化的发展方向也感到担忧,报告指出,全球化的好处对许多人来说太遥远,但是它的威胁却极其真实。为了增加全球化的公平性,必须提高生产力、确保公平竞争和让劳工自由表达自己的立场和观点。报告认为,应该针对国际贸易和投资制定更公平的规则。国际法规应该给予发展中国家足够的增长空间。现行的法规限制了发展中国家的农业发展以及工业化的速度。

——资料来源:中国日报网站,2004年3月1日。

第二节　发达与发展中国家经济发展比较

一、两类不同国家资本形成的比较

(一)资本积累与经济增长

无论是纳克斯的贫困恶性循环理论、纳尔逊的低水平均衡陷阱理论,还是莱宾斯坦的临界最小努力理论,均强调了发展中国家人均收入过低导致的储蓄和投资不足是其经济发展停滞和贫困的主要原因。而导致人均收入过低的原因则在于人口增长过快。过快的人口增长使经济增长带来的人均国民收入增加的大部分被用于生活消费,而很少用于储蓄,从而导致储蓄和投资不足。那么,发展中国家经济发展过程中的资本、人口与经济增长之间的关系是否如此?发达国家早期经济发展过程中的资本、人口与经济增长三者之间的关系与发展中国家有何不同?对于这一问题的了解将有利于我们理解两类国家经济发展过程中资本积累与经济增长之间的关系的不同。

在英国早期经济发展的一个世纪中的任何一个时期,资本、人口和实际产出的增长率都呈现出稳定增长的态势,并且三者增长率的变化基本上是同步的。但是,三者的增长速度却有所不同,实际产出的年均增长率都大大高于资本和人口的年均增长率,实际产出大约以每年2%的速度增长,共增长了7倍。资本增长率以大约每年1.5%的速度在一个世纪中增长了4倍,而人口以每年约1%的速度增长了3倍。由于实际产出的增长率快于资本和人口的增长率,而资本的增长率又快于人口的增长率,所以人均资本、人均产出呈现出不断增加的趋势,与此同时,资本-产出比率则呈现出以每年大约0.5%的速度持续下降的趋势。资本-产出比率的下降意味着单位资本产出的增长,即资本投资效率的提高。

在发展中国家从1965～1990年的25年经济发展过程中,国内总投资与人均国民生产总值之间呈现出明显的正相关关系,而国内总投资、人均国民生产总值与人口增长之间也呈现出明显的负相关关系。在人口增长率较高,且呈不断上升趋势的非洲,人均国民生产总值的增长率仅为0%～2%,其中坦桑尼亚还出现了负增长。相应地,非洲国家国内总投资的增长率在四个区域中也是最低的。在南亚、拉丁美洲,人口增长虽然有下降的趋势,但在1980～1990年仍有高达2%左右的人口增长率,其人均国民生产总值水平也较低,在阿根廷也出现了负增长,与此相对应的是,这两个地区部分国家的国内总投资增长率也较低。相反,在东亚及东南亚,由于人口的增长幅度下降较大,其人均国民生产总值增长率普遍较高,其中,韩国达到了7.1%的水平。相对地,这些国家的国内总投资增长率平均高达10%以上。

上述分析表明,在发展中国家的经济发展中,资本形成与人均国民生产总值之间确实存在着互为因果的关系。在东亚及东南亚,这种互为因果的关系使得两者之间形成了一种较好的良性循环,即较高的国内总投资增长率推动了经济的较快发展,导致人均国民生产总值的快速增长,而人均国民生产总值的快速增长又为资本的形成提供了储蓄资金的来源;而在非洲、南亚和拉丁美洲,这种投资增长与人均国民生产总值增长之间的互为因果关系反而形成了一种恶性循环。导致不同地区国内投资与人均国民生产总值之间关系变化的主要原因是人口增长的不同变化。在东亚及东南亚,人口增长下降的速度显著,而在其他3个地区,人口增长下降的速度不太明显,尤其是在非洲,人口增长呈加速的趋势。

(二)两类不同国家资本形成的异同及其成因分析

在有关资本积累率、资本增长与经济增长的关系方面,两类国家的资本形成存在着以下几个方面的异同:

(1)较高的资本积累率是两类国家早期经济发展中的共同特征之一,但发达国家早期经济发展中的高资本积累是经济增长中的内生性结果,而发展中国家的高资本积累是政府工业化政策下外生诱导的产物。前述分析表明,在英国、法国、日本早期的经济发展中,国内总投资占国民总产出的比例在由传统农业社会向工业社会转化的过程中出现了明显增长,在工业化基本完成后,这一比例基本上保持在12%～14%的水平。但在发达国家早期资本形成过程中,随着资本积累率的提高,人口、国民总产出也出现同步增长的趋势,而且国民总产出的年均增长率明显高于人口增长率。这样,在国民总产出增长的同时,人均国民产出也呈快速增长的趋势。人均产出的增长为资本积累提供了储蓄来源,使得资本积累进一步增加。在发展中国家经济发展过程中,从20世纪60年代开始,发展中国家的资本积累率就达到了20%以上,随后直至20世纪八九十年代这一比率还有所上升。在资本积累率上升的同时,国民生产总值和人口也都呈现出增长的趋势,但与发达国家不同的是,发展中国家的人口增长明显快于国民生产总值的增长,从而导致了人均国民收入水平的降低,在有些国家甚至出现了负增长。实际上,发展中国家经济发展中的高资本积累与二战后发展中国家实施的"工业化""进口替代"等经济发展战略有着紧密的联系。20世纪五六十年代,受当时的发展经济学理论及发达国家工业化成功"示范效应"的影响,许多发展中国家将工业化看成是减少进口、减轻外汇约束并积极扩大外汇储备以增加促进工业生产所需的生产资料和进一步提高国内生活水平所需的消费品和劳务的必由之路,制订了庞大的工业化发展计划,并在政府的主导下进行了大规模的投资。特别是一些发展中国家在实施进口替代战略的过程中,建立和发展了一批最终消费品、资本品与中间品的生产企业,以替代进口。这些都使得发展中国家的资本积累水平在经济发展的初期就比较高。因此,发展中国家经济发展初期的高资本积累是各国政府推行工业化和进口替代等经济发展战略的结果。

(2) 在两类国家早期的经济发展过程中,资本增长与经济增长之间都存在着显著的正相关关系。但这种显著的正相关关系却在两类国家中呈现出不同的发展趋势,在发达国家早期的经济发展过程中,资本增长与经济增长呈同步上升的趋势,而在发展中国家(亚洲除外),资本增长与经济增长呈同步下降的趋势,并且,人均国民收入水平越低的国家,同步下降的趋势越明显。导致两类国家资本增长与经济增长发展趋势差异的原因在于人口增长的不同。在发达国家早期经济发展过程中,由于人口增长较慢,经济增长快于人口增长,所以人均国民收入的增长有利于资本形成,而资本形成的增长又进一步推动了经济增长。两者之间互为因果,形成了资本增长和经济增长的良性循环。而在发展中国家,虽然经济发展初期的资本积累率和增长速度较快,但由于人口增长也较快,经济增长速度低于人口增长速度,经济增长的成果为人口增长所抵消。资本增长的国内储蓄来源逐渐枯竭(这一点在低收入国家表现得最为明显)。在此情况下,资本增长中的资本缺口只有依赖于政府投资和国外资本来填补。当维持高资本形成的资金缺口进一步扩大,对政府投资和外资的依赖进一步加深时,巨额的财政支出和外债负担使得许多发展中国家不得不采取通货膨胀的方式来缓解财政的压力和对外支付的困难,而通货膨胀又使得经济增长更加步履维艰。

(3) 在经济发展初期,资本的增长是两类国家经济增长的主要源泉。但在发达国家,随着经济的发展,资本增长对经济增长的贡献越来越小,要素生产率增长的贡献越来越大;而在发展中国家,随着经济的发展,资本增长对经济增长的作用仍占主导地位,但要素生产率增长对经济增长的贡献却越来越小。这一结论表明,二战后 70 余年来,发展中国家的经济发展基本上是靠资本增长来支撑的。在经济增长的过程中,与要素生产率提高有关的制度的、社会的、政治的变革对经济的增长并未发挥明显的作用,特别是技术进步在经济增长中未能发挥有效的作用。因此,在发展中国家进一步的经济发展中,除了重视资本积累的作用外,更应重视发挥社会制度的改革和技术进步对经济增长的作用。

二、两类不同国家技术进步的比较

(一) 技术进步类型比较

技术进步大致上可分为劳动节约型、资本节约型和中性型三种类型。就发达国家早期经济发展的情况来看,这三种类型的技术进步都是存在的。而劳动节约型的技术进步,可以说是经济发展过程中占主导地位的一种形式。英国产业革命期间的技术进步,主要就是劳动节约型的。在英国,从珍妮机到蒸汽机的一系列技术创新都是节约劳动型的。

农业中的情况往往也是如此。在 19 世纪中叶,美国农业中收割机的采用是由种植与收割之间的劳动要求不平衡引起的。美国地多人少,随着边疆迅速地向西部推进,农业劳动力越来越不足。在这样的条件下,要想凭借人力在要求的短暂时间内把小麦作物抢收完是很困难的。于是,科学家和发明者把注意力集中在对收割机的研究上。然而,一旦收割机瓶颈得到解决,耙草与扎捆又作为新的瓶颈出现了。结果,自耙式收割机和扎捆机被发明出来。之后,收割的机械化还使脱粒成为瓶颈,这又要求发明和采用动力脱粒机。通过这些技术创新的累积进行,美国已成功地在农业生产上发展了机械技术,促进了相对丰富的资本对相对稀缺的劳动的替代。

如果说发达国家早期经济发展中的技术进步主要是劳动节约型的话,那么,发展中国家经济发展中的技术进步有许多是属于资本节约型的。这也是符合发展中国家人口多而资本稀缺的资源禀赋状况的。正因为如此,早期发展经济学家曾普遍认为,发展中国家引进的技术应当是倾向于资本节约型的。值得注意的是,一些资本密集程度很高的劳动节约型技术恰恰是发展中国家所缺乏的,如重化工业技术等。如果一味强调引进资本节约型技术,则发展中国家的重化工业就很难发展起来。对于一个小国来说,这也许不是什么大问题。而对于一个大国来说,国民经济结构就有可能脆弱化,更加依赖外国市场。在这种情况下,一些经济学家提出了"适用技术"(Appropriate Technology)的概念。"适用技术"的选择已经超越了单纯的要素密集度选择的范围,它可以是劳动密集型的,也可能是资本密集型的。实际上,适用技术包括从最低级到最高级的整个技术范围,它可以是当代尖端技术,也可以是在发达国家已经陈旧甚至过时的技术。

(二) 技术进步条件比较

技术进步对经济增长的推动作用是十分明显的,然而,它要求有相应的制度环境与之相适应。这种制度环境的内容主要包括以下两点:① 具备竞争条件。在这种环境中,市场竞争主宰着经济主体的行为和命运,不存在人为阻止竞争活动的障碍,垄断不占主导地位。② 市场的完善度高。

市场应从四个方面显示其完善性:① 市场机制完善。这意味着"看不见的手"的灵敏度较高,价格信号比较逼真,信息的传递迅捷而广泛。② 市场体系完备。包括产品市场、要素市场、金融市场、产权市场在内的各类市场应各得其所并充分发挥其职能。③ 存在自由企业制度。在这种制度中,企业拥有独立的法人产权,有投资、改造和破产的权力,在实行创新时能承担相应的风险和得到应有的收益。④ 有一个企业家阶层。作为创新的主体,企业家是经济中最富有活力的群体,他们在很大程度上决定着经济发展的方向和成败。只有具备了这些制度条件,一个社会才会出现源源不断的创新活动,才会推动技术进步和经济持续增长。

就发达国家早期经济发展的情况来看,其技术进步之所以能源源不断地涌现,很大程度上是由于具备了上述条件。发达国家在其早期经济发展中,已逐渐建立起健全的市场主体、完善的市场体系和严密的市场规则,形成了良好的自由企业制度和市场竞争环境。这正是其技术进步得以实现的重要条件。

如果说发达国家在其早期经济发展中具备了良好的推动技术进步的条件的话,那么,发展中国家在经济发展中则面临着创新机制缺乏的问题。日本经济学家速水佑次郎曾分析过中央计划经济缺乏创新机制和企业家精神的原因。他认为,像苏联这样的中央计划经济之所以不能维持经济增长,并不是由于教育和科学研究投资不足,而是由于缺乏创新活动所需的市场环境。在中央计划经济中，实行创新的是从中央到地方的各级官员以及国有企业管理者。他们应当负责为人民利益而最好地利用先进的科学技术知识，但由于缺乏利润刺激和市场竞争压力，他们的努力必然是松弛的，且偏离使人民受益的目标。在计划体制下，增加工作努力的主要刺激是确定生产数量指标，完成和超额完成指标的人可以得到奖励和提升，那些未完成指标者则受到处罚。在这种刺激体制下，数量指标必然成为至高无上的目标，而很少考虑产品质量的改进。国有企业不仅缺乏改进产品质量和提供新产品的刺激，而且也缺乏减少生产成本、提高资本使用效率的动机。国有企业管理者和工人由于不担心破产而把努力集中于获得尽可能多的资本、原材料和劳动力，以便使产量指标达到最大。这样，"由于几乎没有资本使用、节约劳动方向的创新，随着每个工人应用越来越多的资本，苏联经济的资本报酬的急剧下降就不足为奇了"。速水佑次郎分析的虽然主要是苏联的情况，但他的观点也适合于其他实行计划经济的国家。

对于一般的发展中国家来说，其经济增长大多也是属于投入驱动型的，技术进步对经济增长的贡献份额较小。发展中国家之所以不能实现持续高效的经济增长，其根本原因在于创新机制赖以发挥作用的制度基础存在着缺陷。发展中国家缺乏这种制度基础，主要是由两个方面的原因引起的：① 大多数发展中国家经济落后，人们素质较低，缺乏管理经济的经验，从客观上说难以在短期内建立一个有效率的市场经济制度。② 发展中国家领导人受苏联经济增长模式和早期发展理论的影响，强调经济计划的作用和政府控制的重要性，而忽视了市场机制的作用。因而，所采取的战略和政策普遍是反市场倾向的，从而压制了竞争和技术创新。20世纪80年代以后，发展中国家出现了市场取向改革的潮流。但是，要建立起发达的市场经济和健全的企业制度，决非朝夕之功。对于发展中国家来说，建立起有利于创新的制度环境，还有较长的路要走。

健全的企业制度，是实现技术进步的一个重要保障，而发展中国家这方面的情况也是不能令人满意的。二战后，许多发展中国家都是通过接管和赎买的办法，将原殖民当局的企业和某些外国私人企业收归国有。在内向式的工业化建设时期，它们又在基础设施和基础工业部门进一步增加政府投资，扩大国有企业的经营规模和范围，确立国有企业在经济中的主导地位。在政府主导型经济体制下，政府一方面通过对市场准入、信贷分配、经营方向和经营范围的管制限制一般私人企业的发展；另一方面则通过财政补贴、信贷分配、税制优惠等方式扶植少数私人大企业。这就造成了国有企业和少数私人大企业对经济的垄断和控制，破坏了平等的市场竞争环境。在这种情况下，企业家队伍难以形成和成长，企业的作用也就难以充分发挥出来。

三、两类不同发展中国家工业化模式的比较

（一）拉美国家的进口替代工业化模式

拉丁美洲的阿根廷、巴西和墨西哥早在20世纪三四十年代就已经开始了进口替代工业化的浪潮，主要吸收外国资本投资于本国的石油等矿产和农产品的生产上，主要发展的领域是资源产业。拉美工业化的起因是欧洲国家的战事，战事致使欧洲国家减少了工业品的生产，也减少了对拉美地区的工业品供给，促使拉美国家不得不思考建立自己的现代工业体

系,因此发展了以替代进口工业品为主的工业。而在二战之后,进口替代的工业化进一步深化进行。

在进口替代的初级阶段,拉美各国主要是发展了一般性的消费品产业供给国内市场,主要的措施有:① 构筑贸易壁垒;② 为本国制造业部门提供包括税收在内的各种激励;③ 鼓励进口结构的变化,减少消费品的进口,增加资本品的进口;④ 引进美国和欧洲的资本。在进口替代工业化进行到20世纪50年代时,国内的普通消费品的制造能力达到一定规模而国内人均收入并没有大的增加,国内消费品市场开始饱和。同时,在生产和供给方面,由于制造业规模的扩大,对资本品、原材料和技术的需求大幅度增加,外汇压力越来越大。

进入20世纪60年代后,拉美国家进入进口替代的第二阶段,开始自行生产耐用消费品和资本品,替代原来在这些产品上的进口,以减少外汇压力,建立了资本密集型、技术密集型的相对先进的工业部门,包括汽车、化工、机械和制药等工业,产品则在拉美市场销售;与此同时,拉美国家对原来出口的初级产品进行深加工之后再出口。为了建立本国在这些领域的生产能力和工业体系,拉美国家采取了种种保护措施,抑制外国资本品和耐用消费品向本国输入,以减少竞争。例如,20世纪60年代末期,阿根廷的进口关税仍然高达47%,而同期的韩国仅为10%。

这种工业化模式确实促进了拉美国家的产业升级。但是这种模式到了20世纪70年代也暴露出越来越多的问题。主要是因为这种工业化政策过多地依靠限制进口,同时没有适时鼓励出口,致使本国经济越来越内向化。而且,发展资本品工业同样需要资本和技术,需要从外国引进,而仅仅依靠原来的出口结构难以满足在这方面的外汇需求。拉美国家对进口替代的工业给予了补贴等多种优惠、激励措施,但出口企业得不到相应的优惠待遇。片面地强调进口替代,必然需要政府对国内替代外国产品的工业的保护,而高度的保护又使这些工业难以形成国际竞争力;同时对出口的忽略,进一步造成本国企业长期不能适应国际市场,不能经受国际竞争锻炼。最终导致这些国家经济体系脆弱,难以承受国际经济波动带来的影响。

(二) 东亚经济的出口导向型工业化模式

与拉丁美洲不同,东亚新兴工业经济体采用的是出口导向型工业化模式,这是高度外向型的经济发展模式。东亚国家或地区与拉丁美洲不同,没有更多的自然资源,不能像拉丁美洲那样出口资源产品换取外汇。在最初阶段,亚洲四小龙和拉美国家都是通过进口替代开始了工业化进程,它们只能寄希望于工业制造品的出口来换取外汇和资金进行工业化。因此,这些地区一方面进行出口导向的工业化,将产品在国际市场上销售;另一方面通过销售这些产品获取进行工业化的资金。

亚洲四小龙的工业化始于20世纪50年代,也是从进口替代起步的,比拉丁美洲晚了10～20年。到了20世纪60年代,当拉美国家在进行进口替代的升级时,韩国、新加坡等开始从进口替代向出口导向转变,也就是将原来供应境内市场的非耐用消费品供给到国际市场上去,进入20世纪70年代后,又开始进行出口导向的升级,生产同时供应境内市场和国际市场的耐用消费品和资本品,因此这个时候东亚新兴工业经济体实际上是采取了出口导向和进口替代兼顾的工业化道路,并且取得了成功。这段时期,东亚新兴工业经济体尤其发展了重工业和重化工业如钢铁、汽车、石油化工等。因为重工业的适时发展,东亚新兴工业经济体没有遇到拉美国家那样的外汇短缺,其国际收支账户记录良好,并且在这段时间积累了大量外汇。

在亚洲四小龙以及后来其他新兴工业经济体的工业化过程中,除中国香港之外,其他经济都受到当地行政管理机构的积极干预,包括在各个时期扶植某些行业的发展而给予优惠的税收和利率政策,由当地行政管理机构出面进行投资等。例如,在韩国,政府扶植私人企业发展壮大,变成大的财团。

(三)拉美模式、东亚模式与发达国家工业化模式的比较(以英国为参照)

英国的工业化是最早的,也是成功的。因此我们不妨从英国工业化模式出发比较英国工业化和其他发达国家工业化之间的异同、发达国家和发展中国家工业化之间的异同、发展中国家中不同模式之间的异同。但是,以英国工业化作为参照只是一个分析方法,并不是认为它是所有国家应该遵守的典范。

第一,英国的工业化进程最大的独特之处就在于它是率先展开工业化的国家,其工业的劳动生产率全球最高,没有哪个国家能够和它抗争。换句话说,当英国展开工业化时,国际贸易和劳动分工的规则是由它制定的。例如,工业化初期英国最发达的产业是棉纺织业,在当时尚有印度可以与之抗争。但是,英国凭借对印度的殖民统治而强行改变了印度的竞争力,最终印度仅仅变成英国和欧洲大陆的棉花等原材料输出国和接受英国棉纺织品的进口国。而当发展中国家开始进行工业化时,规则已经改变了。它们面临的是具有更多话语权的发达国家。因此,英国的工业化模式是不能照搬的。

第二,英国工业化的独特之处还在于,它通过圈地运动将农民驱赶到城市工业领域,为工业化准备了足够的劳动力。这种解决农业问题的方案是英国独有的。通过资产阶级革命,在英国工业化之前通过圈地运动形成了三位一体的农地制度:地主将土地出租给具有资本家性质的农场主,农场主用工资雇用劳动力进行农业生产。农场主采用资本主义生产方式,是经济中的动态的、有活力的、资本积累高的阶层;他们雇用自由的、高流动性的工人进行生产,促进了经济增长,从而为随后的产业革命奠定了基础。这种生产方式解放了生产力,提高了农业劳动生产率,为更多的劳动力非农化提供了粮食基础;将大量的农业劳动力从农业生产中解放出来,为城镇化和工业化提供了足够的劳动力;为现代化的工业经济所需要的资本提供了一个积累的机制。

第三,英国的工业化是自由资本主义模式的典范,是在高度自由的市场机制下由企业家精神驱动的、由技术进步引领的。相反,其他国家除美国之外,都或多或少地在工业化过程中有政府的积极参与。法国的工业化在初期阶段一直实行保护性的关税政策,19世纪中期之后对关税的保护才逐渐降低,开始有更多的自由贸易。德国与日本的工业化也都受到过国家的干预。英国之所以采取非常自由的贸易政策,倡导在国际市场上展开自由竞争,竭力主张由市场在全球范围配置资源,按照比较优势的原则进行国际分工,是因为它最先起步展开工业化,竞争力最高。而随后的国家,尤其是发展中国家在进行工业化时面临的发达的工业经济左右国际市场和国际分工的经济环境,必须对本国工业采取一定的保护措施。

比较优势固然不错,但是当参与国际分工的各个经济体在国际经济格局中地位不对等时,纯粹的比较优势原则和市场机制原则只能对发展中国家不利,拉丁美洲的发展提供了一个反例,而东亚模式则提供了正面的例子。拉丁美洲依据自己广袤的土地和丰富的矿藏资源,在经济发展的初期阶段以出口初级产品和资源产品为主换取外汇,展开进口替代的工业化,却没有适时转向出口导向,因而在国际竞争中处于不利地位。最终由于贸易条件的恶化带来了巨大的国际收支逆差,并演变成债务危机。而东亚新兴工业经济体在工业化进程中跨过了进口替代第二阶段,直接进入出口导向的工业化阶段,大大改善了国际收支状况,积累了大量的外汇储备,为工业化的推进准备了足够的资本。

资料链接

全球经济中心向亚太地区转移

近日,彭博和中国国际经济交流中心宣布,2019年"创新经济论坛"将于11月20日在北京举行。彭博全球首席经济学家欧乐鹰(Tom Orlik)接受蓝鲸产经等记者采访,就热点经济事件、论坛作出分析。面对波诡云谲的世界经济走势,欧乐鹰在采访中表示,在彭博,我们对未来持乐观的态度。

欧乐鹰认为,中国在1980年前后是极度贫困的,然而经历了30年到40年的飞速发展之后,中国取得了巨大的进步,与以前相比,已经富裕了很多。但是就总量而言,仅相当于美国GDP总量的20%～30%。除了中国,印度、东盟等国家和地区有一定的相似之处。尽管他们没有取得中国那么快的经济增长速度,但是总体状况类似。也就是说这些国家都取得了飞速的经济发展,但是仍然有很大的增长空间。对于未来而言,中国、印度以及东亚国家都具有非常广阔的发展前景。

同时,新兴经济体发展速度已经超过G7(七国集团)。新兴经济体的经济增长率大概为年度10%左右,七国集团则为2%左右。彭博有限合伙企业和彭博慈善基金会创始人、三届纽约市长迈克尔·布隆伯格表示:"当今世界正在经历重大而深刻的变化,新的经济中心和贸易联盟在形成,新技术在颠覆产业格局。创新经济论坛将针对这些巨变,推动高端坦诚对话,促进政府和社会资本合作。在这些讨论中,中国是不可或缺的一部分。创新经济论坛将聚集来自世界各地的领袖们,共同应对挑战,推进共同利益。"

——资料来源:蓝鲸财经,"全球经济中心向亚太地区转移,新兴经济体增速远超G7",2019-07-06。

第三节 苏联和东欧国家的经济发展与转轨

1917年俄国社会主义革命的胜利开创了人类历史的新时代,使马克思主义的科学社会主义思想成为了伟大的现实。二战后,随着中国等亚洲国家以及东欧各国走上社会主义道路,社会主义制度变成了占世界人口三分之一以上、土地面积四分之一以上的世界性体系,与资本主义制度并存在世界上,成为世界经济的一个新的重要组成部分。但是,社会主义国家由于缺乏历史经验,由于教条主义和"左"的思想路线的作祟,没有根据自己经济文化比较落后的国情建立经济体制,苏联高度集中的计划经济体制成为社会主义国家普遍的经济体制模式。虽然这种经济体制模式在一定时期、一定程度上促进了社会主义国家的社会经济发展,特别是在二战后初期曾为一些落后的社会主义国家的政治独立和民族工业的发展与强大作出过巨大贡献,但其高度集中与僵化的弊端,也使得社会主义国家在后来与资本主义的经济竞争中日益处于劣势地位。

苏联在1953年斯大林逝世后就开始酝酿和实施改革。与此同时,南斯拉夫和匈牙利也开始了改革进程。中国在1978年党的十一届三中全会后制定了"一个中心、两个基本点"的基本路线,开始进行经济改革。20世纪80年代末90年代初,东欧发生了剧变,苏联解体,它们都以政治民主化和经济私有化为中心进行了更大范围和更加激进的社会经济改革。现在,原有的社会主义国家都在根据自己的国情,以市场经济为导向,探索社会经济改革的道路和模式,并都在不同程度地取得了新的突破和进展。这种社会经济改革,被称为"转轨"。一般地说,"转轨"指整体性的制度结构的更替以及在更替过程中所进行的一系列相互联系和相互制约的制度安排的变迁。就社会主义国家改革的方向和方式来说,基本上分为两种类型或模式,一种是以中国为代表的在坚持社会主义方向下采取的渐进改革方式;一种是以俄罗斯为代表的放弃社会主义制度、走资本主义道路的激进改革方式。在这里,我们集中论述俄罗斯和东欧国家的经济改革与转轨,中国的改革放在全书最后一篇单独论述。俄罗斯是最早走上社会主义道路的大国,自1917年十月革命以来走过的道路、遇到的挫折以及面临的问题,很有代表性、典型性和启示性。科学地、全面地、系统地总结其经验教训,无疑具有重大的现实意义和深远的历史意义。

一、二战前苏联的经济发展和计划经济体制的形成

(一) 从"战时共产主义"到"新经济政策"

俄国十月革命胜利后,于1917年11月14日颁布《工人监督条例》,规定在工业、商业、银行、农业、运输业和合作社等有雇佣工人的企业成立工人监督机构,负责监督企业的生产购销和一些财务活动。但这个条例遭到了全俄工厂主协会的抵制。1918年上半年,国内外两股反革命势力联合起来,向俄国发起进攻。英、法、日、德、美等14个国家不宣而战,从四面八方将军队开进俄国,对俄国革命进行武装干涉,很快占领了俄国四分之三的国土。在这种情况下,苏维埃政权不得不停止刚刚开始的和平经济建设,采取一系列战时管制经济政策措施即"战时共产主义"政策。其主要内容包括:① 实行余粮收集制,国家按固定价格强制征收农民的全部余粮和其他农副产品,付给农民的是严重贬值的纸币;② 对整个工业实行单一国家所有制;③ 建立高度集中的国民经济管理体制,国家集中掌握企业的一切经营管理工作,企业的生产任务和物资设备由国家统一规定和供应,产品由国家统一分配,企业的盈亏完全由国家包干;④ 粮食和其他一切生活必需品的贸易由国家垄断;⑤ 实行普遍义务劳动制。

这种经济上国家垄断化、交易上实物化、分配上平均化、生活上供给化、政治上集权化的战时共产主义政策,是应付战争的特殊产物,具有战时经济管制的性质。经过3年的自卫战争,俄国的经济遭受了严重破坏和削弱。在这种情况下,列宁提出用"新经济政策"代替"战

时共产主义"政策。1921年3月,俄共(布)第10次代表大会通过了实行"新经济政策"这一历史性决议。"新经济政策"的基本内容主要有以下几个方面:① 以征收粮食税代替余粮收集制。按事先确定的标准并以征税的形式征收农民一部分余粮,其他余粮和其他农产品农民可自由支配。粮食税比余粮收集制的征收额减少50%左右,从而调动农民的生产积极性。② 允许自由贸易,改变国家商业垄断制。先是允许地方农业和地方工业在地方范围内有一定的周转自由,允许农产品自由贸易,继而放宽了对国有企业进行商品买卖和市场交易的限制,通过市场和货币流通活跃经济。③ 在一定程度上允许私人资本的存在和发展。允许公民自由经营手工业,组织小工业企业,产品自由支配;废除工人人数少于20人的企业的国有化,将非法剥夺的企业归还给原有业主;将一部分国有企业出租给私人;鼓励私人资本向国家无力开发的地方和部门投资。1925年,私人小工业从业人员达399.5万人,私人工业产值占总产值的四分之一。④ 发展国家资本主义。列宁认为国家资本主义是无产阶级国家同资本家之间的协议与合作,是直接受无产阶级国家监控、由国家规定范围的资本主义,国家资本主义经济主要集中在工业部门。总的来说,由于外国和本国资本家普遍存在拒绝与苏维埃政权进行合作的倾向,因而国家资本主义并未得到预期的发展。到1923~1924年,国家资本主义经济在国有经济总产值中只占1.6%。⑤ 整顿国有经济,实行经济精算制和物质奖励原则。它是针对国有经济采取的政策。在这个整顿基础上,对国有企业实行托拉斯化,即相关工业部门的大企业组建联合公司。企业要实行经济精算制经营,精确计算投入和产出,健全责任制,提高企业效益,并使职工收入与企业经营成果挂钩。改变分配实物化和平均化,实行货币工资和等级工资,贯彻物质利益原则。⑥ 加强计划管理,协调计划与市场的关系。随着新经济政策的实行和经济的恢复,将加强经济计划性提到日程上来。在各中央部门还设立了跨部门的计划委员会,进而在全国形成了纵横交错的计划管理体系。这时,计划与市场的关系被提了出来。

"新经济政策"的实施,苏联经济得到了迅速恢复和发展。随着经济的恢复,国家财政状况好转,人民群众物质文化生活水平有所提高。"新经济政策"是对"战时共产主义政策"的否定,是苏维埃国家探索出的一条在以小农为主的俄国建设社会主义的道路。对于一个生产力比较落后的社会主义国家来说,"新经济政策"应该是在建设社会主义的过程中长期坚持的基本政策,并非只是权宜之计。1924年列宁逝世后,斯大林在其推行国家工业化和农业集体化路线中背离了"新经济政策",在很大程度上恢复了"战时共产主义"政策的一些措施。

(二)从国家工业化和农业全盘集体化转入"战时经济"

1. 国家工业化及其特点

1925年,苏联经济恢复时期宣告结束,该年12月召开的联共(布)第14次代表大会,正式提出了实现国家工业化奠定社会主义经济基础的方针,经过1926~1937年的工业化发展,苏联的社会经济面貌发生了深刻而巨大的变化。就总体而言,苏联的工业化具有如下几个突出特点:

(1)坚持高速度。高速度可以说是苏联工业化的灵魂,其全部政策和措施都是从"快"出发的。斯大林认为,速度问题是关系国家命运、民族生死存亡的严重问题。因此,为了摆脱落后挨打的局面,推行了"发展速度至上"的国家战略,以求用最短的时间赶上和超过先进的资本主义国家。结果,苏联在世界工业中的比重由1928年的3.1%上升到1937年13.7%,先后超过了法国、英国和德国,成为仅次于美国的世界第二工业强国。同时,由于工业的高速发展,到1929年,苏联工业产值首次超过农业产值(前者为54.5%,后者为45.5%)而到1932年工业比重在工农业总产值中已上升到70.7%。

(2) 坚持优先发展重工业。斯大林认为,优先发展重工业是工业化的核心,而且把优先发展重工业的方针上升为社会主义规律的高度,苏联的工业化过程充分贯彻了优先发展重工业的方针。其结果是,重工业与轻工业、农业在发展速度上的差距悬殊。例如,从工业化开始的1926年到1940年,重工业增长了18.4倍,轻工业只增长了6.2倍,而农业增长了26%。重工业的优先和超常发展,固然提高了工业发展速度,增强了工业的基础地位,但造成了部门经济发展比例失调,消费品质量低下和供应不足,粮食供应紧张,严重影响了居民生活水平的提高。

(3) 坚持高积累、低消费。高速度发展重工业遇到的最大难题是资金问题。苏联是在经济落后、没有任何储备的情况进行工业化的,也是在资本主义国家对苏联进行包围、封锁、禁运的条件下进行工业化的,资金来源十分有限。因此,苏联采取了依靠内部进行高积累的方针:① 提高国民收入中用于积累资金的比重,压缩消费基金比重;② 通过税收、公债和一次性捐款等办法吸收居民资金。在第一个五年计划期间,居民纳税总额增加了2.3倍,公债发行额增加了4.4倍,而在1927~1938年公债额增加了18倍;③ 牺牲农业支援工业。第一个五年计划期间,苏联通过各种手段从农业吸收的资金占用于发展工业的积累基金的三分之一以上。通过上述途径实现的高积累必然造成低消费,即靠压低居民消费来增加积累。

2. 农业全盘集体化及其特点

苏联在加速国家工业化的同时也在加速农业集体化。1929年5月苏维埃第5次代表大会将全盘集体化的任务以国家法令形式确定下来,同年下半年便在农村掀起了全盘集体化运动的高潮。到1937年,全国建立起24.4万个集体农庄,93%的农户加入集体农庄,建立了5818个农机站和3992个国有农场,公有制经济在农业生产性固定基金中的比重达99.4%,在农业总产值中的比重和在谷物总产量中的比重均占到98.5%。至此,苏联成为世界上第一个公有制农业的国家。这也就是说,到1937年,苏联不仅完成了国家工业化,也完成了农业全盘集体化,公有制经济几乎成为苏联经济的唯一成分。总体来看,苏联农业全盘集体化主要有如下几个特点:

(1) 在农业中基本上消灭了生产资料私有制和小农经济,形成了由集体农庄、农机站和国有农场组成的公有制经济和大农业。集体农庄使用的土地为国家所有,其他生产资料为集体所有,实行集体劳动,生产队为基本生产单位,按劳动力支付报酬。农机站为国家所有,其基本任务是按合同承担集体农庄的耕地、播种、收割、打谷等机械化作业,集体农庄按谷物收获量的25%支付给其作业报酬。国有农场为国家所有。国有农场在农业总产值中所占的比重,由1928年的1.5%上升到1937年的9.8%,其上缴的农产品比重在国家收购量中占到12.7%。

(2) 实行高度集中的计划管理。苏联仿照工业计划管理体制,在农业中也建立起高度集中的计划管理体制。政府层层下达详细的计划指标,农庄、农机站和国有农场根据国家任务编制计划,报上级主管机关审批,批准后的计划具有法律效力,必须严格执行。

(3) 主要农产品由国家统一收购。采取多种收购方式和收购价格:谷物、肉类等产品实行义务交售制。这是集体农庄对国家应尽的首要任务,国家按较低的征购价格支付;完成义务交售任务和预购合同之外的产品,农庄可以按高于义务交售价格的国家收购价格卖给国家,也可以在农庄市场上按议价出售。

(4) 集体农庄庄员和职工有权在规定范围内经营个人家庭副业,作为公有经济的补充。1937年庄员副业收入约占农户收入的三分之一。农机站和国有农场职工也有一定的家庭副业。

总的来说,苏联农业全盘集体化的政策是不成功的。它虽然建立了公有制的农业生产,但由于它建立在自上而下的行政命令的基础上,违背了农民自愿原则,强迫和暴力行为经常发生;由于它对农业实行严格的计划经济体制,违背了农业生产受自然因素影响较大的客观规律,使农民的生产积极性和创造性受到严重挫伤,使农业资源和农业机械力量遭到极大浪费和损害,因而公有制和大生产的优越性未能得到体现,农业生产未能实现预期的发展。1933年与1928年相比,农业总产值下降了18.6%,其中畜牧业总产值下降了52.6%。粮食总产量在1928~1932年年平均为7360万吨,仅比1923~1927年年均产量增加11.7%。其中商品粮为1900万吨,增加1.3倍,但也仅比1909~1913年增加13.8%。粮食等农产品供应紧张的状况依然存在。

3. 从建成"社会主义"到转入"战时经济"

随着国家工业化和农业全盘集体化的完成,公有制经济成为整个国有经济的基础,在经济上和技术上成为工业强国,工人、农民、知识分子之间的阶级差别已大大缩小和日趋消失,消灭了剥削和剥削阶级。据此,1936年苏联颁布了新宪法,认为苏联已经建成社会主义。当时,苏联在按人均计算的主要产品产量上还相差很远,大体上是先进国家的二分之一到三分之一。苏共十八大指出,实现上述基本任务需要几个五年计划的时间,1938~1942年的第三个五年计划是其第一步。

但是,当时,德、意、日已经将经济转上军事化轨道,第二次世界大战已在局部地区爆发,苏联已经意识到被卷入战争的危险,必须加强战备。所以,联共十八大在审议"第三个五年计划"计划时指出,它的重要任务是发展国防工业,建立燃料、电力以及其他生产部门的巨大的国家储备,并确定在苏联东部地区建设一批同类型的工业"副厂"和扩大煤炭、钢铁与石油生产基地,加强东部和东南部地区的农业生产。战争改变了"第三个五年计划"计划的目标。在整个卫国战争期间,工业产品的三分之二用于军事需要。与1940年相比,1941年生产资料工业产值增加36%,消费资料工业产值下降46%。到1944年,整个工业产值中,仅军事生产就占52%。这虽为战争的胜利奠定了物质基础,但也打乱了苏联的前进步伐。

(三) 高度集中统一的计划经济管理体制的形成

1. 计划经济体制的特点

苏联在进行国家工业化和农业全盘集体化之前,尚未形成统一的经济管理体制。在工业化开始后,随着公有制经济统治地位的确立和五年计划的推行,陆续颁布了一系列法律、规章制度和决定。这些决议、决定和条例,虽然都是为了解决当时的经济管理问题而制定的,但加强国家集中的计划管理是它们共同的核心思想,从而逐渐形成和加强了高度集中统一的计划经济管理体制。这个体制的基本要素和基本特点是:

(1) 严格的指令性的计划制度。计划管理是苏联经济管理体制的核心和基本特点。苏联的国民经济计划不仅包括了城市经济的所有领域和部门,而且包括农业;不仅工业企业的生产经营活动完全由国家计划严格规定,而且集体农庄的生产经营活动也大都由国家计划统一安排;不仅联邦中央政府要安排全国性的计划,各部门和各加盟共和国直至加盟企业都要按国家统一要求安排自己的计划,形成从中央到部门、地方和企业的统一的计划体系;不仅有严格的计划编制程序和方法,而且有大量的计划指标,有数百种产品的平衡表,并为企业规定几十个计划指标;国家的计划指标和任务,下级和执行部门不仅无权变更和修改,而且以计划任务完成程度作为考核其工作成绩的根本尺度。

(2) 企业与国家是行政隶属关系。自国家工业化开始以后,苏联日益加强了对企业的直接控制,国家为企业规定的指令性计划指标大大增加,强调企业经营管理的目标不是利润和最终经营成果,而是完成计划指标;取消了企业对生产资料的交换权,各种物资由国家计划分配,价格基本上由国家统一规定;在分配上强调工资标准的统一,加强对企业工资水平的计划控制。这样,在国家与企业之间就形成了一种纯粹的行政隶属关系。这样就形成了企业的生产基金由国家无偿拨付,企业生产所需的物资由国家调拨,产品由国家包销,盈亏由国家统一核算,职工的工资由国家包干的企业完全隶属于政府的关系。

(3) 排斥商品经济和市场。苏联在进入国家工业化和农业全盘集体化以后,随着公有制成为国有经济的唯一所有制形式,随着计划经济的"指令性"的加强,商品货币关系日益失去存在发展的基础。虽然,在计划经济体制下苏联不断强调利用成本、利润等范畴进行经济核算,但由于生产资料、产品的销售和分配已经基本上不通过市场,而是国家直接调拨,因而商品和货币关系已经成为形式,体现商品货币关系和市场机制的价值规律和自由竞争已不存在或不起作用。

2. 高度集中的计划经济体制形成的原因和作用

苏联的上述高度集中统一的计划经济体制的形成具有其客观必然性。从客观条件来说,苏联长期处于资本主义国家的包围之中,并面临时刻受到帝国主义军事侵略的危险。这种险恶的国际环境,迫使苏联不得不加强中央集权的体制,以便集中人力、物力和财力解决每个时期最紧迫的任务;从主观原因来说,对苏联这个经济文化落后的国家实现社会主义和共产主义的长期性认识不足。苏联共产党取得政权以后,在如何建设社会主义和实现共产主义的目标上认识不清,犯有急性病,不顾生产力状况强制性地改变生产关系,过早地消灭私有制和资本主义生产方式,企图超越商品经济和资本主义阶段,径直地跨入社会主义和共产主义。同时,不仅认为社会主义与资本主义势不两立,而且认为商品经济也与社会主义格格不入,把消灭商品经济视为实现社会主义的必然途径。这种建立单一公有制经济和排斥商品经济的思想观念是计划经济体制形成和发展的重要思想根源。

高度集中的计划经济体制对推动苏联国有经济的发展、国家工业化的加速实现,对抵制

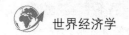

西方国家的封锁禁运和实现自力更生,特别是卫国战争的胜利,起了积极作用。但是,这种体制带来的经济生活的高度国家化,资产的高度国有化,管理权限的集中化,管理方法的行政化,资源配置的调拨化,产品分配的无偿化,收入分配的平均化,必然导致经济结构的畸形和失衡,扼制了经济的动力和活力,形成一种高消耗、低效益的粗放型经济。

二、二战后苏联的经济发展和经济改革

(一) 从经济恢复到赫鲁晓夫对苏联政治经济体制的全面冲击

苏联虽然取得了卫国战争的伟大胜利,但战争给其造成的经济破坏和损害是十分严重的。战争结束后,苏联就开始编制 1946~1950 年的第四个五年计划。计划的基本指导思想仍然是优先发展生产资料生产,高速度地发展重工业和军事工业。1950 年国民收入和工业总产值分别比 1940 年增加了 64% 和 73%。苏联在军事工业方面,如原子能、火箭、宇航技术等方面已进入世界领先行列。但是,与人民生活密切相关的农业和轻纺工业的发展未得到应有的重视,恢复和发展速度缓慢。正因为如此,苏联虽然在 1947 年废除了食品和工业品配给制,但消费品仍然不足,商店排队购物现象司空见惯,人民生活改善有限。

二战后建立的东欧和亚洲的社会主义国家,都按苏联模式建立了高度集中的计划经济体制,推行了优先发展重工业的方针。在建立这种体制中得到了苏联的支持及援助。到 20 世纪 50 年代中期,苏联向东欧国家借款总额达 280 多亿卢布。通过这些借款,向这些国家输出了煤炭等原料、机械设备和成套设备,扩大了经济和技术合作。与此同时,苏联也从东欧国家获得了许多物质技术资源,弥补了经济技术中的许多缺陷。正是在这种情况下,加上美国等西方国家对社会主义国家实行经济封锁禁运,斯大林提出了"两个平行世界市场"的理论。1953 年 3 月斯大林逝世,马林科夫上台执政,并提出了加速消费品生产的计划,但受到抵制和批判,他执政仅仅 6 个月后便被赫鲁晓夫代替。赫鲁晓夫以惊人的政治勇气,冲破了持续近 30 年的斯大林政治经济体制的坚冰,从"非斯大林化"开始,发起和进行了对旧的传统的苏联政治经济体制的全面冲击。赫鲁晓夫的改革大体可概括如下几个方面:

1. 农业政策和体制改革

赫鲁晓夫是长期抓农业工作的领导人。他在担任党中央第一书记之后,为了迅速增加粮食产量和改善食品供应,提出和实行了三项重大措施:① 大力提倡发展个人副业,并制定了相关的措施,使个人副业得到迅速发展。与此同时,他还对集体农庄的计划制度和收购政策进行了改革,将众多的计划指标缩减为只是农畜产品采购量这一个指标,集体农庄在保证完成国家采购任务的前提下可以因地制宜地安排生产活动,拥有广泛的经营自主权。另外,取消了农产品多种收购渠道,对各类农产品进行国家统一采购,大幅度提高农产品收购价格,提高农庄收入水平。这些改革措施,有力地调动了集体农庄和国有农场的积极性。② 为了缓和缺粮现象,赫鲁晓夫在 1954 年做出了大规模开垦荒地的决定。1954~1960 年,动用大量人力、物力和财力,在哈萨克、西伯利亚和乌拉尔地区共开垦 4180 万公顷的荒地,使全苏联的播种面积扩大 29%,农场种植面积扩大 67%。③ 1958 年,赫鲁晓夫为了使农业机械和劳动由集体农庄统一管理,提高机器拖拉机的使用效率,勒令取消了为集体农庄服务

达30余年的农机站,要求集体农庄买下原农机站的农业机械。

上述改革措施,在1958年以前曾对农业生产的发展起了很大促进作用。在农业逐步发展的形势下,赫鲁晓夫在1957年5月提出了一项雄心勃勃的计划,即在3~4年内使苏联在肉类、牛奶和黄油产量上超过美国。但是,由于他的农业增产措施缺乏科学论证,没有采取相应的配套措施,并急于求成,其开垦的荒地土壤迅速退化,化肥不足,重新沦为荒地;其下放给集体农庄的农业机械,由于缺乏维护经费和技术人员,不仅未能发挥效用,而且很快被报废。结果,1959年农业大减产,1963年发生了农业危机。赫鲁晓夫未能对其推行的政策进行正确总结,而把一切过错推到农庄庄员身上,指责他们在集体农庄劳动的时间太少,花在自留地上的时间太多。结果,自留地和个人副业重新受到限制,庄员的自留畜被迫卖给集体农庄,集体农庄自由出售农产品的政策被废止,一系列捆住集体农庄和庄员经营的计划指标被恢复。赫鲁晓夫的农业改革最终归于失败。

2. 经济管理体制改革

赫鲁晓夫执政后就开始酝酿改革中央高度集中的经济管理体制,而且是步步深化。其主要内容是:① 1953~1956年,将中央部分计划权限下放给地方,将大约15000个原属中央管辖的企业下放给地方管理,撤销各部和主管部门半数以上的总管理局、管理局和司,裁减90万名行政管理人员。② 1957~1959年,在上述改革的基础上,以改组工业和建筑业的管理体制为中心,变"条条管理"为"块块管理",撤销25个全联盟部和联盟兼共和国部以及113个加盟共和国部,将其权力移交给新成立的105个经济行政区国民经济委员会,下设各种公司、托拉斯和企业。撤销国家民委,改组国家计委,其职能只限专门负责长期计划和短期计划的综合平衡,不再干预经济行政区的行政管理。③ 上述改革滋生了地方主义和分散主义,削弱了国家对国民经济的集中统一领导,造成了经济混乱,因而1960年后赫鲁晓夫一方面对已进行的改革进行整顿,重新加强了集中管理,另一方面开始探索改革的新途径,将改革重点从宏观层次转向微观层次的企业。他在新的改革中,扩大了企业自主权,加强了经济刺激,更多地利用商品货币关系、运用经济核算调节企业生产经营,发挥货币、价格、成本、利润等经济杠杆的作用。但刚刚沿着这条途径改革企业,赫鲁晓夫就被赶下了台。

3. 政治体制改革

赫鲁晓夫已经认识到,苏联体制各种弊病的存在和改革的艰难在于对斯大林的迷信和由他一人专权专制的政治体制。1956年2月苏共第20次代表大会即将结束时,他突然向与会代表作了长达4个小时的"秘密报告",为政治民主和法制化打开了局面。赫鲁晓夫平反了部分过去根本不敢触及的冤假错案,在一定程度上扩大了人民理应得到的民主权利,在政治上和思想上开始创造了一个比较宽松自由的政治局面,法制得到了一定加强。赫鲁晓夫还对党和国家领导体制进行了一些改革。其中最为重要的是1962年11月做出决定,分割党组织,将边疆区和州的党委会及其下属组织划分为工业党组织和农业党组织。但这项改革搞乱了全党,使赫鲁晓夫成为众矢之的。

总的来说,赫鲁晓夫改革是对传统的苏联政治经济体制进行改革的一次大胆探索和尝试。赫鲁晓夫的胆识和勇气是值得称赞的,他开创的在社会主义国家进行改革之风更是应该肯定的,他的一些改革措施取得了一定成效。但是,他无视改革的理论指导作用,也不进行改革总体设计和改革措施的试验,采取盲动的反复无常的政策和措施,注定其改革必然失败。

(二) 勃列日涅夫时期的经济体制改革

勃列日涅夫1964年上台执政,1982年去世,执政达18年之久。应该说,勃列日涅夫执政期间,经济体制改革从未停止过,但对传统的高度集中的计划经济体制也从未突破过;经济状况非但没有很大改善,而且是越来越糟,以致被称为"停滞时期"。勃列日涅夫上台后,首先的工作是克服赫鲁晓夫时期造成的政治经济混乱局面,第一个行动就是把赫鲁晓夫一分为二的党政机关合并起来。接着陆续在经济生活中进行了改革。

1. 推行新经济体制

1965年10月,苏共中央和苏联部长会议通过了《关于完善计划工作和加强工业生产经济刺激的决议》,决定全面实行经济改革,推行新经济体制。新经济体制的主要内容有:①恢复以部门管理为主、适当兼顾地区管理的体制;② 改进计划工作,提高计划体系、指标体系和计划方法的科学性;③ 扩大企业权利;④ 加强经济核算;⑤ 加强经济刺激;⑥ 改进物资供应办法;⑦ 调整工业品批发价格;大幅度提高采掘工业产品的批发价格,降低机器制造业许多产品的批发价格;⑧ 改革信贷制度,加强银行对企业的监督作用,一方面扩大贷款范围,将许多预算拨款改为贷款,另一方面实行差别利率;⑨ 建立联合公司。联合公司的组建,将原来的多级管理体制过渡到二至三级管理体制。

勃列日涅夫领导的经济改革,对克服传统经济管理体制的弊端,提高经济工作水平,促进社会经济的发展发挥了一定作用。但是20世纪70年代中期以后,由于各种因素的影响,例如,企业为追求产品销售额和利润额,忽视产品质量;科技成果应用和技术革新缓慢;基本建设投资效率低、周期长、原材料消耗高等,经济发展速度明显减慢。于是,苏联从1979开始采取了进一步的改革措施,如对计划工作进行改革、加速科技进步以及改进工资奖励制度等。但实际上,由于旧体制的弊端积重难返,这些改革并未产生效果。

2. 改善和加强农业

勃列日涅夫在总结赫鲁晓夫执政后期的错误基础上,对农业政策也进行了修补和改革。比较突出的措施表现在以下三个方面:

(1) 重视农业生产手段现代化,从粗放经营向集约化经营转变。为此,加快了农业机械化、化学化和水利化的进程。到1980年,集体农庄和国有农场拥有的拖拉机、谷物联合收割机和载重汽车,分别比1965年增加了60%、40%和70%。而且几乎全部拖拉机得到了更新,提高了质量,农业机械化水平有较大提高。在加强农业化学化方面,通过从外国进口化肥生产成套设备和兴建新的化肥生产企业,增加化肥生产能力。为了促进农业集约化经营,勃列日涅夫还加强了农业科研工作。这主要表现在:扩大对农业科研的投资;增加农业科研机构;奖励对农业研究有突出贡献的科学家;建立农业科研生产联合公司;增加和加强农业院校等。

(2) 开发俄罗斯联邦的非黑土地带,扩大耕地面积。这一地带共有3200多万公顷耕地,并是雨量比较充沛的地区。为了增强其土地肥力,减少其沼泽地,苏联于1974年4月颁布了《关于进一步发展俄罗斯联邦非黑土地带农业的措施的决议》,决定把土壤改良作为开发的基本环节,将其建设成新的农业基地。1976~1980年,投资312亿卢布(占全部农业投资的18%以上)进行开发,并新建了130万公顷排干地和灌溉地。

(3) 发展农工综合体。1976年召开的苏共二十五大,第一次提出了发展全国农工综合体问题,以加强工农业、城乡之间的直接经济联系,增强农畜产品的加工能力,增加农庄的收入。1977年,全苏联已有661个农工企业和124个农工联合公司。

总的来说,勃列日涅夫执政18年间,他一方面纠正了赫鲁晓夫时期在改革政治经济体制和发展经济中的错误做法,另一方面又继承了赫鲁晓夫时期在改革经济体制和发展经济方面的积极政策,并有所改进。在他执政的前10年(1964~1974年),苏联经济力量和人民生活水平都有所提高,而后8年(1975~1982年),苏联经济就陷入了困难重重、步履维艰的状态。在勃列日涅夫执政后期,苏联经济增长速度不断下降,与西方发达国家的经济技术差距拉大。据统计,20世纪80年代中期,苏联一般科技水平比西方发达国家落后15年左右,尤其在微电子、新材料、信息技术等新兴科技方面更为落后。

勃列日涅夫的改革既没有触及所有制问题的改革,没能动摇高度集中的经济管理体制,更没有改变以优先发展军事工业为核心的重工业路线,因而改革并未取得实质性的进展,国家、企业和劳动者三者之间的矛盾并未得到重大调整,产业结构中工农业、轻重工业的比例关系并未得到重大改善,消费品质量低劣、食品供应短缺现象依然存在,整个经济以增加投资为主要动力的粗放式经营的状态并未得到根本扭转。据统计,1977年苏联固定资本投资额相当于美国的1.16倍,而其劳动生产率只有美国的一半。再加上在改革中缺乏综合性和坚定性,遇到阻力就动摇、就退缩,以及庞大的保守官僚机构的阻挠,使许多改革措施虎头蛇尾甚至名存实亡。连改革初期经常使用的"改革"一词,在1971年苏共二十四大后也不准用了,而改用"完善"一词。苏联的改革已处于"欲罢不能,欲改亦难"的停滞状态。

(三) 戈尔巴乔夫执政时期的改革和苏联解体

1985年3月,戈尔巴乔夫上台担任苏联最高领导人,苏联的改革也进入了一个新的阶段。戈尔巴乔夫在其1987年出版的《改革与新思维》一书中,对苏联特别是勃列日涅夫执政后期经济政治生活中存在的问题进行了多方面的评论。他认为"最近3个五年计划期间的国民收入增长速度下降了一半以上,而到80年代初,已下降到使我们几乎临近经济停顿的程度。一个以前大力追赶世界上最发达国家的国家,开始明显地失去一个又一个阵地。而且,在提高生产效率和产品质量、发展科学技术、生产和开发现代化技术设备和工艺等方面,同这些国家的差距越来越大。"[①]为了扭转苏联经济政治生活中的"停滞""反常"状态,夺回失去的"阵地",戈尔巴乔夫上台后对苏联的经济体制和政治体制进行了"根本性"的改革尝试。

1. 经济体制改革

戈尔巴乔夫认为,以往的改革是"不完全的、不彻底的,在最好的情况下也只是产生了短暂的效益,并未出现所需要的转折"。这样的改革不仅不能解决经济体制不适应生产力发展的矛盾,反而把矛盾积累和掩盖起来,使它的阻碍作用越来越强,因此必须进行全面的根本

---

① 戈尔巴乔夫.改革与新思维[M].岑鼎山,等译.北京:新华出版社,1987:14.

性的改革。但戈尔巴乔夫的经济体制改革一波三折,最终也未获得成功。

1985年4月召开的苏共中央全会是戈尔巴乔夫改革的起点。在1986年2月召开的苏共二十七大上,确立了加速经济发展的战略构想,以及根本改造经济体制和实现社会更新的目标。1987年6月又举行了苏共中央全会。会议的中心议题是确定根本改革经济管理体制的任务和措施。戈尔巴乔夫的改革是以企业为基本环节,以提高计划的效果和发挥商品货币关系的作用为基本方向,以建立"完整、有效、灵活的管理体制"为目标的经济体制改革。1987年通过了突破原有体制基本框架的一系列改革体制的文件,对企业的经济地位、计划和市场的关系、国家和企业的关系以及国家管理经济的方式都做了根本性决定。在企业的经济地位问题上,企业将从单纯的计划执行者变成相对独立的、自负盈亏的经济实体;在计划与市场的关系上,取消指令性计划;在国家与企业的关系上,企业的经营活动脱离对上级行政部门的依附关系;在国家管理经济的方法上,由行政手段改为经济手段,运用各种经济杠杆调节经济利益关系。自1985年4月苏共中央全会到1988年6月苏共第19次代表大会的3年多时间里,改革取得了一些进展和成果。其主要表现是:有了一个具体的改革纲领;改革从单项改革逐步进入到综合配套改革,并制定了包括《根本改革经济管理的基本原则》《国有企业法》等文件,形成了经济体制改革的总体设想。在这一阶段,国民经济出现了持续增长的积极态势。1985~1987年,国民收入、国民生产总值、工业总产值和消费品产值年均增长率分别为3.3%、3.9%、4.2%和3.9%,以上指标都大大超过了1981~1983年的年均增长速度。

戈尔巴乔夫通过改革虽然取得一些进展,但并没有获得实质性的突破,而且在1989年以后苏联陷入了改革与发展的双重困境之中。其主要表现在:① 在苏联历史上首次出现了经济负增长。社会总产值、国民收入和社会劳动生产率三大指标,1990年分别比上年下降2%、4%、3%,工业和农业生产分别下降1.2%和2.3%。② 重要产品减产、商品奇缺、市场供求严重失调,石油产量1989年比上年减产1900万吨,煤炭减产3200万吨,消费品市场供应紧张,1200种消费品中有1150种短缺。③ 财政状况恶化,1989年财政赤字达920亿卢布,相当于国民生产总值的10%,占财政支出的五分之一,国家内债达4000亿卢布。到1991年7月1日,内债总额达8000亿卢布,外债约为650亿美元。④ 通货膨胀严重,人民生活水平下降。1989年发行货币180亿卢布,增长9%,出现了高达18%~20%的通货膨胀率。卢布贬值,经济状况恶化,导致人民生活水平下降。1989年居民实际生活水平下降7%,有4000万人生活在贫困线以下。1991年失业人数达400万~600万人。

造成苏联经济形势恶化的原因是多方面的,其中最主要的是:在推行经济体制改革中,没有重视国民经济比例失调的问题,经济结构更加不合理,消费品市场更加紧张;农业改革滞后;企业改革停滞不前,未能从根本上解决企业经营机制的转换问题;在推行"民主化""公开性"的政治体制改革中没有加强法制建设,出现了严重的思想混乱和无政府状态,影响了社会经济生活的正常运行。面对日益恶化的政治经济形势,苏联领导人认为,经济困难的原因主要是经济体制模式没有得到根本性的改变。在吸取和总结历次改革失败的经验教训的基础上,决定从建立市场经济中寻求出路,并提出了向市场经济过渡的纲领。

1990年3月,戈尔巴乔夫当选为苏联总统后,把走向市场经济作为"经济改革的核心"。1990年10月19日原则上通过的《稳定国民经济和向市场经济过渡的基本方针》,亦称《总统纲领》。其主要内容有：① 向市场经济过渡，必须建立的基本条件，如经济活动的自由、加强市场竞争、实行经济开放等；② 分四个阶段向市场经济过渡；③ 采取稳定经济的措施，包括财政、金融、国家信贷、对外经济联系等；④ 实行所有制改造，推行自由价格制度，进行银行体制改革，建立市场基础设施。但是，上述纲领尚未得到贯彻实施便由于苏联解体而夭折了。

2. 政治体制改革

政治体制改革是戈尔巴乔夫的改革的核心，也是他最为关注的领域。戈尔巴乔夫政治改革的基本指导思想是民主化和公开性，其基本目标是"走向人道的、民主的社会主义"。在这个思想指导下，1985年4月苏共中央全会上戈尔巴乔夫提出了民主化改革的任务，1987年1月苏共中央全会上提出了全面民主化的改革纲领，1988年苏共第19次代表会议上又制定了党和社会生活进一步民主化的措施，通过了《关于苏联社会民主化和政治体制改革的决议》《关于公开性的决议》等7个重要的改革文件。上述一系列纲领、战略、决议中，从不同方面体现了戈尔巴乔夫提出的政治体制改革的基本任务。其主要内容是：① 劳动者是国家和社会的主人，要尽一切可能使成千上万的劳动者不是在口头上，而是在行动上参加国家的管理；② 为社会的自我调节和自治过程开辟最广阔的天地，为充分发挥公民、权力代表机关、党组织和社会组织、劳动集体的主动性创造条件；③ 根据列宁的共产党是社会的政治先锋队和苏维埃国家是人民的政权工具的观念，党的机关和国家机关的职能应严格分开；④ 加强社会主义法律和法制，以排除篡夺政权和滥用权力的可能性，有效地抵制官僚主义和形式主义，可靠地保障公民的宪法权利和自由以及他们对社会、对国家的义务；⑤ 建立能保障政治制度及时自我更新的有效机制，在一切生活领域发展和实行社会主义民主；⑥ 保证国家和社会活动具有公开性，使公民能够最大限度地获得信息和传播信息。

在贯彻上述原则中，苏联进行了一系列改革，包括改革了选举制度，平反了历史上的许多冤假错案，撤换了许多党政领导人员，发展了多种多样的社会团体，实行了各种形式和渠道的发布、公布、传播党和苏维埃活动的公开制度等。所有这一切，活跃了社会生活，打破了社会的沉闷空气，克服了社会生活中长期存在的许多弊端。但这种突如其来的急风暴雨式的政治体制改革，也引起了社会和思想的严重混乱，使社会生活失去了秩序和控制，激起了各种保守势力和改革稳健派的严重不满，并使经济体制改革难以落到实处，导致戈尔巴乔夫改革失败和下台。

3. "8·19"事件和苏联解体

苏联经济1990年出现负增长之后，1991年生产继续滑坡，货币贬值，物价上涨，食品和消费品匮乏，苏联陷入政治、经济、民族和社会的全面危机之中。1991年8月19日，以副总统亚纳耶夫、总理帕夫洛夫、国防会议第一副主席巴克拉诺夫为首的8位领导人宣布成立国家紧急状态委员会，发表告苏联人民书，声称"国家面临致命的危险"，并宣布戈尔巴乔夫因健康原因不能履行总统职务，由以叶利钦为首的紧急状态委员会肩负起祖国命运的责任，并决心采取措施，使国家和社会摆脱危机。这就是对苏联命运产生深刻影响的"8·19"事件。8月24日戈尔巴乔夫宣布辞去苏共中央总书记职务，苏共中央"自行解散"。在8月24日乌克兰率先宣告独立之后，其他共和国也纷纷宣布为独立的主权国家。12月8日，俄罗斯、白

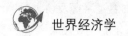

俄罗斯和乌克兰3国领导人签订"独立国家联合体协议";12月21日,11国(除格鲁吉亚)于阿拉木图签署建立独立国家联合体协议议定书,并宣布"随着独立国家联合体的成立,苏维埃社会主义共和国联盟将停止存在"。

导致苏联解体的原因在哪里?从直接原因来说是苏联领导人造成的。但正像恩格斯分析1848年法国革命失败的原因所指出的:革命失败的原因不应该从一些领袖的偶然的动机、优点、缺点、错误或变革中寻找,而应该从每个经历了动荡的国家的总的社会状况和生活条件寻找。① 苏联的解体是一个悲剧,有其深刻的经济、政治、社会和民族的原因。

(1) 苏联在长期与国内外敌人斗争中,特别是在长期的斯大林执政期间,形成了个人专断和缺乏法制的政治制度,人民群众的民主权利受到严重扭曲和破坏,使人民群众失去了对政权的信心和信任。而戈尔巴乔夫担任苏共总书记后,又提出了"人道的、民主的社会主义",并实行多党制,使各种反对社会主义、否定马克思主义的思潮和政治派别纷纷出现。特别是"8·19"事件之后,联盟中央的大部分权力被"民主派"攫取,使苏共失去了对全国的领导地位,并被分裂,进而被终止活动,最后被取缔,导致苏共所领导的国家解体。

(2) 长期的指令性计划体制造成了集权过度和经济效率低下,使经济失去动力和活力,使人民群众的物质文化生活得不到应有的改善。赫鲁晓夫开始的局部的改革措施一个接一个地失败,使经济形势每况愈下,在勃列日涅夫执政后期经济形势更糟。在戈尔巴乔夫执政前的5年(1981~1985年)增长17%,年均增长率为3.4%,而1986~1990年仅为6.8%,年均增长率为1.3%。其中1990年首次出现负增长,即下降4%,1991年又下降近15%。经济已经到了崩溃的边缘,致使80年代末苏联出现了空前的危机,这是苏联解体的一个重要社会经济原因。

(3) 苏联内部长期存在民族沙文主义,导致苏联各加盟共和国产生离心倾向,最终走向国家分裂。一方面,加入俄罗斯联邦的各加盟共和国,在苏联中央集权体制下,经济结构日益片面畸形,而且劳动者的收入仅为俄罗斯劳动者的一半左右,有着摆脱俄罗斯控制的强烈愿望;另一方面,许多俄罗斯人又感到各加盟共和国靠俄罗斯的援助生存和发展,希望甩掉包袱。戈尔巴乔夫倡导的民主化和公开性,使民族矛盾公开化和民族分裂活动合法化,使联盟逐渐失去凝聚力。

(4) 除了上述原因外,还有一个深层次的原因,即在一个经济比较落后的国家如何建设社会主义,社会主义的内涵和标准是什么等问题,在苏联一直没有得到正确认识,对建设社会主义和实现共产主义的长期性认识不清,不顾生产力状况强制性地改变生产关系,排斥商品货币关系,人为地创造社会主义生产方式,结果既破坏了生产力和浪费了社会资源,也损害了社会主义和共产主义的形象,埋下了瓦解社会主义的种子。

三、俄罗斯的经济转轨与经济发展

(一)"休克疗法"的内容及其在俄罗斯推行的原因

苏联解体后,俄罗斯在向市场经济过渡的经济转轨方式上,面临着两种不同的选择:激

---

① 中共中央马克思恩格斯列宁斯大林著作编译局. 马克思恩格斯选集:第1卷[M]. 北京:人民出版社,1995:483.

进方式和渐进方式。1991年年底,叶利钦聘请美国哈佛大学教授杰弗里·萨克斯为政府经济顾问,负责拟定和实施激进的经济改革方案——"休克疗法"。所谓"休克疗法"指从计划经济向市场经济转轨上采取一步到位的激进方式,以区别于渐进式改革,旨在遏制通货膨胀,克服财政危机,使经济复苏。在苏联解体之前,苏联的经济学家普遍认为,没有从根本上触动传统的以行政指令性计划为基本特征的经济体制模式,没有选择市场经济体制,是苏联漫长的改革始终没能成功的根本原因。因此,向市场经济过渡是摆脱苏联经济困难的唯一出路。但在如何向市场经济过渡这一转轨方式问题上,出现了两种截然不同的观点:以俄罗斯政府副总理盖达尔为代表的一些人,主张仿效美国的自由市场经济模式,实行以货币主义理论为基础的"休克疗法";而以原苏联政府副总理、著名经济学家阿尔巴金,俄罗斯前议长哈斯布拉托夫和前副总统鲁茨科伊为代表的一些人,主张仿效德国的社会市场经济,采用渐进方式向市场经济过渡。叶利钦总统选择了盖达尔的方案。以叶利钦、盖达尔为代表的俄罗斯民主派选择休克疗法式的激进改革,有着十分复杂的原因:

(1) 必须向市场经济过渡已经在俄罗斯达成社会共识。斯大林之后的苏联历次经济体制改革都未取得成功,最主要的原因在于没有把建立市场经济体制模式作为改革目标。到了戈尔巴乔夫执政的后期,经过激烈争论,"到80年代末,俄罗斯的大多数政治力量和居民在必须进行自由化和向市场经济过渡方面实际上已达成共识。"普遍认为,经济体制改革不能停留在继续寻找计划与市场经济的"最佳结合点"上,"除了向市场经济过渡,别无选择"。这说明,俄罗斯的"转轨进程启动缘于人们越来越确信中央集权的计划经济已经走到了尽头。"[①]

(2) 严峻的经济形势是促使俄罗斯新执政者推行激进改革最为直接的原因。1990年苏联的社会总产值、国民收入和社会劳动生产率分别比上年下降2%、4%、3%,而到了苏联解体的1991年,经济状况进一步恶化,国民收入下降了11%,GDP下降了13%,工业与农业生产分别下降2.8%和4.5%,石油和煤炭开采下降了11%,生铁下降了17%,粮食产量下降了24%,国家收购量下降了34%,对外贸易额下降了37%。外汇危机十分严重。对新上任的俄罗斯领导人来说,在如此严峻的社会经济局势下,推行渐进改革已经不大可能。

(3) 俄罗斯新执政者在以什么样的速度推行经济体制改革问题上,面临着巨大的社会与政治压力。人们对旧体制给社会经济造成的严重恶果已经看得非常清楚,同时也看到了西方国家的市场经济所带来的丰硕成果。所以,在20世纪90年代初,包括俄罗斯在内的所有转轨国家,从官方到普通居民都产生了一种"幻想与错觉",似乎只要一向市场经济转轨,马上就可以摆脱危机,很快就能够缩短与发达国家的差距。正是这种压力成为俄罗斯加快改革步伐的催化剂。

(4) 通过激进改革尽快摧毁传统计划经济体制的基础,使得向市场经济的转轨变得不可逆转。1991年年底苏联解体,俄罗斯独立,民主派获取了领导权。但是,民主派的领导地位并不十分巩固,面临着以俄共为代表的左派力量的挑战。当时其他各派政治力量对在俄罗斯建立资本主义市场经济体制并不都持赞成的态度。在这种政治背景下,民主派认为,必须加速经济体制转轨进程,特别是要加快国有企业的私有化速度,从根本上摧垮以公有制为

[①] 格泽戈尔兹·W·科勒德克. 从休克到治疗:后社会主义转轨的政治经济[M]. 上海:上海远东出版社,2000:3.

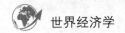

基础的计划经济体制,最后达到体制转轨不可逆转的目的。

(5) 从历史逻辑来看,以叶利钦、盖达尔为代表的民主派推行的激进改革,只不过是承袭了戈尔巴乔夫下台前所形成和提出的改革设想。在戈尔巴乔夫执政后期,苏联各政治派别不仅就向市场经济过渡的改革目标达成了共识,并且快速向市场经济转轨的主张也占了上风。因此,民主派执政后,从历史逻辑来看,推行激进改革是顺理成章的事情。

总之,20世纪90年代初俄罗斯推行的激进改革,是由特定的历史条件决定的。1991年10月28日,叶利钦总统宣布进行激进的经济改革,包括实行价格自由化、私有化和紧缩的财政货币政策。1992年1月2日开始实施"休克疗法"式的经济转轨。休克疗法的基本内容一般归结为自由化、稳定化和私有化。俄罗斯在1992年年初围绕这"三化"推行的激进改革措施包括:① 价格自由化。从1992年1月2日起,一次性大范围放开商品价格,使90%的零售商品价格和85%的工业品批发价格由市场供求关系决定。② 外贸自由化。取消国家对外贸的垄断,允许所有在俄境内注册的经济单位参与对外经济活动,放开进出口贸易。③ 汇兑自由化。卢布在俄境内可以自由兑换,由原来的多种汇率制过渡到双重汇率制(在经常项目下实行统一浮动汇率制,在资本项目下实行个别固定汇率制),并过渡到统一汇率制。④ 稳定化。实行严厉的双紧政策,即紧缩财政与货币,以便迅速达到摆脱赤字预算、降低通货膨胀率和稳定经济的目的。⑤ 私有化。俄罗斯政策规定,在1992年年内要把20%~50%的国家财产私有化。到1996年俄罗斯基本上完成了私有化的任务;私有化的企业已占企业总数的60%,非国有经济创造的产值已达俄罗斯GDP的70%。

(二) 国有企业私有化及其措施

在叶利钦推行"休克疗法"式经济改革的过程中,特别重视对国有企业实行私有化。早在1990年7月,苏联解体前通过的关于进行经济体制改革和向市场经济过渡的政策决议中,就提出了全面改革所有制,实行私有化,1991年7月3日颁布了《俄罗斯联邦国有和市有企业私有化法》。苏联解体后,俄罗斯加速了私有化进程,1992年6月11日通过了《私有化纲领》以及一系列法规、决定和总统令,为推进私有化作了立法准备,将其纳入法制轨道。与此同时,成立了俄联邦和地方国家财产委员会,设置了投资基金,组织实施私有化。俄罗斯私有化的目的在于,通过私有化建立市场环境和市场体系,提高企业经营活动和整个俄罗斯经济的效率,形成一个广泛的私有者阶层,吸引生产性投资包括外资,促进居民社会保障以及保护私有者(股东)权力的实施等。

在推行私有化过程中采取了以下方式:① "小私有化"。即工作人员不超过200人,截至1992年1月1日,固定资产不超过100万卢布的国营商店、旅馆、服务业以及其他小型企业的私有化,可以通过拍卖直接出售企业资产,或者通过竞争式经营,或者以投资招标形式出让企业和租赁企业资产。② "大私有化"。这是国有工业部门的私有化,即工作人员超过1000人,或者截止到1992年1月1日,固定资产超过5000万卢布的大型国有企业,通过将其改造为开放性股份公司,然后向私人出售股份来实施私有化。其他企业,即职工人数在200人以上,1000人以下,固定资产账面价值在100万卢布以上,5000万卢布以下的中型企业,既可以拍卖也可以实行股份制。

1992年,私有化过程全面展开。到1994年5月初,有1.9万家大型企业实现了私有化,约占大型企业的60%,共收回1.17亿张私有化证券,占所发放证券的80%。非国有化企业的产值已占国民生产总值一半以上。私有化已波及国民经济所有部门,其中包括燃料动力综合体、军工综合体。禁止搞私有化企业的比重仅为30%左右。1994年7月1日,叶利钦总统宣布,截至6月30日,俄罗斯大规模的证券私有化计划已经结束。其结果是70%的工业企业实行了私有化,4000万人成为股东,100多万人成了小企业主。

(三)俄罗斯激进改革的后果及教训

事实证明俄罗斯激进式的改革方案在相当长时期内不但没有产生预想的效果,反而引起了社会经济的混乱,把俄罗斯推到了崩溃的边缘。如果说戈尔巴乔夫时期的经济形势比勃列日涅夫执政后期的经济形势糟糕,那叶利钦时期的经济形势比戈尔巴乔夫时期更糟。俄罗斯自1992年年初实行激进的经济改革到1998年的6年,除1997年经济略有回升(1.4%)外,其他年份均为负增长:1992年为-14.5%,1993年为-8.7%,1995年为-4.1%,1996年为-3.4%,1998年为-5.3%。整个90年代俄罗斯GDP下降了43.3%,超过了1929~1933年大危机时代的美国(当时GDP下降30%),也超过1941~1945年卫国战争的损失(当时GDP下降24%)。经济大幅度下滑与脱缰般的恶性通货膨胀、失业率急剧上升、贫富差距迅速扩大相伴,20%的人占有社会总财富的60%。收入分配的严重不公引起了人们的强烈不满,导致各种违法犯罪行为和黑社会组织的猖獗,各利益集团之间的矛盾和冲突激化。政治上的不稳定又反过来使经济进一步恶化。普京在《俄罗斯千年之交的社会和经济发展战略》一文中认为,"俄罗斯正处于其数百年来最困难的一个历史时期。大概这是俄罗斯近200~300年来首次面临沦为世界二流国家、抑或三流国家的危险"。为什么拥有世界上最多的自然资源、比较发达的基础设施、人口又相对稀少的大国,竟然沦落到如此境地?根本原因不在于苏联模式的弊端,而在于在消除这一弊端中遵循的以"自由化""私有化""西方化"为主要特征的指导思想和以"休克疗法"为准绳的改革方法。主要表现在如下几个方面:

1. 盲目崇拜西方制度

苏联解体后,盖达尔等人把市场经济与社会制度联系在一起,把市场经济视为资本主义制度的固有物和社会主义制度的对立物,把向市场经济过渡视为恢复资本主义制度、摧毁社会主义制度和共产党人赖以东山再起的经济基础的决定性措施。因此,他们对苏联人民在社会主义制度下创造的不容置疑的伟大成就不屑一顾,竭力否认社会主义公有制与市场经济有着兼容性的一面,认为市场经济只能建立在私有制基础上,把私有化作为衡量经济转轨是否成功的基本尺度。这种脱离本国国情和时代,照抄和照搬西方资本主义国家陈旧观念和模式的做法,本身就是观念的倒退。在转轨过程中,吸取世界先进国家成功的经济制度和经验是正确的,也是应该的。但是,各国的经济制度环境有自己的独特性,各国社会经济系统的复杂性远远超过任何规范理论和模式的认识范围。因此,作为已经有70多年历史并已形成自己明显特征和特性的苏联,在向市场经济过渡中决不能立足于现成的理论、模式和他国的制度,更不能把一些高度抽象化的理论、模式和他国的制度视为金科玉律。

2. 盲目推崇自由竞争市场经济

自由竞争市场经济是古典经济学家亚当·斯密主张的完全由市场这只"看不见的手"支

配和调节的经济。现代市场经济是政府宏观调控的市场经济。只有把市场的作用和政府的作用有机结合起来,才能既发挥市场的资源配置的作用,又能弥补市场失灵的缺陷。但是,俄罗斯经济转轨的设计者既对传统的计划经济体制深恶痛绝,又对西方市场经济制度盲目崇拜,一开始就把市场经济与宏观调控对立起来。一方面,他们把市场的作用绝对化和神灵化,坚信经济自由化会使俄罗斯从"社会主义的地狱"过渡到"资本主义天堂",认为"只要转向市场,一切经济问题和社会问题就可迎刃而解,社会将能自我调节、自我调整";另一方面,他们把国家对社会经济的宏观调控作用等同于国家官僚性质的决策和行政干预,将国家对经济生活的任何干预视为"向共产主义倒退",认为要改革传统体制就必须让"市场决定一切",用"看不见的手"来完全替代"看得见的手",以便使转轨不受旧体制缺陷和由此产生的阻力所束缚。实际上,让市场最大限度地发挥作用,不仅不排斥国家对市场进行必要的干预,而且是让市场发挥调节作用的重要前提。因为,不仅在维持法律和秩序,建设和维护公共工程与设施、调节国民经济的生产、流通和分配中需要国家的作用,而且在从计划经济向市场经济过渡、培育功能健全的市场体系过程,更离不开国家的作用。放开价格,反对市场垄断,防范市场风险,实现社会公平等方面,都需要国家的调控。普京总统也把俄罗斯没有在经济和社会领域建立完整的国家调控体系作为俄罗斯经济转轨的主要教训之一。

3. 没有以发展生产力为标准来衡量经济转轨的得失

经济转轨本身不是目的,而是促进生产力发展的手段。虽然俄罗斯改革的设计者在理论上并不否认这个观点,但实际上并没有真正以发展生产力为标准进行经济转轨,而是将经济转轨"政治化",为了摧毁社会主义制度和战胜政治对手不计代价、不计成本地强行推行"休克疗法",结果造成了经济的大倒退。事实证明,俄罗斯式的经济转轨带给俄罗斯的绝不是"短痛",而是长时期的经济危机。非但没有兑现在短期内大幅度提高劳动人民生活水平的许诺,反而出现了普遍贫困化的现象。这是俄罗斯经济转轨不得人心的重要原因,也是俄罗斯经济转轨过程中社会、政治和经济始终动荡不定的重要原因。

在经济转轨中构建新的制度,既要充分考虑和吸收传统制度尚能发挥积极作用的长处和优势,又要有计划、有步骤地实现新旧体制的更替,在合理利用旧制度的基础上促成新制度的成长。俄罗斯的"休克疗法",企图在一夜之间就彻底摧毁旧体制,而新体制在短时期里又不可能建立和健全起来,其结果必然造成种种制度"真空",使社会处于无政府状态,失去法制和规则,失去公正和公平,使经济运行出现混乱,使社会资源遭到浪费,使生产力发展受到阻挠。

4. 忽视了国家的经济安全

俄罗斯在与国际经济规则接轨、融入经济全球化大潮的过程中,没有建立起强有力的监管机制,忽视了国家的经济安全。俄罗斯在推行经济转轨并融入经济全球化大潮时,在原有的苏联计划经济体制被摧毁的条件下,没有根据国情国力循序渐进地推行生产、贸易和金融的自由化,而是将国内市场全面开放。其结果,在生产和贸易领域,对外国商品的大量进入毫无思想和政策准备,毫无竞争经验,完全丧失了竞争能力和生存能力。与此同时,一些掌握国家重要物资、技术秘密和高科技的企业,为了生存,也不惜牺牲国家利益实行对外贸易自由化,将对国家安全有影响的产品和技术对外出售;在金融领域,俄罗斯在国内金融市场刚刚建立、金融秩序尚未理顺的时候就开放了市场,既没有对资本流动尤其是短期资本的流动制定严格的监管政策,也没有对外国货币在国内的兑换和使用实行必要的管制,导致俄罗斯整个国民经济出现了"美元化"和国外游资自由进出俄罗斯的局面。这不仅为国际投机资本冲击俄罗斯金融市场提供了条件,也为本国资本大量外流创造了条件。据估算,自俄罗斯转轨以来,每年从俄罗斯流向西方国家的资本至少有170亿美元。而俄罗斯每年吸收的外资却非常有限:1995年约为30亿美元,其中直接投资为20亿美元,1996年相应为70亿美元和24亿美元,1997年相应为123亿和53亿美元,1998年相应约为150亿和30亿美元,1999年相应约为85亿和48亿美元,2000年上半年相应为48亿和18亿美元。结果,自俄罗斯经济转轨以来,并不是西方国家向俄罗斯提供资金,而是俄罗斯向西方国家输送资金。1998年俄罗斯的金融危机,就是由于缺乏对其金融市场的有效监管造成的。

（四）普京执政以来的改革措施

1999年12月31日,叶利钦总统辞职,普京开始执政,之后当选总统。这标志俄罗斯一个新时期的开始。普京对经济转轨以来的俄罗斯经济形势持冷静而客观的态度。他在《千年之交的俄罗斯》一文中认为,俄罗斯已经不属于当代世界中经济和社会发展水平最高的国家。20世纪90年代俄罗斯GDP下降40%以上,与先进国家的差距越来越大,正在被推入第三世界的行列。截至1998年,俄罗斯的GDP仅相当于美国的十八分之一,中国的二分之一,居民的人均实际收入下降了80%,约有60%的人生活在贫困线以下,通货膨胀极其严重,物价上涨了6000多倍,很多人的存款一夜之间化为乌有。

普京在就任总理和代总统时期,主张建立国家干预的市场经济或"可控制的市场经济"。根据2000年总统国情咨文,俄罗斯政府在建立市场经济体制和维护市场经济运行条件方面将主要发挥以下作用:① 保护所有权;② 保证竞争条件的平等;③ 保护经营自由;④ 建立国家统一的经济空间;⑤ 实施社会政策。普京领导的俄罗斯政府为摆脱经济困难现状、促进经济回升和增长以及积极发展对外经贸关系,主要采取了如下措施:① 通过降低和取消某些商品的出口关税,支持企业和公司扩大出口;同时,适当提高某些商品、主要是轻工食品的进口关税,保护国内市场。② 实行进口替代和出口替代政策,调整进出口商品结构。把发展高新技术产业、扩大科技含量高和深加工产品的出口比重放在首位,同时扩大传统优势产业,主要是能源和基本材料的出口。③ 发展军工综合体,扩大军火出口。为此要增加对军工综合体的投资,加强先进军事技术的研制,完善国家军事订货机制。④ 加强与其他独联体国家的经贸合作。⑤ 营建国际运输走廊,发展国际铁路运输,发挥俄罗斯在国际铁路运输中得天独厚的优越条件。⑥ 加大引进外资的力度,与外资共建俄罗斯的"新经济"。普京高度重视引进外资对振兴俄罗斯经济的作用,认为"没有外国投资,国家的振兴将需要很长时间,将会遇到重重困难。应该尽一切可能使外国资本投向俄罗斯"。⑦ 促使外流资金返回俄罗斯。根本措施是改善投资环境,建立刺激资金流入的资本运作机制;同时,加强税收纪律,加强海关监督。⑧ 对外关系贯彻国家利益优先的原则。普京总统和政府明确提出并再三强调俄罗斯对外关系要贯彻国家利益优先的原则。

在普京的领导下,俄罗斯经济21世纪初显现出快速好转和增长的趋势。俄罗斯1999年GDP增长5.4%,2000年增长9%。但这两年俄罗斯的经济增长主要依赖于卢布贬值效应与国际市场石油价格上涨这两个因素。2001~2005年每年经济增长速度分别为5%、4.7%、7.3%、7.1%和6.4%,虽然都低于2000年,但它们的取得不再主要依赖于外部因素,而是内需扩大这一因素的作用大大提高的结果。从总体来看,普京上台以来实施的各项经济改革措施,为经济发展创造了良好环境:① 普京实施的各种政策的总目标是对外政策为国内经济发展服务,稳定经济,强国富民。② 在宏观经济政策方面,普京从根本上改变了叶利钦时期紧缩财政货币、抑制需求的政策,转而积极推行扩大内需的政策。③ 在降低企业及个人税率的同时,加强税收征管工作。这一方面增加了财政收入,另一方面刺激了投资。④ 制定颁布了各种法典和法律,逐步整顿与完善了市场经济秩序。⑤ 政局趋向稳定。发展经济与推进改革成为各种政治力量的共识,人们对经济发展心理预期趋于好转,信心增强。2005年,俄罗斯GDP总量为5500亿美元,人均GDP超过4000美元。2013年,俄罗斯GDP总量超过2.3万亿美元,人均GDP超过1.6万美元。此外,在普京的带领下,俄罗斯在农业、计算机等领域,也有了长足的发展。2017年,俄罗斯粮食产量高达1.34亿吨,成为了世界上最大的小麦、甜菜出口国。但是从2008年金融危机发生以后,受欧债危机、乌克兰危机、阿拉伯之春等国际政治经济形势影响,又有美国页岩油革命,导致石油价格持续下跌,而俄罗斯经济结构较为单一,主要依靠能源和军工出口,这些又都控制在寡头和国企政客手中,再加上欧美长期经济制裁,俄罗斯最近几年经济滑坡严重,国内物价飞涨,老百姓的生活质量也在下降,2018年俄罗斯的GDP总量为1.65万亿美元,人均GDP为1.12万美元。

但俄罗斯依然拥有巨大的经济增长潜力。就幅员来说,俄罗斯的土地面积全球第一,东接亚太地区,西连中东欧地区,南与中国、蒙古接壤,是连接欧亚大陆的核心地带;就资源来说,俄罗斯是地下资源十分丰富的国家,特别是石油、天然气和煤炭等能源资源的储量和产量均居世界前列;就工业来说,俄罗斯拥有较完整的工业体系,虽在总体上其技术装备已比较落后,但在石油、化工、飞机、汽车、船舶、大型机电等领域的产品仍位居世界同类产品的较高水平,在航天航空、激光、新材料、生物工程、军工电子等领域居世界领先地位。俄罗斯如果在改革中切实找到适合自己国情的发展道路和模式,不再出现新的重大的路线和政策失误,社会不出现动荡,俄罗斯依然可能成为世界经济强国。

四、东欧国家的经济改革和经济转轨

(一)剧变前东欧国家的经济体制及其改革

1. 剧变前东欧国家的经济体制及其弊端

东欧的原社会主义国家包括南斯拉夫、阿尔巴尼亚、罗马尼亚、保加利亚、匈牙利、波兰、捷克斯洛伐克和民主德国(东德)等8个国家。它们都是在第二次世界大战结束前后,在当时的苏联的支持下诞生,并在苏联的帮助下发展的。也正因为如此,这些比苏联晚近30年的社会主义国家受列宁和俄国十月革命所鼓舞,受苏联在经济建设上和卫国战争中所取得的成就所吸引,在工人阶级政党领导下,几乎都接受和实行了苏联建设社会主义的模式,搬用苏联的经济体制,依靠行政手段对国民经济实行国有化,进行统一管理。在波兰,1945~1956年,大中企业一律实行了国有化,在捷克斯洛伐克,从1948年开始,大中小企业均实现了国有化,20名职工以上的私营企业在1948年年底就几乎绝迹。同时,投资、原材料、消费品等一律按中央计划进行行政方式分配,已不存在信贷、利息机制,市场已不起重要作用。东欧国家通过大规模国有化和实行计划经济,集中了国家的物力和财力,使被战争破坏的经济得到较快的恢复和增长。例如,1957年与1939年相比,保加利亚的工业总产值增长了6倍多;1952年,匈牙利的工业生产已接近二战前的3.5倍。但是,进入20世纪60年代后,同苏联一样,其僵化的制度和体制的弊端日益显露出来,经济开始裹足不前。例如,捷克斯洛伐克的国民收入年均增长率,1959~1964年为3.5%,1971~1975年为5.6%,1976~1980年为3.7%,1981~1985年为1.1%,都远远落后于1949~1953年的9.3%。有些国家已经出现了负增长。

2. 东欧国家的经济体制改革

东欧国家从现实生活的变化中日益意识到现有经济模式的弊端,从20世纪50年代开始就试图对传统经济体制进行改革。

(1)南斯拉夫的改革。南斯拉夫是东欧各国中最早进行经济体制改革的国家。从1950年到20世纪70年代南斯拉夫先后进行了从"工人自治"到"社会自治"再到"联合劳动制"的体制改革。其中心思想是,强调企业的独立性,扩大企业的自主权,削弱指令性国家计划制度,放弃投资决策权,将扩大再生产的决策权全部交给企业。但由于没有系统的配套的改革战略措施,在国家的经济职能不断削弱下,导致经济陷入混乱状态:企业可以自由地从国外借款,大量重复引进和建设,使国家背上了沉重的外债负担;因为轻工业投资少、见效快,企业纷纷投资轻工业,导致轻重工业比例失调。从20世纪70年代开始实行的自治联合劳动的经济体制,以自治协议和社会契约作为协调经济的主要机制,故被称为"契约经济"。1974年南斯拉夫把自治联合劳动作为经济体制写入新宪法,1976年又颁布了联合劳动法,形成了自治联合劳动的经济体制。1980年铁托逝世后,国家主席每年由各加盟共和国主席轮流担任,虽然是为防止个人崇拜,但也为国家分裂埋下隐患。80年代,南斯拉夫陷入深重的社会经济危机之中,对自治联合劳动持批评意见的人士认为,契约经济是"危机的总根源",只有将其彻底废止,实行市场经济,才是摆脱危机的唯一出路。

(2)匈牙利的改革。1966年5月,匈牙利社会主义工人党中央委员会通过了关于经济体制改革的决议。决议指出,"经济体制改革的基本特点是,在生产资料公有制的基础上,把国民经济按计划发展的中央管理和市场的积极作用有机地联系起来"。1968年匈牙利正式实行新经济体制,其基本特点是在坚持国家所有制、国家调节、中央计划指导下,基本上取消了指令性计划,企业可以在国家用直接和间接方法限定范围的市场上自主行动,享有较大的经营自主权,这种体制也被称为"国家调节和企业自我调节型"。在收入制度方面,主要解决了企业收入如何在国家和企业间分配的问题,将企业上缴利润改为国家对企业征税。另外,在工资制度、税收制度、银行制度等方面也都进行了改革。这次改革取得了明显成效:经济实力和人民生活水平均有明显改善,由二战前落后的农业国发展成为中等发达国家。但进入20世纪80年代,由于产业结构调整进展缓慢及国际经贸环境恶化等国内外诸多方面的原因,经济增长缓慢甚至出现负增长,整个80年代经济一直没有摆脱困境。匈牙利的国民收入增长率,1967~1973年年平均增长6.1%,1973~1978年降为5.2%,1981~1988年又降为1.3%,而1985年为-1.4%,1988年为零增长。

(3)波兰的改革。波兰在1989年剧变之前进行了三次改革尝试。第一次改革始于1956年。具体措施是:减少国家的指令性计划,扩大企业的经营决策权,实行工人自治。这次改革成效不大;第二次改革发生在20世纪70年代。主要措施包括:① 完善管理体制,扩大企业的自主权;② 改革价格体系,采用固定价格、限制价格和自由价格三种形式,发挥银行的监督职能;③ 引进国外的先进技术,实行开放的经济政策,大量举债,扩大生产能力。这次改革取得了较大成果:工农业生产快速增长,人民生活水平明显提高。但也出现了外债负担加剧、设备重复引进、基建项目过多周期过长等问题。

1980年波兰成立了经济改革委员会,并制定了《经济改革的方针》,该委员会于1981年7月提出了采用"中央计划与运用市场机制相结合"的新体制,国家废止行政指令统配制,企业实行自主、自治、自负盈亏的"三自"原则。这次改革从1982年1月全面实施。改革的主要措施包括:基本上取消指令性计划,实行指导性计划;产品的价格应尽量反映成本和供求关系;在保证满足职工基本生活需要的基础上扩大物质刺激部分,并把制定浮动工资权下放给企业;扩大企业自主权,实行自负盈亏,同时颁布了企业破产法;下放部分外贸权,实行企业从出口创汇中提成的办法,以鼓励出口;缩小中央投资范围,鼓励企业自筹资金扩大再生产,除中央投资继续采用财政拨款外,其余投资均采用银行贷款和企业自身积累的办法解决;放松对外资的限制,采取吸引外资的政策,等等。上述改革进展缓慢,收效不大,经济增长率出现了不断下滑的趋势:1971~1975年国民收入年增长率为9.7%,1976~1980年下落为1.3%,1981~1985年进入负增长,年均为-0.8%,人均国民收入在1988年竟比1978年低了8个百分点。

东欧其他国家,如保加利亚、捷克斯洛伐克、民主德国也曾经进行过一定程度的改革,取得了一定的成效。但从总体来看,东欧各国直至剧变之前经济体制改革都没有取得成功,其关键在于缺乏成熟的改革理论的指导,未能确定明确的改革目标,改革政策措施缺乏整体性,没有处理好经济体制改革与政治体制改革的关系,双重体制长期并存,两者矛盾与摩擦日益加剧,僵化的计划经济体制限制并排斥了商品经济和价值规律的作用,从而导致经济发展缓慢甚至陷入社会经济危机。

(二)东欧国家的剧变和经济转轨

20世纪80年代末90年代初的国际政治剧变从东欧国家开始。它不仅标志着全面社会经济改革的开始,也标志着开启了从社会主义回归资本主义的"改向"堤坝。1989年被国际舆论称为"东欧年"。在这一年里,东欧几个社会主义国家的政局,相继发生了激烈的带有根本性的变化,这个变化的基本原因是国内社会经济矛盾的加剧。苏联领导人戈尔巴乔夫倡导的"新思维"及其对东欧国家"改革"的支持和赞许,西方反共势力的鼓励和挑动,对东欧国家的剧变起了催化和引爆的作用。在1989年这一年里,领导东欧国家走社会主义道路的工人党或共产党,或被迫退出执政地位,或被改变为社会民主党,并涌现出一批与之争夺政权的新的政党。东欧国家在这些政党的争斗中,开始了经济转轨。

1. 东欧大多数国家推行"休克疗法"的原因

东欧国家剧变之前在选择经济转轨战略的问题上,就有着关于激进改革与渐进改革的争论。东欧剧变之后,除匈牙利、罗马尼亚外,都选择了被称为"休克疗法"的激进改革战略。

1990年,波兰、南斯拉夫率先推行了休克疗法,随后捷克斯洛伐克、保加利亚等国也群起仿效。休克疗法在东欧大获青睐,有如下三个原因:① 南斯拉夫、波兰等曾进行过渐进式的经济改革,不仅没有建立有效运行的经济体制,反而造成了经济运行的紊乱和经济状况的每况愈下。选择激进式的经济改革是对渐进式改革失败的一种反应:与其久拖不决,延续旧体制的无效率,不如速战速决,迅速过渡到新体制。② 东欧剧变后新上台的政党希望通过激进的改革来赢得广泛的社会支持,巩固其地位。东欧剧变之初更多的人倾向于支持与旧体制决裂最彻底的政党,上台执政的政党为了兑现选举中对选民的承诺,更快更早地显示自己的政绩,便采取了激进的改革路线。③ 与萨克斯的个人影响有关。萨克斯29岁被聘为哈佛大学经济学教授,担任过玻利维亚、委内瑞拉、厄瓜多尔、阿根廷等国的经济顾问,同时还是世界发展经济学研究所、联合国大学的客座研究员。并在国际货币基金组织、世界银行中有一定的影响,被称为"国际金融界的金童"。东欧国家不仅对其倡导的"稳定化、自由化和私有化"的休克疗法存有幻想,也希望通过激进改革来争取国际金融组织的贷款与援助。

2. 东欧国家激进改革与渐进改革的比较

在东欧国家中匈牙利和罗马尼亚实行了渐进的改革。对东欧国家来说,无论是激进改革还是渐进改革,其内容都包括稳定化、自由化、私有化和制度化,只不过后者在具体实施过程中体现循序渐进的特色。波兰推行了休克疗法,匈牙利则进行了渐进改革。这两个国家是两种转轨战略的典型。它们的不同主要体现在经济改革的顺序以及改革力度的差异上。

(1) 宏观经济政策紧缩的力度不同。波兰、匈牙利在经济转轨初期为了实现宏观经济的稳定,都实行了紧缩的财政和货币政策,试图通过减少补贴、削减开支、提高利率、抑制需求、取消税收优惠等措施实现宏观经济的稳定。相比之下,波兰的紧缩政策比匈牙利更为严厉。匈牙利在紧缩政策的运用上有一定的回旋余地,政策运用较为灵活。这主要是因为匈牙利在改革前从未出现波兰那样的恶性通货膨胀。1989年,匈牙利的通货膨胀率为18%,而波兰达到2400%。

(2) 价格自由化和外贸自由化的步骤不同。波兰于1990年1月1日一步到位地放开了90%的商品的价格,解除了进口的数量限制,实行了20%的统一关税(除对奢侈品加征附加税和对部分商品免税外),同时取消了出口的大部分数量限制,降低了出口关税。匈牙利则逐步实行价格自由化和贸易自由化,自1988年开始放开价格,到1990年有80%商品的价格放开,到1992年有90%商品的价格放开。1990年匈牙利有78%商品的进口已放开,1991年有90%商品的进口不受任何限制,1992年完全放开进口。

(3) 实行货币可兑换的步骤不同。波兰1990年将其货币兹罗提大幅度贬值,使官方汇率接近于平行市场的汇率,外汇黑市交易完全消失,实现了兹罗提的国内可兑换;匈牙利则逐步将其货币福林贬值,使之具有可兑换性。目前官方汇率已接近平行市场汇率,福林成为国内可兑换货币。

(4) 私有化方式的差别。波兰国有企业私有化以直接出售和无偿分配为主;匈牙利在私有化过程中明确拒绝了波兰、捷克斯洛伐克以资产券的方式无偿分配国有资产的建议,而以直接向国内外购买者出售国有企业的方式来实行私有化。匈牙利拒绝无偿分配国有资产,是基于如下两个考虑:① 担心无偿分配会导致国有资产的流失;② 政府对这种方式的可行性抱有疑虑。

总之,对东欧国家来说,休克疗法与渐进式改革没有本质区别,只是从计划经济体制向市场经济体制转变中所采取的顺序、步骤、力度的不同。

(三) 经济转轨的进展与经济好转

东欧国家经过十多年的转轨,在政治制度上和经济制度上均发生了重大变化。它们都放弃了社会主义目标,走上了资本主义道路。同时,1990年民主德国(东德)与联邦德国(西德)合并;1992年捷克斯洛伐克分裂为捷克、斯洛伐克两个国家。南斯拉夫联邦共和国已被肢解,形成了斯洛文尼亚、克罗地亚、马其顿、波黑等独立国家。2004年,波兰、匈牙利、捷克、斯洛伐克和斯洛文尼亚成为欧盟的正式成员国。从整体上看,东欧国家经济转轨取得了重大进展,市场经济体制初步形成,经济形势日益好转。

1. 改革所有制结构,推行企业私有化

改革所有制结构,推行企业私有化,是东欧各国实现经济转轨的首要目标。通过企业私有化,消除中央计划经济体制的经济基础,改变分配上的大锅饭,使企业成为独立的商品生产和经营者,促进市场竞争,建立市场经济体制。东欧各国的私有化方式各不相同,比较有代表性的是波兰、捷克斯洛伐克和匈牙利。

波兰的国有企业以直接出售和无偿分配为主。1990年7月,议会通过了《国有企业私有化法》,在工业、交通运输、邮电、建筑业等部门推行大私有化计划,即将国有企业改造成股份公司,在专家评估的基础上确定出售和转让股份的比例、数量和价格,然后或向国内外法人或自然人出售;或以优惠价格向本企业职工出售;或无偿分配给公民,即政府向满18岁的公民发放固定面额的股权证,公民可用这些债券兑换国家以股份公司的形式建立的国民投资基金会的股票。

捷克斯洛伐克除对大型企业通过股份制改造的途径进行私有化外,还通过"重新私有化"的途径,将过去收归国有的部分私人财产退还给原来的主人或继承人;通过直接拍卖的途径将以商业和服务业为主的小型国有企业进行私有化。

匈牙利在私有化上选择了一条比较温和和渐进的方式。1990年年初,匈牙利批准了《初期私有化纲要》,开始实行小私有化,即对零售商店、食品、服务业进行私有化;接着在同年9月颁布第一个大私有化计划,对20个效益比较好的大型国有企业通过发行股票的途径出售,以吸引投资者,之后逐步展开。匈牙利在私有化上拒绝了无偿分配的方式,避免了国有资产的流失。

总的来说,东欧国家1990年以来,通过外部私有化、内部私有化与无偿分配三种方式,改变了所有制结构,成为促进私有化的一个重要因素。经济转轨以来,私人部门在国内生产总值中所占比例大幅度提高。根据欧洲开发与重建银行公布的数字,1994年中期,私人部门占国内生产总值的比例:捷克为65%,波兰、匈牙利、斯洛伐克为55%,阿尔巴尼亚为50%,保加利亚、克罗地亚为40%,罗马尼亚、马其顿为35%,斯洛文尼亚为30%。而到了1998年,私人部门占国内生产总值的比例:匈牙利为80%,捷克、斯洛伐克和阿尔巴尼亚均为70%,波兰为65%,克罗地亚为55%,保加利亚为50%。1997年匈牙利的私人资产已占国家资产的四分之三,其中国内投资者占40%,外国投资者占60%。

2. 建立市场经济体制,实现经济运行市场化和法制化

1990年,东欧各国在政治体制民主化和国有经济私有化的过程中,逐步实现了经济体制的市场化,即资源配置和供求关系通过市场实现,商品价格和利润分配由市场决定。为此,东欧国家采取了一系列政策措施。其中包括:① 按国际惯例建立银行、保险、证券、拍卖行等市场组织。实行银行私有化,允许外国银行进入。② 整顿原有的国家银行,将中央银行与商业银行的职能分开,建立二级银行体系。中央银行主要负责发行货币,制定货币政策,保持货币稳定;中央银行通过对商业银行的再贴现率调节市场,监督商业银行的运作。商业银行主要负责商业贷款。③ 建立适应市场经济的宏观调控体系和法律制度。东欧国家在转轨中,在财政、税收、企业运作等方面都进行了与市场经济相适应的改革措施,并都通过了新宪法、公司法、商业法、合同法、反不正当竞争法、预算法、银行法、破产法、私有化法、证券法、外资投资法等,更新了统计、会计、审计制度。

3. 扩大对外开放,实现贸易和资本自由化

东欧国家剧变前,对外贸易由国家垄断,贸易数额有限,而且主要在苏联和东欧各国组成的经互会成员国之间进行,与西方国家经济来往很少。在转轨过程中,东欧各国都取消了国家对外贸的垄断,实行对外开放政策,实现贸易和资本的自由化。在贸易体制上,下放贸易权限,取消国家对外贸易的定价权,所有经济单位都可以从事外贸业务。在关税方面,降低进口关税。匈牙利在外贸体制的改革方面采取的步骤和取得的成绩比较良好。1990年年底,政府颁布法令,在对进口实行许可证制度的约束下,任何法人、非法人公司及个体经营者都可以开展进出口活动。随着对外贸易的展开,进口许可制度也在不断弱化。1989年时,60%的进口商品实行许可证限制,到1991年已下降到只占10%。在关税方面,1989年时关税水平为25%,1990年下降为16%,1991年下降为13%。为了弥补因苏联瓦解和经互会解散带来的东方市场瓦解的损害,1991年年底,匈牙利、波兰、捷克三国与欧共体签署了为期10年的贸易合作协议,成为欧盟的联系国。

在对外贸易开放的同时,资本项目对外开放也在进行。东欧经济转轨以前,利用外资的主要形式是通过贷款和借债进行,包括政府间的官方发展援助、长期贷款、国际货币基金组织的贷款。在经济转轨后,东欧国家为了解决资金短缺,引进先进的技术设备,开始向外国直接投资开放,纷纷颁布和修订外资企业法,为外国直接投资流入提供各种方便,为取消对外资拥有股权比重的限制,允许开办独资企业,放宽投资范围,建立经济特区等。1989年时,东欧引进的外商直接投资总额只有6.7亿美元,外资企业只有几百家,而到1992年就增加到68亿美元和4万多家。在引进外资方面,匈牙利取得的进展和业绩最大。这除了匈牙利的改革步骤比较稳健和政局比较稳定外,对外资进入的条件比较优惠,如外资可享受5年免税优惠,1991年还通过了《外国人获取不动产法》。

东欧国家的经济转轨并不是一帆风顺的,特别是转轨初期在采取"休克疗法"的国家更是付出了沉重的代价,包括生产下降、恶性通货膨胀、高失业率、居民生活水平下降、贫富差别扩大等。20世纪90年代初,大批企业关闭倒闭,生产大幅度下降,失业人员大幅度增加。1991年,几乎所有东欧国家的工业生产都在下滑,最高的下滑了-41.9%(阿尔巴尼亚),最低的也在-11.9%（波兰）。大批企业倒闭破产，造成大批人员失业。1990年，波兰的失业率达20%，保加利亚达10%。失业大军的存在，使人民生活水平下降，政府财政负担加重，社会安定受到严重威胁。同时，由于生产下降，商品供应严重短缺，致使物价飞涨，通货恶性膨胀。1989~1992年，东欧国家的年通货膨胀率在50%以上。1990年，波兰的通货膨胀率达2000%。1993年，南斯拉夫的通货膨胀率比1991年高达2万倍。但是，东欧国家经过一场社会经济的严重动荡之后，各项改革开始发挥正面作用，从1994年起，大部分东欧国家走上了经济复兴之路，摆脱了经济衰退，实现了经济增长，有些已经成为欧盟成员国。

从长远来看，东欧经济发展的前景看好。制度转变后新的经济体制的逐渐形成和完善，为经济发展提供了制度条件；私人部门的崛起，已经成为东欧经济的新的增长点，国有部门向私人部门的转移，也是私人部门发展的重要因素；经济结构调整的加快将形成一些新兴产业，这些新兴产业将带动经济增长；市场经济文化的普及，人们对于制度转轨承受力的增强，适应市场经济的人才资源开发也是有利于经济发展的重要因素；东欧经济与西欧经济乃至与世界经济的接轨，参与国际市场竞争，有利于东欧的经济发展；特别是东欧在地理上接近西欧，欧盟的扩大为转轨中的东欧国家社会经济振兴提供了新机遇。当然，在东欧国家社会经济制度转轨的道路上还存在诸多困难和问题，如公共财政赤字持续增加、劳动人口大量流失、失业率居高不下等。同时，东欧国家的发展是不平衡的。波兰、匈牙利、捷克、斯洛伐克、斯洛文尼亚原有经济基础较为雄厚，转轨成就较为突出，社会经济发展前景看好，而巴尔干地区不仅原有经济基础比较落后，而且国内政治及安全局势存在着不确定性，制约着社会经济发展。

◆ 内容提要

当代发达国家经济的三大基本特征是科学技术和生产力水平高、产业结构高级化和市场经济成熟。二战后，虽然发展中国家的经济地位不断提高，在国际经济事务中的作用也不断加强，但在世界经济中仍处于相对落后状态和不利地位。

在本章第二节中，首先介绍了发达国家与发展中国家资本形成的比较及原因分析。其次比较了两类国家技术进步，即技术进步类型和技术进步条件两方面的情况。最后将两类国家工业化模式进行比较，突出分析了拉美国家的进口替代工业化模式、东亚经济的出口导向型工业化模式和拉美模式、东亚模式与发达国家工业化模式的比较。

在世界经济格局的不断变化过程中，比较突出的是二战后，世界经济中出现了与资本主义经济平行前进的社会主义经济集团，其取得的成就和对历史的贡献是不容抹杀的。本章最后分析了苏联和东欧等社会主义国家在建国初期所取得的经济发展成就，同时指出这种高度集中的计划经济体制的弊端与不足，苏联东欧国家在不断的改革中始终无法解决这些问题，最后东欧剧变、苏联解体，虽然一些转型经济体已进入发达国家行列，但包括俄罗斯在内的多数东欧转型国家经济发展依然面临不少障碍。

◆ 关键词

发达国家　发展中国家　进口替代　出口导向　转轨国家

◆ 思考题

1. 简述发达国家的基本经济特征和在世界经济中的地位。

2. 简述发展中国家的基本经济特征和在世界经济中的地位。
3. 什么是进口替代工业化模式？什么是出口导向型工业化模式？
4. 简述俄罗斯实行"休克疗法"的后果与教训。
5. 试述苏联与东欧计划经济体制改革失败的原因。

◆ **思考案例**

世界人均收入差距

2019年4月15日，IMF发布了最新一期《世界经济展望数据库》。数据显示，2018年世界GDP总量为84.74万亿美元，总人口为74.96亿，人均GDP达11305美元。

人均GDP排名中国之前的经济体的GDP总和为58.08万亿美元，占世界GDP总量的68.5%，人口为15.79亿，占世界总人口的21.1%，人均GDP为36775美元；中国GDP为13.41万亿美元，占世界GDP总量的15.8%，人口为13.95亿，占世界总人口的18.6%，人均GDP为9608美元；人均GDP排名中国之后的经济GDP为13.25万亿美元，占世界GDP总量的15.6%，人口为45.21亿，占世界总人口的60.3%，人均GDP为2931美元。

世界人均GDP中位数为4264美元。其中，世界最高人均收入国家卢森堡是世界最低人均收入国家南苏丹的377倍（见表8-8），而1990年，世界人均国民收入（GNI）最高国家瑞士是世界人均国民收入最低国家越南的271倍[①]。

表8-8 世界人均收入对比（单位：美元）

世界人均收入最高5国或地区	人均收入	世界人均收入最低5国或地区	人均收入
卢森堡	114234	刚果民主共和国	449
瑞士	82950	中非共和国	430
中国澳门	82388	马拉维	351
挪威	81695	布隆迪	307
爱尔兰	76099	南苏丹	303

资料来源：《世界经济展望数据库》，2019年4月15日。

试分析：世界经济组织统计的数据反映了世界经济发展的什么特点？为什么会有这个特点？

◆ **应用训练**

埃塞俄比亚服装工人每月收入仅26美元

一份刚发布的报告称，埃塞俄比亚服装厂工人的收入成为全球最低，每月收入仅26美元，其工资不到孟加拉国低收入工人95美元的一半。这些工人大多为Guess、H&M和Calvin Klein等全球知名服装品牌工作。

埃塞尔比亚为非洲人口第二多的国家，1.05亿人口仍很大程度上依赖农业生存，人均寿命为66岁。该国面临严重干旱与贫困。1991年通过武装斗争上台的埃塞俄比亚人民革命民主阵线（EPRDF）执政至今，二战间曾被意大利法西斯短暂占领。

---

① 资料来源：世界银行WDI数据库。

该报告由纽约大学斯特恩商业与人权中心发布,名称为《埃塞俄比亚制造:服装行业新前沿面临的挑战》。研究人员于该国首都南部约有2.5万名工人的重要园区Hawassa内进行调研,该员工数字预计将增加到6万人。

报告指出,埃塞俄比亚政府为寻求非洲大陆领先的制造业中心地位,向国外投资者抛出大量劳动意愿,中国、印度和斯里兰卡等国供应商在其主要园区已开设工厂,但其劳动力薪酬不到孟加拉国众所周知低收入的一半,即便增加津贴,也无法保障工人基本生活需求。员工正对酬劳与工作条件变得不满,越来越多的工人通过停止工作或辞职来抗议。报告显示,工厂平均每12个月更换一轮所有工人,工人多为年轻女性,接受培训较少,服装厂运转效率低下。

"埃塞俄比亚政府、全球品牌、外国制造商都想推动创造出'埃塞俄比亚制造'品牌,但却未料到基本工资对工人而言实在太少了,"报告里称。埃塞俄比亚针对私营部门(private sector)未设最低工资标准。

服装厂月薪资水平在14个被挑选国家中的排名,从上至下分别为:土耳其、中国、泰国、印尼、马来西亚、南非、肯尼亚、柬埔寨、越南、莱索托、老挝、孟加拉国、缅甸、埃塞俄比亚。

实际上,每月26美元的工资水平参考了该国政府雇人的最低入门薪酬,比如地板清扫工,服装厂工人起初为此条件受吸引。同在非洲的肯尼亚同行每月赚207美元,报告显示的中国服装厂工人每月赚326美元。另一份2013年政府调查发现,52%该国受雇员工的月收入低于35美元。

而政府希望该国服装出口从现在的1.45亿美元增加到每年300亿美元。这一数字被批评"不切实际",事实是低工资与培训缺失导致生产效率低下,伴随定期罢工与高流失率。

报告认为,除低廉薪资的不可持续,该国服装制造业另一挑战来自原材料几乎依赖进口,约14.8万英亩土地用于种植棉花,其余则用于经济作物。Hawassa园区的大部分面料来自埃塞尔比亚之外。

孟加拉国情况与此相似,由于无法发展本国供应链,孟加拉国生产的服装部件均为进口,因此它的工厂大多局限于剪裁与缝制。相比较下,中国服装厂已从简单的T恤、裤子生产,转至更复杂、多元且较高价值的生产,类似行业有汽车与电子设备。

至于埃塞尔比亚是否该借鉴于中国或是孟加拉国,报告的研究人员未给出答案,但督促政府尽快确立最低工资标准,以及培养劳工委员会为工人发声。

——资料来源:中国皮革制鞋网,"埃塞俄比亚服装工人每月收入仅26美元",2019-05-15。

试分析:

1. 埃塞俄比亚服装工人每月收入与其他国家相比差距较大,为什么?
2. 确立最低工资标准能减少收入差距吗?为什么?

第九章 世界经济发展中的资源约束与可持续发展

本章结构图

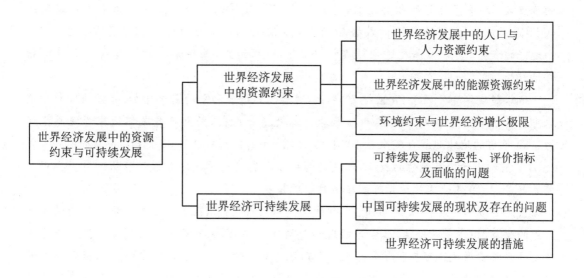

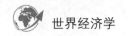
世界经济学

学习目标

通过本章学习,了解世界经济发展中的人口、环境和能源资源等要素资源约束情况,理解世界经济可持续发展的必要性、发展模式和实践情况。

导入案例

地球资源消耗正在加速

研究表明,人类消耗的地球资源日渐增多,根据目前的趋势,人类消耗地球资源的年度预算将于2019年首次在7月出现超支。数据显示越来越具破坏性的资源消耗正在吞噬我们星球的资源,人类2018年已经在创纪录的212天内消耗了本应是一年使用量的碳、食物、水、纤维、土地和木材。

这意味着地球超载日的来临继续提前,它标志着人类消费能力超过地球自然再生能力的节点,2018年将提前到8月1日,这是有史以来最早的记录。根据全球生态足迹网络(Global Footprint Network)的数据,为了保持人类目前对资源的需求,我们需要相当于1.7个地球的资源,全球生态足迹网络是一个国际研究组织,每年都会对人类生态负债进行评估。

地球超载调查开始于20世纪70年代,随着人口增长和平均需求增加,导致消费超出地球可持续水平。从那以后,人类年度地球预算就不断增大,而且日趋破坏地球资源再生能力。30年前的地球超载日发生在10月15日,20年前提前到9月30日,10年前提前到8月15日。虽然中途曾有短暂的放缓,但过去两年的人类消耗资源的步伐又有所回升。根据目前的趋势,2019年地球的预算可能在7月出现超支。

虽然更多的粮食生产、矿物开采、森林砍伐和化石燃料消耗带来了短期和不均衡的生活方式的改善,但在土壤侵蚀,水资源短缺和气候破坏方面,长期后果日益明显。根据全球生态足迹网络首席执行官兼联合创始人马西斯维克那格的说法,清算日正在逼近,我们目前的经济正在我们的星球上运行一个相似的庞氏骗局。人类正在借用地球未来的资源来运营我们现在的经济。像任何庞氏骗局一样,这种做法有一段时间了。但随着国家、公司或家庭越来越深入地陷入债务,它们最终会崩溃。

尽管危机近在眼前,但情况并非是不可逆的。该组织的研究表明,集体呼吁行动远比个人选择更有效。它指出,用素食替代50%的肉类消费会使地球超载日期延后五天。建筑和工业中的效率改进可以产生三周的差异,并且生态足迹中非常重要的碳排放减少50%将额外带来3个月的呼吸空间。

过去的经济放缓,也会减少能源消耗,有助于生态预算朝着积极的方向发展。2007年到2008年的金融危机使得生态超载日推后了5天。然而总体趋势表明地球能源供给系统越来越多地产生支出。过去数年的独立科学研究表明,三分之一的土地正在急剧退化,而热带森林已成为向大气排放碳的母体而不是碳的寄存储存体。另外,日益不稳定的天气,尤其是北极地区的天气,以及对于作物必不可少的蜜蜂和其他昆虫传粉者的数量的下降,都让科学家深表担忧。

第一节　世界经济发展中的资源约束

经济全球化的发展，世界经济的深度融合，为各个国家带来了一些共同的问题，如人口、贫困、环境和能源等，这些问题已经越来越成为影响人类在地球上的生存条件和人类能否持续发展下去的共同性问题。世界人口不断增长，特别是发展中国家人口的激增，成为影响和制约经济增长的一个严重问题，并且对社会经济发展带来了严重影响。世界经济发展的不平衡，使很大一部分国家并没有享受到全球化带来的成果，相反，它们一直挣扎在贫困的边缘。在经济增长过程中如果只注重经济发展，而忽略了经济发展过程对环境的影响，对环境的破坏性将越来越大。同样，经济增长过程中的能源约束问题也越来越严峻。

一、世界经济发展中的人口与人力资源约束

人口和人力资源两个概念既存在联系又有所区别。人力资源是成年人口中具有正常劳动能力的群体。一般来说，世界特别是发展中国家日益膨胀的人口为人力资源提供了几乎取之不尽的源泉。但是人口规模庞大并不等于人力资源充沛。人类文明发展到今天，低素质的人口不仅不能成为社会经济发展的动力，反而成为社会经济发展的负担和障碍。当前，世界各国基本情况是，低素质的人口供过于求，而高素质的人力资源却供不应求。因此，提高人口素质，调整和优化人力资源内部结构是世界各国尤其是发展中国家人口问题的主要任务。

（一）世界人口的增长

1. 世界人口增长的过去、现状与前景

从公元元年到1750年，世界人口年平均增长率还不到0.05%，1750～1850年，人口年平均增长率为0.5%，甚至在1900～1950年，世界人口年平均增长率也只有0.8%。而从1950年以来的几十年间，世界人口增长异常迅速，人口年均增长率猛增到2%。公元元年，世界人口约为2.5亿，到1750年增长到7.28亿，直到20世纪初，世界人口只有16亿。1950年上升为25亿，到1980年，人口迅速增长到44亿，而1987年又突破了50亿大关，37年时间人口增长1倍。到1999年，世界人口已经达到了60亿，而在2005年，世界人口已经突破了65亿。截至2019年10月26日，全球230个国家人口总数超过了75亿。

世界人口的急剧增长是发展中国家人口爆炸性增长的结果，在世界总人口中，85%生活在发展中国家。发展中国家的人口增长率远高于世界人口平均增长率。迅速的人口增长具有强大的惯性。即使发展中国家政府普遍采取严格措施控制人口增长，人口增长的势头也仍会持续。

2. 人口增长因素分析

世界人口增长受到多重因素的制约。产出增长、技术进步、医疗保健水平提高，使世界人口的增长超越了自然的束缚，快速增长。

(1) 产出增长是世界人口增长的前提和基础。人口增加首先需要与之相适应的可供消费的资源。粮食是束缚人口增长的主要瓶颈,在人均消费粮食保持不变的情况下,有多少粮食决定了有多少人口。换句话说,食物资源是促进或限制人口增长的关键因素。一个国家、地区乃至全球的人口数量在相当大的程度上取决于世界粮食、肉类、水产、蔬菜和水果等食物的供给量。

(2) 技术进步是生产增加的重要动力。每次人口激增都是在生产技术获得重大突破时发生的。无论是早期火和工具的使用,还是后来的蒸汽机,以及现代的基因技术,都使生产力大大提高,从而使能供养的人口大大增加。在这个进程中,技术进步和工业革命向人类提供了新的增长途径。目前,支撑世界人口增长的主要是工业和服务业。未来的生物技术将使农业生产彻底摆脱自然条件的限制,为世界人口带来新的增长空间。同时,科技进步不但提高了粮食生产率,在提高人类寿命和生存质量方面也起了积极的作用。

(3) 医疗保健技术的发展。疾病曾是限制人口增长的重要原因,而医疗保健技术的发展、一些重大的医学发现、基因技术的应用,使人类逐渐摆脱了疾病的困扰,死亡率普遍下降,人口预期寿命和人口质量大为提高。

(4) 社会文化在相当程度上也是影响人口增长的重要原因。中国、印度等人口大国的人口增长在相当程度上与他们的人口观念有关。

3. 人口增长与经济增长的相关性

人口增长具有两面性。作为经济活动主体的人是生产者与消费者的统一,西方的传统经济理论曾经认为,众多的人口一方面在生产上为建立规模经济、降低成本提供了充足的廉价劳动力;另一方面在消费上为较高的产出水平提供了充分的必要需求。但是,这种理论不切合今天世界经济增长中出现的人口问题。目前,世界人口的现实问题是:人口过多已成为绝大多数发展中国家国民经济的沉重负担和经济发展的巨大障碍,而居高不下的人口增长率更是今后许多年人民生活水平无法提高的重要原因。诚然,把经济弊病和社会罪恶统统归咎于过度的人口增长是一种错误的观点,人口增长与经济发展的联系是比较复杂的。对于目前世界经济发展现状而言,人口过多、增长过快或是人口过少、负增长都将威胁着经济的持续稳定发展。

有着过多人口的家庭中,在收入不高的情况下难以承担子女的教育费用,儿童往往得不到良好的教育,只能从事收入微薄的体力劳动。为了更多地增加就业,往往会用更多的劳动力来取代能够提高生产效率的机器设备和高新技术。因此,人口增长过快反而成为技术进步的重要障碍。而且,人口压力大的国家往往无法提供完善的医疗保健和社会保障,人们的生活水平难以提高,经济发展质量也就降低了。人口密度在一定程度上决定了人均资源和生活空间的水平。在国土面积和资源数量一定的情况下,人口增长过快,往往导致人口密度过大,人均生存空间和资源拥有量降低,相对人均资源量比较高,收入水平也比较高。

4. 全球人口的老龄化问题

人口的年龄结构主要取决于人口的平均寿命的长短。随着各国经济发展和医疗水平的不断提高,世界人口的平均寿命不断延长。20世纪后半期,世界人口平均寿命从47岁增加到60岁,因此,世界范围内出现了人口老龄化的趋势。从世界范围来看,人口老龄化主要发生在经济发达和比较发达的国家和地区,发展中国家和地区的人口结构相对比较年轻。根据联合国预测,1975~2025年,全球人口增长3倍,达到82亿;而60岁以上的老人将增加5倍,由2亿增加到11亿,其中80岁以上的老人将增加7.3倍,达到1.11亿。

人口老龄化的根本原因在于发达国家生育水平的降低,使少年儿童在总人口中的比重不断降低,相对提高了老年人口在总人口中的比重。死亡率的下降、人的平均寿命的延长都使老年人口数量逐年增加。目前,发达国家所面临的人口老化问题尤为突出。在这些国家,生活质量和医疗水平的提高,使人均寿命延长,老龄人口的数量急剧增加。据有关专家对50个国家人口结构老化程度的研究表明,2000年时,只有德国、希腊、意大利、保加利亚、日本等5国的老年人口数超过了14岁及其以下的人口数。到2030年时,预测所有发达国家老龄化指数都将超过100,其中几个欧洲国家和日本的老龄化指数将达到200以上。最高的意大利、日本将分别达到261和231。

人口老龄化将给社会经济的发展带来许多不利影响,导致社会适龄人口的不足和社会负担的加重,每个工作年龄的工作人员将不得不承担更加沉重的负担。今天,发达国家工作的纳税人和不工作的领取养老金的人的比例是3∶1,2030年下降到1.5∶1,甚至到1∶1。长此以往,不但会出现劳动力的极度短缺,人类社会本身都将难以为继,家庭和社会不堪重负。目前,发展中国家的老龄化指数一般大大低于发达国家的水平。据预测,到2030年,发展中国家老龄化指数最低的马拉维、利比里亚、危地马拉、肯尼亚分别只有10、11、18、19。不容忽视的是,未来几十年,发展中国家老龄化指数上升的可能性较之发达国家更大。

(二)世界人口的迁移

世界人口的迁移主要指人口经常性住地的迁移,包括国内迁移和国际迁移。

1. 城市化

国内迁移指人口在一国范围内从一个地区向另一个地区移动。一般来说,人口总是从经济不发达地区向发达地区转移。城市化就是国内迁移的典型表现。

伴随着经济的发展,城市化的比例正在不断提高。1950年,世界人口的29%居住在城市,1985年这一数字上升到42%,根据联合国推算,世界城市人口占总人口的比例,2000年达到了48%,2025年将达到62%。城市化的发展,人口的集中,所产生的集聚效应可以大大降低经济成本。集中于城市的现代生产有明显的集聚效应,工厂集中在城市里,缩短了物流空间和时间,降低了运输成本。同样,城市化也可以有效降低居民的生活成本,更具规模效应,基础设施的边际成本更低了,城市本身的消费也会带来更多的刺激。

但是,世界人口城市化的发展也是不平衡的。发展中国家国内存在着二元经济结构。城市不但收入水平普遍高于农村,有比较完善的生活设施,可以提供医疗、教育、娱乐、金融、商业等多种服务,而且就业机会也高于农村。在发展中国家人口城市化的过程中,大量农民涌入大城市。城市化的出现意味着社会经济形态从农业经济向工业经济和服务经济的转变。

人口城市化的比例在一定程度上也可以反映经济发展的水平,经济发展与城市化在一定时期内相互促进。但是,当城市化水平达到一定程度以后,经济增长与城市化的关系逐渐减弱。

2. 国际移民

国际移民也称人口的国际迁移，指人口在国际范围内的流动，特别是由于经济原因引起的劳动力国际流动。经济发展水平的差异是国际移民的主要原因。劳动力也是一种生产要素，他们可以根据利益最大化进行选择。在劳动力的流动过程中，劳动力由劳动和收入条件差的地方流向劳动和收入条件好的地方，以实现自身的价值。

从劳动力的国际流动方向来看，发达国家始终是国际移民的输入国，而发展中国家则是国际移民的主要输出国。在国际移民中，大部分是从发展中国家移民到发达国家，但也有一部分是发展中国家之间的相互移民。据估计，发达国家人口中有十分之一是移民，发展中国家只有七十分之一是移民。对于移民输入国，移民的流入在一定限度内可以解决由于经济增长过快而发生的劳动力短缺问题，但超过一定限度，又会加重迁入国人口相对过剩的压力。同时，迁入国的一部分国民收入会通过外来移民之手流往国外。对于移民输出国，人口的迁出可以减轻本国相对人口过剩的压力，又可以通过迁出的人口从国外带来一笔经济收入，这就有利于迁出国经济的发展。但人口的迁出，特别是科学技术人员和熟练劳动力的外流，会造成迁出国人才短缺，不利于其经济的发展。目前，发展中国家人才外流已经成为影响发展中国家经济发展的一个重要因素。

3. 人口问题与可持续发展

无论是西方的马尔萨斯还是中国的人口学家马寅初都先后就人口增长与经济增长之间的关系进行了探讨。他们认为人口增长与经济发展之间存在着一种负的反馈效应。经济发展可能会刺激人口增长，经济发展是人口增长的基础，它决定人口增长的规模、速度和总量，当人口增长适应经济发展的需要时，人口增长对经济发展产生积极的推动作用；另一方面，当人口增长超越了经济发展所能承受的能力时，人口增长将阻碍经济发展，有时甚至会产生极大的破坏作用。因此，人口问题的可持续发展将成为影响世界经济发展的一大关键。

（1）控制人类自身的消费。一方面，人口的过度增长加大了对环境和资源的压力，以至于超过地球本身的承载能力，使地球环境和资源陷入灾难性的危机，往往在经济发展水平越低的国家和地区人口出生率越高，为了生存，这些国家和地区的人民往往会掠夺性地开采和消费自然资源，造成环境和资源的深度恶化。另一方面，不同人群所消费的物质的质量和数量有着极大的差别。一些发达国家的人民以及发展中国家中一部分比较富裕的阶层，为了追求比较优裕的生活，耗费了多倍于贫穷人民所消耗的物质资源，也向自然界排出了多倍于贫穷人民所排放的废物及垃圾。因此，要想减少人口对于环境和资源的压力和破坏，一方面要改进人们的消费方式以及提高生产技术；另一方面也是更重要的是要提高人们对于环境保护和可持续发展的意识，让人们自觉地约束自己。在提高资源利用率的基础上，减少对于自然资源的过度开发，把向自然排放的废物减少到最低程度，加强对自然环境的保护。在这方面，关键是要提高发达国家消费者的环保意识，约束他们的消费欲望，减少浪费现象。

（2）重视教育。教育对于控制广大发展中国家的人口增长尤为重要。首先，这些国家和地区的人民受教育以后，一方面获得了知识，提高了技能，从而改变传统生产方式以及生存方式；另一方面，人们受教育后可以改变不正确的价值判断，可以改变一直以来根深蒂固的生育习惯。其次，受教育水平的提高会带来收入水平的提高。尽管一些发展中国家存在着教育程度与收入水平不成正向关系的现象,但这毕竟是反常的、非大量出现的情况。一般来说,收入水平和受教育水平是正相关的。受教育水平提高可以使个人收入水平提高,宏观的结果自然是国民收入水平的提高,进而是福利水平、保障体系的提高和完善,这有利于进一步改善发展中国家依靠廉价劳动力创收而人口激增的状况。

二、世界经济发展中的能源资源约束

(一) 能源工业生产布局和消费结构

1. 能源工业的生产布局

随着科学技术的进步,人类在能源利用方面经历了薪炭时代向煤炭时代和煤炭时代向石油时代等几次重大的发展变化,并正从传统的矿物燃料向核能、太阳能等新能源发展。

能源工业自产业革命以来一直保持了高速增长,特别是 20 世纪 50 年代以来,世界能源工业进入了新的发展时期。其特点是:① 能源生产总量不断提高。② 能源生产结构发生了重大变化,传统的煤炭工业受到石油、天然气工业的排挤,生产长期停滞不前,近年才开始有所回升,但其增长速度远不及石油和天然气快。同期,水电、核电得到较大发展,在能源生产中的地位日益上升。③ 世界能源生产分布很不平衡。美国能源产量最多,中国、俄罗斯、沙特阿拉伯、印度、加拿大、英国、伊朗、印度尼西亚、墨西哥、挪威、澳大利亚等国的能源产量也比较多。④ 各国能源生产结构差别很大。由于世界各国各种能源资源的差异,能源的生产结构差别很大。有以美国为代表的能源工业全面发展的国家;有以石油、天然气生产为主的中东、非洲和南美洲部分国家;有以煤炭生产为主的中国、德国和东欧部分国家;有英国为代表的石油、天然气、煤炭生产都具有相当规模的国家;有以水电、核电生产为主的瑞典、瑞士、巴西、法国等。

2. 能源的消费结构

二战后,随着世界经济的快速发展,世界能源的消费量也在快速增长,一次能源消费量由 1950 年的 25 亿吨标准石油增加到 2003 年的 97 亿吨标准石油,增加了约 2.88 倍。同时,世界一次能源的消费结构也发生了重大变化。20 世纪 50~70 年代,世界一次能源的消费中,石油、天然气的消费增长最快,其占能源消费总量的比重,由 1950 年的 27.4% 上升到 1975 年的 66.6%;同期,煤炭的消费比重由 60.9% 下降到 30.4%。20 世纪 70 年代爆发的两次石油危机,致使石油价格飙升。为此,各国都积极采取对策,尽量节约使用石油资源。20 世纪 90 年代以来,全世界石油消费比重略有下降。

2004 年,全世界的能源消费量大约为 102.24 亿吨(换算为石油),消费量最多的国家依次是美国、中国、俄罗斯、日本、印度、德国。2018 年全球一次能源消费增长 2.9%,几乎是过去 10 年平均增速的两倍,是 2010 年以来的最快增速。除了可再生能源,所有燃料消费增速均高于过去 10 年的平均增速。中国、美国和印度能源消费增长之和占全球能源消费增长的逾三分之二,而美国能源消费增速是过去 30 年来的最高水平。从能源构成来看,全世界被使用最多的能源是石油,其后依次是天然气、煤炭、水力和核能;俄罗斯和中国对石油的依存度比较低,但俄罗斯的天然气、中国和印度的煤炭所占比重比较高。

（二）主要能源工业部门的生产布局与贸易

1. 煤炭工业

二战后，煤炭在世界能源消费结构中的比重逐渐下降，但它仍是世界的重要能源，产量一直保持着增长势头。世界煤炭总产量1950年仅有17.77亿吨，1973年达到30.3亿吨，2003年更达51.2亿吨。2018年全球煤炭产量增加1.62亿吨油当量，增速为4.3%。其中，中国煤炭产量增加8200万吨油当量，印度尼西亚增加5100万吨油当量。

2018年全球煤炭消费量增长1.4%，与过去10年的平均增速相比翻了一番。煤炭消费增长主要是受印度和中国的驱动，2018年印度增加了3600万吨油当量的煤炭消费，中国增加了1600万吨油当量。而经合组织（OECD）国家的煤炭消费跌至1975年以来的最低水平。煤炭在一次能源消费中所占比重降至27.2%，是近15年来的最低水平。

2. 石油和天然气工业

石油和天然气具有发热量高、清洁、便于储存和运输、用途广泛等特点，并且是化学工业的主要原料和重要的战略物资。石油被人们称为"能源之王"。人类自1857年对石油进行工业开采，至今已有140多年。自20世纪50年代以来，随着世界各国工业、农业、交通运输、国防和科技的迅速发展，对石油、天然气的需求不断增加，原油和天然气产量持续上升。

全球石油资源主要分布于中东和美洲。截至2018年，中东石油资源探明储量为8361亿桶，占全世界总探明储量48.3%。中南美洲石油探明储量3251亿桶，占全世界总探明储量的18.8%；北美洲石油探明储量2367亿桶，占全世界总探明储量的13.7%。欧洲石油探明储量仅为143亿桶，占全世界总探明储量的0.8%。在石油储量上，沙特阿拉伯和委内瑞拉遥遥领先于全球其他国家。储量最高的国家是委内瑞拉，为480亿吨（占全球储量20.2%），沙特阿拉伯409亿吨（占比17.2%）紧随其后，随后是加拿大271亿吨（占比11.4%）、伊朗214亿吨（占比9.0%）和伊拉克202亿吨（占比8.5%）。在石油消费上，美国和中国处于遥遥领先的位置。2018年，美国石油消费达919.7百万吨油当量。中国石油消费也达到了641.2百万吨油当量。

20世纪70年代以来，伴随着勘探技术的突破、新气田的发现以及深海勘探开发技术水平的提高，全球天然气储量持续增加。根据BP数据显示，2018年全球天然气探明储量达到196.9万亿立方米。其中，北美地区天然气探明储量为13.9万亿立方米，中南美地区天然气探明储量为8.2万亿立方米，中东地区天然气探明储量为75.5万亿立方米，非洲地区天然气探明储量为14.4万亿立方米，亚太地区天然气探明储量为18.1万亿立方米。近十年来，全球天然气的生产量和消费量总体上保持了稳定增长的趋势，天然气产量从2008年30298亿立方米增长至2018年38679亿立方米。天然气消费量从2008年29988亿立方米增长至2018年38489亿立方米。美国和俄罗斯是世界上最大的两个天然气生产国，同时也是最大的两个天然气消费国。

世界原油生产主要集中于资源储存地，但油品生产集中于消费地，因而，世界石油流通量巨大，是世界最大宗的贸易商品。20世纪20～40年代，东半球国家的石油供应大部分依赖西半球的美国、墨西哥和委内瑞拉。二战后，世界石油贸易发生了巨大变化，主要是中东地区石油产量剧增,并大量流向西欧和日本,苏联也以大量原油供应东欧各国,而西半球的美国自1948年起由石油出口国变为进口国,委内瑞拉和墨西哥的原油大量供应美国。20世纪60年代以来,世界石油贸易的重心转向中东。该地区石油出口量曾占世界石油出口总量的60%。20世纪70年代以后,非洲成为世界第二原油出口地区,此后,东南亚、英国、挪威都相继出口原油,由此形成了以西亚为中心的世界多极化石油出口格局。20世纪70年代世界石油贸易量稳定在15~18亿吨之间;20世纪70年代末80年代初因第二次石油危机引发的第二次石油提价,导致世界石油市场萎缩,贸易量下跌,1982年跌至11亿吨以下。1998年,世界原油贸易量为14.8亿吨,油品贸易量为4.1亿吨。2003年随着全球经济的复苏,世界石油贸易量明显增长,从上一年的4363万桶每日,上升到4580万桶每日,增长5%。其中,原油贸易量为3555万桶每日,比上一年增长6.2%;成品油贸易量为1025万桶每日,比上一年增长0.9%。2016年世界原油贸易量为4241万桶每日,成品油贸易量为2304万桶每日。可以看到,油品贸易增量及增长速度均超过原油贸易。2016年全球油品贸易占石油贸易的比重为35.2%,较2000年提高13.1个百分点。全球石油贸易中原油贸易占比下降、油品贸易占比提升的原因可能在于:一方面,传统原油贸易盈利空间不断缩减,产油国、大型石油企业和贸易商开始寻求新的市场机会;另一方面,相对于原油来说,成品油的附加值更高,出口油品可获得更高的利润。21世纪以来,随着亚太逐渐超越北美成为全球最大的石油消费地区,该地区石油进口需求进一步提升。2016年亚太地区石油进口总量为3202万桶每日,占全球进口总量的48.9%,相比2000年提高10.6个百分点。紧随其后,欧洲和北美地区占比分别为22.7%和18.5%,相比2000年分别下降4.2个百分点和10.9个百分点。

3. 电力工业

电能是当代世界最重要的二次能源。根据国际能源署(IEA)公开的信息,2018年全球发电量再创新高,同比上年增长了2.6%,总量达到了26.672万亿千瓦时。中国的发电量再次全球第一,约为6.8万亿千瓦时(同比上年增长6.8%),全球占比高达25.49%。排在第二位的是美国,2018年发电量约4.18万亿千瓦时(具体为41778.1亿千瓦时,同比增长3.6%),约为全球发电总量的15.66%,约为同期中国发电总量的61.47%,且中美两国的发电量达到了全球总量的41.15%。

自19世纪电力作为能源开始应用以来,电力工业结构发生了较大变化。19世纪末,电力只能用于照明,发电所用原料是煤炭。进入20世纪之后,许多国家水力发电超过燃煤火电。二战后,石油、天然气发电比重上升。20世纪70年代中期,火电的比重又大大超过水电,并一直保持至今。目前,世界各国都非常注意立足于本国的能源资源状况来发展电力工业:挪威、巴西、新西兰、瑞典、加拿大等水力资源丰富的国家,均注意优先发展水电,水电在这些国家的电力构成中占据最大比重;煤炭资源丰富的国家,如美国、中国、印度、德国等,煤电一般都占这些国家总发电量的一半以上;油、气资源丰富的国家,如墨西哥、中东各国等,发电燃料主要是石油和天然气;只有少数能源资源缺乏的国家,如日本,主要依赖进口石油发展电力工业。

火力发电。火力发电是目前世界上应用最广泛的一种发电方式,占世界总发电量的70%左右。世界火力发电所用的能源主要是煤炭、石油和天然气等。火力发电生产分布极不平衡,发电能源分布状况与电力生产分布状况极不相称。盛产石油的中东各国,电力工业却十分落后;日本能源十分缺乏,发电量却排在世界第三位。

水力发电。当今世界水电发展主要有如下几大趋势:① 水电站建设规模越来越大。随着各国电力需求量的增加、水电站建设及超高压远距离输电技术水平的提高,水电站规模越来越大。装机容量100万千瓦以上的大型常规水电站,1950年全世界仅有2座,而目前已建和在建的已达90多座,其中,200万千瓦以上的有10余座。巴西与巴拉圭在巴拉那河上合建的伊泰普水电站,装机容量为1260万千瓦,年发电量为710亿千瓦时。中国建设的长江三峡水电站规模更大,装机容量为1820万千瓦,年发电量为846亿千瓦时;② 注重发挥综合利用效益。修建具有一定库容的水电站,不仅能够提供电力,而且一般都具有防洪、灌溉、航运、供水、养殖和旅游等综合利用效益;③ 近年来,许多国家纷纷修建抽水蓄能电站,认为它是在较长时间储蓄大量电能的最经济可靠的手段。

核能发电。核电工业是新兴的电力工业部门。世界上最初开发出达到实用规模的核电是在1956年。在此后的40多年时间里,核电以其价格日益下降、供应稳定的特点,受到许多国家的重视。世界核电的发展,节省了大量的煤炭、石油和天然气等矿物性能源。特别是那些矿物性能源和水力资源匮乏的国家,在发展能源工业方面都把发展核电作为一项重要国策。根据World Nuclear Association 2018年7月的报告,全球核能发电在逐步增长,2017年全球核能发电量达到2519 TWh。美国是世界上核能发电量最多的国家,2017年有99座核反应堆,发电量为805.0 TWh,占全球核能发电量总量的32%,其次是法国为15%;而德国、英国则处于停滞发展阶段。中国核能发电进展较快,已经跃居全球第三位,但是2017年核能发电仅占发电总量的3.9%,远低于全球平均值10.6%。但核能发电的发展速度,中国是最快的,在建的核反应堆最多,达17座,拟建的有43座。这是其他国家无法相比的。

世界上最大的核电站是日本柏崎刈羽核电站,装机容量为7965MW,但2011年已经停工。值得注意的是韩国核电站进展很快,前十位核电站就占有4席,超过美国和日本。核电是最清洁的能源,但其装置还不尽完善,不少国家曾发生过核泄漏事故,如1979年3月28日美国三哩岛以及1986年4月26日苏联(现在的乌克兰)切尔诺贝利核电站发生的核泄漏事故等。

(三)世界经济发展中的能源资源约束与能源危机

世界石油总储量,悲观地估计为2700亿吨,乐观地估计为6500亿吨。在油砂和油页岩中还有7000亿吨。但能经济回采的约有1750亿吨。按悲观估计,回采量约1000亿吨。按世界年耗油量30亿吨推算,可用130年左右。但是全世界已查明的石油可采储量仅879亿吨。如每年开采30亿吨,不到30年就可用光。天然气储量约1800亿吨到4000亿吨。全世界天然气的可采储量为70多亿立方米。有一种观点是,全世界可开采的天然气总储量高达281亿立方米,也只能满足170年的需求。煤炭已证实的储量为14000亿吨。按全世界的耗煤量计算,可用500年。还有一种估计是,全世界煤储量的预测量是10万亿吨,但可供采掘的只有约7000亿吨。以每年开采量34亿吨计算,只能维持200年。

世界能源资源争夺日趋激烈。进入21世纪以来,世界能源资源有限性和经济增长无限性的矛盾日益突出。尽管科技进步与生产力提高使人类可利用资源的前景越来越广阔。但

第三篇 世界经济发展不平衡及协调

第九章 世界经济发展中的资源约束与可持续发展

世界能源资源需求的快速增长和现有资源的有限性以及分布不均，使世界资源争夺战愈演愈烈。与此同时，全球矿产资源逐渐形成垄断，致使矿产资源价格持续攀升。自20个世纪90年代以来，10家跨国矿业公司控制着全球50%的铜矿资源。5家跨国矿业公司控制着全球80%以上的镍矿资源。尽管世界经济经过结构性改革，对石油危机的化解能力比20多年前大为提高。但国际原油价格过快增长，对世界经济的负面影响仍然很大。

除经济因素外，国际政治因素也是促使世界资源形势严峻的重要原因。有的大国从自身利益出发，试图通过政治、武力等手段，控制世界战略性资源，导致世界资源争夺加剧，市场供求形势严峻。美国发动伊拉克战争的主要目的之一就是要控制中东地区的石油资源，结果导致中东地区政局动荡，石油生产和出口大幅下降。日本在中俄石油合作问题上搅局，亦有遏制中国能源供应的战略考虑。其结果使俄罗斯提高了能源合作的价码。这些因素对国际能源价格的走高都起着推波助澜的作用，不仅加剧了产油国或地区的政治、经济动荡，而且影响了国际能源市场供求双方的心理预期。从而推动国际油价持续走高。同时，打乱了国际能源互利双赢的合作局面，引发了世界战略资源的恶性竞争。能源问题日益与政治、经济以及社会问题交织。这就增加了解决能源问题的难度和复杂性。在"国家利益"驱动下，世界各国争夺能源资源的斗争将日益加剧，能源问题将成为未来国际冲突和动乱的重要原因。

能源安全是全球性问题，每个国家都有合理利用能源资源促进自身发展的权利，绝大多数国家都不可能离开国际合作而获得能源安全保障。要实现世界经济平稳有序发展，需要国际社会推进经济全球化向着均衡、普惠、共赢的方向发展，需要国际社会树立互利合作、多元发展、协同保障的新能源安全观。近年来，国际市场石油价格大幅波动，影响了全球经济发展，其原因是多重且复杂的，需要国际社会通过加强对话和合作，从多方面共同加以解决。

（四）世界经济发展中能源危机的应对

资源和环境可持续发展的约束性压力倒逼能源结构转型，从而实现两个转变：能源利用方式要从化石能源消耗型向绿色能源再生型转变；碳氢燃料的利用方式要从高碳燃料向低碳燃料转变，这一转变方式本质是燃料的加氢减碳过程。

1. 全球加快可再生能源开发进程

首先，氢能作为有望替代石油的动力燃料。氢是一种可燃烧的理想新能源，是世界上仅次于氧的最丰富的元素。它以化合物的形式储于水与化石燃料等物质中，可以通过热解、电解、热化学、光解等方法制取氢。每千克液氢燃烧的发热值为14.2万焦耳，相当于汽油发热值的24倍，并和空气中的氧化合产生蒸汽，凝结成水及少量氧化氮，不会污染环境，是可以再生和再循环的洁净能源。氢储存方法有高压气态储存、低温液氢储存、化学储存及金属氢化物储存四种，其中金属氢化物储存系统最有发展前景。

目前，国外对氢能的科技开发研究十分重视，美国、俄国、德国、日本及沙特阿拉伯等国都积极开展氢能研究。随着制氢和储氢技术的成熟，经济可行氢能将应用于航空、航天、火箭、机车、汽车、冶炼、化工、发电等领域。欧洲将利用核能发展氢能技术；加拿大利用丰富水资源电解水制氢；美国已开始利用太阳能制氢，预计到2020年可规划建成供30万辆燃料电池汽车，使用城市供氢系统。同时在利用核能发展氢能研究上也有新的突破。日本把氢能利用和国际洁净能源利用技术列为"新日光计划"的主要发展内容。从世界能源发展的趋势看,预计新世纪制氢技术将和清洁煤转化、核能发电、太阳能发电、风能、水能发电及燃料电池发电形成系统。21世纪,氢能的开发与应用可望得到飞速的发展,最终代替燃油在航空和汽车上得到应用。

其次,作为替代石油的重要战略选择,生物质能也成为世界最新关注的热点。生物质指通过光合作用而形成的各种有机体,包括所有的动植物和微生物。而所谓生物质能,就是太阳能以化学能形式贮存在生物质中的能量形式,即以生物质为载体的能量。它直接或间接地来源于绿色植物的光合作用,可转化为常规的固态、液态和气态燃料,取之不尽、用之不竭,是一种可再生能源,同时也是唯一一种可再生的碳源。生物质能的原始能量来源于太阳,所以从广义上讲,生物质能是太阳能的一种表现形式。很多国家都在积极研究和开发利用生物质能。生物质能蕴藏在植物、动物和微生物等可以生长的有机物中,它是由太阳能转化而来的。有机物中除矿物燃料以外的所有来源于动植物的能源物质均属于生物质能,通常包括木材、及森林废弃物、农业废弃物、水生植物、油料植物、城市和工业有机废弃物、动物粪便等。地球上的生物质能资源较为丰富,而且是一种无害的能源。地球每年经光合作用产生的物质有1730亿吨,其中蕴含的能量相当于全世界能源消耗总量的10~20倍,利用率不到3%。与太阳能、风能、水电等其他可再生能源不同,生物质能可直接生产和提供动力液体燃料,这对于解决交通能源十分重要。

除了氢能和生物质能外,可再生能源还有水能、风能、太阳能、地热能、海洋能等,可再生能源市场化中遇到的最大障碍是成本偏高,当前还无法与石油能源的成本竞争。因此,在短期内,可再生能源还缺乏竞争力。

2. 国际能源竞争与合作更加普遍

(1) 国际能源竞争。世界各主要石油消费国对石油和天然气的消耗量正在不断增加,为满足国内市场的需求,一些国家正在加紧开发近海油气资源和实行"走出去"战略,到海外寻找油气生产和投资机会。然而各国对油气资源的竞争不可避免地将引发国家利益的冲突。西方国家受"中国威胁论"的影响,在一些国际油气项目开采招标和公司股份收购中也极力排斥中国。另外,在南海油气资源开发方面,越南、菲律宾、马来西亚等国与中国也有争议。未来国家间在能源领域的竞争会变得更加激烈和扑朔迷离。

(2) 国际能源合作。竞争只是国际能源形势的一个方面,另一方面是普遍和广泛的国际能源合作。从广义上讲,能源问题、环境问题都不是一个国家能够解决的问题,需要各国共同努力和协作。为了响应2002年可持续发展世界首脑会议上全球可持续发展峰会提出的对可持续发展问题进行全球系统机构间合作的要求,联合国专门设立了能源机制,该机制是确保联合国关于能源问题的工作得以顺利进行的首要合作机制。2006年,中国国家主席胡锦涛在出席八国集团同中国、印度、巴西、南非、墨西哥、刚果(布)6个发展中国家领导人对话会议时着重就全球能源安全问题作了阐述,其在同年访问摩洛哥、尼日利亚、肯尼亚和中亚地区时,也把能源问题列为双边合作的重要领域。2009年美国总统奥巴马上任后的首次访华即把能源问题列为重要双边议题。

国际能源合作在技术层面上也非常突出。1999年6月由美国克林顿政府能源部发起的第四代核反应堆研究倡议正在顺利进行，参加这一计划的有法国、英国、巴西、瑞士和南非等10个国家。针对第四代核反应堆，科学家已提出了6种可选方案。2000年，由国际原子能机构主持的国际"核反应堆和燃料回收创新计划"也在进行中。2003年，美国宣布重返国际核聚变研究计划（ITER）。由欧盟、俄罗斯、中国、美国、日本和韩国参加的ITER计划尽管在选址上还存在分歧，但各国都认为在研发核聚变技术上需要共同合作，希望尽快启动该计划。2003年4月，美国能源部长在巴黎召开的"国际能源机构部长级会议"上提出了《氢能经济国际伙伴关系计划IPHE》，旨在通过促进氢燃料研发和标准制定方面的国际合作，协调各国在发展氢经济方面的努力。2003年11月，包括中国在内的15个国家和欧盟代表共同签署了《IPHE协议》（氢能经济国际合作伙伴协议），正式成立国际氢能合作机构。国际能源竞争与合作更加普遍。

三、环境约束与世界经济增长极限

（一）经济行为的负外部性和共有资源的非排他性

所谓行为的负外部性，指人们的行为对他人或社会不利的影响。在经济行为中，它既包括生产的负外部性，也包括消费的负外部性。当这种外部性理论应用到环境问题时，它不仅可以用来解释资源低效率配置的原因，也可以为解决环境外部不经济性问题提供思路和框架。例如，工矿企业的排放废水、废气、废渣等行为，居民在使用助动车或汽车的过程中排出的尾气，对他人和周围的环境均有负面影响。为有效减少和控制经济行为的外部负效应，就应当使得外部成本内在化。根据科斯定理如果私人各方可以无成本地就资源配置进行协商，那么，私人市场将总能解决外部性问题，并能有效地配置资源。但是，由于交易成本的存在和交易人数众多等原因，使得科斯定理难以适用于现实。为此，就需要政府采取管制、征收庇古税等公共政策来应付外部性问题。然而，与"市场失灵"一样，由于存在"政府失灵"现象，从而使得负外部性问题难以有效得以克服。

在经济学中，根据物品是否具有排他性和竞争性，可以把物品分为私人物品、公共物品、共有资源和自然垄断物品。私人物品是既有排他性又有竞争性的物品，公共物品是既无排他性又无竞争性的物品，共有资源是有竞争性而无排他性的物品，自然垄断物品是有排他性但没有竞争性的物品。清洁的空气和水、石油矿藏、野生动物等是典型的共有资源。1968年，美国加州大学的哈丁教授就人口资源等问题撰写了一篇题为《共有的悲剧》的论文，深刻地说明了由于外部性的存在和人们追求个人利益最大化而导致共有资源的枯竭。《共有的悲剧》是一个有一般性结论的故事："当一个人用共有资源时，他减少了其他人对这种资源的使用。由于这种负外部性，共有资源往往被过度使用。"当今社会，资源的枯竭，环境质量的退化，与共有资源的非排他性和经济行为的负外部性有密切的联系。

外部性与产权制度的不完善相关，造成环境污染的主要原因是资源的产权不明晰。资源长期以来都被看作取之不尽、用之不竭的东西，似乎从来都不存在产权问题。谁都可以任意地、不受约束地使用和浪费这些资源，只要他愿意，甚至可以向河里、空中或是土地上倾倒或排放各种废物和污染物，造成环境资源的迅速恶化。正如外部性理论所指出的，即使是像河流、水、空气和土壤等环境资源也是有限的，使用这些资源也是有代价的。只是长期以来损害环境的代价不是由损害者支付的,而最终是由社会支付的。因此,正是由于人们不能正确认识环境资源,普遍缺乏环境保护意识,促成了当今日益严重的环境污染问题。

(二) 传统的生产方式和消费方式

传统的生产方式和消费方式呈现出如下形态:大量开采资源—大量生产—大量消费—大量废弃。这种模式是建立在高能耗、高物耗、高污染的基础之上的,是不可循环的因而也是不可持续的。虽然贫困导致某些种类的环境压力,但全球环境不断退化的主要原因是非持续消费和生产模式,尤其是工业化国家的这种模式。这是一个严重的问题,它加剧了贫困和失调。

从生产方式的角度看,概括起来,传统的生产方式给环境造成的破坏包括:① 由于大量使用化肥和农药,造成土壤板结,土壤和水资源的污染,大批土地丧失生产能力;② 由于不计算环境资源的成本而使得自然资源的价格过低,最终造成无限制地开采地矿资源,造成自然资源和环境资源的巨大破坏;③ 由于工业化的发展,二氧化碳、氟氯烷等温室气体大量排放,造成气温升高,全球变暖,臭氧层出现空洞,危害人们的身体健康;④ 由于城市化的发展,城市废水、废气和废渣的排放与日俱增,严重地毒化着人们的生活空间;⑤ 农业、工业和城市的发展,各国对水资源的需要越来越多,浪费和污染淡水资源的现象越来越严重,致使淡水资源在世界范围内严重短缺。

从消费方式的角度看,过度的消费给地球资源和环境的可持续性带来了莫大的威胁。人类已经把挥霍无度的消费文化推到极致,把大量自然资源转化为消费性商品。经济系统往往致力于把自然资源转化为产品以满足人们不断提高的生活要求,用过的物品被当作废物加以抛弃。这种消费模式的结果是随着人民生活水平的提高及消费量的增加,废物也越来越多,从而导致了生态环境的恶化。

传统的生产模式和消费方式在经济上是不可持续的。因此,从某种意义上说,目前各国经济的快速发展是以牺牲后代的生存环境为代价的,也同样是不能持久的。

(三) 经济的贫困化

与发达国家的高消费和享乐主义相对应,广大发展中国家特别是最不发达国家,由于发展不足而导致的经济贫困,是环境恶化的根源之一。这些国家没有建立起本国的工业体系,为了生存和偿还外债,迫使他们不断开采本国的自然资源廉价出口到发达国家。由于缺乏资金和技术,一些发展中国家无法解决因过度开采资源所导致的环境问题,如土壤肥力的降低、水土流失、森林等资源的急剧减少以及由此而带来的各种自然灾害。而这些环境问题又反过来加剧了经济的贫困化,很多国家陷入了经济贫困和环境退化的恶性循环之中。《联合国人类环境宣言》指出:"在发展中国家中,环境问题大半是由于发展不足造成的。千百万人的生活仍然远远低于像样的生活所需要的最低水平。他们无法取得充足的食物和衣服、住房和教育、保健和卫生设备。因此,发展中国家必须致力于发展工作,牢记他们的优先任务和保护及改善环境的必要。"

第二节　世界经济可持续发展

一、可持续发展的必要性、评价指标及面临的问题

(一)可持续发展的概念及特征

1. 可持续发展的概念

1989年,第15届联合国环境规划署在《我们共同的未来》基础上通过《关于可持续发展的声明》,其中对可持续发展的定义获得了广泛的接受和认可。1997年,中国向联合国递交了《中国可持续发展国家报告》,表示接受和认可《关于可持续发展的声明》,并结合中国国情,对可持续发展问题强调了五个方面的内容:① 可持续发展的核心是发展;② 可持续发展的主要标志是资源的永续利用和良好的生态环境;③ 可持续发展既要考虑当前的发展,又要考虑未来发展的需要,不以牺牲后代人的幸福为代价来满足当代人的利益;④ 实现可持续发展的关键在于综合决策机制和管理机制的改善;⑤ 可持续发展最深厚的根源在于民众之中。

2. 可持续发展的特征

可持续发展是一套全球性的、综合的、长期的关于人和自然现在与未来的发展思想和战略,它的核心思想是健康的经济发展应建立在生态可持续能力、社会公正和人民积极参与自身发展决策的基础上。它所追求的目标是:既要使人类的各种需要得到满足,个人得到充分发展;又要保护资源和生态环境,不对后代的生存和发展构成威胁。它特别关注的是各种经济活动的生态合理性,强调对资源、环境有利的经济活动应给予鼓励,反之则应予以摒弃。其基本特征可概括为以下四个方面:

(1)发展特征。可持续发展的前提和核心是发展,是在平衡与稳定基础上的持续不断的发展。1987年联合国第42届大会通过的《我们共同的未来》的决议,提出了实现可持续发展的七种途径:① 提高经济增长速度,解决贫困问题;② 改善增长质量,改变以破坏环境和资源为代价的问题;③ 千方百计地满足人民对就业、粮食、能源、住房、水、卫生保健等方面的需要;④ 把人口限制在可持续发展水平;⑤ 保护和加强资源基础;⑥ 技术发展要与环境保护相适应;⑦ 把环境和发展问题落实到政策、法令和政府决策中去。总的来说,发展是人类活动的主旋律,要明确地把发展摆在首位。不发展就难以解决人口增长与人民生活改善问题,也难以解决资源环境所面临的种种问题。

(2)可持续性特征。可持续性包括经济的可持续性、社会的可持续性、生态的可持续性。三者之间是互相关联而不可分割的:生态的可持续性是基础,经济的可持续性是条件,社会的可持续性是目的。人类共同追求的应该是生态、经济、社会复合系统的持续、稳定、健康发展。可持续性特征要求走资源节约和科技进步的发展道路,将生态、社会、经济三者发展有机地结合起来。

经济可持续性发展的推动力是科技进步,在不损害环境的条件下,实现经济持续增长,促进社会的全面进步,满足当代人的需要,又为后代的可持续发展创造条件。

社会的可持续性的核心是以人为本,改善人口结构,提高人口素质,实现人与社会的协调发展。社会的可持续性建立在消除贫富差距的基础上,实现公平和可持续的相互统一。

生态的可持续性指自然资源利用和生态环境对社会经济的可持续发展所具有的可持续性,要求将人类对资源的开发利用限制在环境的承受能力之内,使生态保持持续性。这一方面要保持自然资源及开发利用间的平衡。这就要求:可再生资源的使用不应该超过其再生速度;对再生资源利用超过其再生速度的,要采取行动保护,对已经不可持续利用的资源提倡不使用,要及时补充替代物;非再生资源的利用不应该超过其替代物的生产速度。另一方面要使人类的生产和生活方式保持与环境承受能力的平衡。人类应根据可持续性的条件调整自己的生活方式,在生态可能的范围内确定自己的消耗标准。人类与自然之间应保持一种互惠共生的关系,从而实现可持续发展。

(3) 公平性特征。可持续发展要求当代人在考虑自己的需求与消费的同时,也要对未来各代人的需求与消费负起历史的责任。公平性特征是机会选择的平等性。这里所说的公平具有两方面的含义:一方面指当代人间的公平,即同代人之间的横向公平性;另一方面指代际间公平性,即世代之间的纵向公平性。这是可持续发展与传统发展模式的根本区别之一。

当代人之间的公平包括国家之间、国内地区之间以及人与人之间的公平。1992年,联合国环境与发展大会在巴西里约热内卢通过《里约环境和发展宣言》,宣言规定"各国拥有按照本国的环境与发展政策开发本国自然资源的主权权利,并负有保证在管辖范围内或在其控制下的活动不会损害其他国家或国家管辖范围之外地区环境的责任"。发达国家以世界20%的人口消耗世界70%左右的资源,这种以大量资源投入带来的经济增长的生产模式和消费模式已经造成严重的资源问题和环境问题。这使发展中国家不可能通过这种方式来实现本国的工业化,可持续发展道路漫长。国内地区之间公平发展要求国家各地区在资金、技术、政策等方面要分配合理。一国可以在一个阶段优先发展某一地区,但是一段时间后,必须回馈其他地区,带动其他地区的发展。不能导致社会的动乱和国家宏观经济的失衡。许多发展中国家地区间发展失衡,导致地区间差异很大,城市和农村二元经济长期畸形发展。人与人之间的公平要求每一个人应当享有平等的生存权利和受教育的权利,每个人都应享有同等选择的机会。一个贫富差距悬殊、两极分化的世界,是不可能实现可持续发展的。

代际间公平性,是指可持续发展不仅要实现当代人之间的公平,而且也要实现当代人与未来各代人之间的公平。未来各代人应与当代人享有同样的权利来提出他们对资源与环境的需求。虽然,当代人在资源开发和利用方面处于一种无竞争的主宰地位,但是当代人没有权利不负责任地开发利用资源、破坏环境来满足自己的需要。各代人都应有同样选择的机会和空间。

(4) 高效性特征。可持续发展的发展特征、可持续性特征、公平性特征,实际上已经隐含了高效性特征。前三项特征是建立在高效性特征的基础之上的。要实现以上三个特征,必然要求社会经济更少地消耗资源,生产更多的产品来满足需求,这就需要社会经济发展建立在科技进步、劳动生产力不断提高的基础上。高效性不仅要根据其经济生产率来衡量,更重要的是需要根据人们的基本需求得到满足的程度来衡量,是人类整体发展的综合和总体的高效。

(二)可持续发展评价指标

可持续发展从理论转变为实践的过程中,国内外专家学者就一直积极研究可持续发展的指标体系。目前,专家学者尤其是国际组织从不同的研究角度,运用不同的方法提出了各自的评价指标和体系,对可持续评价指标的建立和完善产生了积极影响。根据研究的思路和角度,大致可将评价指标分为两大类:环境经济学指标体系和社会经济统计学指标体系。

1. 环境经济学指标体系

环境经济学指标体系通过评估人类经济活动引起的资源的消耗和环境的破坏以及资源、环境存量,用管理经济学成本-收益的方法,评价可持续发展的实际状况。

国民生产总值和国内生产总值等传统经济衡量指标存在着许多不足。传统经济衡量指标忽略了许多经济活动,不能反映分配和福利水平,更没有衡量人类活动中的资源和环境成本。因此,一些学者以可持续发展的内容和特征修改传统的经济衡量指标,使它能反映社会经济发展所导致的资源、环境代价。戴力通过修改、拓展传统经济衡量指标,给出了 $SSNNP$ 的指标:$SSNNP=NNP-DE-DNC$。其中,$SSNNP$ 为可持续发展的净国民生产总值;NNP 为净国民生产总值;DE 为防御性支出;DNC 为自然资产折旧。

2. 真实财富评价指标

1995年,世界银行公布了衡量可持续发展的新的国家财富评价指标体系和计算方法。按照国家和地区的经济实力和可持续发展能力,世界银行将可持续发展指标分为自然资本、人造资本、人力资本和社会资本四大要素。自然资本包括土地、水、森林、石油、煤、金属与非金属矿产等资源;人造资本包括所使用的机器、厂房、基础设施等;人力资本即人的生产能力(如教育、营养等)所具有的价值;社会资本在新体系中目前尚未作出单独的测量,主要定义为"人类组织性"和"规模性"的生产价值。

这种指标强调人力资本对可持续发展的重要性。改变了传统经济中将人造资本作为衡量国家财富的方式,更加准确地估计了国家和地区的真实财富,一定程度上体现了国家和地区的可持续发展能力。按照这种评价指标,人造资本等以货币衡量的财富只占真实财富的20%左右,自然资本和人力资本才是真实财富的主要来源。

3. 社会经济统计学指标体系

社会经济统计学指标体系通过社会经济统计学方法将社会、经济、资源和环境等多方面因素综合起来,再将大指标分成多种小且容易评价计算的指标,形成多指标的评价体系。目前,被广泛接受和应用的社会经济统计学指标体系主要是由国际组织研究制定的。

(1)联合国可持续发展委员会指标。联合国可持续发展委员会评价指标分为社会指标、经济指标、环境指标和机构指标四大类,并且将每个大类分为驱使力指标、状态指标和响应指标。驱使力指标表示不可持续发展的人类社会经济活动和消费模式;状态指标表示发展过程中各系统的状态;响应指标表示为实现可持续发展所应采取的行动和措施。这套评价指标很全面地描述了环境压力与环境破坏的关系。

(2) 联合国开发署人类发展指数。早在1990年,联合国开发署发表第一份《人类发展报告》就公布了人类发展指数。它使用了预期寿命、成人识字率、综合入学率以及修正的实际人均收入等指标来衡量福利水平。1994年,在埃及开罗召开的联合国国际人口与发展会议上,强调可持续发展问题的核心是人。联合国开发署调整了实际人均收入指标,突出可持续发展是追求合理的生活水平,不是追求对物质的无限占有,进一步发展完善了人类发展指数。

(三) 世界经济可持续发展面临的问题

1. 传统工业化的生产和消费模式

为促进工业化和国家经济发展,传统发展模式以投入和消耗大量资源和能源,鼓励消费来刺激经济发展。第一次工业革命以来,这种生产和消费模式已经造成世界资源的短缺和严重的环境问题。二战后,发展中国家纷纷独立,仍然采用传统工业化的生产模式,来实现国家经济的发展和人们生活水平的提高。但是,无论是从资源的消耗还是污染物的排放的总量和人均量来衡量,发达国家远远超过发展中国家。发达国家以世界20%的人口消耗世界70%左右的资源,这已经剥夺了发展中国家利用资源发展经济的机会,使发展中国家很难再用传统工业化模式继续发展下去,传统工业化模式使本来就严重的环境问题更加不堪。因此,传统工业化的生产和消费模式已成为世界经济可持续发展的制约因素之一。

2. 科学技术发展的不平衡

世界经济的可持续发展对科学技术的发展提出了更高的要求,尤其是在资源的利用、环境的保护以及废物的控制等方面。但是科学技术的发展很不平衡,发达国家在信息技术、生物工程、高新技术和新材料等多方面占有垄断地位。科技革命从总体来说,使发展中国家和发达国家的科学技术差距越来越大,在经济的可持续发展中处于很不利的地位。发达国家科技水平高,对环境保护意识强,有能力保护环境和治理污染。许多发展中国家,缺乏高新技术,一般采用传统落后的技术,而且对人与自然的关系认识不深,造成环境和资源的破坏和浪费。此外,发达国家出口的技术很多都是成熟普遍技术,甚至是国内禁止的严重污染技术,更加危害发展中国家的环境。这种科学技术发展的不平衡,使发展中国家在可持续发展中困难重重,从而使世界经济的可持续发展陷入困境。

3. 发展中国家的贫困落后

世界经济的可持续发展是建立在一定经济水平基础上的。二战后,发展中国家在经济发展、产业结构和经济独立等方面,取得了一定的成就,成为世界经济中的一支新兴力量。但是,许多发展中国家仍然经济落后,有些甚至连温饱还没有解决。它们为获取发展所需的资金,不惜过度开发本国的资源,出口能源或初级产品,加重了资源和环境的破坏。另外,发展中国家人口增长迅猛,导致粮食、住房、公共设施等的巨大压力,更加使经济发展、环境问题恶化。西方七国集团人口占世界人口的12%,国民生产总值占世界的62%,但最不发达的48个发展中国家人口占世界人口的10%,国民生产总值却仅占世界的0.1%。发展中国家的贫困落后使之根本没有能力实现可持续发展。

4. 不合理的国际经济秩序

二战后,民族解放运动和社会主义运动蓬勃发展,广大亚、非、拉地区的殖民地半殖民地国家掀起了民族解放运动的高潮,纷纷建立了独立的国家,帝国主义殖民体系土崩瓦解,但是维持这一体系的国际经济旧秩序依然存在,发展中国家对发达国家的经济依赖依然存在。

垄断是国际经济旧秩序的本质特征。发达国家通过对国际贸易和金融的垄断,控制发展中国家的经济命脉。20世纪60年代迅速发展的跨国公司成为发达国家的主要工具。国际贸易领域,如关税与贸易总协定及后来的世界贸易组织,各种贸易规则的制定仍然由发达国家控制;国际金融领域,通过建立国际货币基金组织和以美元为中心的国际货币体系,发达国家将危机救援资金、救援条件控制在手中。这使发展中国家在新的历史条件下仍然受发达国家的影响和控制。

不合理的国际分工是国际经济旧秩序的基础。二战后,随着科技进步,国家分工的内容和形式发生了巨大变化,但是不合理的国际分工依然存在,发展中国家在国际经济中仍然处于不利地位。发展中国家对初级产品没有议价权力,处于国际分工的末端。为获得经济的增长,发展中国家不断出口初级产品和低附加值产品,而发达国家从发展中国家低价进口原材料和初级产品,加工成为高附加值的工业制成品。发展中国家和发达国家的初级产品和工业制成品之间的价格剪刀差越来越大。这使世界的贫富差距越来越大,形成两极分化。不合理国际经济旧秩序不解决,世界经济的可持续发展就不可能真正实现。

5. 可持续发展评价指标体系的不完善

目前,专家学者尤其是国际组织从不同的研究角度,运用不同的方法提出了各自的评价指标和体系,对可持续评价指标的建立和完善产生了积极影响。但是各种评价指标仍存在一定的问题,体系还不完善。传统经济衡量指标的拓展,虽然简单便于使用,弥补了传统经济衡量指标不能反映人类活动造成的环境、资源的代价,但并没有解决资源环境的经济计量问题。世界银行的真实财富评价指标,虽然更加准确地估计了国家的真实财富,动态地表达了一个国家或地区的可持续发展能力,但是自然资本、人造资本、人力资本和社会资本四大要素货币化存在一定的难度,用单一货币尺度衡量比较困难。这导致真实财富指标评价体系实际操作不易。联合国可持续发展委员会评价指标详细具体,比较好地描述了环境受到压力和环境退化之间的关系,但是选择的指标数目过多,给实际应用带来困难,并且很难评价社会经济指标的因果关系,这两个缺点使这指标对社会、经济等类别指标用处不大,需要改进。联合国开发署人文发展指标虽然被世界各国广泛采用,强调了人在可持续发展中的中心地位,很好地衡量了人在发展方面取得的福利水平,但是许多指标内涵从严格意义上来说并不等同于可持续发展。

此外,许多学者提出了不同类型的可持续发展的评价指标,这些指标各有侧重,有些已经有实际可操作的框架或模型,有些还停留在概念性的设计阶段,但目前都还处在研究和探索阶段,没有形成统一的可持续发展的评价指标体系,我们期待有更科学、更便于实际操作的评价指标的出现。

二、中国可持续发展的现状及存在的问题

（一）中国可持续发展的成就

1992年联合国环境与发展大会后，我国政府制定了《中国21世纪议程——中国21世纪人口、环境与发展白皮书》，作为指导我国国民经济和社会发展的纲领性文件。该议程分四部分：① 可持续发展总体战略；② 社会可持续发展；③ 经济可持续发展；④ 资源和环境的合理利用和保护。《中国21世纪议程》的制定标志着我国可持续发展进程的开始。为配合和加快可持续发展，我国还专门制定了许多政策和规划，如中国环境保护战略、中国环境保护行动计划、中国生物多样化保护行动计划、中国林业21世纪议程等，经过20多年的努力，我国实施可持续发展取得了举世瞩目的成就。2019年8月29日，中国国际经济交流中心、美国哥伦比亚大学、阿里研究院与社会科学文献出版社共同发布的《可持续发展蓝皮书：中国可持续发展评价报告（2019）》显示，中国可持续发展状况稳步改善。

基于中国可持续发展评价指标体系的基本框架，蓝皮书对去年中国国家、省以及100个大中城市的可持续发展状况进行了全面、系统的研究。研究发现，2010～2017年总指标整体上呈现先降低再逐年稳定增长的状态，其中2011年达到最低点，此后出现持续增长状态，可持续发展指标不断上升。2014～2017年，"经济发展"这一指标的上升速度均在18%以上，反映出我国经济结构经过前几年调整转型，经济增长的新动能得到恢复。此外，中国在社会民生方面的进步十分明显，环保领域治理成效逐渐显现，但资源环境承载能力仍有较大短板，经济社会活动的消耗排放影响依然较大。

从省级可持续发展指标体系来看，数据验证分析显示，4个直辖市及东部沿海省份的可持续发展排名比较靠前。北京、上海、浙江、江苏、广东、重庆、天津、山东、湖北、安徽等省市位居前十位。从经济发展、社会民生、资源环境、消耗排放和环境治理五大分类指标来看，省级区域可持续发展具有明显的不均衡特征。大部分省级区域在可持续发展方面都存在短板，提高可持续发展水平的空间很大。

对100个大中城市可持续发展指标体系的数据验证分析显示，作为中国经济最发达地区，深圳、北京、珠江三角洲及东部沿海城市的可持续发展排名依然比较靠前。2018年可持续发展综合排名前十位的城市分别是：珠海、深圳、北京、杭州、广州、青岛、长沙、南京、宁波和武汉，其中珠海连续两年排名首位。

（二）中国可持续发展存在的问题

我国可持续发展的突出矛盾主要是：经济快速增长与资源大量消耗、生态破坏之间的矛盾，经济发展水平的提高与社会发展相对滞后之间的矛盾，区域之间经济社会发展不平衡的矛盾，人口众多与资源相对短缺的矛盾，一些现行政策和法规与实施可持续发展战略的实际需求之间的矛盾等。具体来说主要有以下几点：

1. 资源消耗大，供给不足

中国资源利用率和转化率相对发达国家偏低，就是与某些发展中国家相比也低。我国的耗能设备能源利用效率比发达国家普遍低30%～40%；水资源循环利用率比发达国家低

50%以上。据有关部门统计,我国每创造1美元产值消耗的能源,是美国的4.3倍,德国和法国的7.7倍,日本的11.5倍;1983年我国成品钢材消费量仅为3000多万吨,到2003年,钢材消费量已高达2.5亿吨,20年增长了8倍,接近美国、日本和欧盟钢铁消费量的总和,约占世界总消费量的40%;电力消费已经超过日本,仅低于美国,居世界第二位。资源利用率和转化率低,使我国资源消耗大,以至能源短缺严重。我国沙漠和沙漠化土地占国土面积的15%,35%的国土受到风沙威胁,37%的国土面积水土流失严重,8000万亩以上的耕地遭受不同程度的大气污染,这使我国人均耕地不足世界人均耕地的40%;我国水资源人均占有量仅为世界人均占有量的25%,全国缺水总量为300亿~400亿立方米,每年受旱农田面积达700万~2000万公顷,110座城市严重缺水。

2. 环境污染严重

我国大气中二氧化硫排放量达1995万吨,比国家二级标准要求的1200万吨容量高66.3%,农田化肥农药污染、重金属污染、各种持久性有机污染日趋严重。2001年全国七大水系断面监测,达到三类水质以上的水量仅占29.5%,而劣五类水质的水量高达44%,全国有80%的江河湖泊受到不同程度的污染,污水灌溉的农田已占灌溉面积的7.3%,因固体废弃物堆放而被占用和毁损的农田面积已达200万亩以上。据世界银行测算,20世纪90年代中期,我国每年因环境污染造成的经济损失占GDP的比重已经高达6%~8%。

3. 国民生态观念、环保意识不强

长期以来,我国只有环境保护部门和专业人士能清醒地认识到生态环境恶化的趋势对经济增长的制约关系,其他部门和人员对经济增长带来的生态环境问题并没有引起应有的重视。虽然1992年我国政府就已经把可持续发展作为发展战略,并在政策方面给予了充分的重视,但是,在社会大众的意识中,GDP还是我国经济和社会发展优先考虑的目标,生态环境作为生活质量和效用的内涵仍处于朦胧状态,并没有形成把生态环境当做生产要素的意识。生态环境被看作自然赋予人们的生产和生活的外部环境。1998年长江流域特大洪水灾害唤醒了各级政府和广大群众的生态环境意识,推进了退耕还林、退耕还草等具有实践意义的生态环境保护与恢复政策的出台和真正实施。

除此之外,中国可持续发展面临的问题还有:能源结构中清洁能源比重仍然很低,自然资源开发利用中的浪费现象突出,生态环境恶化的趋势没有得到有效控制,资源管理和环境保护立法与实施还存在不足等。

(三)中国可持续发展的对策及战略选择

根据我国可持续发展的成就、现状以及问题,中国应从国内与国际两个层面入手,采取有效措施,努力实现经济与资源、环境的和谐发展,实现可持续发展的目标。

1. 国内对策及战略选择

在国内层面,应确立《中国21世纪议程》的国家战略地位,并将其逐步纳入各级国民经济和社会发展计划,积极推进实施。一方面,改革体制,建立有利于可持续发展的综合决策机制,调整现有政府部门的职能,加强部门间的广泛协商和合作,建立协调的管理运行机制和反馈机制,使各部门之间采取协调一致的行动,必要时建立新的组织协调机构,以保证可持续发展战略目标的顺利实现。另一方面,开展对现行政策和法规的全面评价,制定可持续发展法律、政策体系,突出经济、社会与环境之间的联系与协调。通过法规约束、政策引导和调控,推进经济与社会和环境的协调发展。

2. 国际对策及战略选择

加强同国际社会的经济、科学和技术交流与合作。通过国家间的磋商和对话,寻求有效的国际合作机制,保证现有发展援助资金,同时寻求新的、额外的资金,支持中国和其他发展中国家有效地参与保护全球环境的国际行动和补偿履行全球环境义务而带来的经济损失。积极参与全球环境保护行动,在温室气体控制、臭氧层损耗物质的替代品和替代技术开发利用、防止有毒有害化学品和废物污染与越境转移、保护海洋环境和生物多样性等方面,扩大与国际社会的交流与合作。中国政府于2002年9月3日核准签署《京都议定书》,由于中国是条约控制纲要以外的国家,所以不受温室气体排放的限制。中国对温室气体排放的态度主要表现在两方面:① 着重人均排放。中国的人均排放仅接近于美国的五分之一。世界银行的数据显示,2003年,美国人均二氧化碳排放为19.8吨,而中国人均排放量为3.2吨。2004年中国人均排放量是发达国家(OECD成员国)人均水平的33%。② 着重历史累计排放。从第一次科技革命到1950年,发达国家的排放量占全球累计排放量的95%;1950~2000年,发达国家排放量占全球的77%;1904~2004年,中国累计排放占全球的8%,因此,中国政府坚持《联合国气候变化框架公约》所确定的各项基本原则,特别是"共同但有区别的责任"的原则,是指导气候变化谈判的基础;将在可持续发展的框架下采取行动,发展经济,消除贫困,改变不可持续的奢侈消费方式,走发展经济与环境保护相协调的道路。

面对气候变化的严峻挑战,中国作为负责任的发展中国家已决定,到2020年中国单位国内生产总值二氧化碳排放比2005年下降40%~45%,将其作为约束性指标纳入国民经济和社会发展中长期规划,并制定相应的国内统计、监测、考核办法;通过大力发展可再生能源、积极推进核电建设等行动,到2020年我国非化石能源占一次能源消费的比重达到15%左右;通过植树造林和加强森林管理,森林面积比2005年增加4000万公顷,森林蓄积量比2005年增加13亿立方米。这是中国政府根据国情采取的自主行动,是中国人民为全球应对气候变化做出的巨大努力。同时,中国主张通过切实有效的国际合作,共同应对气候变化。中国将坚持《联合国气候变化框架公约》和《京都议定书》基本框架,坚持"共同但有区别的责任"原则,主张严格遵循巴黎路线图授权,加强《联合国气候变化框架公约》及《京都议定书》的全面、有效和持续实施,统筹考虑减缓、适应、技术转让和资金支持,推动《哥本哈根协议》取得积极成果。2010年3月9日,中国致信联合国气候变化秘书处表示批准《哥本哈根协议》,成为最新一个批准该协议的重要经济体。中国的批准,标志着世界主要的经济体和主要的二氧化碳排放国家,除俄罗斯外都批准了《哥本哈根协议》。

三、世界经济可持续发展的措施

(一)建立明晰的环境产权制度

前面谈到,外部性与产权制度的不完善相关,在存在外部效应的情况下,市场竞争并不一定导致帕累托最优。同时科斯定理认为,在不考虑交易费用的情况下,只要私有产权界定明确,被外部效应所影响的各方,可以通过自由买卖、讨价还价的方式取得帕累托最优的资源配置。

因而解决外部性问题的方法,首先应该是各国政府对产权制度的改进。在人类历史中,产权制度也是不断进步的,从而不断地解决外部性问题。例如,对知识产权的确认和保护是在很晚的时候才实现的。当知识产权确立以后,有关知识生产的外部性得到克服,从而促进了技术的进步。因此,在讨论克服环境破坏和资源耗竭的问题时,首先也应该依赖于各国对产权制度的改进,建立明晰的环境产权制度。

因此,要保护环境,节约资源,实现可持续发展,就要坚持"谁污染,谁付费"的成本覆盖原则,使污染者付费能够完全覆盖其产生的负外部效应;对污染付费的成本要传导到商品和资源的使用者,使他们支付的价格足以补偿生产成本和社会成本。如何让污染者付费?可通过一定的制度安排,运用市场机制和经济手段来实现。

首先,可以借鉴发达国家的污染权交易制度。即政府根据当地的实际情况,确定可承受的排放污染物的总量和浓度,并据此向各经济主体发放(或者拍卖)排污许可证。持有者可以享有排放一定污染物的权利,也可以将许可证按市场价转让。只要持有者治理污染的花费小于许可证的价格,它就有动力治理污染,并将许可证转让以获取利润。而治理污染费用较高的企业,可以通过购买许可证来扩大其污染权。这种制度安排,将环境保护和市场机制有机地结合了起来,一方面鼓励厂商降低污染的排放量,另一方面也减少了环保政策对市场机制的干扰。

其次,征收环境税。产权制度的改进也是有边界的。在今天的技术条件下,还无法将大环境分割开来使其个人化,所以产权制度的改进还无法将环境成本纳入到个人成本中去。这就需要政府的政策来补救,而这个政策就是征税。征收环境税是一种更具有经济效率且体现社会公平的经济手段。这样一方面可以通过征收环境税为社会提供社会需要的资金来源,纠正环境资源配置中的"市场失灵"问题,提高经济效率;另一方面,可通过征收环境税使这些企业的外部成本内在化、利润水平合理化,并将税收用于补偿受害人或环境保护,从而更好地体现"公平原则",有利于各类企业之间进行平等竞争。

(二) 走低碳经济之路,减少碳排放

2008年全球金融危机后低碳经济已成为世界经济的主题词,它不仅强调减少温室气体排放,同时也涵盖了优化能源结构、扩大低碳产业投资、增加就业机会,以及促进经济繁荣。在全球房地产泡沫破灭的同时,可再生能源的投资价值凸显出来。而新能源和可再生能源技术取得重大进展后,将为缓解和适应气候变化奠定坚实的基础,为发展低碳经济和建设低碳社会提供有力支撑。

低碳经济以降低温室气体排放为主要关注点,基础是建立低碳能源系统、低碳技术体系和低碳产业结构,发展特征是低排放、高能效、高效率,核心内容包括制定低碳政策、开发利用低碳技术和产品,以及采取减缓和适应气候变化的措施。

普林斯顿大学教授Pacala及Socolow提出的"稳定楔"(Stabilisation Wedge)概念,现被公认为处理气候变化问题的最佳策略之一。近十几年以来,全球人类温室气体排放量一直

在以每年1.5%的速度增加。如果我们不采取任何行动,到2055年,年碳排放量就会翻一番,达到每年140亿吨。两位学者提出了15项措施,如果得到实施,其中每一项都能使我们在2055年减少10亿吨碳排放量(即一个"楔角")。实际上,只需要实施这15项中的7项,就可以使碳排放量维持在2005年的水平。这15项措施归纳起来主要有五个方面:提高能源使用效率;燃料使用的转换与二氧化碳的捕获及储存;核能发电;可再生能源;森林和耕地对二氧化碳的吸收。

政府间气候变化专门委员会(Intergovernmental Panelon Climate Change,IPCC)也提出了目前在商业上可行的主要缓解温室气体排放的技术方案。其主要的方向也是在节约能源效率、开发新能源等方面。从国际能源署(InternationalEnergyAgency,IEA)的减排的边际成本来看,节能的边际成本是最低的,其次是采取可再生能源、核能等发电除碳化的措施。

为了实现全球减排,《京都议定书》中引入了三个灵活履约机制,其中之一就是清洁发展机制,简称CDM(Clean Development Mechanism)。CDM的核心是允许发达国家和发展中国家进行项目级的减排量抵销额的转让与获得。具体来看,CDM是在强制减排的发达国家和发展中国家间展开,发达国家通过在发展中国家实施具有温室气体减排效果的项目,把项目所产生的温室气体减少的排放量作为履行《京都议定书》所规定的一部分义务。应该说,CDM是一种双赢的机制,对发达国家而言,给予其一些履约的灵活性,使其得以用较低成本履行义务;对发展中国家而言,协助发达国家能够利用减排成本低的优势从发达国家获得资金和技术,促进其可持续发展。

从广泛的意义来看,任何有益于温室气体减排和温室气体回收或吸收的技术,都可以作为CDM项目的技术。在CDM之下,转让温室气体减排量,形成了全球性的碳金融市场,对全球金融经济生活产生重要影响。自2004年起,全球以二氧化碳排放权为标的的交易总额,从最初的不到10亿美元增长到2007年的640亿美元,4年时间增长了63倍。交易量也由1000万吨迅速攀升至30亿吨,根据《京都议定书》,在2008~2012年,35个工业化国家的二氧化碳及其他五种温室气体的排放量要比1990年减少5.2%,基于这一压力,发达国家纷纷通过在中国等发展中国家成员国投资温室气体减排项目,购买减排额度。2011年,全球碳交易市场规模达1760亿美元,折合人民币超万亿元,对应的碳交易量为102.8亿吨二氧化碳当量。近年全球交易规模大幅回落,但仍有500亿美元左右的规模。

(三)可持续消费

可持续消费的基本立足点是当代消费不影响后代的利益。当消费扩大了人们的能力、丰富了人们的生活而又没有危害他人的幸福时,才对人类发展有所贡献。

可持续消费首先必须改变现有的生产和消费方式。从长远看,必须将现在的浪费性、破坏性、直线型生产和消费方式变为循环生产、循环消费方式。改变消费方式与改变生产方式一样,循环消费是可持续消费的根本途径。

首先,技术进步在保持可持续消费方面有着巨大的潜力。技术进步可以减少资源使用量和保护环境。在以往的传统增长方式的影响下,人们只顾以大量的资源消费来换取人们物质生活方面的进步,因此技术发展的重点也只是利用资源扩大生产,最后必然导致自然资源的大量浪费和环境资源的破坏。然而,在可持续消费已经成为各国所追求的目标的情况下,技术的发展出现了与以往截然不同的方向,即在追求发展的同时保护自然资源和环境资源,以求得资源的永续使用,例如,太阳能汽车不仅可以大大地降低能源消耗,也有利于环境。除了使用更少的原材料,向自然界排放更少的废料和生产更多的有用产品以外,也包含着更多的重复利用一切有用的资源和替代资源。在现代生活中,随着技术的发展,慢慢出现一种社会生产和消费的"非物化"的倾向。例如,互联网出现以后,不仅用网络为各方面提供了大量的信息,而且节约了大量诸如纸张、印刷、装卸、运输等的成本,既节约了木材和纸张等加工生产工序,也减少了对于自然界的污染。

其次,通过市场也可以调节生产和消费,但市场不能保证消费的正确性和合理性,也不能保证消费的适度和可持续性。因此,就有必要利用法律、经济和制度等带有一定强制性的手段。法律规定(包括环境立法)和管理制度是可以有效影响、引导和规范消费者行为的。我们所建立起来的法律和管理的规范应该鼓励发展"清洁生产"技术,而不是以往强调的"末端控制"。"清洁生产"是关于产品和产品生产过程的一种新的、持续的、创造性的思维,它指对产品和生产过程持续运用整体预防的环境保护战略,是要引起研究开发者、生产者、消费者也就是全社会对于工业产品生产及使用全过程对环境影响的关注,从而使污染物产生量、流失量和治理量达到最小,资源充分利用,是一种积极、主动的态度。而传统的"末端控制"相较于"清洁生产",其主要问题表现在污染控制与生产过程控制没有密切结合起来,资源和能源不能在生产过程中得到充分利用。污染物产生后再进行处理,处理设施基建投资大、运行费用高以及现有的污染治理技术存在局限性,使得排放的"三废"在处理、处置过程中对环境还有一定的风险性。因此,清洁生产是工业可持续发展的必然选择。同时,各国政府应该停止那种不利于消费观念转变的政府补贴、优惠等措施,辅以某些消耗环境资源的产品价格的提高。这样,环境成本的内部化才可以适当减少社会对于这些资源的需求。

(四)淡化分歧,南北共同保护生存环境

1. 南北共同承担责任

由于经济发展水平的差异,世界被划分为发展中国家和发达国家。可是,无论是发展中国家还是发达国家,都从不同方向破坏着人类的生存环境。关于环境保护,发展中国家和发达国家一直以来存在着一个分歧,即发展中国家是否真正有权利发展自己的经济,它们是否必须同发达国家一样,承担同样的责任?

这个分歧由来已久。从20世纪70年代罗马俱乐部提出"零增长理论"开始,就基本上剥夺了发展中国家发展经济的权利。他们认为,无论是环境污染还是自然资源消耗都已经达到了极限,因此世界应该停止发展。众所周知,要发展经济,就要使用自然资源和能源,就一定会对环境造成污染。因此,不让发展中国家排放温室气体,就等于不让发展中国家发展自己的经济。即使不完全剥夺发展中国家发展经济的权利,那也只有在发达国家提高生产技术和减少排污的条件下发展中国家才能相应地发展经济。那么,广大的发展中国家何时才能发展到今天发达国家的经济发展水平呢?实际上,永远不可能。由于温室气体排放涉及各国的切身利益,因此发展中国家和发达国家间存在着严重的分歧。

发达国家如果一直逃避自己的责任,那么要使温室气体的排放真正受到控制只能是一句空话。因为一方面发达国家过去是现在仍是世界上最大的温室气体排放者,它们对于全球气候变坏负有最主要的责任;另一方面,正是由于发达国家长期对广大殖民地的剥削和压迫使得现在这些国家仍处于十分贫困的境地,它们所能排放的温室气体在当前全球温室气体的排放总量中仍是少数,世界排名前十位的二氧化碳排放国家一半以上都属于高收入国家。因此,发达国家既有责任减轻自身的污染,也有义务帮助发展中国家加快经济的发展,并在经济发展中注意防止环境破坏。为此,发展中国家和发达国家应该在共同的环境问题前消除分歧意见,同心协力,共同治理和保护环境质量。发达国家应该在资金和技术上支援发展中国家,使它们在迅速发展经济的同时能够最有效地保护环境与自然资源;反过来,发展中国家的经济发展和人民生活水平的提高又会进一步支持发达国家的经济发展。发达国家应该意识到,帮助别人就是帮助自己,实现世界可持续发展的道路只有合作这一条,别无他途。

2. 明确发达国家和发展中国家"共同但有区别"的责任

《21世纪议程》指出,发达国家和发展中国家"应享有与自然和谐的方式,过健康而富有的生活的权利,并公平地满足今世后代在环境和发展方面的需要"。为此,发达国家和发展中国家应承担"共同但有区别"的责任。

对发达国家来说,首先,必须认识到自身在全球可持续发展中的责任和义务。发达国家从近代以来的殖民主义扩张和所追求的高生产、高消费以及由此造成的高污染,对落后国家和地区以及本国的生态环境造成了严重的危害。因此,发达国家对全球自然环境的恶化负有不可推卸的历史和现实的主要责任,应该承担向发展中国家提供资金和技术的责任和义务。其次,发达国家要充分理解和尊重发展中国家的生存和发展权。生存权是人类最基本的权利,任何把民主、人权凌驾于生存权之上的做法都是不人道的。发展权是每个发展中国家的主权。发达国家不应该以保护环境、资源为借口,限制发展中国家的发展,更不能为了自身的私利向发展中国家转嫁生态危机。

对发展中国家而言,首先,发展是硬道理。发展经济,尽早消灭贫困,是发展中国家可持续发展的前提。国际经验表明,没有经济发展作为基础和大量的资金投入,没有技术进步和正确的政策指导,是不能解决环境问题的。例如,美国在20世纪60年代末70年代初着手大规模研究环境问题时,人均国民生产总值已达11000美元(1980年);日本在大规模实施污染控制时,人均国民生产总值也已达4000美元。而目前大多数发展中国家在人均国民生产总值只有几百、几千美元的情况下,要完全解决经济、环境、资源问题是不现实的。其次,发展中国家在坚决维护自己的生存和发展权利的同时,也应该积极履行义务。要从本国的环境与发展的具体情况出发,正确处理人口、资源、环境与经济发展辩证统一的关系,做到"边发展、边治理,边利用、边保护",而不能走西方国家"先污染、后治理"的老路。再次,发展中国家要自强自立。在保持本国稳定发展的同时,把握国际机遇,搞好本国的经济社会改革和对外开放。只有经济的发展才能促使环境保护水平的提高,并进一步巩固发展中国家的政治独立性。

《联合国气候变化框架公约》(United Nations Framework Convention on Climate Change,UNFCCC)是应对气候变化的第一份国际协议,该协议于1992年在巴西里约热内卢举行的联合国环境与发展大会上通过,目前有190多个缔约方,《联合国气候变化框架公约》的最终目标,是将大气中温室气体浓度稳定在不对气候系统造成危害的水平,但它没有设定强制性减排目标。第一份具有强制性减排目标的国际协议是《京都议定书》(Kyoto Protocol),全称《联合国气候变化框架公约的京都议定书》,是《联合国气候变化框架公约》的补充条款。1997年12月签订,2005年2月16日开始强制生效。根据《京都议定书》,在2008~2012年期间,所有发达国家6种温室气体——二氧化碳、甲烷、氧化亚氮、氟代烷(HFCs)、全氟烷烃(PFCs)、六氟化硫(SFs)的排放量,要比1990年减少5%。《京都议定书》要求,作为温室气体排放大户的发达国家,采取具体措施限制温室气体的排放,而发展中国家不承担有法律约束力的温室气体限控义务。至目前为止,共有170多个国家签署了《京都议定书》。美国于2001年退出了《京都议定书》。

2009年12月7日至19日,《联合国气候变化框架公约》第15次缔约方会议暨《京都议定书》第5次缔约方会议在丹麦哥本哈根召开。发达国家和发展中国家在谈判中展开了复杂的利益博弈和激烈的政治较量,大会最终达成《哥本哈根协议》。该文件坚持了《联合国气候变化框架公约》及《京都议定书》的规定,即发达国家和发展中国家根据"共同但有区别的责任"原则,分别应当承担的义务和采取的行动,表达了国际社会在应对气候变化问题上的共识。《哥本哈根协议》坚持长期减排目标,通过向发展中国家提供资金、技术支持,增加减排的透明度,确保将全球气温上升幅度控制在2℃以内。但是该文件并未对日后发达国家排放二氧化碳形成强制性的法律约束,此外对于给发展中国家的资金援助也没有列出具体举措,因此遭到强烈的批评。

(五)消除贫困

认识贫困,是为了消除贫困,各国政府、各国际组织都在积极寻求消除贫困的方式、方法。长期发展实践和深入理论研究表明,迅速的经济增长是减少贫困的一个重要影响因素,但经济增长并不会自动解决贫困问题,因为经济增长的成果并不能保证被每个社会成员平等地分享。为此,不能单纯用加快经济增长的方法加快贫困人口收入的增长,而是应该建立综合的基础广泛的收入增长模式。世界银行的《2000/2001年世界发展报告》认为,以下三个方面的进步可以形成持续减贫的动力。

1. 创造机遇

对于广大贫困人口来说,不平等突出表现为机会的不平等。因此,要想消除贫困,就必须为贫困者提供更多的机会。首先,国家应该采取行动支持穷人逐渐增加资产,包括人力资产、物质资产、自然资产、金融资产和社会资产,并且解决不同性别、部族、种族和社会群体之间的资产不均问题;其次,要提供有利于私人投资和技术创新的环境,促进本国市场向国际延伸;最后,政府在进行建立完善市场体系的同时,不能忽视面向穷人的市场改革,要争取实现社会中更大的公平。另外,社会基础设施的改善和公共服务的广泛提供也是增进贫困者福利的重要手段。

2. 赋权

经济增长和减少贫困的潜力在很大程度上受到了国家和各种社会机构的制约,为此,我们必须促进赋权。赋权就是要通过加强贫困人口对政治进程和当地决策的参与,以提高他们对涉及自身生活的国家制度的影响力。主要包括以下几点：① 国家应该建立包容性的政治与法律基础；② 政府应该改变治理结构，创建促进经济增长及公平的公共行政管理，建立稳健而具有反应力的机制，使公共行政、立法机构为全体公民提供更有效的服务；③ 消除性别、种族和社会地位差异造成的制度障碍。

3. 提供安全保障

为贫困者提供安全保障意味着减少他们面对经济动荡、自然灾害、健康问题等风险的脆弱性。这需要做以下几方面的工作：① 建立国家计划以防止、预防和化解宏观冲击的灾祸，构建有利于经济增长的国家社会风险应对体系；② 建立有效的机制来减少贫困者面临的风险，使其积聚人身、自然、物质、金融和社会等资产以克服风险发生时造成的损失；③ 医疗卫生体系的建立完善，应对传染性疾病的传播。

◆ **内容提要**

二战后，发达国家经历了20多年经济发展的"黄金时代"，发展中国家也普遍获得了经济的增长。但是经济的增长是以资源的大量消耗、环境的污染为代价的。20世纪70年代以后，资源、环境、人口与经济的增长和发展构成了严重的冲突，人类开始反思自己的行为，重新认识经济的增长和发展，实现可持续发展成为整个社会共同的奋斗目标。人类重新考虑资源、环境、人口与经济增长的关系，实现资源、环境、人口和经济的和谐发展，这是人类历史上对自然关系认识的一次重大飞跃，它对世界产生了积极而深远的影响。

在经济增长理论和经济周期的基础上，本章基本上勾勒出可持续发展的逻辑结构，探讨了什么是可持续发展、可持续发展面临的问题和对策。第一节重点阐述了世界经济发展面临的发展要素约束，从而讨论经济增长思想的转变过程，引出了可持续发展这个人类社会的客观历史选择。第二节前半部分详细探讨了可持续发展的定义、内涵和基本的原则，加深对可持续发展的内涵和本质的了解，并简单介绍了可持续发展的评价指标。后半部分着重阐述了世界经济可持续发展面临的多种制约，同时讨论了中国可持续发展的成就和特殊问题，以及世界和中国的战略选择和对策，从而使读者认识到实现可持续发展已经成为整个社会共同的奋斗目标。

◆ **关键词**

资源约束　人口　人力资源　能源资源　环境保护　可持续发展

◆ **思考题**

1. 简述人口与人力资源对经济发展的效应。
2. 论述世界主要能源资源分布和消费结构。
3. 可持续发展的含义及特征是什么？
4. 简述中国可持续发展的现状与问题。
5. 如何实现世界经济可持续发展？

◆ **思考案例**

垃圾分类来了，你准备好了吗？

2019年7月1日，《上海市生活垃圾管理条例》正式实施，标志着上海垃圾分类工作从过

第三篇 世界经济发展不平衡及协调
第九章 世界经济发展中的资源约束与可持续发展

去的"小步走"转向"大步迈进"。

作为示范点,上海肩负着为全国做出表率的责任。为了做好这项工作,上海正在经历一场全民动员,从楼宇社区到街头巷尾再到工厂车间,每一位上海居民都在接受垃圾分类带来的挑战,并逐渐将垃圾分类变成一种生活方式。

上海经验正在向全国推广,垃圾分类时代已经来临。"你能保证这里不起风吗?"得知小区打算把垃圾分类投放站建在自家旁边时,70岁的曹阿姨曾经气得跳着脚跑到居委会发火。7月13日,曹阿姨在接受《工人日报》记者采访时却乐呵呵地表示,"没想到这么干净的,我们离得近还方便啊!"

被曹阿姨夸"干净"的是康浦景庭小区,位于上海市青浦区重固镇。一眼望去,这个小区找不到一个垃圾桶,路面干净整洁,余下的都是绿色。去年9月试点推进垃圾分类前,这里完全是另外一幅样子:居民楼下,每个单元门口都被几个垃圾桶守着,大家习惯了垃圾随便扔,盖子没人盖,一到夏天就臭气熏天。

"只有撤桶,才能从源头上确保垃圾分类的纯净度,并且培养大家的分类习惯,也才能让物业和环卫顺利对接,确保垃圾不在小区过夜。"重固镇福定居委会党支部书记雷爱慧说。

如今,小区居民已经逐渐养成了定时定点投垃圾的习惯。无需二次分拣,居民自行分类就能达到90%的纯净度。由于垃圾站每日撤桶清理,没了味道,不少相熟的居民喜欢借着倒垃圾的时候拉家常,给这个老小区平添了一份热闹。

垃圾分好类,不仅大大降低了处理成本,还增加了可回收垃圾,形成了新的创收。

试分析:

垃圾分类对我国可持续发展的意义。

◆应用训练

国际观察:关注世界可持续发展

国际、地区和各专业评估机构普遍认为,自1992年里约热内卢联合国环境与发展大会以来,经济全球化发展十分迅猛,但人类在可持续发展问题上所面临的挑战却更为严峻。在世界可持续发展大会26日将在南非约翰内斯堡召开之际,新华社记者就世界可持续发展的现状和面临的挑战采访了中国国际交流协会研究中心主任孔耕蕻。

问:10年前的里约会议通过的《21世纪行动议程》呼吁人类关注地球、关注环境、关注可持续经济发展。10年后的今天,人类生存的自然环境状况究竟是改善了还是恶化了?

答:由于各国在执行议程方面态度不一,议程本身又缺乏约束机制,不可持续的生产和消费方式仍在继续,全球整体环境状况正在持续恶化。

联合国报告表明,由于人类的过度开发,在过去30年中,23%的耕地严重退化,三分之一以上的土地面临沙漠化威胁。仅在20世纪90年代,全球森林面积减少9400公顷,相当于总面积的2.4%。目前,每年有4500亿吨废水、污水流入江河湖海。自然环境恶化严重威胁着地球上的野生物种,如今全球12%的鸟类和四分之一的哺乳动物濒临灭绝,而过分捕捞已导致三分之一鱼类资源枯竭。

这种状况已经并将继续产生两种可怕的后果:① 生态环境恶化,导致自然灾害频发,近年来全球气候变化加剧造成水灾、干旱频仍即是一例;② 导致人类自然资源严重短缺。如

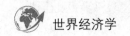

果目前的水资源匮乏趋势持续下去,今后30年内,全球55%以上的人口将面临水荒。全球整体自然环境持续恶化,成为人类可持续发展的一个极为重要的制约因素。

问:全球环境状况令人担忧,那么在发展领域,发达国家与发展中国家的差距是否有所缩小?

答:过去10年间,发达国家与发展中国家经济依然严重失衡,贫富差距日益扩大。少数发达国家拥有全球生产总值的86%,而众多发展中国家仅占14%。发达国家与发展中国家人均国内生产总值的差距,已从90年代的43倍扩大到目前的60多倍。最不发达国家的数量已由30多个增至近50个。

在国际政治经济事务中,弱国无力左右世界局势,经济上的贫困和政治上的无奈使发展中国家处境艰难。非洲受经济全球化负面影响最大,经济增长率每况愈下,2000年人均收入比20年前减少了10%,贫困人口在20世纪90年代增加了8000万。

贫困和饥饿威胁着许多发展中国家的生存。过去5年里,世界赤贫人口从10亿增至12亿,有8亿余人营养不足,贫穷国家有50%的儿童食不果腹。5年前各国代表聚首罗马,郑重承诺到2015年使全球8.4亿饥饿人口减半。然而,5年后罗马会议再度举行时,全球仍有8亿人口在忍饥挨饿,照此速度,原定的目标要过45年才能实现。

问:事实证明,发展中国家长期滞后,固然有其基础薄弱等先天不足的原因,更有在竞争过程中处于不利地位的现实因素。那么,国际社会为改变这一现实进行的努力和效果如何?

答:现行的贸易体制和规则多由发达国家主导制定,对发展中国家有诸多不利。国际社会认识到国际经济秩序的不公正性,但要改变却很难。从《21世纪行动议程》到《京都议定书》,从千年首脑会议到蒙特雷会议,联合国三令五申要改革现有经济秩序,宣言、协议、纲要层出不穷,但或因没有制定时间表,缺乏紧迫感,或因缺乏惩罚措施,不能有效督促。

发展中国家希望改善自身环境却心有余而力不足,因此期待外援;而大多数发达国家漠视穷国疾苦,无心兑现援助占国内生产总值0.7%的承诺。美苏冷战结束后,美国进一步推行霸权主义、强权政治,利用其控制的国际机构,不断确立在经济上的霸权地位。事实表明,一些发达国家对具有全球共同利益的事务漠不关心,对国际关系规则和国际协议置之不理,是国际经济秩序得不到根本改变的主要原因。

问:人类实现可持续发展的出路何在?

答:不公正的国际政治经济秩序、不断发展的霸权主义和强权政治以及不平等的国际关系,都对世界发展构成了根本性威胁。震惊世界的"9·11"事件,应验了美国前国防部长、前世界银行行长麦克纳马拉的话:"穷困不仅是穷人的敌人,也是富人的敌人。"全世界都在反思贫困与恐怖之间的联系。

国际社会认识到,在同一个地球上,发达国家的安全更依赖于发展中国家的稳定与繁荣。恐怖主义固然要坚决打击,但忽视其产生的根源,不在缩小贫富差距上多做实事,不认真推进公正、合理的国际政治经济秩序,就不可能从根本上消除恐怖主义。对于发达国家来说,只有正视现实,积极参与,既勇作承诺,又诚实履行,才能实现经济和社会的可持续发展。

——资料来源:新华网北京2019年8月22日电《国际观察:关注世界可持续发展》。

试分析:

1. 为什么联合国要制定可持续发展目标(SDGs)?
2. 如何实现世界可持续发展?

第十章 国际经济协调

本章结构图

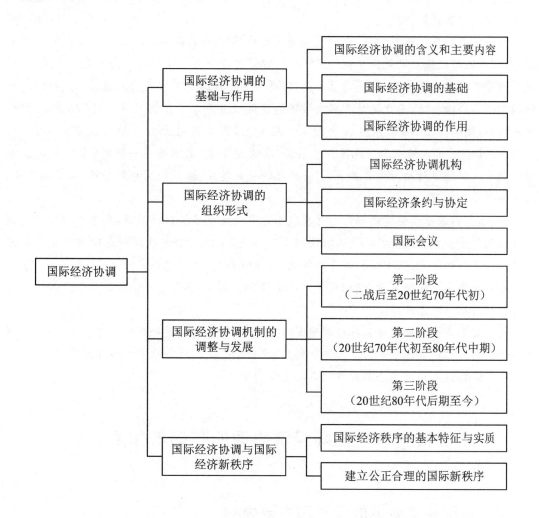

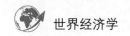

学习目标

通过本章学习,了解国际经济协调的含义、内容以及作用;了解国际经济协调的理论基础和现实基础;熟悉主要的国际经济组织及其功能;理解当代国际经济协调的发展趋势。

导入案例

"一带一路"成重构全球经济规则重要力量

习近平主席在第二届"一带一路"国际合作高峰论坛的讲话中提到了中国将采取一系列重大改革开放举措,包括更广领域扩大外资市场准入、更大力度加强知识产权保护国际合作、更大规模增加商品和服务进口、更加重视对外开放政策贯彻落实之外,还有更加有效实施国际宏观经济政策协调。

自全球金融危机爆发至今,中国已成为发展中国家的主要基础设施融资方。2013年之后,中国对他国的基础设施注资被纳入"一带一路"建设框架。较以往不同的是,"一带一路"建设投资不再是供给导向,而是需求导向,即并不看重目的地国家的资源禀赋、富裕程度、政治稳定性和法治状况,而是聚焦于解决该国的实际经济需求。数据显示,2017年中国对"一带一路"沿线的57个国家累计投资201.7亿美元,占中国对外直接投资流量的12.7%。2013~2017年,中国对东南亚地区投资最多,其次是中东,最少的是中东欧,占比不到2%。投资领域从以能源行业为主日益多元化,开始涉及制造业、租赁和商务服务业、批发零售业、建筑业等多个行业。

以往,各国基础设施建设项目都寻求从全球多边发展银行获得融资,发展中国家也习惯于寻求国际货币基金组织(IMF)来解决问题。但是,全球多边发展银行在项目建设上有冗长繁杂的手续和规则,而中国的投资到位快、行政效率高、项目建设成效显著,受到了发展中国家的普遍欢迎。展望未来,中国倡导建立的亚洲基础设施投资银行将成为全球基础设施投资银行的有益补充。

美国智库布鲁金斯学会在其最新研究报告《中国将改变世界规则吗?》中指出,中国正在出台的"一带一路"环保法和安全保障机制,以及测试受援国债务承受能力等革命性举措,使"一带一路"倡议成为重构全球经济规则的重要力量。

第一节 国际经济协调的基础与作用

一、国际经济协调的含义和主要内容

(一)国际经济协调的含义

国际经济协调是"宏观经济政策国际协调"的简称,指以各国政府或国际组织为主体,在认同世界经济具有相互依赖性的基础上,通过贸易政策、货币政策、财政政策、汇率政策等宏

观政策的联合调整,对国际经济活动及政策进行干预,从而达到维护世界经济秩序,稳定或推动各国经济发展目标的行为。

国际经济协调既是经济全球化过程中国家之间交易日益密切的必然结果,也是克服国家之间矛盾冲突的客观需要。国际经济协调的广度和深度与经济全球化的广度和深度一致,其协调的基础是各国经济的相互依赖和国际经济传递机制。

（二）国际经济协调的主要内容

1. 国际贸易协调

国际贸易协调是在各经济体之间通过与贸易相关的条约协定、法律法规、经济组织或者国际会议对各国国际贸易进行干预调节,以维护世界贸易正常运行的行为。

二战后,发达国家贸易自由化倾向日益明显,但是贸易保护主义也时而回潮。各国通过采取关税、非关税措施或者改变本国对外贸易政策形式对本国以及国际市场的进出口行为产生影响,以实现本国在贸易领域需要达到的目标。但是各国的贸易行为不一定对国际贸易产生正面影响。而且当全球经济危机爆发,国际贸易秩序混乱时单个国家无法独自走出贸易困境。这时就需要国际贸易协调缓解贸易摩擦和冲突。

国际贸易协调最好的代言人是世界贸易组织。世贸组织通过制定各国认可的贸易原则,监督各国贸易行为是否符合规范,建立多边贸易谈判协商机制并帮助各国解决贸易纠纷维护国际贸易秩序,打击了单边主义和贸易保护主义,为各国贸易创造了更加公平、合理、宽松的国际贸易环境,为贸易纠纷提供了较好的解决方式。

2. 国际投资与债务协调

（1）政府经济援助的国际协调

官方发展援助协调。各国政府及其所属官方机构,都在一定程度上参与国际投资活动,这种投资活动一般称为官方发展援助。官方发展援助是指国家官方机构为促进发展中国家的经济发展和福利水平提升,向发展中国家提供的赠款,或赠与成分不低于 25% 的优惠贷款。当前开展官方发展援助的主要是发达国家,如美国的国际开发署、日本的海外经济协力基金、英国的海外开发部、德国的经济合作部等。20 世纪 70 年代以后,一些产油发展中国家获得大量的石油美元后也开始进行官方发展援助。

国际金融机构援助国际协调。对政府经济援助进行协调的另一种形式是国际金融机构的多边经济援助管理。通过建立官方金融机构如国际货币基金组织、世界银行、联合国所属机构、地区性开发银行等,对政府贷款和经济援助进行统一运用和集中管理。这些机构以股份、份额、借款等方式吸收成员国政府资金,然后根据成员国政府协议所确定的宗旨、职能和任务确定资金运用原则和贷款政策,向成员国提供贷款,并负责资金统一运用的管理工作。其贷款条件一般比国际金融市场的商业银行优惠,利率较低,时限较长,有的结合技术援助进行。这类贷款在发展中国家的外资来源中占有重要地位。

（2）私人投资及外资政策的国际协调

跨国公司投资管理。第二次世界大战之后,跨国公司在全球范围内快速发展,与东道国的利益冲突也在不断加剧。国际社会开始对国际投资和跨国公司进行管理和协调。

联合国跨国公司委员会是联合国负责协调和研究有关跨国公司事业的机构，主要负责制定跨国公司的行为准则，规定国家对自然资源的永久主权、管理外国投资的权利、管理和监督跨国公司活动的权利等。

除了联合国外，还有一些区域性的组织对国际投资活动进行协调，如1972年太平洋地区经济理事会通过了《关于国际投资的太平洋地区宪章》；1975年OECD建立了国际投资和多国企业委员会，并通过了《关于国际投资及多国公司的宣言》《多国公司指导原则》，作为成员国的共同守则等。

各国外资政策协调。20世纪60年代以后，发达国家和发展中国家吸收外资和对外投资活动快速发展，但是各国在涉外投资活动的经济政策和管理制度上差异很大，出现了大量的投资纠纷和投资障碍，需要进行国际投资协调。对各国外资政策的协调方式有两种：多边协调和双边协调。

国际投资的多边协调是为建立关于投资保护的国际统一法律秩序，创造健康的国际投资环境而缔结的多边国际公约，包括国际投资法典、多国投资保险体制、解决国际投资争议公约等。

国际投资的双边协调即双边投资协定，是投资国为保护本国海外私人投资投资的安全与利益，同东道国签订的保护投资的共同准则。各国签订的双边投资保护协定不尽相同，但一般包括以下内容：关于外国投资者的待遇标准、关于投资项目和内容、关于政治风险的保证、关于投资争议的解决。

从历史发展状况来看，对各国投资政策的协调，主要是通过双边协调来完成的，未来发展趋势是通过加强区域性多边调整，向全球性多边协调机制过渡。

（3）国际债务协调

20世纪80年代，发展中国家发生债务危机，严重影响了国际金融秩序和世界经济的稳定与发展，引起了国际社会的重视。国际债务协调成为国际经济协调的重要领域。

国际债务协调主要是通过债务重新安排、债务重议的方法进行协调。债务重新安排指当债务国不能如期偿还债务本金及利息时，可与债权国商定实施对到期债务或拖延债务的重新安排的协定，最终目的是为了减轻债务国债务压力，有能力恢复自己的债权债务关系。债务重议是双方对之前协定的还贷日期重新调整，一般是延长还贷日期。

关于对发展中国家债务问题的协调，美国提出"贝克计划"和"布雷迪计划"。"贝克计划"主张通过给发展中国家新增贷款，一方面以新债还旧债，另一方面通过贷款促进发展中国家经济增长的方式增强债务国还贷能力。但"贝克计划"的实施收效甚微，并未解决拉美债务问题，于是美国在1987年提出"布雷迪计划"。"布雷迪计划"是在发展中国国家背负巨额外债无法偿还，不仅抑制本国经济增长，还连累国际市场的情况下提出的。它意识到发展中国家并不具备完全偿清债务的能力。所以"布雷迪计划"在"贝克计划"基础上提倡债权国政府、国际货币基金组织以及世界银行减轻债务的本金和利息，并首先在墨西哥取得良好成效。

除了"贝克计划"和"布雷迪计划"，还有1988年提出的"多伦多计划"。1988年6月，西方七国首脑在加拿大多伦多举行会议，就低收入国家官方债务的重新安排办法进行协商，提出了包括免除三分之一的债务、延长还款期、降低利息率等一系列具体措施。

3. 国际货币体系与汇率的协调

国际货币体系协调包括对汇率、国际储备、国际收支、资金融通和金融体系的协调。按照时间顺序划分,国际货币体系协调又分为金本位制下的国际货币体系协调,金汇兑制度下的货币协调以及布雷顿森林体系下固定汇率制下的货币协调和牙买加体系下浮动汇率制的货币协调。

汇率协调是国际货币协调最常用,效果最明显的手段。汇率变动既是反应各国经济状况的晴雨表,也是预防国际金融风险的警报器。制定完善的国际货币体系,并监督各国经济政策有利于实现汇率稳定,从而促进国际贸易发展,国际金融市场稳定,防止国际债务在短期内大幅升值或贬值对债务或债权国造成损失。反之,如果一国货币汇率出现长期剧烈震荡,不仅可能崩坏本国经济,还会波及世界经济的发展态势。

在金本位制度下,黄金作为国际结算手段和储备货币可以自由进出口、自由兑换、自由铸造。各国汇率在黄金输出点和黄金输入点之间围绕铸币平价上下波动,使得汇率趋于稳定并可以自行调整。但是黄金作为一种有限的自然资源,它的产量的增长速度无法与世界经济对黄金的巨大需求相适应。并且由于殖民主义掠夺以及各国经济的巨大差异,黄金地区分配也两极分化。综上这两点原因使得国际黄金兑换逐渐困难。金本位制度在一战爆发时正式结束。

金汇兑制度存在于一战到 20 世纪 30 年代经济大萧条时期。金汇兑制度与金本位制度最大的不同在于本国货币与实行金本位或金币本位制的国家保持固定汇率而非直接与黄金挂钩。黄金也只有在稳定市场汇率时才能作为支付手段。金汇兑制度一定程度解决了黄金短缺问题,但黄金缺口仍然存在,用黄金稳定汇率稳定的效果也并不明显。

布雷顿森林体系实行以美元为主导的双挂钩体系,实行固定汇率制,美元实际代替了之前黄金在货币体系中的地位。固定汇率制度解决了黄金短缺问题,也保持了各国汇率和国际金融市场的稳定。但是美元作为主要国际支付和储备货币出现了金本位制同样的问题甚至更加复杂。一方面国际市场上的"美元荒"与之前的黄金短缺在实质上并无差别,美元的供应量无法满足各经济发展的需要。另一方面,为了解决"美元荒"就需要大量印发美元,美元的贬值与国内的通货膨胀使得它无法像黄金那样保持自身价值。

在牙买加体系下,由于国际汇率制度由双挂钩下的固定汇率制度转为浮动汇率制度,各国货币汇率可以根据国际情况自行调整,摆脱了对单一货币的依赖,但是增加了世界经济的不确定性,更容易引发经济危机。

4. 宏观经济政策的协调

开放经济体的宏观经济政策目标包括:充分就业,稳定物价,经济增长和国际收支平衡,但不同的国家在宏观经济政策目标选择上存在差异。宏观经济政策协调是指,各国在相互协商的基础上,就财政政策、货币政策及其他政策相互适应、达成一致的官方协议。

二战之后,社会生产力高度发展,市场经济的缺陷逐渐凸显,市场失灵使得政府不得不出面干预。四大宏观经济政策目标本身在实现过程中存在矛盾,政府往往顾此失彼,引发世界经济动荡,必须依靠国际协调。宏观经济政策协调旨在通过对各国宏观经济政策长期而持久的调整,消除国家之间在发展水平、经济结构、政策制度等方面的不平衡,使世界经济能持续、稳定、健康发展。

二、国际经济协调的基础

(一) 理论基础

1. 相互依存理论

经济相互依存理论最早是由美国经济学者理查德·库帕于1968年在《相互依赖经济学：大西洋社会的经济政策》中提出，强调研究国家间经济关系的关键是了解一国经济发展与国际经济发展之间的敏感反应。之后约瑟夫·奈和罗伯特·基欧汉两人对相互依存理论进行了发展，将相互依存定义为"彼此之间的依赖"，并认为"敏感性"和"脆弱性"是相互依存的根本特征。

相互依存理论研究的是国家间在经济领域相互需求、彼此依赖关系的理论。一般用以下两个指标衡量相互依存程度：

(1) 对外贸易依存度。该指标指一国的进口额、出口额或进出口总额占该国GDP的比重，反映一国经济对进出口贸易的依赖程度，体现国内市场与国际市场的联系。

(2) 国际贸易增长率与GDP增长率之比。该指标衡量的是国际贸易对国民经济的动态的影响程度。如果国际贸易增长率高于GDP增长率则表明国内经济对进出口贸易需求不断增大；反之，不断减小。

国际依存理论体现了各国经济相互依存，相互影响的关系。世界经济作为一个整体，牵一发便可能动全身，因此相互理论认为国家问题越来越多地成为一种全球化问题，国家关系在全球化的版图下也呈现出"敏感性"和"易脆性"，强调各国在平等开放的基础上相互合作、共同协调的重要性。

2. 国际经济传递机制

国际经济传递机制是指在某一国家发生的经济事件的影响会通过一定的渠道向外扩散，从而使其他国家甚至国际经济产生联动反应的机制。而这种经济事件往往是指由于该国国内的经济失衡状况造成的，因此国际经济传递大部分是一种非均衡的传递。

国际经济传递的途径大体分为以下四类：

(1) 国际贸易渠道。国际贸易渠道主要是通过价格手段对国内经济造成影响。当某商品的国际价格由于供求关系或其他原因产生波动时，国内开放部门的价格与销量会随之作出调整，使与之相关的其他国内非开放部门商品的价格也发生变化，从而影响该国的物价水平、国民收入，影响国内产业的供、产、销环节。

(2) 国际资金流动渠道。国际资金流动渠道的传递又与国际债务关系、国际直接投资、汇率、利率等因素有关。

① 国际债务关系。例如，2009年希腊爆发的主权债务危机引起市场对于欧元区的恐慌，加上欧元区部分国家本身竞争力不强且受美国金融危机影响，从而使得危机迅速传播到欧元区其他国家(尤其是同样面临财政赤字和公共债务超标的国家)，引发欧洲主权债务危机。这加剧了国际金融市场的不确定性，危害了欧元区国家的经济增长，带来一系列社会

问题。

② 国际直接投资。当某一国家经济状况良好，直接投资能满足外国投资者投资条件及投资目的，外国投资者对该国进行直接投资不仅能使自己获得丰厚回报，还能推动该国的经济增长与产业发展。

③ 汇率传递渠道。汇率除了对进出口贸易造成影响外，对国际资本流动也会造成影响。汇率变动对短期资本流动影响较大。当一国货币升值时，持有他国货币的投资者会将其他国货币兑换成该国货币，获得汇率变动带来的收益，从而发生该国的资本内流现象，有利于该国经济发展。而当一国货币贬值时，则会发生资本外流现象。

④ 利率。资本一般总是从利率低的国家流向利率高的国家。当一国利率水平上升时，持有该种货币的收益会增加，从而引起国际市场大量资金内流。

（3）国际劳动力流动渠道。工资变动和劳动力流动是两大主要传递途径。当一国经济繁荣、就业岗位多、工资上涨时，可能会吸引其他国家的劳动力来该国进行工作，从而使其他相关国家劳动力流失。如果劳动力流失对该国经济产生一定影响，就会促使这些国家提高自己的平均工资。

（4）无形渠道。无形渠道指通过国际信息、技术的传播以及无形示范效用对其他国家经济产生影响。

3. 博弈论

博弈论又称对策论，由匈牙利数学家约翰·冯·诺依曼创立的，是一门关于博弈的理性行为的理论，该理论最初只是用于棋奕、桥牌和战争中的策略制定和选择。1944年，约翰·冯·诺依曼与奥斯卡·摩根斯顿开创性地把博弈论运用于经济领域。1994年，美国经济学家约翰·豪尔绍尼和约翰·纳什，以及德国经济学家莱因哈特·泽尔腾因扩展和深化博弈论在经济行为分析中的作用而获得诺贝尔经济学奖。

博弈论是经济学研究的重要方法之一。它研究的是存在特定规则约束、行为主体相互影响的环境下，参与者如何采取正确的策略与行动实现利益最大化。对于国际经济协调则是追求共同福利的最大化。

随着世界多极化、经济全球化的发展，各国之间的联系越来越密切，关系也越来越复杂多变。想在这样的博弈环境中争取本国利益，各国就必须考虑到本国规划策略给其他国家带去的影响和其他国家政策以及国际局势、条约法规变动对自己带来的影响。因此，在处理本国与他国、国际关系时，各国要充分了解双方诉求、坚守自我底线、坚持和平谈判而非战争、制裁的方式达成目标，追求双赢甚至多赢结局。而进行国际经济协调时，同样要兼顾发达国家和发展中国家的利益，维护正常国际经济秩序，最大程度上让参与国收益。

（二）现实基础

1. 经济全球化发展

经济全球化是建立在世界市场完全形成、科技革命带来生产力的解放与发展，跨国公司长足发展的基础上形成的，是世界经济重要趋势之一。经济全球化指各国政府以及国际组织以商品与服务贸易、资本流动、技术传播等方式进行跨国的世界经济活动，从而形成相互影响、相互依赖的全球范围的经济有机体的过程。经济全球化使得各国成为全球经济的一部分,相互联系日益紧密,为实现国际经济议题协调提供可能。同时国际经济协调也顺应了经济全球化的发展,有利于生产国家化、贸易自由化、资本全球化和科技全球化。

2. 经贸摩擦与经济危机

随着经济全球化的发展,各国间经贸往来不断密切,合作与竞争并存。为了维护本国利益,保护本国市场、产业或者解决国际收支不平衡问题,国家间往往容易发生经贸摩擦,而一旦经贸摩擦升级便可能升级为贸易战。例如,2018年美国为了解决中美贸易严重失衡问题、遏制中国复兴,针对"中国制造2025"及其他产品发动"301调查",之后双方不断交手演化为中美贸易战。

伴随着贸易保护主义的抬头,经贸摩擦数量不断增长、程度日趋激烈,经贸摩擦的领域也从传统产业向新兴产业衍生。正是在这种情况下,国际经济协调作为维护贸易国合法权利,打击贸易保护主义,为各国提供解决贸易争端平台和方案的手段就显得尤为重要。

除了经贸摩擦,经济危机也是危害国际经济环境的一大现象。正是由于全球经济牵一发而动全身的特点,各国在经济危机面前便显得尤为脆弱。经济危机具有破坏程度强、传播速度快、跨国际传播范围广、持续时间长的特征。经济危机的爆发往往带来一系列严重国际性问题,例如,全球经济衰退、经济增速放缓或负增长、失业率增加、国际贸易金融市场受重创等。而实行全球经济协调可以及时采取举措对经济危机爆发国给予帮助以防止经济危机进一步扩大,缩短经济危机持续时间,帮助全球经济复苏。

3. 发展不平衡

由于历史、政策、环境等因素,各国经济发展速度与程度并不相同,发展中国家与发达国家间仍存在很大的差距,一些国家也出现了严重的国际收支不平衡的现象。在旧国际经济秩序中,以美国等少数发达国家为主导,实行不平等的国际生产、贸易体系,从与其他国家贸易中获取大量利益。扩大了世界贫富差距。为了解决地区与产业间发展不平衡问题、维护发展中国家利益,需要实施国际经济协调缩小各国发展差距。

4. 多极化格局

二战后,世界分为资本主义阵营和社会主义阵营,一直处于冷战之中。20世纪90年代东欧剧变、苏联解体,冷战格局被打破,标志世界格局正向多极化发展。目前世界呈现"一超多强"局面,美国、日本、欧盟、中国、俄罗斯在国际社会中扮演重要角色。正是由于各股政治力量的相互博弈、相互牵制,才需要国际经济协调组织以及相关政策、条约进行管理监督与约束,稳定国际政局,维护世界和平与繁荣。

三、国际经济协调的作用

(一)对世界经济的促进作用

1. 减轻各种危机对世界经济的冲击

当一国爆发经济危机时,世界市场会迅速产生不良反应,对其他国家产生连锁效应,造成世界范围内的经济萎缩、金融混乱、失业率居高不下等问题。国际性经济危机的冲击并不是单独一个国家所能抗衡的。任何将自己与其他国家相孤立,采取保护主义等措施将自己的危机转嫁他国的做法只会引起各国的报复性行为,使国际环境更加恶化。所以世界需要国际经济协调措施这只大手来指挥各国采取反危机措施,防止各国政策影响的相互抵消,增强各国应对危机的信心。

2. 缓和矛盾和冲突

首先,国际贸易协调机制为各国解决贸易纠纷提供了场所和措施,有利于国际贸易摩擦的迅速解决,伸张公平正义,缓和各国经贸关系。其次,通过 G8 会议,加强了西方主要发达国家之间的沟通,缓和了美国、欧洲、日本、俄罗斯等多方矛盾。除此之外,国际经济协调机制也致力于缩小地区间的贫富差距,让发达国家和发展中国家共同参与全球经济议题,为发展中国家提供资金和技术援助,注重发展中国家利益,缓和了南北国家之间的矛盾。

3. 抑制通货膨胀

在固定汇率制度下,通货膨胀更容易通过价格效应、需求效应、流动效应和示范效应在国际间传播,即当一国发生通货膨胀时其他国家更容易跟随其进行通货膨胀。例如,在布雷顿森林体系下,当美国大量引发本国货币时,引起了美元的高通胀。而其他货币与美元挂钩,汇率不变,于是受到传导效应货币比值下降,各国也会出现不同程度的通货膨胀。但是在牙买加体系下,各国普遍采取浮动汇率,更容易通过货币政策、汇率政策抑制通货膨胀,阻止通货膨胀的国际转播。

4. 促进国际贸易和资本自由流动

世界贸易组织以及其他国际贸易相关组织机构、法律法规的出现为国际贸易的自由化、公平化发展起到了积极作用。通过世贸组织的多轮谈判,各成员国大幅度削减本国关税,减少贸易壁垒,遵守非歧视、透明度、互惠原则以及其他规定,建立起规范、稳定、公正的贸易秩序。

国际货币基金组织拥有促进国际间金融和货币合作的职能。它通过稳定各国汇率,建立多边支付体系,提供贷款援助等方式减小了国际资本流动阻力与风险,规范了投资者行为,实现资本流动的自由化。

(二) 自身局限性

1. 缺乏约束力和彻底性

国际经济协调组织达成的原则、条约和协定在实施的过程中由于自身的问题缺陷或者约束范围有限,并不能避免所有贸易摩擦、经济危机等问题的发生。各国出于自身考虑有时也不会完全遵守这些约定而采取破坏他国经济、威胁世界经济自由化、公平化的行为。这时的国际经济协调只能采取事后暂时性应急措施,不能保证同类问题下次不会发生。

2. 缺乏公平性与平等性

虽然目前国际上正在努力建立国际经济新秩序,发展中国家得到更多扶持和帮助,但是大国仍然在国际经济协调组织中拥有绝对话语权,在生产、贸易领域的不平等规定、现象依然存在且变得更加隐蔽。例如,20世纪80年代初在解决发展中国家债务危机问题上,发达国家经过多次磋商,提出一些解决方案,但在实施过程中由于涉及发达国家的利益而未得到落实。

3. 目标与效果非趋同性

由于每个国家经济制度与政策不同,国际经济协调在每个国家实行的实际效果也有所差异,使得经济目标和实际效果可能出现非趋同性,致使一些本应及时解决的问题得不到应有解决。

4. 缺乏完善的监督机制和预警机制

尽管国际货币基金组织对于维持国际货币金融领域秩序稳定起到一定作用,但仍然没有办法对即将到来的经济危机进行预测和防范,没有阻止1997年亚洲金融危机和2008年全球金融危机的爆发,对于金融领域的监督机制有待改善。

5. 政治色彩较浓

国际经济决定国际政治,国际政治反作用于国际经济。随着经济全球化和政治多极化的发展,国际经济政治化趋势也日益明显,国际经济协调背后也往往隐含着各国的政治利益协调。在布雷顿森林体系下,以美元为主导的货币体系奠定了美国作为西方资本主义霸主的地位。反之,美国又借助这一地位在国际经济领域实施霸权主义,从中谋取更多经济利益。在现代牙买加体系和一超多强的格局下,各股势力的关系更复杂,发展中国家也要求获得更多平等权益,实施国际经济合作协调更要考虑带来的政治和经济影响。

第二节　国际经济协调的组织形式

一、国际经济协调机构

国际经济协调机构具有维护国际经济秩序,进行国际经济协调的作用。世界三大国际经济协调组织主是指世界贸易组织、国际货币基金组织和世界银行。

（一）世界贸易组织

世界贸易组织又被称为"经济联合国",是致力于监督世界贸易和实现世界贸易自由化的国际组织。1994年在关贸总协定乌拉圭回合部长会议上,会议决定由世贸组织取代关贸总协定。1995年1月1日世界贸易组织正式成立。2001年中国正式加入世界贸易组织。

1. 宗旨

世界贸易组织的宗旨包括:

(1) 提高生活水平,保证充分就业,大幅度并稳定的提高实际收入与有效需求。

(2) 促进货物与服务领域生产与贸易的发展。

(3) 坚持开放、平等、互惠的原则,逐步减少甚至消除成员国的贸易障碍,消除各成员国对他国在国际贸易上的歧视待遇。

（4）努力削减关税，建立一个完整的、更具活力的、持久的多边贸易体制。

2. 五大职能

世界贸易组织的职能主要分为五大类：

（1）管理职能。世界贸易组织对于成员国的贸易法规与政策进行评审、监督、管理，保证其合法性。

（2）协调职能。世界贸易组织作为世界三大经济协调组织之一，与其他国际组织与机构相配合，维护国际经济秩序，进行经济协调。

（3）调节职能。世界贸易组织帮助消除成员国之间的解决贸易争端。

（4）组织职能。世界贸易组织通过组织已通过的各项贸易协定和协议的实施，维护、管理多边贸易体系。

（5）提供职能。世界贸易组织为成员国提供处理国际争端、解决国际贸易相关事务的场所，为发展中国家提供必要援助。

3. 基本原则

世界贸易组织成员国遵循以下基本原则：

（1）透明度原则。透明度原则是世界贸易组织成员国遵循的重要原则。该原则要求世界贸易组织成员国关于国际贸易的政策、法规、规章制度、裁决规定遵循公开透明原则，不得实施没有公布的措施及措施变化。透明度原则让国际贸易参与者充分了解各国信息，与其他竞争者公平竞争，减少了贸易摩擦、争端的产生。

（2）互惠原则。互惠原则要求世界贸易组织各成员国相互给予在国际贸易上的优惠待遇。所有成员国对等地开放本国市场，新成员国可以获得世界贸易组织旧成员国已获得的贸易优惠。

（3）非歧视原则。非歧视原则贯穿于世界贸易组织其他原则中，是世界贸易组织正常运行的基础。非歧视原则包括最惠国待遇和国民待遇两个部分。最惠国待遇指成员国给予另一成员国的优惠要平等的立即无条件的给予其他所有成员国，不能区别对待。国民待遇指成员国对其他国家的待遇不得少于成员国对本国同类产品、服务及其提供者和无形资产所有者和持有者所享有的待遇。非歧视原则和互惠原则普遍适用于国际贸易条约和协定中。

（4）市场准入原则。市场准入原则与关税保护、减让原则，取消数量限制原则和透明度原则相关。市场准入原则要求各国有序开放本国市场，促进贸易自由化。同时，该原则要求根据多边贸易谈判结果进行关税减让，尽量取消数量限制。

4. 意义与作用

世界贸易组织的成立标志着经济全球化的加快发展。它促使各国之间逐步取消贸易壁垒，达成大规模关税减让协议，推动贸易自由化与世界经济的繁荣。通过争端解决机制，世界贸易组织为各国提供了解决国际争端的场所与合理方案，有利于维护经济秩序的稳定。

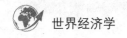

资料链接

中国入世之路

中国是1947年成立的关贸总协定创始国之一。新中国成立后,台湾当局非法窃据中国席位。1984年4月,中国取得了总协定观察员地位。1986年7月,中国正式提出恢复关贸总协定缔约国地位的申请。由于关贸总协定是一个以市场经济为基础的、倡导全球贸易投资自由化的组织,而当时中国还处于计划经济为主、商品经济为辅的体制下,从1986年开始的谈判主要是审议中国的贸易制度备忘录。直到1993年,关贸总协定终于结束了对中国外贸体制的审议,进入实质性谈判阶段。

中国在1994年底进行了"复关冲刺"。但是,由于这些缔约方要价过高,而我方又不能丧失原则,复关的最后冲刺只能饮恨而终。1995年1月1日,世界贸易组织正式成立,并在一年的过渡期后完全取代关贸总协定,之后中国复关谈判变成了入世谈判。从申请复关到入世过程,中国4次大范围、大幅度降低关税,使关税税率从43%降到17%,并承诺到2000年降到发展中国家的平均水平。1999年11月,中国终于结束了与美国长达6年的谈判,扫清了中国入世的最大障碍。2001年9月,世界贸易组织中国工作组第18次正式会议在日内瓦通过了中国入世议定书及附件和中国工作组报告书。这标志着中国工作组正式完成了历史使命,中国加入世贸组织的谈判至此全部结束。

(二)国际货币基金组织

国际货币基金组织负责监管各国汇率和贸易情况,对经济困难国家提供资金与技术援助,保障国际金融平稳运行。

1. 国际货币基金组织机构设置

国际货币基金组织由理事会、执行董事会,国际货币和金融委员会与发展委员会构成。

理事会是货币基金组织的最高权力机构,每年9月举行会议,对国际货币制度重大问题、成员国加入或退出IMF、批准IMF的份额规模、分配特别提款权,批准成员国货币平价的普遍调查等问题进行讨论。IMF会议采取加权投票表决制,各国除了拥有票数相同的基本投票权之外,还拥有加权投票权。加权投票权是由成员国缴纳的份额决定,美国以17.69%的份额拥有最大的加权投票权,拥有一票否决权。

执行董事会是处理IMF日常业务工作的常设机构。执行董事由8名指定董事和16名选派董事构成。8名指定董事包括美国、德国、英国、法国、日本、中国、俄罗斯、沙特阿拉伯董事各一名。而选派董事是在剩余的成员国中轮流选取。

总裁作为执行董事会的主席,负责管理日常事务。总裁并没有投票权,但是当执行董事会表决双方票数相等时,拥有决定性的一票。货币基金组织的总裁除两届非正式总裁外,历史上均来自欧洲。克里斯蒂娜·拉加德是现任总裁,也是历史上第一位女总裁。2011年,中国央行前副行长朱民出任新增设的第四副总裁,这是中国人在国际货币基金组织达到的最高职位。

国际货币和金融委员会(International Monetary and Financial Committee,IMFC)与发

展委员会(Development Committee)是"国际货币基金组织理事会关于国际货币和金融的委员会"和"世界银行和国际货币基金组织理事会关于实际资源向发展中国家转移的联合部长级委员会"的简称,负责研讨国际货币基金组织的重大议题。

2. 国际货币基金组织职能

国际货币基金组织具有以下职能:

(1) 稳定国际汇率秩序。

(2) 促进成员国间经常性多边支付体系建立。

(3) 对经济困难的成员国提供必要的经济援助,减少对其他国家的经济影响。

(4) 推进国际经济一体化。

(5) 加强国际货币、金融层次的合作。

(6) 制定并监督成员国间的汇率政策和经常项目的支付以及货币兑换性方面的规则。

3. 国际货币基金组织组织宗旨

IMF 的宗旨包括:① 推进国际货币合作,提供国际货币问题协商解决的方法;② IMF 经济政策的首要目标是以不断扩大的国际贸易为渠道,促进生产资源发展,增加或保持成员国就业,提高成员国国民实际收入;③ 建立成员国经常性交易的多边支付手段,消除外汇管制;④ 为国际收支严重不平衡的成员国在有保证的情况下提供临时资金,减少对本国和国际市场带来的不良影响,减轻国际收支失衡程度;⑤ 保持国际汇率基本稳定,避免竞争性汇价贬值。

4. 普通提款权(GDR)与特别提款权(SDR)

普通提款权是各成员国在 IMF 的储备头寸,提款权的大小由该国在国际货币基金组织缴纳的份额决定。普通提款权的本质是信贷。发放普通提款权是用于成员国偿付经常项目的逆差。

特别提款权是 IMF 区别于普通提款权,由 IMF 创立的可作为国家储备或者偿付国际收支逆差或基金组织贷款的账面资产,又被称为"纸黄金"。特别提款权不能作为真实的货币使用,因而不可以用于贸易或非贸易的支付,而且偿付时仅限于 IMF 成员国间。

SDR 作为一种补充性国际货币资产,在创立之初直接与黄金挂钩。而由于布雷顿森林体系,美元与黄金挂钩,所以 1 SDR 相当于当时的 1 美元。1974 年 SDR 正式与黄金脱钩,参考"一篮子货币"计算汇率。IMF 对货币篮子 5 年进行一次审查调整。人民币于 2016 年 10 月 1 日正式加入 IMF 特别提款权货币篮子。至此,SDR 一篮子货币经过不断调整,目前由美元、欧元、人民币、日元和英镑 5 种货币构成。5 种货币最新的货币权重为美元 41.73%(2010 年为 41.9%),欧元 30.93%(2010 年为 37.4%),人民币 10.92%,日元 8.33%(2010 年为 9.4%),英镑 8.09%(2010 年为 11.3%)。

(三) 世界银行

1945 年 12 月 27 日,根据布雷顿森林会议通过的《国际复兴开发银行协定》,世界银行在美国华盛顿成立。世界银行又称国际复兴开发银行,是世界上最大的政府间金融机构之一。世界银行的设立起初主要是为了帮助欧洲国家和日本进行二战的重建,给予贷款进行基础设建设。后来世界银行转向世界性的经济援助,负责经济复兴与发展。另外世界银行集团要与世界银行区别开来。前者包括国际复兴开发银行,还囊括国际开发协会、国际金融公司、国际投资争端处理中心和多边投资担保机构。

世界银行同样采取加权投票制。每个成员国享有 250 票基本投票权,另外以在世界银行中认购股份的权重拥有相应的加权投票权。和 IMF 情况相同,美国认购的股份最多,在世界银行事务中的话语权也最大。

1. 世界银行宗旨

世界银行的宗旨包括以下几点:

(1) 对成员国进行生产事业投资,帮助二战后世界各国恢复重建以及不发达国家进行资源开发。

(2) 促进国际投资,帮助成员国提高生产力,改善成员国国际收支状况,推动国际贸易发展。

(3) 用担保或参加私人投资、私人贷款的方式,推动私人对外投资发展。

(4) 与其他方面国际贷款相协助提供贷款保证。

2. 世界银行贷款业务

世界银行的主要业务是为成员国提供贷款。而项目贷款又是世界银行贷款的主要部分,占总贷款数的一半以上,通常用于发展中国家的基础设施建设和大型生产性投资。除了项目贷款,贷款种类还包括部门贷款、技术援助贷款、结构调整贷款和紧急复兴贷款。

贷款的特点主要有:① 贷款期限较长,一般为中长期贷款,最高可至 30 年,有 5～10 年宽限期;② 贷款采取浮动利率,每半年浮动一次;③ 贷款程序严密,审批时间长;④ 贷款仅限于货物和服务的外汇部分;⑤ 贷款必须按期偿还。

3. 世界银行组织机构

世界银行组织机构包括理事会和执行董事会。理事会是世界银行的最高权力机构。各成员国可以在各国的财政部长、中央银行行长或其他有资格的人员中指派两名作为理事与副理事。执行董事会目前共有 22 名执行董事,由来自美国、英国、法国、德国、日本、中国、沙特阿拉伯各自指派的 1 名常任执行董事和 15 名来自其他国成员国按分组选出的选派董事组成。

二、国际经济条约与协定

国际经济条约指各国政府、国际经济组织之间在遵守国际法的基础上对各国在国际经济活动中的权利与义务关系进行规定协调并具有法律效力的书面协议。它作为国际经济法的重要渊源,对国际贸易、国际金融、国际投资等方面的正常运行有着不可或缺的作用。国际经济条约按照缔约国的多少又分为双边条约和多边条约。国际经济条约数目庞大,但在二战后国际经济体制起着支柱作用的国际经济协定主要有以下三个:

(一)《关税及贸易总协定》

《关税及贸易总协定》简称《关贸总协定》,是各国政府间为了达成关税与贸易规则的相关目标而签订的多边贸易协定。20世纪三四十年代,由于1929年经济大危机的持续影响,各国经济处于窘境,贸易保护主义盛行。而二战的到来再次为经济的恢复雪上加霜。为了削减各国关税、减少各国贸易壁垒、消除贸易歧视、恢复世界经济、实现贸易自由化、扩大商品生产流通,1947年10月30日美国等23个国家在日内瓦签订《关税及贸易总协定》。

1. 《关贸总协定》的内容

《关贸总协定》的宗旨是实现缔约国有效需求和实际收入的有效增长,保障充分就业,提高缔约国居民生活水平,促进世界范围内贸易发展,减少贸易障碍,提高世界范围内资源利用率。为了达到这个目的,《关贸总协定》包含如下内容:

(1) 遵守多边谈判达成的结果,实现关税减让,取消进口数量限制,执行其他相关的非关税壁垒规定。

(2) 实施最惠国待遇原则,但对于关税同盟、自由贸易区以及对发展中国家的优惠安排作为原则例外。

(3) 当他国某种产品大量出口并对本国的产品市场和生产竞争者产生巨大损害或威胁时,该国有权采取紧急措施对这一行为进行抵制反抗而暂时不履行自身规定的义务。

2. 《关贸总协定》的作用

(1)《关贸总协定》达成大量关于关税减让和非关税壁垒的成果,减少了缔约国间的贸易成本,进一步扩大了本国市场和国际市场的联系,促进了贸易自由化。

(2)《关贸总协定》达成的各类协议,规范了各国在贸易方面拥有的权利和需要履行的义务,制定了规范的多边贸易体系,为国际贸易协调提供平台并提高了协调的规范性和公平性。

(3)《关贸总协定》为各国提供了解决国际贸易争端的平台和机制。由于机构本身的权威性以及《关贸总协定》独特有效的针对贸易摩擦的机制,大部分纠纷都通过《关贸总协定》得到公平的裁决并提供解决问题有效的方案。

(4)《关贸总协定》虽然作为布雷顿森林体系的产物,被称为"富人俱乐部",但实际上随着协定缔约国不断增加,更多的发展中国家也从中获得好处。《关贸总协定》为发展中国家获得更多贸易利益,取得更加公平的贸易地位,扶持其经济发展做出自己的贡献。

(5)《关贸总协定》为各国培训大批经济贸易人才,并整理了国际贸易数据供各国参考。

3. 中国与《关贸总协定》的关系

1948年中国参与《关税及贸易总协定》缔约,成为23个创始国之一。但是1950年3月国民党当局在中华人民共和国政府不知情的情况下,私自向联合国秘书长以"中华民国"身份宣布退出《关贸总协定》。迫于当时国内外局势,国民党当局这一不合理做法并未得到及时修正,中国一直处于《关税及贸易总协定》之外。

1986年7月11日,中国正式提出"复关"申请。次年3月《关税及贸易总协定》成立"中国工作组",开始进行恢复缔约国的谈判。1995年WTO代替GATT,7月中国由"复关"谈判转变为"入世"谈判。

(二)《国际复兴开发银行协定》

《国际复兴开发银行协定》于1944年签订,1965年12月17日修订生效,内容包括:

1. 宗旨

(1) 通过对会员国的生产事业进行投资以及其他会员国恢复重建措施,帮助受战争破坏的成员国恢复和平时期的生产水平,促进对欠发达起区生产设施和资源的开发。

(2) 以参加或担保私人贷款和其他私人投资形式,支持外国私人投资发展壮大。在私人投资不足时,在特定情况下代替私人投资为生产事业提供资金。

(3) 在执行业务时,银行要合理兼顾各会员国经济发展状况,促进二战后经济快速平稳地转为和平时期经济。

(4) 鼓励对会员国生产资源的国际投资,推动国际贸易繁荣,国际收支平衡,提高成员国生产力,改善国民生活水平和劳动条件。

(5) 通过对国际贷款的统一安排,使更加有用和紧急的贷款项目得到优先解决。

2. 资金的利用

银行的资金和设施主要用于会员国的开发项目和复兴项目。当会员国的主要城市和地区受到战争重大破坏时,为了帮助会员国迅速重建,银行应适当减轻贷款造成的财政负担,加快重建恢复工作的进程。

3. 有关银行贷款的规定

(1) 借贷申请人既可以是会员国也可以是非会员国。当借款人是非会员国时,需要有一会员国或其中央政府或本行认可的其他可以承担责任的机构作为担保人,完全担保借贷人还本付息或贷款产生的其他费用。

(2) 只有在当时银行确认该国不能从银行认可的其他贷款途径得到贷款,借款人才有可能贷款。此外,需要有合格的委员会对贷款项目充分检查研究后,向银行以书面形式推荐。需要银行认可贷款项目中贷款利率、其他费用、还本日期以及项目其他部分都合理。

(3) 银行发放、参加或担保贷款时,要充分考虑借款人(借款人不是会员国而担保人是时,改为对保证人)未来履行贷款的义务,并且要兼顾贷款所在地会员国和其他会员国的利益,做出最适合的抉择。

(4) 银行在为投资人承做的贷款做担保时,需要收取和风险相对应的报酬。

(5) 银行应规定办法,确保贷款款项可以被充分有效率的使用,且不被用于任何贷款目的之外的用途。

三、国际会议

(一) G20 峰会

1. G7、G8 与 G20 的关系

20 世纪 70 年代初,"石油危机""美元危机"对西方国家经济造成沉重打击。为了应对经济危机,1975 年 11 月在法国的提倡下,由美、日、英、法、德、意六国构成的六国集团成立。第二年加拿大加入,形成七国集团(简称 G7)。由于每个成员国都是当时的经济强国,七国集团 GDP 占世界总量的三分之二,所以又称为"富人俱乐部"。1998 年俄罗斯正式加入 G7,于是诞生了八国集团(G8)。八国集团首脑会议是八国集团成员国为了应对国际经济政治局势变化,协调各种政策,达成共同目标,维护自己国际地位的会议。八国集团首脑会议每年召开一次,轮流在各国举行。

G20即二十国集团是由原八国集团再加上其他12个重要经济体(澳大利亚、中国、南非、沙特阿拉伯、阿根廷、巴西、印度、印度尼西亚、韩国、墨西哥、土耳其和欧盟)构成。

2. G20与G20峰会

G20的诞生也与国际经济危机有关。1997年亚洲金融危机首先从泰国爆发,后席卷东南亚、东亚,给亚洲经济造成巨大破坏。为了防止类似亚洲金融危机的危机再次发生、让更多经济体参与协商对话、维护国际金融货币体系稳定,1999年八国集团财长宣布成立二十国集团(G20)论坛。G20与G8集团相比不再以发达国家为主。众多发展中国家也参与进来,使得G20涵盖地区更多,对世界经济影响更大。因此G20集团取代G8成为全球经济合作的主要论坛。

G20峰会是二十国集团成员为推动工业化国家和新兴市场国家之间在国际金融、货币体系以及目前出现的国际经济问题上进行实质性富有成果的讨论和研究,达成多国合作以稳定世界经济秩序、促进经济增长的一种非正式对话机制。除了二十国集团成员之外,国际货币基金组织总裁、世界银行行长也参与G20峰会活动。G20峰会作为不可或缺的对话平台,在维护多边协调治理,凝聚各方共识,促进世界公平,稳定国际金融秩序等方面发挥着重要作用。

资料链接

中国是G20中重要的稳定力量

"无论前途是晴是雨,携手合作、互利共赢是唯一正确选择。"当地时间2018年11月30日,国家主席习近平在阿根廷布宜诺斯艾利斯举行的二十国集团领导人第十三次峰会上发表了题为《登高望远,牢牢把握世界经济正确方向》的重要讲话。

美国《全球策略信息》杂志华盛顿分社社长、中国人民大学重阳金融研究院外籍高级研究员William Jones表示,中国是G20中重要的稳定性力量。

中国近些年来一直是世界经济发展的重要推动力,而中国的"一带一路"倡议正给世界经济带来新的动力。国际社会有很多声音,认为中国会在国际事务中发挥更加积极和正面的作用,而这也得到了国际社会的很多支持。中国先前在2016年G20杭州峰会所提出的计划,如果能继续实施,将是国际社会健康发展的美好蓝图。

曾任加拿大总理特别助理,如今担任国际行动理事会秘书长的Thomas S. Axworthy认为,中国作为为数不多的世界主要国家之一,能够通过自由贸易和"一带一路"倡议与非洲、东南亚和南美都有重要联系。所以,在此次峰会上,中国被寄予厚望。它不仅像很多主要国家那样捍卫自己的利益,也会代表那些没有出席G20峰会的国家的利益。

(二)达沃斯论坛

世界经济论坛首次在瑞士达沃斯小镇举行,因此又称"达沃斯论坛"。1971年克劳斯·

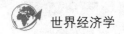

施瓦布(Klaus Schwab)创立达沃斯论坛。当时论坛创立的目的是为了激励欧洲商人学习了解美国管理思想。1974年,同样是为了应对"石油危机"和布雷顿森林体系瓦解问题,达沃斯第一次邀请政治领导人参加会议,商讨应对国际变化局势的对策。1987年,达沃斯被命名为"世界经济论坛"(World Economic Forum)。

世界经济论坛以研讨目前出现的世界性经济问题,推动国际经济领域合作与沟通,改善世界经济环境作为目标,属于非官方国际性机构。

资料链接

中国智慧与方案"闪亮"2019年达沃斯论坛

2019年1月22日至25日,一年一度的世界经济论坛年会在瑞士达沃斯召开,其主题是"全球化4.0:打造第四次工业革命时代的全球结构"。本次全球瞩目的盛会开得颇为不易:世界政治乱象丛生"迷人眼",全球治理挑战重重"压力大"。从"北"到"南",全球多国治理赤字凸显,制度弊病吞噬政治资源,社会对立普遍加剧,以至不少人慨叹倡导全球精诚合作的达沃斯论坛"生不逢时",开始"褪色"。

第一,众多大国政要缺席,彰显世界发展前景的不确定性升高。

"七国集团"中仅日本、德国、意大利三国首脑出席本次论坛,美国总统特朗普、法国总统马克龙、英国首相特蕾莎·梅均被国内困局掣肘而无法成行。俄罗斯、印度等主要新兴经济体的领袖也未现身。

当前,主要发达国家政治瘫痪,国际贸易关系严重受损,从美国政府停摆到英国脱欧困境,既是社会分化加剧、矛盾长期积累的结果,也彰显西方发达国家现有制度模式失灵和治理之困,这些僵局给国际投资者和各国政府带来持续的不确定性,且各国政治乱象暗含的重大风险仍未出净。

第二,"反全球化"逆流汹涌,民粹思潮泛滥成灾。

达沃斯论坛历来被视为国际商业精英推动"全球化"的大本营,在这里国际投行、咨询公司以及跨国性生产、贸易公司等资本代理人和逐利者尽情指点江山。但斗转星移,长期狂飙突进的全球化"肥了"精英、"苦了"草根,欧美发达国家的受损阶层反对声势不断壮大,他们认为全球化使就业机会大幅转向海外,移民涌入导致激烈竞争和社会福利下降,其诉求已经深刻重塑各国政治版图。

第三,大国竞争重新成为国际政治主流,并冲击世界经济增长。

世界经济论坛发布的《2019年全球风险报告》指出,地缘政治和地缘经济紧张局势不断加剧是2019年最亟待解决的风险,90%的专家预测大国间经济对抗将继续升级。可以说,达沃斯论坛成立40多年来,见证了国际政治的风云变幻,2017年以来,美国重新将"大国竞争"作为其国家安全战略应对的首要任务,再次将全球地缘政治带入对抗之中,中美激烈竞争已经并将继续冲击世界经济增长前景。

面对国际形势复杂多变、逆全球化潮流暗涌,中国迎难而上,继续扮演"世界和平的建设者、全球发展的贡献者、国际秩序的维护者"三重角色,并日益致力于成为"构建人类命运共同体的引领者"。中国始终秉承"达己达人、天下为公"的情怀,继续讲求"以礼待人、合作共赢",坚持反对"恃强凌弱、唯我独尊"。中国以历史的眼光和智慧、坚定的声音再次闪亮达沃斯论坛,唱响"相互尊重、公平正义、合作共赢",为世界的和平、发展、繁荣发挥积极作用。

第三节 国际经济协调机制的调整与发展

一、第一阶段(二战后至20世纪70年代初)

(一)美国核心

第二次世界大战之后到20世纪70年代初是国际经济协调机制的建立与启动阶段。这一时期的国际经济协调主要是以美国为主导的、反映少数发达国家诉求的经济协调。最明显的标志就是以美国为主导的布雷顿森林体系、关贸总协定、国际货币基金组织和世界银行。发展中国家处于被动接受,基本无法参与决策的地位。而这主要与二战后的国际局势以及美国的迅速崛起有关。

美国是二战的受益者。当世界经济受炮火洗礼,脆弱疲软,英国等老牌资本主义强国遭受重创时,远离欧洲主战场、受波及较小的美国却因二战大发横财,成为世界上最大的债权国,跃升为资本主义世界中实力最强大的一国。当时美国的对贸易总量已达到世界对外贸易额的三分之一。在这种情况下,美国野心勃勃,想要全面取代老牌霸主英国,用美元代替英镑作为国际货币体系的中心。于是在1943年4月英国发布"凯恩斯计划"之后,美国发布"怀特计划",试图扩大本国货币的国际影响力,打压对方货币。但最终由于美国国家实力的压制,"凯恩斯计划"流产。双方接受"怀特计划",发表《专家关于建立国际货币基金的联合声明》。

1944年7月,44个国家参加在美国新罕布什尔州的布雷顿森林镇召开的国际货币金融会议,通过了《布雷顿森林体系》(包括《国际货币基金协定》和《国际复兴开发银行协定》),布雷顿森林体系诞生。

(二)布雷顿森林体系

1. 布雷顿森林体系的内容

(1)"双挂钩原则"。布雷顿森林体系实施"双挂钩原则",即美元与黄金挂钩,各国货币与美元挂钩。美元按照1944年美国确定的每盎司黄金35美元的官方价格兑换黄金。而各国根据本国货币与美元的含金量的比值确定汇率,并用美元按照既定价格向美国兑换黄金。

(2)固定汇率制度。"双挂钩体系"要求各国货币与美元挂钩,所以各国规定采取固定汇率制度(可调整的钉住汇率制度),本国货币兑换美元的汇率只可在法定汇率上下各1%波动,否则各国政府需对外汇市场进行人为干预保持汇率稳定。1971年汇率波动范围宽松为法定汇率上下各2.25%。

(3)国际储备资产。由于美元与黄金直接挂钩处于主导地位,所以美元也成为主要的

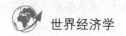

国际储备资产用于弥补国际收支逆差,进行国际清偿和稳定本国汇率。

(4) 国际收支调节。布雷顿森林建立了国际货币基金组织,由它为国际收支逆差国家提供贷款。当成员国需要贷款平衡本国逆差时,本国可用自己的货币借贷一定数额外汇,但需在一定时间内以购回本国货币方式还款。成员国获得的贷款只可用于经常项目的支付。

(5) 货币兑换与国际支付结算原则。《国际货币基金协定》规定成员国间实施自由兑换原则,同时规定成员国不得限制国际收支经常项目的支付或清算。

2. 布雷顿森林体系的作用

布雷顿森林体系促进了二战后各国经济的恢复,减轻各国失业压力与危机,为全球经济复苏起到一定的作用。它通过双挂钩制度稳定了各国汇率,减少了汇率波动对各国经贸活动的影响,促进了国际贸易的发展和国际资本的流动,起到了经济协调的作用。同时以美元主导的布雷顿森林体系建立和稳定了二战后世界货币体系,稳定了国际金融。除此之外因此而诞生的国际货币基金组织和国际复兴开发银行,成为国际经济协调组织并一直为成员国提供金融和贸易结构性协调,并一直影响至今。

(三)《关贸总协定》框架下国际贸易的协调与发展

与此同时,在国际贸易方面,在《关贸总协定》的总体框架下,各会员国在越来越多的领域上不断削减本国关税,遵守《关贸总协定》规定的贸易原则,贸易向着自由化方向发展。但《关贸总协定》框架的形成实质上是建立了以美国为中心的国际贸易体系。在此框架下,阻碍美国进入本国市场的贸易阻碍逐渐减小,具有出口优势的美国颁布《扩大贸易法》和《贸易协定法》,积极扩大本国对外贸易,加强其在世界的经济地位。

二、第二阶段(20世纪70年代初至80年代中期)

20世纪70年代初期,世界经济转向全面震荡和国际经济协调频繁时期。原先的国际经济协调机制出现了较大的转变,主要体现在以下四个方面:

(一)西方国家经济滞胀

滞胀全称停滞性通货膨胀,指经济停滞、失业和高通胀三者同时并存的局面。二战后,资本主义国家普遍奉行凯恩斯主义,利用国家财政政策干预经济,并因此经历了战后资本主义的"黄金时代"。但在20世纪70年代初期,"黄金时代"不再,西方资本主义国家普遍出现了不同程度的滞胀局面。

以美国为例,由于越南战争的扩大和持续扩张性财政政策的刺激,美国政府出现大量赤字。为了解决这一问题,一方面开始大量增加美元的供应量使得美国国内通胀率不断提高,另一方面政府通过高税率弥补财政使得企业和个人收入减少,经济环境趋于恶化。在这种情况下,20世纪70年代两次石油危机的爆发给西方国家经济带来沉重打击,加剧了通胀率的恶化。各国经济增速明显放缓,失业率增加,滞胀局面成为20世纪70年代之后笼罩在西方资本主义国家的一片巨大乌云。此时普遍盛行的认为失业和通货不会同时存在的凯恩斯主义却不能解决这个问题,反而加剧了经济滞胀,使得西方国家滞胀局面短时间内无法得到很好的解决,一直持续到20世纪的80年代中期。

(二)国际金融秩序混乱

一方面,美国需要实现国际收支顺差以保持和增加自己的黄金储备,实现币值稳定,另一方面美国需要保持大量逆差,才能保证不会出现国际储备和支付手段短缺,而两者之间的矛盾无法得到解决,加上对外战争耗费大量财力以及国内滞胀局面,美元信用问题爆发,美元体系受到严重打击。1971年,尼克松政府终止了美元兑换黄金的义务,美元与黄金脱钩,标志布雷顿森林体系开始瓦解。1973年3月,欧洲共同市场9国达成协议对美元实行浮动汇率,其他货币也与美元开始陆续脱钩。1976年《牙买加协定》则正式提出了浮动汇率制度改革。

布雷顿森林体系的瓦解给国际金融秩序带来了混乱的局面。浮动汇率的普遍实现使各国汇率和金价更加不稳定,波动更加频繁,缺少对于汇率的有效调节机制,更加容易形成汇率巨变带来的经济危机。如1978年国际市场上美元对其他主要西方货币汇价跌至历史最低点,对于整个西方金融市场都造成了强烈的震荡。而新成立的牙买加体系也存在着自身缺陷,存在着缺乏对国际资本流动有效监管,世界储备货币管理问题更加复杂等缺陷。

布雷顿森林体系的解体标志以美元为主导的国际货币体系的瓦解,代表美国实力在这一时期相对衰弱,为后来资本主义三足鼎立局面的出现提供了条件。

(三)资本主义世界三足鼎立格局

20世纪70年代后美国、欧洲共同体和日本逐渐在经济领域形成三足鼎立。美国作为长期霸主,虽然受滞胀和布雷顿森林体系瓦解影响影响实力下降,但仍然在国际经济中拥有重要的话语权和影响力。而日本和欧洲也在二战后飞速发展,在经济上逐渐缩小了与美国之间的差距。

1. 二战后日本的经济奇迹

二战后,美国官方对于日本经济进行调查并认为"日本大城市的整个经济结构已被摧毁"。整个日本由于二战期间美国空军的轰炸变得满目疮痍,大部分人处于贫困、失业、饥饿的状态。但是二战后日本的经济恢复十分迅速,仅用了二十多年时间就攀升回资本主义世界第二号经济大国。这一结果与美国的帮助和自身的政策实施密不可分。

日本处于对抗社会主义阵营前线,为了牵制中国和苏联的发展,美国在二战后对日本进行大力扶持,不但放弃了战争赔款,还给日本提供了20多亿美元的援助款以及石油、煤炭等资源帮助其重建。同时日本也抓住机会,在朝鲜战争和越南战争时两次为美国提供军需物资,从中获取巨大利益。

同时日本也在二战后为经济恢复采取了一系列措施,包括提出"贸易立国""教育立国"的口号,重视高科技技术研发,利用二战后国民经济非军事化有利条件进行发展。1987年日本GDP超过美国,一度成为资本主义世界经济领域的头号强国。

2. 欧洲共同体的崛起

和日本一样,由于二战带来的巨大破坏,二战后大部分欧洲国家的经济都处于崩坏状态,经济萎靡,百废待兴。但是由于冷战格局逐步形成,为了对抗以苏联为首社会主义阵营,美国对西欧国家实施"马歇尔计划",对西欧施以援手,使其经济得到迅速恢复和发展。

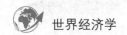

同时在美苏争霸的世界格式下,为了欧洲经济发展和对抗苏联的需要,欧洲统一思潮再次出现。1946年9月,英国首相丘吉尔提出建立"欧洲合众国"。1951年,法、意、联邦德国、荷、比、卢6国成立欧洲煤钢共同体。1957年六国签订《罗马条约》,欧洲经济共同体和原子能共同体成立。1965年4月8日,六国签订了《布鲁塞尔条约》将之前的三个共同体合,欧洲共同体成立。随着欧洲共同体成员国不断增多,以及共同体内部的政策支持,欧洲共同体实力逐渐强大,到20世纪70年代在经济领域也成为国际上和美国有同等分量的经济体。

3. 贸易保护主义盛行

20世纪70年代,西方资本主义国家受到滞胀问题和石油危机的双重影响,经济增长出现出低迷态势。美国除了1973年和1975年之外,其余年份均是对外贸易逆差。为了应对国内经济增长难题,贸易保护主义浪潮再次涌起。各国纷纷扩大被保护的商品范围,加大贸易保护力度,采取更多的方式对外国商品的进入进行限制,并将贸易保护的重点从限制进口变为鼓励出口。例如,美国通过《1974年贸易改革法》,通过了著名的"301条款"。"301条款"是美国对其他国家在国际贸易上损害了美国利益的行为采取的调查、报复和制裁手段,是美国在贸易领域对其他国家推行的霸权主义行为。

三、第三阶段(20世纪80年代后期至今)

20世纪80年代后期以来,世界经济发展日新月异,也出现了新的现象和问题。为了解决这些新的问题,适应新的发展趋势,国际经济协调也相应出现了一些新的变化。

(一)世界经济多极化发展

20世纪80年代后期世界多极化趋势更加明显。在资本主义世界,西欧国家和日本虽为美国盟友,但此时更加强调独立自主,逐渐摆脱美国的制约,与美国展开竞争。20世纪90年代初苏联解体,两极格局被打破,世界呈现"一超多强"的局面。同时一些发展中国家也逐渐在国际上获得话语权,谋求自身利益。国际事务已不再由极少数大国垄断,多股势力在世界舞台上相互制衡,世界局势变得更加错综复杂。

20世纪80年代至今的国际经济协调提倡用多边主义代替双边主义和单边主义,建立全球性多层次全方位的多边经济协调。国际性经济组织协调体制和国际条约法律日趋完善。世贸组织取代关税总协定和国际货币基金组织、世界银行作为世界三大经济组织对国际经济发展和稳定发挥着重要而深远的影响。除此之外,区域内和区域间协调对世界经济作用逐渐加强,西方发达国家间的经济协调作用范围更加宽广、调整更加频繁。

(二)国际经济协调作用增强

21世纪初,国际经济协调的发展呈现出更加一体化和规范化的趋势。随着世界贸易组织、国际货币基金组织、世界银行等国际经济协调组织的成立和发展,越来越多的国家愿意接受国际经济协调。关税进一步降低,电信市场、金融服务市场逐步对外开放,投资限制进一步取消,汇率、利率和资本项目的放开进程大大加快。

这些都使世界经济的一体化、国际化进入一个新的阶段。但与经济全球化关联的国际经济协调机制仍由以美国为首的发达国家主导和推动,因而其制度和规则不可避免地更加符合它们的利益和要求,发展中国家同发达国家的矛盾和斗争也更加激烈。为缓解各种突发事件和经济危机的冲击,国际间的经济协调机制有强化的趋势。协调的内容涉及贸易、金融、投资、股市、汇率及财政、货币政策等多个方面,协调的力度也有所加大。

国际经济协调作用凸显的同时其局限性也日益明显。美国伴随着20世纪90年代新经济的强劲增长,在国际经济协调中仍然占据着主导地位,但是其单边主义及霸权主义受到了越来越多的抵制。

(三)发展中国家在国际经济协调的地位得以显现

现存的国际分工中,发展中国家依然处于依附从属地位。国际经济秩序仍以发达国家为中心,主要的国际经济组织如世界贸易组织、国际货币基金组织、世界银行、联合国有关机构等都操纵在发达国家手中,发展中国家几乎没有发言权。但从发展趋势来看,经济全球化为发展中国家提供了在更广泛的领域内积极参与国际竞争的机会,发展中国家在国际经济协调的地位日益重要。

对世界经济来说,发展中国家在区域发展、全球贸易、金融稳定、能源合作等国际重大经济问题上起着不可或缺的作用,发展中国家通过与发达国家坦诚对华与交流,积极推动国际经济合作、建立公正合理的国际经济协调机制。

近年来,我国经济社会飞速发展,作为世界上最大的发展中国家,在国际上的地位和影响不断上升,很多国际热点问题的解决都离不开中国的参与、协调,我们也正更加积极主动的参与国际事务,为世界经济发展贡献自己的力量。

第四节 国际经济协调与国际经济新秩序

一、国际经济秩序的基本特征与实质

(一)国际经济秩序的概念

国际经济秩序指由世界范围内各种国际经济关系和国际经济体系、制度共同构成,在一定世界格局上建立起来,让世界经济作为一个有机整体按照一定的规律正常运转的机制。而根据国际经济秩序的时期、实质、特征不同,国际经济秩序又分为国际经济旧秩序与国际经济新秩序。

(二)国际经济旧秩序

1946年布雷顿森林会议达成的《国际货币基金协定》《国际复兴开发银行协定》《关税与贸易总协定》三大协定,为国际经济秩序打下基础。国际经济旧秩序的实质是以霸权主义、强权政治和剥削掠夺为特征的国际政治经济秩序,反映了以美国为首的少数发达国家的诉求。

旧的国际经济秩序具有四个方面的基本特征:① 以不合理分工为基础的国际生产体

系;② 以不等价交换为特征的国际贸易体系;③ 以国际垄断资本占据支配地位的国际金融体系;④ 资本主义通过受少数发达国家控制的国际经济机构在国际生产和流通领域里的垄断。

(三)国际经济新秩序

20世纪70年代,随着布雷顿森林体系的瓦解,国际经济旧秩序出现动摇。同时,越来越多的发展中国家要求维护自身利益,反对不平等的国际旧秩序。1974年第四次不结盟国家首脑会议提出改变不平等的国际经济关系。同年,联合国大会第六届特别会议通过了《关于建立新的国际经济秩序的宣言》和《建立新的国际经济秩序的行动纲领》,提出了建立新的国际经济秩序的20项原则。

国际经济新秩序的实质是真正体现公平互利、发展中国家的发展权与社会进步并注重可持续发展的国际经济机制,它与旧秩序中的由发达国家主导以及不平等关系的实质形成鲜明对比。

国际经济新秩序具有以下基本特征:

(1) 打破不平等经济体系,注重发展中国家经济利益,提高发展中国家在国际经济体系中的地位。

(2) 提倡所有国家间的公正平等,各国有权选择符合本国国情的社会制度、经济模式和发展道路,对本国资源及其开发实行有效控制,有权参与处理国际经济事务。

(3) 提倡国际经济合作与互相谅解,必要时对发展中国家提供不加任何条件的经济援助。

二、建立公正合理的国际新秩序

国际新秩序尊重各国利益,顺应经济全球化潮流,符合当今时代和平与发展的主题,有利于减少南北之间的贫富差距,推动世界经济朝着均衡、普惠、共赢的方向发展。建立公平合理的国际新秩序需要做到以下几点。

(一)建立公平开放的多边贸易体系,反对单边主义和贸易保护主义

单边主义与多边主义相对应。单边主义指国际上有重要地位和话语权的大国,为了本国利益枉顾国际经济利益和他国权益,采取挑战已存在的公正、和平、互利的国际规则制度与条例的措施,破坏世界经济正常增长与政局稳定的行动与倾向。而多边主义则指两个以上国家之间在彼此尊重的基础上相互合作,平等互利,在考虑本国利益同时兼顾他人利益的制度形式。

虽然各国决策要以国家利益为重,但也要充分考虑本国的政策行动对他国的影响,不能唯我独尊,一意孤行。建立更加开放、平衡、包容、普惠、透明、以制度为基础、非歧视性的多边贸易体制,需要支持贸易的自由化和便利化,反对单边主义和贸易保护主义。各个国家间应当推行自由贸易,不断减少贸易壁垒,避免贸易战。除此之外,各国要促进公平贸易,不应在其贸易伙伴之间造成歧视,也不应在本国和外国的产品、服务或人员之间造成歧视。

（二）发挥国际经济协调组织和国际规则的作用

作为维系世界经济秩序稳定的三大支柱：世界贸易组织、国际货币基金组织和世界银行，对于在国际贸易、货币、金融、投资等领域构建公平合理的国际新秩序有着不可替代的作用和必然的使命。建立国际新秩序，就必须使国际经济协调组织履行好应尽的职责，并随着时代发展不断调整原先的规定制度。

随着各国间经济领域的合作与竞争不断加强，国际公约、国际惯例、国际协定、国际经济法律也在不断更新完善。这些规则的制定可以有效约束和规范各国经济行为，打击霸权主义和单边主义，使世界经济向自由化、公平化方向发展。而积极了解、掌握并学会运用相关国际公约、协定等内容可以学会对他国违法、违约行为进行强力的反击、维护本国合法利益。

（三）加强南北对话、南南合作

1. 南北对话

南北对话是发展中国家和发达国家为解决全球性资源、贸易、金融、技术等方面问题，建立公平合理的全球性经济新秩序而进行的国际性谈判。

在南北对话中，第三世界国家提出各国在国际经济领域实现主权平等和经济独立，他国不应干涉本国发展道路，享有平等参与和制定有关国际问题的决定的权利。在南北对话中，第三世界国家争取的内容包括：自主行使国家经济主权；消除发达国家的贸易保护主义，实施普惠制，反对不合理的国际分工和交换原则；提高第三世界国家在国际金融领域的地位，建立公平合理的国际货币制度，要求发达国家增加对发展中国家的经济援助，改善援助条件；促进国际间技术转让；保护海洋资源。

中国在南北对话中要求各国在处理国际经济问题时遵守平等互利的原则，改变国际旧秩序，发达国家要带头积极改善国际环境、相互尊重各国选择自己国家发展道路和经济模式的权利。

南北对话加强了发达国家与发展中国家的经济合作，一定程度上提高了发展中国家在国际事务的话语权，有利于公平合理的国际秩序建设，也缓和了发达国家与发展中国家的矛盾，有利于各国关系长期发展。

南北对话取得成效的代表是欧洲经济共同体与非洲、太平洋地区和加勒比海沿岸地区的一些发展中国家签订的《洛美协定》。《洛美协定》内容主要包括对进入欧洲市场的非洲、太平洋地区、加勒比海沿岸地区出口的工业品和绝大部分农产品实行贸易优惠；对成员国实施经济援助；制定稳定出口收入制度；在科技、经济、文化等方面合作以及在人权问题上达成一致等。由于《洛美协定》存在有效期，从1975年至今一共签订并续订了五次。最新一次是2000年在布鲁塞尔签订，有效期为20年。

2. 南南合作

南南合作是发展中国家之间展开的经济技术合作。南南合作于20世纪50年代开始兴起，万隆会议被看作南南合作的开端。此后南南合作迅速发展，出现不结盟运动和七十七国集团等机制在经济、货币、贸易、知识、技术领域达成多项合作，达到了促进发展中国家之间相互传播分享技术、经验的能力的目的，促进了各国基础设施建设，实现区域间的贸易优惠，

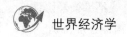

在一定程度上解决了发展中国家贷款、债务问题。

中国充分重视并倡导南南合作,在这方面遵守"平等互利、长期合作、注重实效、共同发展"的原则。我国设立南南合作促进会,并积极参加南南合作圆桌会、联合国南南合作高级别会议等活动,积极与其他发展中国家保持友好联系,加强合作,提供帮助。

资料链接

一带一路与建设国际经济新秩序①

"一带一路"本质上是一种新型的"南南合作",继续着"南南合作"对国际经济旧秩序的否定和冲击。它虽然在现行国际经济秩序下运行,但作为一种正能量的补充,可以大大降低国际经济旧秩序对沿线国家的消极影响;作为一种创新机制,孕育着国际经济新秩序的因素,并从区域经济新秩序走向国际经济新秩序。习近平主席指出,当今世界是一个变革的世界,是一个新机遇新挑战层出不穷的世界,是一个国际体系和国际秩序深度调整的世界,是一个国际力量对比深刻变化并朝着有利于和平与发展方向变化的世界。我国提出的"一带一路"愿景与规划,就是推动国际体系和国际秩序调整和变革,由区域经济新秩序走向国际经济新秩序的战略构想。

在"一带一路"建设中,贯彻正确义利观,是实现区域经济新秩序的灵魂;坚持共商、共建、共享原则,是实现区域经济新秩序的前提;民心相通是实现区域经济新秩序的重要基础;循序渐进,由易到难,分别施策,是实现区域经济新秩序的重要保障。

"一带一路"区域经济新秩序也将为其他区域作出榜样,激发全面变革国际经济旧秩序的热情和斗志,推动整个世界经济走向新秩序。

◆ **内容提要**

国际经济协调是在世界经济联系日益紧密的条件下,为了解决彼此间在经济利益中的矛盾与冲突,维护并促进世界经济稳定和正常发展而产生的。相互依存理论、国际经济传递机制、博弈论是国际经济协调的理论基础,而经济全球化、经贸摩擦与经济危机、世界经济发展不平衡、多极化格局等许多单靠个别国家无法解决的世界性经济问题则成为国际经济协调的现实基础。国际经济协调的主要内容包括国际贸易协调、国际投资与债务协调、国际货币与汇率协调、宏观经济政策协调等。其中国际贸易协调主要通过关贸总协定以及世界贸易组织展开多轮谈判以促进国际贸易的正常运行;国际货币与汇率的协调主要经历了固定汇率以及浮动汇率下的国际协调,其中国际货币基金组织在其中发挥了重要作用;宏观经济政策的协调在二战后主要是通过G7对财政政策、货币政策等宏观经济政策进行协调。国际经济协调对世界经济的发展有一定的贡献,它能够促进世界的稳定发展,纠正世界经济的不平衡,但是随着经济全球化的进一步推进,国际经济协调也日益暴露出如协调缺乏预见性、公正性、权威性以及协调的效果与目标相偏离等局限性。

---

① 叶卫平. 一带一路与建设国际经济新秩序[J]. 贵州社会科学,2015(10).

◆关键词

国际经济协调 国际经济协调组织 世界贸易组织 国际货币基金组织 世界银行 国际经济新秩序

◆思考题

1. 简述国际经济协调的理论基础。
2. 简述国际经济协调的现实基础。
3. 简述国际经济协调的经济效果。
4. 简述国际经济协调的主要内容。
5. 简述当代国际经济协调的新发展。
6. 简述世界贸易组织与关贸总协定的主要区别。

◆思考案例

未来国际经济格局十大变化趋势

"放眼世界,我们面对的是百年未有之大变局"。未来15年,是我国比较优势转换期,是中国作为新兴大国崛起的关键期,也是国际格局大调整期。在诸多因素的共同作用下,国际经济格局将产生重大变化。总体上,未来15年,国际经济格局将呈现十大变化趋势:一是全球经济将处于低速增长期;二是全球经济格局多极化将更明显;三是新技术革命将重塑产业格局;四是国际贸易将呈现数字化等特点;五是跨境投资规则制定出现新趋势;六是全球人口老龄化加速;七是绿色发展成为重要取向;八是全球能源结构与格局将深刻变化;九是全球粮食安全总体有所改善;十是国际金融中心将多元化。

思考:在新的国际经济格局下,如何发挥优势、弥补短板,不断提升国际竞争力?

◆应用训练

另眼看广场协议——国际宏观政策协调

一、广场协议签订的背景

1971年,"布雷顿森林体系"崩溃,美元急剧贬值,尤其是兑日元和马克的趋势性贬值,一直持续到1978年。在1971~1978年,美元兑马克的贬值幅度高达82%,兑日元的贬值幅度也达到71%。这样的贬值幅度让美国政府都震惊了。

1978年秋季,时任美国总统卡特发起了一个"拯救美元一揽子计划"。与此同时,世界第二次石油危机爆发,美国的通货膨胀率随之高攀,超过两位数。1979年夏天,沃尔克就任美联储主席。为治理严重的通货膨胀,他开始实施紧缩的货币政策。结果,高利率吸引了大量的海外资金流入美国,导致美元飙升,从1980年到1984年年底,美元汇率上涨了近60%。

然而,美元大幅度升值导致美国出口竞争力下降,美国的贸易逆差快速扩大。1985年,里根总统第二任期开始,其新任财长贝克和副财长达曼认为,美元币值过高扭曲了世界贸易和国际收支,希望能够通过美元贬值来加强美国产品对外竞争力,以降低贸易赤字。"广场协议"就是在这样一种背景下产生的。

二、广场协议框架下的政策协调机制

纵观广场协议的签署以及执行过程,这次政策协调机制的成功推动是一次由美国财政部主导的多国协调主义的实践。

根据日本时任副财务官近藤健彦的记录,美国财长贝克首先通过非正式会谈的形式接触了日本大藏省大臣竹下登,认为有必要就金融管制、宏观经济政策进一步交换意见;1985年7月23日,日美两国在巴黎梦索饭店就日美双方的政策内容和政策框架再次磋商。之后,美国又与欧洲有关国家进行协商。时任美国副财长助理马尔福德奔赴欧洲与有关各国的副财长分别会谈,最终在共同干预的技术上逐步深化和明确。1985年9月22日,美、德、法、英、日五国财政部长及中央银行行长在纽约广场饭店举行会议,达成了关于五国政府分别或共同维持和追加相关经济政策,包括联合干预外汇市场,使美元对主要货币有序贬值,以维持、加速非通胀性且均衡的经济增长的协议,史称"广场协议"。

值得一提的是,广场协议的签署并不代表五国在宏观经济政策协调上画上了句号;相反,它恰恰意味着后来政策协调的开端,也是翌年的东京峰会建立旨在协调经济政策的七国财长及央行行长会议机制的缘起。

三、广场协议框架下政策协调的效果

(一)对外汇市场的影响

从时间节点上来看,外汇市场的波动与每次政策协调会议的召开都有着高度的吻合。对此,加格农的解释是,"广场协议"对汇率的影响更多是来自于这一协议宣布时的冲击效应而不是干预本身。弗兰克尔也指出,当贝克接任财长的时候,市场就已经嗅出美国的政策将出现变化——美国不再想要一个强势美元了,而在"广场协议"签署之前,美元就已经开始从最高点往下走了。"广场协议"无非就是让市场上的预期得到确认,并兴许得到放大。

(二)日、德两国的经济政策及表现对比

在"广场协议"签署以后,日本和德国的汇率和经济表现具有诸多相似性。自1985年9月之后的10年时间里,日元和马克两种货币兑美元的升值幅度基本一致;1985~1987年日元和马克大幅升值对宏观经济的影响基本相同,主要表现在出口增速和GDP增速下降;"广场协议"后,日、德都采取了一系列扩张性政策,以应对经济下滑,但是不同的政策目标、不同的政策组合以及不同的政策反应速度造成了截然不同的结果。

首先,日本的货币政策重心出现了严重偏差。在日元升值的背景下,日本非常重视货币政策对外贸出口的影响,力求用扩张的货币政策来抵消日元升值对出口及经济增长带来的不利影响。而德意志联邦银行却能够很好地把握货币政策的重心——稳定物价,而汇率政策则从属于价格稳定目标。

其次,日本的货币政策在操作上缺乏应有的独立性,而德国在货币政策操作上始终坚持内外两方面的独立性。在对内方面,日本央行从属于大藏省,而德国央行则独立于财政部;在对外方面,日本政府迫于美国的压力迟迟没有采取加息政策,而德国政府则以中央银行独立性为借口顶住了美国的施压,并在合适的政策窗口期果断加息。

最后,日本的货币政策对市场流动性未能给予合理引导,大量的资金流向了股市和房地产市场,酿成了巨大的资产泡沫;而德国在这方面做的则要好很多。

(三)对成员国以外经济体的影响

除了对成员国的影响之外,广场协议对成员国以外的经济体也在一定程度上造成了影响。以欧共体国家为例,由于1979年以来欧共体就已经开始实施了汇率联动制度,因此即便德、法以外的欧共体成员国没有参与签署五国集团对汇率进行共同干预的协议,这些国家

的货币也同样对美元大幅升值,结果这些国家的出口也受到了很大影响。此外,因日元升值而获得价格优势的新兴工业经济体(NIES)、东盟(ASEAN)各国开始取代日本,通过对美出口发展经济。欧尔霍特认为,"广场协议"也是正在推行改革开放政策的中国经济能够实现快速发展的重要因素之一。

——资料来源:杨光普.国务院发展研究中心"国际宏观经济政策协调案例研究"《调查研究报告》[2016年第165号(总5048号)]。

试分析:

1. "广场协议"对我国开展宏观经济政策国际协调的启示?
2. 当前我国人民币汇率也面临升值压力,我们能从"广场协议"中吸取什么教训?

第四篇
中国与世界经济

改革开放40多年来,中国在各领域取得了举世瞩目的成就。改革开放作为中国的基本国策,既是老一辈领导集体总结国内外历史经验后作出的重大抉择,也是实现国家繁荣发展的内在要求。通过不断深化改革、扩大开放,中国参与世界经济的程度日益提高,中国与世界经济的关系发生了根本性的历史转变,中国发展道路日益受到国际社会的广泛关注。随着中国特色社会主义进入新时代和国际环境发生深刻变化,中美关系开始进入质变期,中国需要以自身开放来引领和促进世界各国的相互开放、共同开放,积极参与全球治理改革和区域经贸合作,为推动构建人类命运共同体,建设持久和平、普遍安全、共同繁荣、开放包容、清洁美丽的世界,创造良好国际条件。中国经济取得的巨大成就得益于过去40年持续推进的改革开放。未来,中国经济若要实现高质量可持续发展,仍离不开进一步的深化改革与对外开放。

第十一章　融入世界经济体系中的中国经济发展

本章结构图

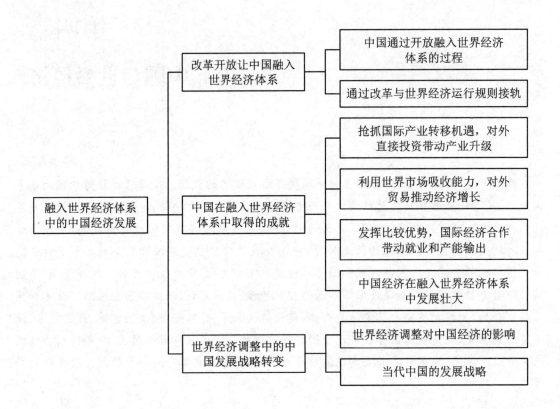

第四篇　中国与世界经济

第十一章　融入世界经济体系中的中国经济发展

学习目标

通过本章学习,了解改革开放以来中国经济发展的现状,以及我国对外开放新格局的形成;熟悉世界经济调整对中国经济的影响,以及中国经济发展策略的形成。

导入案例

中国构建全方位对外开放新格局

2015年,中国政府工作报告指出,必须实施新一轮高水平对外开放,加快构建开放型经济新体制,以开放的主动赢得发展的主动,国际竞争的主动。推进丝绸之路经济带和21世纪海上丝绸之路合作建设。加快互联互通、大通关和国际物流大通道建设。构建中巴、孟中印缅等经济走廊。扩大内陆与沿海开放,促进经济技术开发区创新发展,提高边境经济合作区、跨境经济合作区发展水平。积极推动上海、广东、天津、福建自贸试验区建设,在全国推广成熟经验,形成各具特色的改革开放高地。

2017年,党的十九大报告又明确,"推动形成全面开放新格局。中国开放的大门不会关闭,只会越开越大。要以'一带一路'建设为重点,坚持引进来和走出去并重,遵循共商共建共享原则,加强创新能力开放合作,形成陆海内外联动、东西双向互济的开放格局。"根据《"一带一路"国际合作高峰论坛圆桌峰会联合公报》,未来将促进各国发展战略对接;支持电子商务、数字经济、智慧城市、科技园区等领域的创新行动计划。我国还将重点办好中国国际进口博览会、推进对外开放平台建设、参与国际经贸规则制定、推进自由贸易区建设、落实好对外援助举措等。

第一节　改革开放让中国融入世界经济体系

新中国成立后,遭到了以美国为首的西方国家的经济封锁。中国只能与以苏联为首的社会主义国家开展有限的经济交往,尽管世界上两个平行市场各自运行,但世界经济主体仍然是以市场经济运行为基础的西方国家。20世纪50年代末中苏关系恶化后,中国对外经济交往日趋减少,"独立自主、自力更生"的中国几乎与世界经济体系隔离。20世纪70年代末,改革开放拉开了中国融入世界经济体系的序幕。随着改革开放的深入,中国已经成为全球生产链和价值链上的重要一环。不可否认,中国在融入世界经济体系的过程中也获得了快速增长和发展。

一、中国通过开放融入世界经济体系的过程

邓小平指出:"我们总结了历史经验,中国长期处于停滞和落后状态的一个重要因素是闭关自守。经验证明,关起门来搞建设是不成功的,中国的发展离不开世界。"十一届三中全会后,对外开放已成为中国一项基本国策。这一政策的主要内容包括:大力发展对外贸易,特别是出口;积极引进先进技术和设备,特别是有助于企业技术改造的适用先进技术;积极

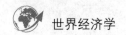

有效地利用外资;积极开展对外工程承包和劳务合作;发展对外技术援助和多种形式的互利合作;设立经济特区和开放沿海城市,带动内地开放。其中,对外贸易、利用外资、引进先进技术设备最为关键,这也是中国融入世界经济体系的渠道和路径,持续的开放反过来倒逼国内经济体制改革。经过40多年的努力,在不断总结经验的基础上,由点到线、由线到面,由边缘向纵深,从南到北,从东到西,形成了全方位、多渠道、多层次的开放格局。

(一)1992年以前的开放格局与融入世界经济体系的过程

1. 建立经济特区

经济特区是中国对外开放的第一个层次。1979年7月,在深圳、珠海、汕头、厦门设立经济特区。1987年中央批准海南建省,1988年3月海南省作为全国最大的经济特区对外开放。1990年中央又决定开发上海浦东,实行某些经济特区的政策。经济特区是中国融入世界经济的突破口。它不仅使这些地区迅速建立起外向型经济,在本地区初步形成社会主义市场经济体制,而且很好地发挥了技术、管理、知识和对外开放政策的窗口作用。

2. 开放沿海港口城市

开放一些沿海开放城市,是根据邓小平同志的倡议采取的对外开放的又一战略决策。1984年,大连、秦皇岛、天津、烟台、青岛、连云港、南通、上海、宁波、温州、福州、广州、湛江、北海被国务院批准成为全国第一批对外开放城市。沿海开放城市是中国对外开放的第二个层次。这些沿海港口城市实行对外开放后,在扩大地方权限和给予外商投资者优惠方面,实行下列政策和措施:

(1)放宽利用外资建设项目的审批权限。生产性项目,凡属建设和生产条件不需要国家综合平衡、产品不要国家包销、出口不涉及配额、又能自己偿还贷款的项目,均放宽审批权限。

(2)积极支持利用外资、引进先进技术改造老企业。在关税、进口工商统一税、企业所得税、上缴利润、生产计划等方面实行扶植政策。

(3)对中外合资、合作经营及外商独资企业,给予优惠待遇。

(4)兴办经济技术开发区。大力引进中国急需的先进技术,集中举办三资企业和中外合作的科研机构。在开发区内,放宽利用外资项目的审批权限,产品出口、内销执行经济特区的政策,税收政策更加优惠。

(5)增加外汇使用额度和外汇贷款。

3. 开辟沿海经济开放区

1985年1月,中共中央、国务院决定把长江三角洲、珠江三角洲和闽南厦门、漳州、泉州三角地区开辟为沿海经济开放区。这三个经济开放区应逐步形成贸—工—农型的生产结构,即按出口贸易的需要发展加工工业,按加工的需要发展农业和其他原材料的生产。1988年3月,国务院进一步扩大了长江三角洲、珠江三角洲和闽南三角洲地区经济开放区的范围,并把辽东半岛、山东半岛、环渤海地区的一些市、县和沿海开放城市的所辖县列为沿海经济开放区。开放的区域共288个市县,约32万平方千米,1.6亿人口。把这些地区开辟为经济开放区,既可以加快其自身的发展,也可带动内地的发展,并使沿海与内地形成优势互补、相得益彰的局面。沿海经济开放区是我国对外开放的第三个层次。

4. 逐步向内地开放

内地是中国对外开放的第四个层次。1992年,中共中央、国务院又决定对5个长江沿岸城市、东北、西南和西北地区13个边境市和县,11个内陆地区省会(首府)城市实行沿海开放城市的政策。中共十四大指出,对外开放的地域要扩大,形成多层次、多渠道、全方位开放的格局。要继续办好经济特区、沿海开放城市和沿海经济开放区。扩大开放沿边地区,加快内陆省、自治区对外开放的步伐。对外开放的不断扩大,为进一步拓展我国同世界各国的经济技术合作,加快我国经济发展,创造了更好的条件。进而在我国初步形成"经济特区—沿海开放城市—沿海经济开放区—内地"这样一个逐步推进式的格局。由此,多层次、全方位、宽领域的对外开放的新局面初步形成。

(二) 1992~2001年开放格局的进一步完善

1. 开放陆地边境市镇

1992年3月以后,国务院决定开放吉林的珲春、黑龙江的绥芬河、满洲里、黑河,内蒙古的二连浩特,新疆的伊宁、塔城、博乐,云南的瑞丽、畹町、河口,广西的凭祥、东兴共13个陆地边境市镇。我国对陆地边境市镇,实行类似沿海开放城市的政策,以加速边境地区外向型经济发展为目的,形成了沿周边国家的东北、西北、西南三大开放地带。

2. 开放沿江和内陆省会城市

继沿边开放后,1992年6月,中央又决定以上海浦东为龙头,开放重庆、岳阳、武汉、九江、芜湖等5个沿长江港口城市;开放太原、合肥、南昌、郑州、长沙、成都、贵州、西安、兰州、西宁、银川等11个内陆省会城市;开放昆明、乌鲁木齐、南宁、哈尔滨、长春、呼和浩特、石家庄7个边境、沿海省会城市。沿江和内陆省会城市的开放,使我国对外开放向纵深地域发展。我国通过该地区的开放,不仅促进了长江流域和大半个中国经济的发展,而且对于扩大和完善我国对外开放格局,缩小东、中、西部地区差距都将会产生积极影响。

由此可见,我国的对外开放并没有采取全国同步开放的方针,而是采取多层次、滚动式、逐步向广度和深度发展的方针。这是由我国的国情所决定的。我国地区经济发展很不平衡,地理条件差异较大,特别是长期实行封闭型的高度集中的计划经济体制、价格体系和产业结构同世界经济割开的情况下,不可能采取一刀切的办法,而只能采取由点到线,由线到面,由东到西,由南到北,逐步展开的方针。

3. 进一步扩大西部地区的开放程度

(1) 西部大开发战略。20世纪80年代,当我国改革开放和现代化建设全面展开后,邓小平同志先后提出了"沿海开发""长江开发""中西部开发"的三个战略构想。90年代初,邓小平同志又明确提出了"两个大局"的构想:一个大局是,东部沿海地区加快对外开放,使之较快地发展起来,中西部要顾全这个大局;另一个大局是,东部地区发展到一定时期,要拿出更多的力量帮助中西部地区加快发展,东部沿海地区也要顾全这个大局。加快西部地区的发展,是邓小平同志"两个大局"战略思想的重要组成部分。而西部大开发战略的具体提出,是我国新一代领导人根据现实情况和经济建设的具体实践作出的选择。1999年党的十五届

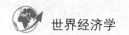

四中全会明确提出国家要实施西部大开发战略。

(2) 西部大开发与西部开放。实施西部大开发战略,加快西部地区发展,是我国现代化战略的重要组成部分,是党中央高瞻远瞩、总揽全局、面向新世纪作出的重大决策。为体现国家对西部地区的重点支持,国务院制定了实施西部大开发的若干规定。加快西部对外开放成为西部大开发的主要内容,以开放促开发、促发展,积极引导和推动西部地区参与国际经济合作与交流,以加快中西部地区发展。为了推动西部地区的对外开放,国家给予了许多政策支持。

在吸引外资方面,一方面进一步扩大外商投资领域。鼓励外商投资于西部地区的农业、水利、生态、交通、能源、市政、环保、矿产等基础设施建设和资源开发,以及建立技术研究开发中心。扩大西部地区服务贸易领域对外开放。一些领域的对外开放,允许在西部地区先行试点。另一方面进一步拓宽利用外资渠道。在西部地区可以进行以 BOT(Build-Operate-Transfer)方式利用外资的试点;允许外商投资项目开展包括人民币在内的项目融资;支持符合条件的西部地区外商投资企业在境内外股票市场上市;支持西部地区属于国家鼓励和允许类产业的企业通过转让经营权、出让股权、兼并重组等方式吸引外商投资;鼓励在华外商合资企业到西部地区再投资等。

在发展对外经济贸易合作方面,进一步扩大西部地区生产企业对外贸易经营自主权,鼓励发展优势产品出口,对外工程承包和劳务合作,到境外特别是周边国家投资办厂,放宽人员出入境限制;实行更加优惠的边境贸易政策,在出口退税、进出口商品经营范围、进出口商品配额、许可证管理、人员往来等方面,放宽限制,推动我国西部地区同毗邻国家地区相互开放市场,促进与周边国家区域经济技术合作健康发展。

(三) 2001~2008 年中国加速融入世界经济体系

2001 年 12 月 11 日,中国正式加入世界贸易组织。加入世界贸易组织标志着中国对外开放进入了新的阶段。这个新的阶段,自然会有新的特征和新的任务,要实施新的战略。新的特征,就是在加入世界贸易组织的条件下,中国进一步融入了经济全球化的环境,国内市场的竞争与国际市场的竞争更加紧密地结合在一起。新的任务,就是要全面提高对外开放水平,在更大范围、更广领域和更高层次上参与国际经济技术合作和竞争。新的战略就是由单方面自主开放,转变为中国与世界贸易组织成员之间的相互开放。

加入世界贸易组织也是中国建立社会主义市场经济和融入世界贸易经济的一个重要步骤。中国在加入世界贸易组织以后,通过享受权利和履行义务,将促进中国价格体系的理顺、管理服务水平的提高和企业经营体制的转变;有助于打破地方保护主义和统一市场,达到货畅其流,使资金、资源达到合理的配置。

从全球价值链视角看,世界贸易组织与日本贸易振兴会、亚洲经济研究所发布的《东亚贸易模式与全球价值链:从货物贸易到任务贸易》研究报告指出,中国入世前,凭借与日本、韩国及东南亚各国间基于加工贸易和直接投资构成的生产联系,融入了亚洲—北美跨洲生产网络。到 2005 年,中国成为亚洲—北美生产网络中间产品的轴心市场,尽管中国面对的供应链高度分散,但源于廉价劳动力和复杂中间产品接受能力的国际竞争力,使得这些中间产品最终体现在标有"中国制造"且价廉物美的最终制成品之中,销往世界各地,让全球消费者尽情享用。

(四) 新时期的全面开放新格局

经过 40 多年的开放,我国对外开放的基础和条件已经发生了根本性变化,开放布局需要完善、更需要创新,以深化开放程度,提高开放水平。"十三五"规划建议指出:"完善对外开放战略布局。推进双向开放,促进国内国际要素有序流动、资源高效配置、市场深度融合。""十三五"期间的开放是全面开放、深度开放,是利用国内国际两个市场、两种资源的开放,是对内、对外同步双向的开放。

2017 年 10 月 18 日,习近平总书记在十九大报告中指出,推动形成全面开放新格局。中国开放的大门不会关闭,只会越开越大。要以"一带一路"建设为重点,坚持引进来和走出去并重,遵循共商共建共享原则,加强创新能力开放合作,形成陆海内外联动、东西双向互济的开放格局。

2018 年 11 月 5 日~10 日,首届中国国际进口博览会在国家会展中心(上海)举行。旨在坚定支持贸易自由化和经济全球化、主动向世界开放市场。2019 年 7 月 20 日,国务院金融稳定发展委员会办公室公布了 11 条最新的金融业对外开放措施,更大程度、更大便利地欢迎外资参与中国金融市场。自 2019 年 7 月 30 日起施行的《外商投资准入特别管理措施(负面清单)(2019 年版)》在服务业、制造业、采矿业、农业等领域进一步扩大开放,支持外资更多投向高端制造、智能制造和绿色制造。新版外商投资负面清单和鼓励外商投资产业目录的发布不仅标志着中国政府兑现继续对外开放的承诺,也是中国用实际行动来回应当下的逆全球化潮流。中国还在推进区域开放与合作方面更进一步。如加快实施自由贸易区战略,推进区域全面经济伙伴关系协定(RCEP)谈判,推进亚太自由贸易区建设,致力于形成面向全球的高标准自由贸易区网络。

二、通过改革与世界经济运行规则接轨

中国一方面通过自主改革来与国际经济运转规则接轨,另一方面在对外开放的过程中,也逐步通过外部压力来完善我们自身的经济运行机制,从而使中国的改革开放相互促进,相得益彰,与世界经济体系融合的程度不断加深,加快中国发展。改革与开放类似,也是渐进推进的,大致可分为以下几个阶段:

(一) 计划经济为主、市场调节为辅

第一阶段是 1979 年至 1982 年,十一届三中全会提出"计划经济为主,市场调节为辅"。党的十一届三中全会,是中国历史的伟大转折,具有重大和深远的意义,这次大会确定了调整、改革、开放的路线和方针政策,揭开了中国经济体制改革的序幕。1982 年 1 月 1 日,中共中央批转《全国农村工作会议纪要》,指出农村实行的各种责任制,包括小段包工定额计酬、专业承包联产计酬、联产到劳、包产到户、到组等,都是社会主义集体经济的生产责任制;1983 年中央下发文件,指出家庭联产承包责任制是在党的领导下中国农民的伟大创造,是马克思主义农业合作化理论在中国实践中的新发展。

(二) 有计划的商品经济

第二阶段是1983年至1986年,这个时期中央提出"有计划的商品经济",是对"计划经济为主、市场调节为辅"的理论的发展,改革实践从农村转向城市。1984年10月20日,十二届三中全会在北京举行。会议一致通过《中共中央关于经济体制改革的决定》,明确提出:进一步贯彻执行对内搞活经济、对外实行开放的方针,加快以城市为重点的整个经济体制改革的步伐,是当前中国形势发展的迫切需要。改革的基本任务是建立起具有中国特色的、充满生机和活力的社会主义经济体制,促进社会生产力的发展。

(三) 国家调节市场、市场引导企业

第三阶段是1987年至1992年。1987年,中央提出的"国家调节市场,市场引导企业"理论,是对"有计划的商品经济"理论的重大发展。突破了改革初期计划与市场各分一块的老框架。

(四) 确立和建设社会主义市场经济体制

第四阶段是1992年至2003年,中央提出确立和建设"社会主义市场经济体制",这是改革开放以来经济体制改革理论的重大突破,开创了经济体制改革新实践。1992年10月12日~18日,中国共产党第十四次全国代表大会在北京举行。十四大报告总结了十一届三中全会以来14年的实践经验,决定抓住机遇,加快发展;确定中国经济体制改革的目标是建立社会主义市场经济体制;提出用邓小平同志建设有中国特色社会主义理论武装全党。大会通过《中国共产党章程(修正案)》,将建设有中国特色社会主义的理论和党的基本路线写进党章。党的历史上第一次明确提出了建立社会主义市场经济体制的目标模式。

(五) 完善社会主义市场经济体制

第五阶段是2003年至2012年。2002年10月,党的十六大宣告,我国社会主义市场经济体制初步建立,但"框架"发育程度较低,仍不健全。2003年召开的十六届三中全会,通过了《中共中央关于完善社会主义市场经济体制若干问题的决定》,标志着中国经济体改革从初步建立社会主义市场经济体制进入完善社会主义市场经济体制的新时期。

(六) 加快完善社会主义市场经济体制

2012年至今,习近平总书记提出深化社会主义经济体制改革和站在新的历史起点上加快完善社会主义市场经济体制改革。2017年10月18日,习近平同志在十九大报告中指出,坚持全面深化改革。必须坚持和完善中国特色社会主义制度,不断推进国家治理体系和治理能力现代化,坚决破除一切不合时宜的思想观念和体制机制弊端,突破利益固化的藩篱,吸收人类文明有益成果,构建系统完备、科学规范、运行有效的制度体系,充分发挥我国社会主义制度优越性。

资料链接

中国对外贸易40年贡献巨大

改革开放以来我国对外贸易为中国经济社会发展做出巨大贡献,主要体现在以下几个

方面：① 对外贸易是经济增长的重要引擎。从全球价值链角度测算结果看，中国每千元货物出口可以拉动国内增加值621美元，其中一般贸易每千元出口可以拉动国内增加值792美元，加工贸易每千元出口可以拉动国内增加值386美元。② 对外贸易是经济结构调整的重要支撑。改革开放40多年来，中国的贸易伙伴已由1978年的几十个发展到目前的200多个。中国出口超过60%面向发达国家，产品质量和安全标准、生产环保标准、企业社会责任标准普遍比国内严格，出口企业技术水平、管理水平、创新能力的提升有效促进了中国产业转型升级和结构调整。如近年来外贸企业主动适应国际市场需求变化，增加研发投入，进行技术升级和改造，为供给侧结构性改革做出了积极贡献。③ 对外贸易是促进就业的重要保障。中国外贸直接和间接带动的就业人数高达1.8亿，每4个就业人口中就有1个从事与外贸相关的工作。从全球价值链测算结果看，中国每百万元货物出口对中国就业的拉动为59.0人次。④ 对外贸易是防范风险的重要手段。对外贸易为中国获取外汇、充实外汇储备做出巨大贡献。中国货物出口从1978年的97.5亿美元增长至2017年的2.26万亿美元，外汇储备从1978年的1.67亿美元增加到2017年3.14万亿美元，对于抵御国际金融风险、推动人民币国际化起到了重要作用。

第二节　中国在融入世界经济体系中取得的成就

一、抢抓国际产业转移机遇，对外直接投资带动产业升级

20世纪80年代，发达国家的产业重心向高技术化、信息化和服务化方向转变，并进一步将劳动、资本密集型产业和部分低附加值的技术密集型产业转移到海外。亚洲四小龙等新兴工业化国家和地区通过大量吸收发达国家的投资，承接美日欧转移出来的重化工业和微电子等高科技产业，出现了将劳动密集型产业和一部分资本技术密集型产业进一步向外转移的需要；而此时刚刚打开国门且拥有巨大劳动力市场的中国恰好抓住了这一难得的历史机遇，不仅顺利成为新一轮产业转移的主要承接者，而且借此融入全球产业分工体系，改变了自身的经济命运和世界经济格局。中国凭借着自身劳动人口密集的资源优势和改革开放形成的制度与政策优势，吸引了来自周边国家和地区以及西方发达国家巨大的外商投资。而出口导向的外资企业不仅带动了中国加工贸易和对外出口的迅速增长，而且大大促进了中国加工制造业的发展和产业竞争力的提升。2001年，中国通过加入世界贸易组织全面融入世界经济体系，中国工业在深化与世界经济的竞争与合作中不断提升整体实力，不仅成为全球最大的制造业基地和世界市场的重要组成部分，而且在众多产业领域中形成了明显的比较与竞争优势，正逐步由制造业大国向世界工业强国迈进。

在对外开放的基本方针下，中国将吸引和利用外资作为对外经贸工作的重点。1979年，国务院设立外国投资管理委员会。1982年，国家将原进出口管理委员会、外贸部、外国投资管理委员会等机构合并，统一设立对外经济贸易部，作为专门的外资管理机构。1986年，国务院出台《关于鼓励外商投资的规定》，对外资企业，特别是先进技术企业和产品出口

企业在土地使用、金融支持、税收政策、企业经营自主权等方面实行一系列"超国民待遇"。1988年,财政部颁布《关于沿海经济开放区鼓励外商投资减征、免征企业所得税和工商统一税的暂行规定》;1991年,全国人大审议通过《中华人民共和国外商投资企业和外国企业所得税法》,统一并降低外商投资企业所得税。2007年全国人大实施新税法,在统一内外资企业所得税税率之前,外资企业始终享受比内资企业优惠一半以上的所得税税率。从外资企业实际缴纳的所得税税率水平看,中国是当时周边国家中最低的。针对外资企业设立的一系列超国民待遇的优惠政策,特别是税收优惠政策对吸引外商直接投资发挥了显著作用。

中国实际利用外商直接投资从1983年的9.2亿美元增加到2018年的1350亿美元。1993年,中国成为吸收外资最多的发展中国家,此后一直位居发展中国家首位。而作为外商直接投资的重点领域,工业部门特别是制造业领域始终是吸收外商直接投资的主要部门。1997~2016年,中国实际利用外资累计达1.59万亿美元,制造业实际利用外资累计达7809.6亿美元,占比49.1%。2008年全球金融危机以来,受发达国家制造业回流,以及我国服务贸易开放程度提高等因素影响,制造业吸引外资的比重虽呈现下降趋势,但"十一五"期间占比仍在53%以上;"十二五"期间,制造业吸收外资下降趋势更加明显,但平均占比仍接近40%。

外资企业给我国工业发展提供了重要的资金、技术支持和先进的企业制度与管理经验,极大带动了中国产业的扩张和升级。2000年以来的数据表明,外资企业创造了四分之一以上的工业产值,是拉动中国经济快速增长的重要力量。从2000~2014年的数据看,外商投资企业在工业企业资产总计中的占比始终保持在20%以上,平均达到23.8%;在固定资产合计中的占比平均为20.6%,销售产值占比平均达28.4%。外资企业通过引进大量先进技术设备、投资于资金技术密集行业以及更高的投资产出效率,直接提升了中国工业部门的产业结构、技术水平和投资效率。此外,外资企业通过与国内企业的竞争与合作,在人才、技术、管理、产品研发、市场开拓等多方面产生了广泛的示范和溢出效应,促进了境内外人力资源、知识和技术的流动;不仅推动了国内企业的技术进步,而且促使其在经营理念、管理模式和治理结构等方面产生深刻变革。截至2013年,已有1800多家外资研发中心在中国运营,跨国公司在华设立的地区总部超过50家。全球企业研发重心的东移,推动了中国从产业分工链条的低端向中高端迈进。

作为中国融入世界产业分工体系的重要桥梁,外资企业扩大了中国进出口规模,增加了工业制成品的出口比重,改善了中国出口商品的结构,提高了中国工业的国际竞争力。2000~2016年的数据表明,工业企业出口交货值从2000年的1.46万亿元增加到2016年的11.78万亿元,年均增长13.9%,其中外资工业企业的出口交货值占全部工业出口交货值的占比在2014年以前始终保持在60%以上,年平均值达到65.9%。中国产品通过外资企业全球化的产业分工链条和销售网络走向世界,使中国成为全球最大的制造业大国和世界工厂。

二、利用世界市场吸收能力,对外贸易推动经济增长

除了以最优惠政策吸引外商投资,弥补中国经济发展的资金、技术缺口,提高中国生产能力和产业竞争力之外,鼓励和帮助中国企业和产品走出去是中国开放式、外向型经济发展

第十一章 融入世界经济体系中的中国经济发展

战略的另一项重要内容。事实上,由于改革开放初期引进的外资具有显著的来料加工和成品出口特征,大量引进的外资企业已经极大地带动了中国加工贸易和工业制成品的出口。在此基础上,为进一步刺激内资企业出口,提升出口企业的国际竞争力,中国在外贸、外汇、投资等领域进行了一系列深刻的体制变革。一方面逐步放松对企业外贸经营权、外商投资领域、外汇等方面的管制,让市场在涉外经贸领域发挥主导作用;另一方面实行关税减免、出口退税,成立进出口银行、组织商会等一系列出口扶持和援助政策。凭借着"中国制造"在土地、资源、劳动力等生产要素方面的价格优势以及在加工制造方面形成的产能优势,加上有利政策的扶持,中国出口贸易获得了突飞猛进的增长,制成品成了中国产品"走出去"的绝对主力。

1980～2018年,中国出口商品总额从181亿美元增加到2.48万亿美元,制成品出口额从90亿美元增加到1.99万亿美元。2017年,服务进出口总额为6957亿美元,比1982年增长147倍,连续4年保持世界第二位。制成品在中国出口商品贸易总额中的比重不断上升,从1980年的50%,到1992年的80%,再到1999年的90%,直至2006年后始终保持在95%以上。随着中国制成品出口总量的不断攀升,中国制造业占全球市场的比重不断提升。1990年我国制造业占全球的比重为2.7%,居世界第九;到2000年上升到6.0%,居世界第四;2007年达到13.2%,居世界第二;2010年为19.8%,超越美国位居世界第一。2014年这一比重提高到20.8%,继续保持世界第一的位置。按照国际标准工业分类,在22个大类中,中国在7个大类中名列第一,钢铁、水泥、汽车等220多种工业品产量居世界第一位。

贸易结构调整优化,竞争力不断提升。进出口商品不断向"优进优出"转变。出口总额中初级产品比重由1980年的50.3%下降到2017年的5.2%,工业制成品比重由1980年的49.7%上升至2017年的94.8%。从中国出口商品结构看,以中国加入世界贸易组织为分界线,入世前20年以轻纺产品等劳动密集型产品为主,1994年劳动密集型产品的比重达到60.5%的历史最高值。入世之后,以2003年机电、高新技术产品等资本密集型产品出口比重(47.3%)首次超过劳动密集型产品为标志,我国出口商品结构实现了从低附加值的劳动、资源密集型产品向较高附加值的资本密集型产品的重要转变。贸易方式呈阶段性演变。1981年,货物进出口总额中一般贸易占比达93.5%。随着对外开放力度加大,两头在外、大进大出的加工贸易在东南沿海地区迅速发展。1998年,进出口总额中一般贸易占比降至36.4%,加工贸易占比提升至53.4%。近10年来,随着我国比较优势的变化和产业实力的增强,一般贸易重新占据主流。2017年,进出口总额中一般贸易占比上升至56.3%,加工贸易占比下降至29.0%。总体而言,中国国际竞争力主要依赖于低要素价格优势的基本格局尚未根本改变,以技术进步为基础的竞争优势尚显不足,但这一适应特定发展阶段的低成本出口导向的工业化战略对中国追赶式发展和世界经济稳定和繁荣都做出了重要贡献。一方面,出口导向战略使中国商品在对外贸易中长期保持贸易顺差,为再投资和技术升级提供了重要的资金来源。另一方面,外资企业与出口导向型内资企业的迅速发展形成了强烈的产业集聚效应,不仅强化了中国加工制造业的规模优势,而且促进了区域经济的繁荣和城市化进程的推进。

三、发挥比较优势,国际经济合作带动就业和产能输出

世界银行研究显示,一个发展中国家对外输出劳动力的数量每增长1%,贫困人口可减少2%。因此,许多发展中国家都采取各种办法鼓励劳动力输出,中国也不例外。20世界80年代,中国开始国际劳务输出,但由于当时中国处于改革开放初期,国外合作项目较少,因此总体规模偏小。2000年以后,随着中国经济取得较为显著的成果,国际地位和国际合作不断增加,对外输出劳务需求上升,劳务输出事业开始初具规模。目前我国每年在外各类劳务人员数量达到百万人左右,而每年对外派出劳务人员也到达50万左右,劳务输出成为了我国开展对外服务贸易的一个重要组成部分和国际劳务市场上的一支重要力量。具体来看,2017年年末我国在外各类劳务人员97.9万人,较上年同期增加1万人;全年对外劳务合作派出各类劳务人员52.2万人,较上年同期增加2.8万人。2018年11月月末,在外各类劳务人员101.1万人,较上年同期增加3.9万人;1~11月对外劳务合作派出各类劳务人员44.4万人,较上年同期减少1.7万人。

从国内每年对外输出劳务类型来看,主要以交通业(铁路、公路修建)、建筑业、水电行业等工程类建筑为主,2017年全国对外劳务输出52.2万人中,工程类人数达22.2万人,占全年总输出人口的42.53%;2018年1~11月工程承包类劳务输出人数为20.8万人,占比46.85%。其他类型劳务输出方面,近年来,随着科技的迅速发展和全球范围产业结构的调整,电信、计算机、生物工程、环保工程、金融等产业的技术人才和管理人才成为各国争夺的对象,我国也积极适应国际市场变化,增加了这些行业劳务输出。2011~2017年全国非工程承包类劳务输出人数从20.9万增长至30万,创历史新高。

对外承包工程是我国对外劳务输出的主要形式,对我国劳务输出事业的发展起到了巨大的推动作用。数据显示,在我国国际工程承包类合作日益频繁以及每年对外输出工程类劳务超20万人等的推动下,我国对外承包工程营业额实现了持续稳定增长。1979年中国对外承包工程金额仅为0.33亿美元,2011我国对外承包工程新签合同金额1423.3亿美元,完成合同金额为1034.2亿美元,2017年对外承包工程新签合同额和完成合同额分别增长至2652.8亿美元和1685.9亿美元,分别实现了年复合10.9%和8.5%的增速。①

进入21世纪以来,随着世界经济格局发生深刻变化,全球经济增长重心逐渐东移,以及中国自身转变经济发展方式和调整产业结构步伐的加快,新一轮产业转移的条件日渐成熟。从中国自身情况看,进入经济发展新常态的中国需要更充分地统筹国内国外两个市场、运用两种资源,通过全球范围内的产业转移,化解国内富余产能、助推产业结构升级、不断迈向产业价值链高端领域,并借此更好地参与国际市场规则及标准体系建设。而从世界经济格局看,西方发达国家在金融危机之后努力寻求新的经济增长点,发展中国家工业化、城镇化进程加快,全球基础设施建设掀起新热潮,对优质基础装备和产能投资合作也产生了较大需求。在此背景下,中国提出了一种创新性和包容性的对外工业合作模式,即国际产能合作。2015年5月,国务院发布《关于推进国际产能和装备制造合作的指导意见》,系统阐述了国际

---

① 以上数据和分析参考前瞻产业研究院2019年2月11日发布的《中国劳务派遣行业市场前瞻与投资战略规划分析报告》。

产能合作的总体目标、主要任务,以及配套的政策支撑、服务保障与风险防控举措。从"走出去"角度看,国际产能合作最大的着力点在于改变过去通过贸易进行产品输出的单一模式,而侧重于产业能力的输出。即在充分发挥自身资金、技术、装备等优势基础上,根据对象国的特点和需求,灵活采取投资、工程建设、技术合作、技术援助等多种方式,推动产业合作由加工制造环节为主向合作研发、联合设计、市场营销、品牌培育等高端环节延伸,提高国际合作水平。

为助推产能合作顺利推进,中国政府结合"一带一路"战略部署,面向亚洲、非洲、拉美及发达地区先后提出了国际产能合作的四大合作框架,着力构建以周边重点国家为"主轴",以非洲、中东和中东欧重点国家为"西翼",以拉美重点国家为"东翼","一轴两翼"产能合作新布局。截至2016年,中国已与哈萨克斯坦等30多个国家以及东盟等区域组织签署了双边或多边产能合作协议,将产能合作纳入机制化轨道。中国国家开发银行和中国进出口银行在沿线国家发放贷款超过1100亿美元;中国出口信用保险公司承保沿线国家出口和投资超过3200亿美元。中国企业在沿线国家合作建立了初具规模的经贸合作区56家,入区企业超过1000家,总产值超过500亿美元。

与改革开放之初以被动承接产业转移和加工贸易方式融入全球分工体系不同,国际产能合作是新时期由中国主动发起和引领的新一轮国际产业转移浪潮,它致力于发挥中国在装备、技术、资金等方面的综合优势,通过对接中国的供给能力和沿线国家的发展需求,实现优势互补、互利共赢、共同发展。通过将更多发展中国家纳入全球产业分工体系,国际产能合作不仅重塑了二战以来西方发达国家主导的全球产业分工体系,而且为世界经济注入了发展的新动能。

四、中国经济在融入世界经济体系中发展壮大[①]

改革开放40多年来,中国通过外资外贸与对外经济合作逐步融入世界经济体系,通过国内全方位改革与国际经济规则逐步接轨,取得了经济快速发展与壮大,被称之为"中国奇迹"。

中国的经济奇迹是建立在中国耀眼的经济发展成就基础上的。从数量规模上看,1978年改革开放伊始,中国的经济规模仅有3679亿元人民币;而到2017年,中国国内生产总值(名义)已经高达82.71万亿元人民币(相当于12.2万亿美元),成为世界第二大经济体,中国经济总量占世界经济的比重由1978年的1.8%上升到2017年的16%,仅次于美国。外汇储备大幅增长,实现了从外汇短缺国到世界第一外汇储备大国的转变。1978年,我国外汇储备仅1.67亿美元,1990年,外汇储备超过百亿美元,1996年超过千亿美元,2006年突破1万亿美元,超过日本位居世界第一位,2017年年末外汇储备余额达31399亿美元,稳居世界第一位。1978年,国家一般公共预算收入仅1132亿元,1985年翻了近一番,达到2005亿元,1993年再翻一番,达到4349亿元,1999年跨上1万亿元台阶,2007年超过5万亿元,2011年超过10万亿元,2017年突破17万亿元,达到172567亿元,1979~2017年年均增长

---

① 张建平,沈博. 改革开放40年中国经济发展成就及其对世界的影响[EB/OL]. [2018-5-15]. http://theory.people.com.cn/n1/2018/0515/c40531-29991327.html.

13.8%。从经济增速角度看,1978~2017年,中国国内生产总值(GDP)的年均名义增速高达14.5%,刨除年均4.8%通胀率,年均实际增速仍高达9.3%。经济学家林毅夫曾说,"以这么高的速度持续这么长时间的增长,人类历史上不曾有过"。从经济结构的角度看,中国工业化进程加快,第一产业、第二产业、第三产业的结构日趋合理化,第三产业逐渐占据主导地位。2017年,中国三产结构的比例分别为7.9%、40.5%和51.6%。第三产业的发展增幅已经超过第一、第二产业,成为拉动中国经济增长的主要力量。

从经济增长的角度看,中国近40年的经济增长确实称得上是一大奇迹。然而,经济发展并不仅仅包括经济增长的指标,还需要从社会福利的角度看中国的经济发展问题。从人均GDP水平的角度看,1978年中国人均国内生产总值为381元人民币,仅为同期印度人均国内生产总值的三分之二,是当时世界上典型的低收入国家;而2017年,中国人均国内生产总值已经高达59660元人民币(近8800美元),已经跻身中等偏上收入国家行列。显然,经济增长的背后还包括了中国经济的显著发展。改革开放40多年来,中国前后共计有7亿多人脱贫。英国学者阿塔尔·侯赛因曾指出,中国农村上亿人摆脱贫困,实现粮食自给自足,这是人类发展史上一个了不起的事情,也是改善人权的巨大成就。从社会生活水平的角度看,中国经济的快速增长使得中国在能源、交通运输、邮电通信、科教文卫等基础产业、基础设施建设等领域取得诸多辉煌成就。

从经济增长的质量上看,中国改革开放40多年来的经济发展同样可圈可点。在过去的40多年里,中国经济快速增长的背后包括了不同阶段的发展思路。整体而言,中国的经济发展思路日趋成熟,逐渐由初始"唯GDP"论的发展思路过渡到可持续发展思路。改革开放初始,囿于自身发展经济的困境,中国的经济发展处于粗放型发展阶段。早在1994年,诺贝尔奖获得者、经济学家保罗·克鲁格曼就曾发表论文批评东亚经济体的"苏联式"粗放型增长模式。国内不少学者认可改革开放初期的中国属于"粗放型"的增长模式。随着中国经济规模的逐渐扩大,中国自身也日益意识到转变自身经济发展方式的重要性。早在2003年7月,时任中共中央总书记胡锦涛就提出了"坚持以人为本,树立全面、协调、可持续的发展观,促进经济社会和人的全面发展"。2017年召开的中共十九大上,习近平总书记明确提出"推进经济发展转型升级,建设现代化经济体系,推动中国经济发展走上高质量、可持续的新路子"。以碳排放减少为例,据《中国应对气候变化的政策与行动2017年度报告》,最近十年间,中国在经济增长的同时,减少了将近41亿吨二氧化碳的排放。显然,中国的绿色发展、可持续发展的经济转型升级已经初显成效。

资料链接

坚持以供给侧结构性改革为主线

"十二五"以来,我国经济运行面临的诸多矛盾和问题,既有供给侧的,也有需求侧的,既有周期性的,也有结构性的,但主要矛盾是供给侧结构性的,其深层根源是体制机制问题。这是由国际和国内多方面因素决定的。从国际看,2008年国际金融危机导致世界经济陷入衰退,对我国出口造成很大冲击,成为加剧国内产能过剩和经济下行的重要因素。从国内看,我国经济增速连续多年保持在10%左右,2001~2008年出口和投资年均增长20%以上,带动众多行业产能井喷式增长。2008年以后为应对国际金融危机冲击,采取了力度很大的刺激政策,许多行业产能大幅增长,供给侧结构性矛盾不断积累。2015年,以习近平同志为核心的党中央提出推进供给侧结构性改革,并作出我国经济运行主要矛盾是供给侧结构性矛盾的正确判断,强调用改革的办法推进结构调整,增强供给结构对需求变化的适应性和灵活性。这是我国宏观经济理论和政策的重大创新,意义深远。

近3年多来,推进供给侧结构性改革取得了重要阶段性成果。"三去一降一补"和"破、立、降"深入推进。钢铁、煤炭行业"十三五"去产能目标任务基本完成,一大批"僵尸企业"出清。去库存取得积极进展,2018年9月月末,商品房和商品住宅待售面积分别比2015年年末下降26.0%和42.5%。去杠杆稳步推进,宏观杠杆率基本稳定。降成本持续发力,2018年减税降费规模达1.3万亿元。补短板成效明显,创新驱动、基础设施、脱贫攻坚、城乡统筹发展、民生建设、生态环保等领域投入力度加大。供给侧结构性改革使重点行业供求关系发生明显变化,经济结构优化、经济效益改善,系统性风险发生概率趋降。

——资料来源:林兆木.坚持以供给侧结构性改革为主线[N].人民日报,2019-02-14.

第三节 世界经济调整中的中国发展战略转变

一、世界经济调整对中国经济的影响

(一)世界经济调整

当今世界经济总体延续增长态势,但增长基础并不稳固,经济政治形势更加错综复杂。美国对全球多个国家和地区发起贸易摩擦,影响企业经营环境和金融市场信心,对世界经济贸易发展造成威胁。主要经济体宏观经济政策调整溢出效应凸显,一些新兴经济体结构性问题仍然突出,地缘政治风险此起彼伏。贸易战、新兴市场危机、民粹政治抬头等复杂而深刻的变化对世界经济格局和未来全球经济增长路径产生了广泛而深远的影响。

从周期角度看,主要经济体工业生产、制造业采购经理人指数等主要指标已现减速趋势,发达经济体房地产市场涨幅趋缓,显示经济由较快增长转为平稳增长。从政策角度看,美国特朗普政府减税政策的刺激效应逐渐减退,发达经济体持续收紧货币政策,全球宏观经济政策支撑经济增长的力度减弱,抑制作用增强。特别是一些新兴经济体自身经济脆弱性凸显,又受发达经济体收紧货币政策外溢效应影响,经济金融形势严峻,成为威胁世界经济增长的重要风险。如表11-1所示,国际货币基金组织发布的《世界经济发展报告》显示,2018年全球经济增长3.7%,其中,发达经济体增长2.4%,新兴市场和发展中经济体增长4.7%。2019年整体维持3.7%的增速不变。

表 11-1 2016～2020 年部分国家或地区经济增长率(%)

	2016 年	2017 年	2018 年	2019 年	2020 年
美国	1.0	2.2	2.9	2.3	1.9
欧元区	1.8	2.4	1.8	1.3	1.5
英国	1.9	1.7	1.4	1.2	1.4
日本	0.9	1.7	0.8	1.0	0.5
俄罗斯	−0.2	1.5	2.3	1.6	1.7
中国	6.7	6.9	6.6	6.3	6.1
印度	7.1	6.7	7.1	7.3	7.5
巴西	−3.5	1.0	1.1	2.1	2.5
南非	0.6	1.3	0.8	1.2	1.5

注:2019 年和 2020 年数值为预测值;印度数据为财年数据。
资料来源:国际货币基金组织,《世界经济展望》,2019 年 3 月。

(二)世界经济调整对中国的影响

中国经济通过 40 多年的改革开放发展已经成为世界经济的重要组成部分,是全球价值链中的重要一环。2008 年全球金融危机后,世界经济的调整与变革使中国经济既面临着难得的发展机会,也面临着新的严峻挑战。中国经济在新的世界经济环境下如何通过自身调整来适应,并通过发挥自身优势提高发展质量值得研究。

1. 世界经济调整给中国带来的新机遇

在世界经济增长方式和经济结构深入调整期的态势下,中国可以主动采取行动,加快实现从制造业大国向制造业强国的转变,加快建设创新型国家,着力增强科技创新能力和产业能力,加快推进科技创新和产业结构调整,准确把握中国在全球经济分工中的新定位,保持国际贸易大国的优势。

同时,在新兴和发展中经济体在世界经济中的地位快速步入上升期,世界经济治理机制进入变革期,中国可以通过积极参与世界经济治理机制改革,提高自己在国际经济体系中的地位,努力推动国际经济新秩序的建立,主动开创出更有利于中国经济平稳发展的国际环境。

2. 世界经济调整给中国带来的新挑战

首先,新的国际竞争格局将恶化中国发展的国际环境。近年来中国的高速发展使得国际社会特别是传统经济大国无论是出于国家利益的考虑,还是鉴于意识形态的冲突,对中国的策略都会有所调整。由此,中国将面临来自发达国家和发展中国家的"全维竞争"。其次,全球化浪潮催生的贸易保护主义使得全球范围内的贸易摩擦频繁发生,这将严重影响中国的对外贸易,进而导致我国长期奉行的出口带动经济增长的模式难以为继。再次,全球气候变化规则和低碳经济浪潮将压缩中国传统生产方式和消费模式的存在空间,以环境为代价谋求经济增长的发展方式已走到尽头。最后,在国际竞争、信息革命、资源环境等多重压力和动力的作用下,中国制造业中缺乏创新、低技术和低附加值的传统发展方式难以为继。

二、当代中国的发展战略

(一)提升对外开放水平,推动经济全球化发展

信息技术的普及和全球价值链的深化成为经济全球化的重要推动力量,世界各国相互依赖和利益交融程度进一步加深,纷纷通过扩大开放促进自身发展,避免被边缘化的命运。国际金融危机后保护主义有所抬头,但经济全球化仍在曲折中前行,经济全球化进程不会改变。

国务院发展研究中心的研究表明,我国对外开放度尚处于或低于世界平均水平,整个社会的开放程度尚不高。我们要实现"两个一百年"奋斗目标,仍然需要主动参与全球化,使经济社会更加开放。在开放的原则方面,要坚持内外统筹,兼顾当前利益和长远利益;把握好开放的节奏、力度和顺序,以国内改革发展的需要为依归,最大程度上为我国发展争取利益;坚持合作共赢,做经济全球化的推动者、贸易投资自由化的践行者、国际规则的参与制定者以及和谐世界的建设者。在开放的重点方面,放宽投资准入,推进金融、教育、文化、医疗等服务业有序开放,扩大对外投资。包括坚持双边、多边、区域次区域开放合作,加快自由贸易区建设,形成面向全球的高标准自由贸易区网络,扩大内陆沿边开放,推进"一带一路"建设。

(二)扩大开放促改革深化,转变经济增长方式

当今世界处于大变革时期,全面深化改革亟须开放这一动力。习近平总书记指出,我国改革已进入攻坚期和深水区。回顾改革开放历程,改革与开放是我国发展的两大动力,改革为开放创造体制基础和内在条件,开放也为改革提供经验借鉴和活力源泉。

为适应中国新一轮经济发展中打造有效动力机制的总体要求,必须注重从供给侧入手实行"供给侧改革",针对当前和今后一个时期面临的突出矛盾和问题,从创业、创新、创造的层面,释放经济社会的潜力、活力,托举中国经济的潜在增长率,促进总需求平衡和结构优化,加快增长方式转变,进而为实现中华民族伟大复兴的中国梦拓宽道路。

(三)在融入中互动,努力重构国际经贸规则

进入21世纪以来,随着信息技术的飞速发展和人员往来的日益密切,各种文明的互动空前活跃,文明互容互鉴互通的历史潮流势不可当。因此,在国际经贸规则面临新一轮重构之际,我们要抓住机遇,为国际经贸规则制定贡献更多"中国智慧",在国际规则制定中发出更多中国声音。规则之争是发展权之争,是制度和领导力之争。对于符合我国改革发展方向的领域,可与全面深化改革进程结合,以建设性态度积极参与。对于现在争议较大、长远对我有利的规则,可联合共同利益多的经济体,积极发出发展中国家的声音。对于我国有比较优势的领域,争取提出"中国方案",提高参与国际经济治理能力。

(四)以开放促发展,以发展保障经济安全

经济全球化深入发展和全球价值链深度拓展,各经济相互依存,"一荣俱荣、一损俱损",经济风险更容易在国家间传递,使经济安全呈现相互性、系统性和全球性特征,谋求共

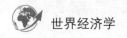

同安全成为世界共识。

对外开放总是机遇和挑战并存，风险与利益同在。扩大开放对经济安全的影响是双重的，既因开放增强实力而更加安全，也因外部影响更大而风险因素增多。但总的来看，开放比封闭更安全，有实力才更安全。我们应努力实现对外开放与经济安全的有机统一，在扩大开放中动态地谋求更高层次的总体安全。

切实提高经济安全保障能力需要做到以下几点：① 快速培育国际竞争新优势，在开放中壮大软实力硬实力，夯实经济安全的根基。做到预防为主、应急为辅，把安全工作前置。② 完善产业安全审查制度，强化经贸摩擦应对机制。③ 采取综合对策，维护好粮食、资源能源、海外资产与人员安全，应对气候、生态、环保、知识产权等非传统安全，把握好金融、网络信息等安全要点，提高应急处置能力，坚定不移地维护国家主权、安全、发展利益。

◆ 内容提要

20世纪70年代末，改革开放拉开了中国融入世界经济体系的序幕。中国一方面通过自主改革来与国际经济运转规则接轨，另一方面在对外开放的过程中，也逐步通过外部压力来完善自身的经济运行机制，从而使中国的改革开放相互促进，相得益彰，与世界经济体系融合的程度不断加深，并通过发挥比较优势从世界经济这个庞大的母体中吮吸养分，成长壮大。随着改革开放的不断推进和纵深发展，中国逐步成为全球生产链和价值链上的重要一环。不可否认，中国在融入世界经济体系的过程中获得了快速增长和发展。改革开放以来，中国的国民经济与对外经济都取得了长足的发展，综合国力不断提高，2010年开始中国成为世界第二大经济体。中国的对外开放也从"加快形成更高水平对外开放新格局"走向现在的"推动形成全面开放新格局"。当前，世界经济进入调整期并充满不确定性，世界经济的调整及不确定性给中国经济的发展既带来了机遇也带来了挑战。在这样的国际经济形势下，中国需要进一步提高对外开放的水平，加速国内改革进度，在与世界经济互动中继续发展。

◆ 关键词

开放改革融入　世界经济经济奇迹　结构性供给侧改革

◆ 思考题

1. 总结中国对外开放的路径。
2. 中国的改革经历了哪些阶段？
3. 中国是如何融入世界经济体系的？
4. 简述中国改革开放40多年的发展成就。
5. 世界经济调整对中国的发展有何影响？
6. 中国如何应对世界经济调整及不确定性？

◆ 思考案例

中国改革开放的世界意义

中国是一个发展中的大国，人口约占世界总人口的五分之一。近代以来，中国遭受了西方列强百余年的侵略，导致中国长期处于贫穷、落后和挨打的局面。即使在1949年新中国成立后，中国依然受到西方主要资本主义国家的封锁和敌对，这是中国失去及时融入第三次

第四篇 中国与世界经济
第十一章 融入世界经济体系中的中国经济发展

科技革命浪潮的主要外部因素。因此,改革开放前的中国依然是一个人口众多、经济落后、国力贫弱的发展中国家,人均GDP不仅大大落后于西方发达国家以及韩国、新加坡、中国台湾、中国香港等亚洲四小龙,而且仅为同期印度人均GDP的三分之二,是当时世界上典型的低收入国家,其中农村居民贫困发生率为97.5%,农村贫困人口规模为7.7亿。1978年,中国贸易伙伴只有40多个国家和地区,中国货物进出口总额只有206亿美元,在世界货物贸易中排名第32位,所占比重不足1%。

经过改革开放40年的发展,截至2017年,中国GDP已经达到了12.24万亿美元,比1978年的0.1495万亿美元增加80倍,由1978年占全球经济总量的1.75%上升到约占15%,人均GDP也由1978年的约220美元上升到2017年的8836美元,增加40倍以上。40年来,按照可比价格计算,中国国内生产总值年均增长约9.5%。中国人民生活从短缺走向充裕、从贫困走向全面小康,现行联合国标准下的7亿多贫困人口成功脱贫,占同期全球减贫人口总数70%以上。今天,中国的贸易伙伴发展到231个国家和地区,中国已经成为世界第二大经济体、第一大工业国、第一大货物贸易国、第一大外汇储备国。中国连续多年保持世界第一大出境旅游客源国和全球第四大入境旅游接待国地位。除了经济方面的快速发展外,中国的政治、文化、社会、生态、军事、国际地位等各个方面都得到了突飞猛进的发展。一个昔日积贫积弱的中国已经成为全球最具发展活力的大国,并日益成为世界发展的核心力量。

中国改革开放不仅促进了自身的发展和繁荣,也促进了世界经济的发展,并日益成为推动世界经济繁荣发展的重要引擎。中国改革开放的成功,得益于世界经济全球化的发展,得益于西方资本、技术、人才和管理经验的输入。同时,作为全球化的重要参与者和受益者,中国没有独占经济全球化发展的成果和经验,而是不断打开大门,坚持"引进来"和"走出去"战略,将发展成果与全人类共享。

——资料来源:《大众日报》,中国改革开放的世界意义,有删节,2018-10-31。

思考:中国的改革开放对自身的发展起到了哪些作用?

◆应用训练

加入世界贸易组织——中国融入世界经济体系

中国是1947年成立的关贸总协定创始国之一。1984年4月份,中国取得了总协定观察员地位。1986年中国向总协定正式提出恢复关贸总协定缔约国地位的申请,从此开始了复关和入世谈判15年的漫漫征程。1986年9月份,中国开始全面参与关贸总协定乌拉圭回合多边贸易谈判。1994年4月,中国签署了乌拉圭回合最后文件和世界贸易组织协定。签署这两个文件是中国复关的必备条件之一。同年11月份,中国提出在年底完成复关的实质性谈判,并成为定于1995年1月1日成立的世界贸易组织创始成员的要求。1995年1月1日,世界贸易组织成立。7月11日,中国成为该组织的观察员,中国"复关"谈判成为入世谈判。1997年5月23日,第4次世界贸易组织中国工作组会议就中国加入世界贸易组织议定书中关于非歧视原则和司法审议两项主要条款达成协议。到1997年年底,中国先后与新西兰、韩国、匈牙利、捷克等国签署了加入世界贸易组织的双边协议。1999年7月份,中国和日本实质性结束关于中国加入世界贸易组织的全部双边谈判。同年11月15日,中美两国政府在北京签署了关于中国加入世界贸易组织的双边协议。2000年5月19日,中国与欧盟代表在北京签署了关于中国加入世界贸易组织的双边协议。2001年9月13日,中国和墨西哥就中国加入世界贸易组织达成双边协议。至此,中国完成了与世界贸易组织成员的所有双边市场准入谈判。9月17日,世界贸易组织中国工作组第18次会议通过了中国入世议定书及附件和中国工作组报告书,标志着中国加入世界贸易组织的谈判全部结束。

2001年12月11日,经过长达15年的复关与入世谈判,中国正式成为世界贸易组织的第143个成员。在中国改革开放的历史进程中,加入世界贸易组织是中国政府的重大战略决策,是中国经济发展的一个关键转折点,它标志着中国开始全方位融入世界经济体系,意味着中国经济各领域要直面国际竞争,它代表着中国愿意接受世界贸易组织规则,甚至愿意改变自己的规则而按照国际规则来与世界各国在同一竞技场上竞赛。

加入世界贸易组织以来,中国积极抓住战略机遇,主动调适、全面参与,拓展全方位的开放格局,深度融入全球价值链、制度改革、参与全球经济治理等方面取得了重要成就。表现在以下方面:① 在深入融入全球价值链,既体现在经济总量上,也体现在结构和贸易方式的重大变化上。加入世界贸易组织使得中国获得市场准入、贸易争端解决、贸易规则制定的便利,同时也加大了外国企业对中国的信心,中国吸引外资规模不断扩大,实际利用外资直接投资规模从2001年的468.8亿美元增加到2015年的1310.4亿美元,中国对外投资也迈上新的台阶,2017年达到1582.9亿美元,成为仅次于美国的第二大对外投资国。从贸易方式上看,长期以来加工贸易方式占据了我国总贸易额的70%~90%,近年来由于贸易企业自身资金规模和经验积累、资源与劳动成本上升、技术密集型程度提高等内外部原因,全国加工贸易比重开始由升转降,一般贸易出口2011年首次超过加工贸易,成为拉动出口的主要力量。② 入世以来,我国在制度上打破了外贸经营权的垄断,认真履行加入世界贸易组织的关税减让承诺,建立自由贸易试验区,在新形势下进一步推进改革开放,我国在金融服务业领域还陆续修改和修订了相关法律法规,在制度上为金融市场的充分开放奠定了良好基础。③ 崛起的中国被推到全球治理的前台,成为全球治理的新焦点。一直以来,中国作为一个负责任的大国,积极承担应尽的责任,在倡导和创新全球治理理念、引导全球经济议程、参与国际规则制定、推进区域经贸安排等方面,正在努力探索和积极尝试。

试分析:
1. 简述中国加入世界贸易组织的历程。
2. 加入世界贸易组织对于中国融入世界经济体系有什么重大意义?
3. 为什么说加入世界贸易组织促进了中国深度融入世界经济体系?

第十二章　中国发展对世界经济的贡献

本章结构图

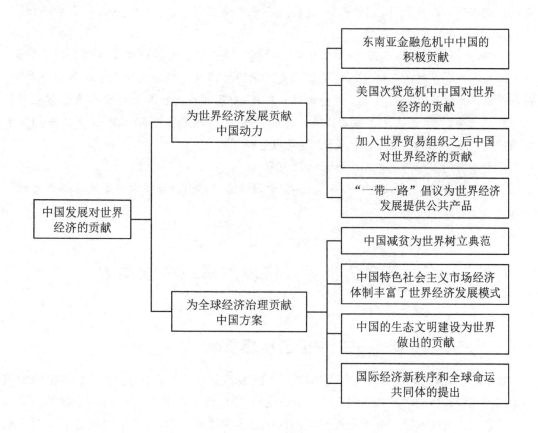

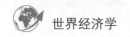

学习目标

通过本章学习,了解中国经济发展特别是21世纪后中国对世界经济的贡献;了解中国发展模式与成就对全球经济治理方案的意义与作用。

导入案例

中国经济的影响力有多大

如果天上有两个太阳,世界将变成什么样?过去,美国曾是全球经济太阳系中唯一的"太阳",世界其他地方如行星一样受到美国经济"引力"的影响,并围绕其运转。而今,美国经济对全球的影响似乎已不如前。欧利盛资产管理公司发现,这种转变其实在2008年金融危机后就有所体现。1989~1998年,美国对全球平均GDP大约产生40%的影响,而到了2008年,这一数字缩水了一半。

如今,另一个太阳似乎正在升起,这就是中国。现在中国经济的体量不仅变得足够大,而且其经济生态系统的网络也已经足够强大。中国已经成为经济太阳系中的第二个太阳,对行星系产生着巨大的引力。通过量化计算发现,中国现在对世界的影响力已经有美国和欧盟加起来那么大,过去十年中国以美元计的GDP总量增长了9万亿美元,差不多相当于美国(7万亿美元)和欧盟(2万亿美元)增量的总和。

中国市场的深刻影响体现在方方面面……

——资料来源:案例改编自华尔街见闻"中国经济的影响力有多大?是欧美影响之和",2019年1月30日。

第一节 为世界经济发展贡献中国动力

一、东南亚金融危机中中国的积极贡献

在1997年的亚洲金融危机中,中国承受了巨大的压力。由于中国实行比较谨慎的金融政策和前几年采取的一系列防范金融风险的措施,在危机中未受到直接冲击,金融和经济基本保持稳定。为缓解亚洲金融危机对亚洲区域乃至世界经济的冲击,中国政府采取了一系列的积极政策。

(1) 积极参与国际货币基金组织对亚洲有关国家的援助。1997年亚洲金融危机爆发后,中国政府在国际货币基金组织安排的框架内并通过双边渠道,向泰国等国提供总额超过40亿美元的援助。向印度尼西亚等国提供了进出口信贷和紧急无偿药品援助。

(2) 中国政府本着高度负责的态度,从维护地区稳定和发展的大局出发,作出人民币不贬值的决定,承受了巨大压力,付出了很大代价。人民币贬值,将会有利于中国出口,但东南亚国家出口就会受到更大的冲击,会使处于困境之中的东南亚各国雪上加霜,从而使东南亚经济恢复周期延长,引发各国货币之间的新一轮竞争性贬值,使国际经济体系趋于崩溃。而

中国坚持人民币不贬值，间接性的有利于东南亚国家出口。此举对亚洲乃至世界金融、经济的稳定和发展起到了重要作用。

（3）在坚持人民币不贬值的同时，中国政府采取努力扩大内需（教育、医疗和地产），刺激经济增长的政策，保持了国内经济的健康和稳定增长，对缓解亚洲经济紧张形势、带动亚洲经济复苏发挥了重要作用。

（4）中国与有关各方协调配合，积极参与和推动地区和国际金融合作。时任中国国家主席江泽民在亚太经济合作组织第六次领导人非正式会议上提出了加强国际合作以制止危机蔓延、改革和完善国际金融体制、尊重有关国家和地区为克服金融危机的自主选择三项主张。

时任国家副主席的胡锦涛在1998年12月举行的第二次东盟-中、日、韩领导人非正式会晤和东盟-中国领导人非正式会晤中，进一步强调东亚国家要积极参与国际金融体制改革与调整，当务之急是加强对短期流动资本的调控和监管，主张东亚国家就金融改革等宏观问题进行交流，建议开展副财长和央行副行长级对话，并根据需要适时成立专家小组，深入研究对短期流动资本进行调控的具体途径等。中方的建议得到各方积极响应。

二、美国次贷危机中中国对世界经济的贡献

2007年8月，美国次贷危机发生后迅速蔓延为全球金融危机。2008年10月20日，时任国家统计局新闻发言人李晓超在新闻发布会上阐述了中方应对全球金融危机的态度，他表示：亚洲金融危机时世界特别是亚太地区国家都面临着严重的外部环境，当时中国以一个负责任的大国的姿态，采取了有利于稳定亚太地区、有利于稳定世界经济的一系列措施，对世界经济、亚太地区很快恢复到正常状态发挥了积极的作用。当前，世界各国又面临着可能会超过亚洲金融危机的一次更严重的金融危机，作为一个负责任的大国，我们要密切关注，冷静观察，密切地与世界各国和国际组织积极合作，希望能够通过世界各国和国际组织的共同努力渡过这个难关，取得预期效果。

（一）中国政府应对美国次贷危机推出的政策举措

1. 积极的宏观政策调控

2008年，美国次贷危机引发的金融危机迅速从局部发展到全球，从发达国家传导到新兴市场国家和发展中国家，从金融领域扩散到实体经济领域。受此影响，中国经济增速持续下滑，部分企业经营困难，就业形势十分严峻，农业稳定发展、农民持续增收难度加大。同时，长期制约中国经济健康发展的体制性、结构性矛盾依然存在，一些涉及人民群众切身利益的问题还没有得到根本缓解。这使中国经济平稳较快发展面临着前所未有的困难和挑战。

在此次金融危机中，中国对自身在世界经济中的位置做了明确的定位，把扩大国内有效需求特别是消费需求作为促进经济增长、应对金融危机的基本立足点。及时调整宏观经济政策取向，果断实施积极的财政政策和适度宽松的货币政策，迅速出台扩大国内需求的刺激措施，形成了系统、完整的促进经济平稳较快发展的一揽子计划。

(1) 大规模增加政府支出和实施结构性减税。首先,中国政府推出了总额达 4 万亿元的投资计划,规模相当于 2007 年中国 GDP 的 16%,这些资金主要投向保障性安居工程、农村民生工程、铁路交通等基础设施、生态环保等方面的建设和汶川地震灾后恢复重建。其中,中央政府计划投资 1.18 万亿元,并带动地方和社会资金参与建设,既有"十一五"规划内加快实施的项目,也有根据发展需要而新增的项目。与此同时,中国政府还推出了大规模的减税计划,主要是全面实施增值税转型,出台中小企业、房地产交易相关税收优惠政策等措施,取消和停征 100 项行政事业性收费,一年可减轻企业和居民负担约 5000 亿元。

(2) 大频度降息和增加银行体系流动性。中央银行连续五次下调金融机构存贷款利率,其中一年期存、贷款基准利率累计分别下调 1.89% 和 2.16%,大幅度减轻了企业财务负担。连续四次下调存款准备金率,大型金融机构累计下调 2%,中小型金融机构累计下调 4%,共释放流动性约 8000 亿元,使商业银行可用资金大幅增加。同时,国家还出台一系列金融促进经济增长的政策措施,扩大贷款总量,优化信贷结构,加大对"三农"、中小企业等方面的金融支持。

(3) 大范围实施产业调整振兴规划。抓住机遇全面推进产业结构调整和优化升级,制定汽车、钢铁等重点产业的调整和振兴规划,既着眼于解决企业当时存在的困难,又致力于产业的长远发展。采取有力措施,推进企业兼并重组,淘汰落后产能,发展先进生产力,提高产业集中度和资源配置效率。鼓励企业技术进步和技术改造,支持企业广泛应用新技术、新工艺、新设备、新材料,调整产品结构,开发适销对路产品,提高生产经营水平。同时,不断完善和落实金融支持政策,健全信用担保体系,放宽市场准入,支持中小企业发展。

(4) 大力推进科技创新和技术改造。加快实施国家中长期科学和技术发展规划,特别是 16 个重大专项,突破一批核心技术和关键共性技术,为中国经济在更高水平上实现可持续发展提供科技支撑。推动发展高新技术产业群,创造新的社会需求,培育新的经济增长点。

(5) 大幅度提高社会保障水平。加快完善社会保障体系,继续提高企业退休人员基本养老金,提高失业保险金和工伤保险金标准,提高城乡低保、农村五保等保障水平,提高优抚对象抚恤和生活补助标准。2009 年中央财政用于社会保障和就业的资金投入增幅大大高于财政收入增速。积极推进医药卫生体制改革,用三年时间基本建成覆盖全国城乡的基本医疗卫生制度,初步实现人人享有基本医疗卫生服务。

总的来看,这些重大政策措施,注重标本兼治、远近结合、综合协调、相互促进,把扩大国内需求、调整振兴产业、推进科技创新、加强社会保障结合起来,把增加投资和刺激消费结合起来,把克服当前困难和促进长远发展结合起来,把拉动经济增长和改善民生结合起来。在当时对动员全社会力量共同应对危机起到了这些政策关键性作用,既展现了中国政府的信心,也有利于减缓国际金融危机扩散蔓延趋势,有利于增加中国的进口和对外投资。

2. 负责的国际双边和多边合作

在做好促进国内有效需求,推动经济健康发展的同时,中国政府在国际舞台上也积极行动,倡导多边国际合作,帮助世界经济尽快走出危机阴影。

(1) 秉持国际道义,协助稳定国际资本市场。首先,在国际舞台上,中国政府继续持有

第四篇 中国与世界经济
第十二章 中国发展对世界经济的贡献

美国国债。金融危机爆发后，作为对外融资的主要手段，美国政府一直在发行国债，而美国经济的持续不景气则使众多美国国债的持有国忧心忡忡。作为美国国债最大的持有国，中国政府的态度对稳定美国国债的稳定性与可靠性拥有举足轻重的影响力。面对愈演愈烈的金融危机和美国不断下滑的经济形势，中国政府发扬了高度的国际主义精神，表现出了对世界经济复苏的强烈信心。根据美国财政部公布的国际资本流动报告(TIC)，2009年2月月末，中国持有美国国债7442亿美元，不但没有抛售美国国债，反而增持46亿美元，居各国之首。

(2) 积极履行承诺，支持发展贸易融资。中国政府在力所能及的范围内积极兑现在美国次贷危机后首次举行的G20华盛顿金融峰会上所做的承诺，通过国际金融组织、多边开发机构、双边协议等多种渠道参与支持贸易融资，有力推动了国际贸易投资合作，为促进世界经济复苏做出了良好的表率作用。

首先，积极参与世界银行贸易融资计划。中国与世界银行下属国际金融公司经多次磋商，就购买其私募债券用于贸易融资问题达成一致，从而为从事贸易融资的金融机构提供资金支持，帮助他们恢复受危机影响的贸易融资渠道。其次，为区域多边开发机构发展贸易融资提供资金支持。2009年1月12日，我国正式加入泛美开发银行，并分别向泛美开发银行集团下属的泛美开发银行、泛美投资公司、多边投资基金捐资2亿美元、7500万美元、7500万美元，支持拉美及加勒比地区的经济发展和减贫事业，为该地区发展贸易融资创造良好的外部环境。此外，中国人民银行牵头搭建了"与美洲开发银行合作联系机制"，旨在帮助拉美和加勒比地区应对金融危机导致的贸易融资萎缩、金融机构流动性短缺、基础设施建设资金不足等困难。再次，认真履行义务，通过多种方式为贸易发展提供资金支持。中国作为亚洲开发银行、加勒比开发银行、非洲开发银行、东南非贸易与开发银行及西非开发银行等多边开发机构的成员国，一直认真履行所应承担的义务，通过增资、捐赠等方式为各地区贸易融资发展提供资金支持。至2009年3月，中国已累计向上述多边开发机构提供了超过6.5亿美元的资金支持，除直接捐资外，还与其共同建立了2400亿美元的各种双边和区域合作基金，支持上述地区发展经济，改善贸易融资环境。最后，推出双边贸易融资手段。G20华盛顿峰会后，应有关国家和地区的要求，中国人民银行陆续与有关央行及货币当局签署了一系列双边货币互换协议，以共同维护地区经济金融稳定，便利双边贸易及投资发展。2008年12月，在中美两国政府的推动下，作为中美第五次战略对话成果，两国进出口银行还签署了200亿美元的贸易融资协议，用以支持两国及与新兴市场和发展中经济体的贸易。

(3) 扩大开放，鼓励进口，促进他国经济增长。美国金融危机爆发以后，尽管当时中国的经济也遇到了困难，但中国政府采取了一系列措施开放市场、鼓励进口。例如，落实对最不发达国家的零关税待遇措施。时任国务院总理温家宝在2008年9月26日联合国千年发展目标高级别大会上宣布，中国将给予最不发达国家95%的产品零关税待遇，进一步提高贸易便利化程度，取消天然橡胶以及部分机电产品的自动进口许可证管理，提高海关通关效率，实施检验检疫便利化措施，鼓励国外企业来华参展，通过减免摊位费的方式鼓励国外企业参加中国出口商品交易会等展会，扩大宣传，提高其产品在华认知度，协调推动贸易投资促进团赴国外采购。2008年，中国共从其他国家进口了11300多亿美元的商品，有力地促进了贸易伙伴的经济发展。2009年2月，中国政府组织协调了近百家企业赴德国、瑞士、西班牙、英国采购,采购范围从火腿、葡萄酒等消费品到机械设备及其零部件、飞机等机电产品,从货物贸易到技术贸易,采购总金额超过130亿美元,受到了当地政府和企业的欢迎。2009年我国还陆续组织贸易投资促进团赴其他国家和地区采购。

3. 提出应对金融危机的主张

2008年美国次贷危机后,中国政府领导人还充分利用第七届亚欧首脑会议、世界经济论坛、APEC第十六次领导人非正式会议、G20金融峰会等诸多国际性会议不失时机地阐述中方的原则与立场,阐述了加强国际合作,共同应对金融危机的主张。综合来看,这些主张主要有:

(1)加强国际金融监管合作,完善国际监管体系,建立评级机构行为准则,加大全球资本流动监测力度,加强对各类金融机构和中介组织的监管,增强金融市场及其产品透明度。

(2)推动国际金融组织改革,改革国际金融组织决策层产生机制,提高发展中国家在国际金融组织中的代表性和发言权,尽快建立覆盖全球,特别是覆盖主要国际金融中心的早期预警系统,改善国际金融组织内部治理结构,建立及时、高效的危机应对救助机制,提高国际金融组织切实履行职责能力。

(3)鼓励区域金融合作,增强流动性互助能力,加强区域金融基础设施建设,充分发挥地区资金救助机制作用。

(4)改善国际货币体系,稳步推进国际货币体系多元化,共同支撑国际货币体系稳定。①

(二)美国次贷危机后中国对世界经济贡献和稳定作用

在2008年的美国次贷危机中中国政府积极作为,保增长、稳需求,在全球经济衰退潮流中逆势发展,赢得了世界的掌声。虽然中国的外向型经济受到严峻挑战,持有的外汇储备及对外投资也受到影响,但在这种复杂形势下,中国政府审时度势,统筹兼顾,为了应对金融危机,中国政府采取了一系列经济刺激计划,不但帮助本国抵御了国际金融危机的冲击,助推中国经济继续增长,也给外国企业提供了许多发展机会。总体来看,这些政策组合拳对当时拉动经济和提升信心有显著作用,在各国经济增长步伐普遍放缓时,只有中国仍然维持高速增长,2008年当年实现了近10%的GDP增长率,保证了整体经济运行平稳,也为未来的经济转型升级和高质量发展提供了坚实基础。在此次全球金融危机中,中国对世界经济具有重大的稳定作用,主要体现在以下几个方面:

(1)从全球经济增长格局这一维度看,全球金融危机发生后,中国经济的持续快速增长作为一支重要的稳定力量,在一定程度上抵消了发达国家经济衰退以及随后的缓慢复苏对全球经济增长的影响,成为全球经济复苏的主要拉动力。据央视网2016年12月11日《数字盘点中国入世15年的红利》相关报道显示,2001年中国的实际GDP对全球贡献率为0.53%,对全球实际GDP增长率的拉动度为0.6个百分点;2015年,中国的实际GDP对全球贡献率为24.8%,对全球实际GDP增长率的拉动度为0.6个百分点。中国依靠其巨大的财政空间和充足的外汇储备,实施了总量为4万亿元人民币(相当于6850亿美元)的财政刺激方案。中国经济在2009年第一季度即开始恢复增长,当年的GDP增长率达到9.2%;在

---

① 叶强.浅析中国的国际合作观及其政策主张[D].上海:复旦大学,2009.

2010年更达到10.4%,对全球GDP增长的贡献位居世界第一,为全球名义GDP带来了6380亿美元的增长(而同期的全球GDP则下降了2.3%,美国对全球GDP增长的贡献为4970亿美元)。继2007年中国的经济总量超过德国成为全球第三大经济体之后,2010年中国又取代日本成为全球第二大经济体,这是全球金融危机后全球经济增长格局发生的重大变化。中国这一曾经的发展中大国和当今全球最大的新兴市场国家,其经济发展作为一个独特的成功发展范例,为那些正努力追赶的国家提供了宝贵的经验教训[1]。中国作为深度融入国际经济体系的全球第二大经济体,已经不是消极面对客观存在的国际经济环境的外生变量,而是能够影响国际经济环境的重要内生变量。中国的经济总量如此之大,其国内经济政策对全球经济已经开始产生重要的影响。如果中国在2009年没有实施如此强有力的一揽子财政刺激计划,在全球金融危机中没有如此强劲的增长的话,那么这场金融危机给全球经济带来的影响可能更加严重。

(2)从国际生产分工格局这一维度看,虽然全球金融危机并没有从根本上改变中美两国在20世纪90年代后半期在国际生产分工中逐渐形成的地位,但中国在全球价值链中的重要性更加突出,甚至不可替代。由中美两国通过分工、贸易和投资所形成的国际生产分工与贸易结构几乎决定着其他国家在国际生产分工和贸易中的地位。美国作为全球的金融中心,不仅主导着全球资金的流向,而且还主导了全球金融体系的运行;而中国作为全球制造业的中心,在全球生产体系的运行中也具有重要的影响。据统计,自2003年以来,中国制造业产出的增长速度一直保持在15%以上,"中国制造"已经成为世界经济中的重要组成部分。据统计,中国制造业增加值占全球制造业增加值的比重在2000年即加入世界贸易组织之前为6.64%,到2005年则上升为9.79%。2010年,中国制造业的产值达到1.955万亿美元(比2009年增长了12.3%),在全球制造业中所占的比重上升为19.8%,首次超过美国,成为全球制造业第一大国[2]。大量的质优价廉的中国造商品丰富了全球市场,提高了处于金融危机中的消费者福利水平,为世界经济复苏提供了基本保障。由于中国已经深深地融入国际生产体系,且这一进程不可逆转。因此,目前中国制造业已经成为由主要发达国家所主导的国际分工体系中不可分割的一部分。尽管当前中美贸易遭遇纠纷和贸易保护压力,但短期内中国在全球产业链中的地位难以被替代。

(3)从全球贸易格局这一维度看,全球金融危机后,中国在全球贸易格局中的地位大幅度上升。中国由入世前的全球第六大贸易国迅速跃升为全球第二大贸易国,成为全球经济和贸易发展的重要引擎。据商务部相关统计数据显示,尽管全球贸易总量受全球金融危机的影响在2009年下降了12.2%(为70年来下降幅度最大的一次),但是中国的出口总额在经历了2002～2007年的年平均接近30%的高速增长之后,在2009年超过德国和美国,成为全球最大的出口国,约占全球出口总额的10%;同年中国的进口总额超过美国,成为全球第二大进口国,约占全球进口总额的8%。特别是在全球金融危机最严重的时候充当了全球经济稳定的"压舱石"。中国的贸易总量在全球贸易总量中所占的比重,从加入世界贸易组织

---

[1] 世界银行、国务院发展研究中心课题组.2030年的中国[M].北京:中国财政经济出版社,2013.
[2] 王红娟.中国2010年已超美国成全球制造业第一大国[EB/OL].[2011-03-16]http://intl.ce.cn/specials/zxxx/201103/16/t20110316.23304031.html.

之前的 4% 上升到 2012 年的 11%。中国作为自由贸易制度的积极维护者,为世界贸易组织其他成员的商品进入中国市场敞开了大门,即不仅为发达经济体创造了出口机遇,同时也为世界上最不发达的国家提供了出口机会。特别是自 2008 年后,中国连续三年成为最不发达国家的全球最大的出口市场。由于中国进出口贸易的增长是以货物贸易为基础的,而货物贸易的增长是以制造业的发展为根基。因此,支撑中国对外贸易高速增长的是制造业的迅速发展。①

三、加入世界贸易组织之后中国对世界经济的贡献②

2001 年中国加入世界贸易组织,是中国深度参与经济全球化的里程碑,标志着中国改革开放进入历史新阶段。入世后,中国积极践行世界贸易组织自由贸易理念,全面履行入世承诺,大幅开放市场,实现更广互利共赢,在对外开放中展现了大国担当。以世界贸易组织为核心的多边贸易体制是国际贸易的基石,是全球贸易健康有序发展的支柱。中国坚定遵守和维护世界贸易组织规则,支持开放、透明、包容、非歧视的多边贸易体制,全面参与世界贸易组织工作,为共同完善全球经济治理发出中国声音、提出中国方案,是多边贸易体制的积极参与者、坚定维护者和重要贡献者。中国加入世界贸易组织既发展了自己,也造福了世界。从加入世界贸易组织到共建"一带一路",中国开放胸襟、拥抱世界,为促进世界经济贸易发展、增加全球民众福祉作出了重大贡献,成为世界经济的主要稳定器和动力源。

(一)拉动世界经济从危机中复苏和持续增长

加入世界贸易组织后,中国经济发展得到了更好的发展平台,中国经济总量跃居世界第二,经济增长的成就有目共睹。按照国家统计局数据计算,1980~2015 年,中国实际 GDP 年均增长速度达到 9.70%,而同期世界经济增速仅为 2.78%,约为中国的四分之一,中国对世界 GDP 增长的累积贡献率超过 13%。根据国际货币基金组织测算,中国对世界经济增长的贡献率超过 25% 的水平,已超过其他任何国家。这意味着,中国对世界经济增长的贡献超过发达国家之和,在全球首屈一指,对世界经济的增长起到了显著的促进和推动作用。

另一方面,作为制造业大国,美国次贷危机发生后,尽管受全球金融汇率市场紊乱、大宗商品价格暴跌、国际贸易整体萎缩以及全球需求不足等衍生性危机的剧烈影响,中国依然保持了良好的制造业发展态势,工业产值逐年攀升,中国为后危机时代推进人类工业文明的持续进步、维系全球经济结构性平衡以及保障人类实体经济财富的积累作出了巨大的贡献。中国经济对全球经济增长的贡献率迅速上升对带动世界经济走向复苏发挥了重要作用。根据有关预测结果显示,2020 年中国经济仍可能继续保持 6.5% 左右的增速,相比长期以来增速不及预期的世界经济,中国经济的贡献不仅在于让全球经济指标表现层面免于深陷危机,更体现在有效地消除了全球不确定性风险,从而稳定了世界经济复苏的信心等动力层面。中国已成为世界各国公认的"世界经济稳定之源"③。

---

① 刘慧. 全球金融危机后中美经济关系再平衡[D]. 长春:吉林大学,2017.
② 中华人民共和国国务院新闻办公室. 关于中美经贸摩擦的事实与中方立场[M]. 北京:人民出版社,2018.
③ 万相昱,张涛. 中国的经济增长为世界经济作出了重要贡献[J]. 红旗文稿,2017(7).

第四篇 中国与世界经济
第十二章 中国发展对世界经济的贡献

从保障劳动就业的视角看,中国经济的发展为带动世界范围的就业水平做出了巨大贡献。首先,中国经济发展导致对进口商品的需求增长显著地拉动了世界各国的就业水平,测算结果显示,中国制造业进口对印度的就业情况改善效果最佳,制造业进口每增加1万美元,印度的就业岗位平均增加5.71个;其次是美国、欧盟和韩国,中国制造业进口每增加1万美元,美国、欧盟和韩国的就业岗位平均增加1.02个、0.84个和0.14个。从整体来看,中国的制造业进口每增加1万美元,世界范围内的就业岗位平均可增加22.84个。另一方面,中国制造业产品的出口也对全球范围的劳动就业产生正向影响。测算结果表明,中国制造业出口间接带动世界各国对于劳动力的需求。中国制造业出口每增加1万美元,印度的就业岗位平均增加2.6个,美国增加0.5个,欧盟增加0.4个,韩国增加0.07个。从整体来看,中国的制造业出口每增加1万美元,世界范围内的就业岗位平均可增加11.52个。数据表明,中国的对外贸易不仅促进了世界各国经济的发展,同时也为世界各国提高就业水平提供了双向支撑。中国新型工业化、信息化、城镇化、农业现代化快速推进,形成巨大的消费和投资空间,为全球创造了更多就业。根据国际劳工组织发布的首份《中国与拉美和加勒比地区经贸关系报告》,1990~2016年,中国为拉美和加勒比地区创造了180万个就业岗位。

总而言之,入世后中国经济已快速成长为世界经济的重要组成部分和主要推动力量,促进了世界经济的繁荣发展。特别是金融危机以来,中国的经济增长已成为维系世界经济稳定的核心支撑及拉动世界经济复苏的主要动力。没有中国经济的增长,世界经济很有可能会陷入整体衰退的泥潭。保持中国经济长期平稳较快的发展,不仅仅是符合中国人民的利益诉求,也是世界经济繁荣稳定的客观要求。着眼未来,可以期待的是,中国将为世界经济的稳定、健康、持续发展做出更大的、不可替代的贡献。①

(二)对外贸易发展惠及全球②

加入世界贸易组织以来,中国对外贸易持续快速发展,惠及13亿多中国人民,更惠及世界各国人民。面对国际金融危机等前所未有的困难和挑战,中国采取有效措施积极应对,努力促进对外贸易回稳向好。世贸组织数据显示,2017年,中国在全球货物贸易进口和出口总额中所占比重分别达到10.2%和12.8%,是120多个国家和地区的主要贸易伙伴。中国货物贸易出口为全球企业和民众提供了物美价廉的商品。2001~2017年,中国货物贸易进口额年均增长13.5%,高出全球平均水平6.9个百分点。自2009年以来,中国一直是最不发达国家第一大出口市场,吸收了最不发达国家五分之一的出口。

中国还是世界重要的大宗商品进口国,2017年中国进口原油、铁矿砂、大豆等商品量刷新纪录,分别达4.2亿吨、10.75亿吨、9554万吨,分别比上年增长5%、10.1%、13.9%,进口均价分别上涨29.6%、28.6%、5%,对稳定大宗商品价格,拉动原材料出口国经济复苏起到了重要作用。

2001~2017年,中国服务贸易进口从393亿美元增至4676亿美元,年均增长16.7%,占全球服务贸易进口总额的比重接近10%。自2013年起,中国成为全球第二大服务贸易进口

---
① 万相昱,张涛.中国的经济增长为世界经济作出了重要贡献[J].红旗文稿,2017(7).
② 中华人民共和国国务院新闻办公室.中国与世界贸易组织[Z].2018-06-28.

国,为带动出口国当地消费、增加就业、促进经济增长作出了重要贡献。以旅游服务为例,中国连续多年保持世界第一大出境旅游客源国地位。2017年,中国公民出境旅游突破1.3亿人次,境外旅游消费达1152.9亿美元。

中国贸易模式的创新也为世界贸易的增长带来了新的动力。跨境电商等对外贸易新业态新模式快速发展,为贸易伙伴提供了更加广阔的市场。2017年,中国海关验放的跨境电子商务进出口商品总额为902.4亿元,同比增长80.6%,其中进口为565.9亿元,同比增长高达120%。

中国国际进口博览会是中国发起的,多个国际组织和100多个国家参与的国际博览会,是推动全球包容互惠发展的国际公共产品。首届中国国际进口博览会于2018年11月在上海举行。举办进口博览会是中国推进新一轮高水平对外开放的重大决策,是中国主动向世界开放市场的重大举措,是中国支持经济全球化和贸易自由化的实际行动。未来15年,中国预计将进口24万亿美元商品。中国国际进口博览会将为各国出口提供新机遇,为各国共享中国发展红利搭建新平台,为世界经济增长注入新动力。

(三)双向投资造福世界各国

中国推动构建公正、合理、透明的国际经贸投资规则体系,促进生产要素有序流动、资源高效配置、市场深度融合。

中国积极吸引外国机构和个人来华投资兴业,外商直接投资规模从1992年起连续26年居发展中国家首位。加入世界贸易组织后,外商直接投资规模从2001年的468.8亿美元增加到2017年的1363.2亿美元,年均增长6.9%。外商投资企业在提升中国经济增长质量和效益的同时,分享中国经济发展红利。中国美国商会《2018中国商务环境调查报告》显示,约60%的受访企业将中国列为全球三大投资目的地之一,74%的会员企业计划于2018年扩大在华投资,这一比例为近年来最高,其中三分之一的受访企业计划增加在华投资10%以上。中国欧盟商会《商业信心调查2018》报告显示,超过一半的会员企业计划扩大在华运营规模。2017年全国新设立外商投资企业35652家,同比增长27.8%。中国对外投资合作持续健康规范发展,对外直接投资年度流量全球排名从加入世界贸易组织之初的第26位上升至2017年的第3位。截至2017年,我国对外直接投资存量超过1.8万亿美元,规模比上年年末增加4516.5亿美元,在全球存量排名跃升至第二位,占全球外国直接投资流出存量份额的5.9%,分布在全球189个国家和地区。中国对外投资合作加快了东道国当地技术进步步伐,促进其经济发展和民生改善,创造了大量就业机会。

资料链接

我国对"一带一路"沿线投资合作稳步推进

2019年1月16日商务部发布数据显示,2018年全年,我国全行业对外直接投资1298.3亿美元,同比增长4.2%。其中,我国企业对"一带一路"沿线非金融类直接投资同比增长8.9%。

一方面,我国企业对"一带一路"沿线的56个国家实现非金融类直接投资156.4亿美元,同比增长8.9%,占同期总额的13%。在"一带一路"沿线的63个国家对外承包工程完成营业额 893.3 亿美元,占同期总额的 52%。"一带一路"投资合作稳步推进。

另一方面,对外投资结构持续多元。对外投资主要流向租赁和商务服务业、制造业、批发和零售业、采矿业,占比分别为 37%、15.6%、8.8% 和 7.7%。流向第三产业的对外直接投资 842.5 亿美元,同比增长 3.6%,占 69.9%。房地产业、体育和娱乐业对外投资没有新增项目,非理性投资继续得到有效遏制。

数据显示,境外经贸合作区建设取得积极进展,截至 2018 年年底,通过确认考核的合作区入区企业共计 933 家,累计投资 209.6 亿美元,上缴东道国税费 22.8 亿美元,创造就业岗位 14.7 万个,实现互利共赢。其中 2018 年新增投资 25 亿美元,上缴东道国税费 5.9 亿美元。此外,对外承包工程带动东道国经济社会发展和我国出口。对外承包工程主要集中在交通运输、一般建筑和电力工程建设行业,占比 66.5%,有效改善东道国基础设施条件,为当地创造就业岗位 84.2 万个,惠及东道国民生。同时,对外承包工程带动我国设备材料出口近 170 亿美元,同比增长 10.4%。

——资料来源:节选自《经济日报》2019 年 1 月 16 日,商务部:2018 年我国对"一带一路"沿线投资合作稳步推进。

四、"一带一路"倡议为世界经济发展提供公共产品

"一带一路"(The Belt and Road,B&R)是"丝绸之路经济带"和"21 世纪海上丝绸之路"的简称,2013 年 9 月和 10 月由中国国家主席习近平分别提出建设"新丝绸之路经济带"和"21 世纪海上丝绸之路"的合作倡议。依靠中国与有关国家既有的双多边机制,借助既有的、行之有效的区域合作平台,一带一路旨在借用古代丝绸之路的历史符号,高举和平发展的旗帜,积极发展与沿线国家的经济合作伙伴关系,共同打造政治互信、经济融合、文化包容的利益共同体、命运共同体和责任共同体。"一带一路"倡议提出后在国际上取得广泛共识。2016 年 11 月 17 日,"一带一路"倡议首次写入第 71 届联合国大会决议。2017 年 3 月 17 日,联合国安理会通过第 2344 号决议,首次载入"构建人类命运共同体"理念,呼吁通过"一带一路"建设等加强区域经济合作。2019 年 4 月我国顺利主办了第二届"一带一路"国际高峰论坛,"一带一路"建设以点带线、由线带面,扎实推进,取得了丰硕成果。实践证明,"一带一路"作为复杂的系统工程,不仅可以为世界提供设施联通、资金融通、贸易畅通等器物层面的硬贡献,还可提供文化、理念和制度等非器物层面的软贡献。"一带一路"能够向世界提供公共产品不是口号,而是在扎实工作基础上的真实存在。

(一)全方位的互联互通

2014 年 11 月,习近平主席在"加强互联互通伙伴关系对话会"上指出:"如果将'一带一路'比喻为亚洲腾飞的两只翅膀,那么互联互通就是两只翅膀的血脉经络"。总结起来,互联互通主要是基础设施、人员交流和规章制度的互联互通,三位一体的互联互通为推进沿线国家和地区的深度融合提供了指引。

基础设施建设初步成型。"一带一路"沿线多为发展中国家,基础设施更新换代相对滞后,难以满足本国经济发展的需要,成为阻碍经济发展的"瓶颈"。基础设施的互联互通是推进"一带一路"建设的重要内容,中国利用自身资金、技术、经验优势,与沿线国家合作,共同

建设基础设施。在交通设施方面,泛亚洲铁路网络雏形正现,中国—老挝铁路全线开工,印尼雅加达—万隆高铁已进入全面实施阶段,中国—泰国铁路蓄势待发。跨境铁路贯通欧亚大陆,义新欧、渝新欧、汉新欧等班列满载货物,飞驰在欧亚大陆上,进一步增进了欧亚两大洲的经贸关系。在港口建设方面,巴基斯坦瓜达尔港、斯里兰卡汉班托港、希腊比雷埃夫斯港或处于建设中或已运营。此外,电力设施、石油天然气开发、管道建设等相关大型建设项目也已进入积极推进阶段。这些拔地而起的现代化杰作,构成了"一带一路"基础设施建设互联互通的壮丽画卷。基础设施建设不仅为推动沿线国家经济发展提供了支撑保障,同时还大大推动了沿线区域和次区域之间的融通。

建设民心相通工程,推动沿线国家人员往来活跃频繁。以良好的交通基础设施为物质保障,以国家间签证便利化为政策保障,以旅游、互派留学生、科技合作、文化交流、民间组织交流等为载体依托,"一带一路"为沿线国家的人员往来提供了便利。2017年,中国与"一带一路"国家双向旅游交流达6000万人次左右,与2012年相比,"一带一路"出境人数和入境人数分别增长2.6倍和2.3倍,"一带一路"旅游成为世界旅游的新增长点。教育部统计数据显示,2017年,我国出国留学人数首次突破60万,出国留学规模持续增长,这与中国的努力分不开。中国设立了"丝绸之路"中国政府奖学金,每年资助1万名沿线国家新生来华学习或研修;与24个沿线国家和地区签署了高等教育学历学位互认协议。除欧美发达国家和地区外,"一带一路"国家成为新的留学目的地。印度、巴基斯坦和哈萨克斯坦来华留学生增长幅度超过10%。生源排名前15名的来源国中,泰国、印度尼西亚、老挝、马来西亚等10个国家均位于"一带一路"沿线。①

通过发展战略对接和自贸区建设推动规章制度互通。截至2019年3月3日,同中国签署合作文件的国家和国际组织的总数已经达到152个,大力推动了"一带一路"沿线国家之间的战略对接。在自贸区建设上,考虑到"一带一路"沿线国家和地区发展水平参差不齐,很难用一个标准、一个规则来建立自由贸易区网络,因此依据开放、包容、共享、均衡的原则,打造多层次、多类型、灵活多样的自由贸易区。在"一带一路"框架下,中国推动上合组织自贸区建设、中国-海合会自贸区进程、中国-中东欧多边自由贸易区谈判,还与沿线其他国家完成或正在进行双边自贸区谈判。以自贸区建设为抓手,加快中国与沿线国家以及沿线国家之间在贸易投资、市场准入、海关监管等方面的制度与机制对接,提升"一带一路"沿线地区贸易投资自由化、便利化水平。需要指出的是,规章制度的联通并不是追求趋同,而是将不同规则打通,产生协同效应。

(二)成立新型国际金融机构

当前,有不少"一带一路"沿线国家基础设施建设亟待提升,但资金短缺问题突出,现有国际融资机构注资乏力。中国利用强大的外汇储备,有能力为沿线国家基础设施建设提供力所能及的资金支持,并设计融资机制和平台,以疏通融资渠道。丝路基金和亚洲基础设施投资银行(简称亚投行,AIIB)就是中国向国际社会提供的公共金融产品。

丝路基金是中国为推进"一带一路"建设专门设立的中长期开发投资机构,是中国践行

---

① 国家信息中心"一带一路"大数据中心."一带一路"大数据报告2018[M].北京:商务印书馆,2018.

"一带一路"的实际行动。丝路基金设立的目标是致力于为"一带一路"框架内的经贸合作和双多边互联互通提供融资支持,与境内外企业、金融机构一道,促进中国与"一带一路"沿线国家和地区实现共同发展、共同繁荣。其职能定位是重点围绕"一带一路"建设推进与相关国家和地区的基础设施、资源开发、产能合作等项目。自从成立以来,丝路基金成果丰硕。截至 2018 年 12 月,已投资 28 个项目。典型项目包括巴基斯坦卡洛特水电站项目、阿联酋哈斯彦清洁燃煤电站项目,以及与欧洲投资基金(EIF)等比例出资设立的中欧共同投资基金,第一期规模为 5 亿欧元,主要通过子基金投资于对中欧合作具有促进作用、商业前景较好的中小企业。丝路基金出资 20 亿美元设立的中哈产能合作专项基金,重点支持中哈产能合作及相关领域的项目投资。与俄罗斯诺瓦泰克公司交换了购买俄罗斯马尔液化天然气一体化项目部分股权的框架协议;与沙特国际电力和水务公司签署共同投资开发阿联酋、埃及电站的谅解备忘录,开启了在中东投资合作的第一单;联合葛洲坝集团等中方投资者,与塞尔维亚政府签署关于联合开发塞尔维亚能源项目的谅解备忘录。

作为政府间亚洲区域多边开发机构,亚投行 2016 年 1 月正式成立,其宗旨是促进亚洲区域的互联互通和经济一体化发展,重点支持领域包括基础设施建设、跨境互联互通等。亚投行一经成立便得到沿线国家的积极响应和支持,创始成员国达 57 个,截至 2019 年 4 月,亚投行成员达到 97 个。并且在第二届"一带一路"国际合作高峰论坛开幕前夕,亚投行公布,自成立以来,已批准 15 个国家的 39 个贷款或投资项目。

与其他金融机构相比,亚投行和丝路基金具有新特点。两大金融机构以务实的态度、新的治理规则和标准,更多关注发展中国家的发展和金融需求;用实际行动参与全球金融治理,推动国际货币体系改革,增加国际金融领域的全球公共物品供给。两大金融机构的建立运行还有利于改革和再造国际贸易投资规则,完善金融货币制度,营造更加公平、合理的经济新秩序。但需要指出的是,两大金融机构与现有国际金融机构并不冲突,是对现有国际金融机构的有益补充,而非替代性的竞争者。

(三)追求共同发展的理念

"一带一路"的目标之一是让沿线国家分享中国发展的成果,实现共同发展。其内在逻辑是,在全球化时代,国家之间的交往空前紧密,一国的持续发展难以离开世界其他国家的发展。一国发展而其他国家不发展,甚至以牺牲其他国家的发展为代价,就会在国际社会形成链条断裂现象,从根本上难以形成持续发展的良好态势。"一带一路"就是在相互平等、相互尊重的原则下,中国携手沿线国家实现共同发展,这种理念与传统的以西方国家为主导的发展理念具有很大不同。

"一带一路"践行共同发展的理念。首先这是中国作为负责任大国的外在体现。中国是世界第二大经济体,欢迎沿线国家搭乘中国发展的快车,共同分享中国发展的成果。其次,中国外交秉持相互平等、相互尊重的原则。"一带一路"寻求沿线国家发展的最大公约数,综合利用投资、贸易等手段,照顾所有合作方的发展利益,以实现联动式共同发展,在国际上塑造新型发展观。最后,中国的发展离不开世界的发展,离不开沿线国家的发展。在全球化的推动下,世界各国实际上已形成利益共同体、责任共同体和命运共同体的趋势。很难想象一个国家在世界其他国家发展步履维艰的背景下,可实现持续发展。

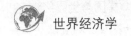

(四) 全球经济治理新探索①

目前,世界经济仍低速徘徊,逆全球化趋势显现,贸易保护主义抬头,全球经济治理乏力。新时代呼唤新的全球经济治理,以应对种种挑战。"一带一路"是新时期中国对全球经济治理提供的公共产品。这主要体现在两个方面:① 为推动全球化提供平台,维护全球自由贸易和开放经济;② 为疲弱的全球经济治理增加新的动力和活力。"一带一路"倡议是要打通生产要素全球流通渠道,以互联互通和产能合作推动均衡、包容和普惠的新型全球化。吉尔吉斯斯坦前总统阿卡耶夫指出,"一带一路"基于所有参与国的互利互惠,是国际关系和世界贸易的新模式,将使全球化变得公平而且富有人性。埃塞俄比亚外交关系战略研究所学者科勒门沃克指出,过去数年,随着新技术、电子商务的发展和国际投资规模的扩大,全球化的主要推动者在悄然生变。在此背景下,作为主要推动者之一,中国提出"一带一路"倡议,不以意识形态为驱动,反映了全球化的新趋势。探索新的国际合作和全球治理新模式,这对在西方国家主导的全球化中被边缘化的一些发展中国家会非常有利。"一带一路"推动下的全球经济治理与现有全球经济治理相比,呈现出新的特点。

(1) 更加注重包容性。"一带一路"是开放的倡议。任何国家,无论是发达国家还是发展中国家,都可以参与进来,为重塑全球经济治理新格局注入动力。"一带一路"通过充分利用现有国际规则,推动建立亚投行和丝路基金等,形成与现有多边开发银行相互补充的投融资开发平台,在现行国际经济金融秩序下,共同促进全球尤其是亚洲区域经济的持续稳定发展。

(2) "一带一路"顺应了发展中国家对全球治理改革的诉求。以西方国家为主导的全球治理体系难以有效应对全球经济格局的变化。发展中国家是全球化的重要组成部分,但现有全球经济治理已不能完全反映出发展中国家实力上升所形成的新格局。"一带一路"致力于沿线国家特别是发展中国家的发展,携手培育新的经济增长点和竞争优势,很好地体现了发展中国家的诉求和声音。

(3) 从全球经济治理的效果看,在"一带一路"建设框架下,中国向发展中国家输出优质产能和比较产业优势,让沿线国家获益,能改变沿线一些国家作为东西方贸易、文化交流过道的"配角"角色,一定程度上消解了欧美主导的全球化的弊端,从而有助于推动建立持久和平、共同繁荣的世界。

值得注意的是,以"一带一路"为推动力的全球经济治理,既不是对现有全球经济治理的排斥,也不是"另起炉灶",而是对现有经济治理的有益补充。"一带一路"不仅将推动全球化向均衡、包容方向发展,也将促进全球治理机制向更加公平、合理的方向迈进。

(五) 对世界经济发展理论与实践的贡献

"一带一路"战略目标是要建立一个政治互信、经济融合、文化包容的利益共同体、命运共同体和责任共同体,是包括欧亚大陆在内的世界各国,构建一个互惠互利的利益、命运和责任共同体。"一带一路"是中国与丝路沿途国家分享优质产能,共商项目投资、共建基础设

---

① 郑东超,张权。"一带一路"为世界提供四大公共产品[EB/OL]. [2017-5-16]. http://world.people.com.cn/n1/2017/0516/c1002-29279199.html. 当代世界研究中心

施、共享合作成果,内容包括道路联通、贸易畅通、货币流通、政策沟通、人心相通等"五通",肩负着三大使命:

1. 探寻经济增长之道

"一带一路"是在后金融危机时代,作为世界经济增长火车头的中国,将自身的产能优势、技术与资金优势、经验与模式优势转化为市场与合作优势,实行全方位开放的一大创新。通过"一带一路"建设共同分享中国改革发展红利、中国发展的经验和教训。中国将着力推动沿线国家间实现合作与对话,建立更加平等均衡的新型全球发展伙伴关系,夯实世界经济长期稳定发展的基础。

2. 实现全球化再平衡

传统全球化由海而起,由海而生,沿海地区、海洋国家先发展起来,陆上国家、内地则较落后,形成巨大的贫富差距。传统全球化由欧洲开辟,由美国发扬光大,形成国际秩序的"西方中心论",导致东方从属于西方,农村从属于城市,陆地从属于海洋等一系列不平衡不合理效应。如今,"一带一路"正在推动全球再平衡。"一带一路"鼓励向西开放,带动西部开发以及中亚、蒙古等内陆国家和地区的开发,在国际社会推行全球化的包容性发展理念;同时,"一带一路"是中国主动向西推广中国优质产能和比较优势产业,将使沿途、沿岸国家首先获益,也改变了历史上中亚等丝绸之路沿途地带只是作为东西方贸易、文化交流的过道而成为发展"洼地"的面貌。这就超越了欧洲人所开创的全球化造成的贫富差距、地区发展不平衡,推动建立持久和平、普遍安全、共同繁荣的和谐世界。

3. 开创地区新型合作

中国改革开放是当今世界最大的创新,"一带一路"作为全方位对外开放战略,正在以经济走廊理论、经济带理论、21世纪的国际合作理论等创新经济发展理论、区域合作理论、全球化理论。"一带一路"强调共商、共建、共享原则,超越了马歇尔计划、对外援助以及走出去战略,给21世纪的国际合作带来新的理念。例如,"经济带"概念就是对地区经济合作模式的创新,其中经济走廊——中俄蒙经济走廊、新亚欧大陆桥、中国—中亚经济走廊、孟中印缅经济走廊、中国—中南半岛经济走廊等,以经济增长极辐射周边,超越了传统发展经济学理论。"丝绸之路经济带"概念,不同于历史上所出现的各类"经济区"与"经济联盟",经济带具有灵活性高、适用性广以及可操作性强的特点,各国都是平等的参与者,本着自愿参与,协同推进的原则,发扬古丝绸之路兼容并包的精神。

第二节 为全球经济治理贡献中国方案

一、中国减贫为世界树立典范

(一)中国减贫现状与成就

长期以来,国际社会都把促进发展、消除贫困作为国际人权保障的重要目标,致力于通过国际合作减缓贫困。2000年9月联合国千年首脑会议通过的《联合国千年宣言》宣布:"我们将不遗余力地帮助我们10亿多同胞摆脱目前凄苦可怜和毫无尊严的极端贫穷状况。我们决心使每一个人实现发展权,并使全人类免于匮乏。"该宣言还提出"在2016年之前,使世界上每日收入低于一美元的人口比例和饥荒人口比例降低一半"的具体目标。在千年发展目标全面实现的基础上,2015年召开的联合国峰会又通过了《2030年可持续发展议程》,提出到2030年时消除极端贫困、让所有人的生活达到基本标准、优先消除饥饿、实现粮食安全、消除一切形式的营养不良的目标。

中国是国际减贫行动的积极践行者。改革开放以来,根据贫困人口主要集中在贫困地区农村的实际情况,中国政府持续开展了以农村扶贫开发为中心的减贫行动,有效缓解了农村贫困状况。从1994年开始,中国政府连续实施了《国家八七扶贫攻坚计划》《农村扶贫开发纲要(2001—2010)》和《中国农村扶贫开发纲要(2011—2020)》《中共中央、国务院关于打赢脱贫攻坚战的决定》等国家减贫规划和方针,投入巨额财政资金、信贷资金和社会帮扶资金,全面改善贫困地区生产生活条件,促进贫困地区经济发展,帮助农村贫困人口摆脱贫困。

扶贫开发极大地改变了中国农村贫困地区的落后面貌,提高了农村贫困人口的生活水平,减少了农村贫困人口。1986年,中国农村扶贫标准仅为年人均纯收入206元,2009年提高到1196元,2011年大幅提高到2300元。2014年,这一标准动态调整为每人每年2800元,目前大约提高到3200元。按照现行扶贫标准,1978年,95%以上的中国农村人口都处在贫困线之下,贫困人口规模达77039万人。改革开放以来,中国已经使占世界70%的7亿多农村贫困人口成功脱贫。

党的十八大以来,中国政府高度重视减贫工作,提出和实施了精准扶贫方略,制定了一系列力度大、针对性强的重大举措,以2020年实现农村贫困人口全部脱贫为目标,开展了规模空前的减贫行动,扶贫投入大幅增加。2015年中央预算内投资在贫困地区的投入超过1500亿元,约占全年中央预算内投资总规模的三分之一。中央财政专项扶贫资金从2011年的272亿元增长到2015年的467.45亿元。2012~2015年,国家为易地扶贫搬迁安排中央预算内投资404亿元。交通运输部投入车购税资金5500亿元,用于贫困地区公路建设,带动全社会公路建设投入近2万亿元。贫困地区共安排中央水利投资2375亿元,占中央水利投资总规模的31.7%。

中国的减贫行动极大地改变了农村贫困地区的落后面貌,切实保障了贫困人口的基本人权。截至2018年,全国农村贫困人口从2012年年末的9899万人减少至1660万人,累计减少8239万人;贫困发生率从2012年的10.2%下降至1.7%,累计下降8.5个百分点。贫困地区农村居民收入增长快于全国农村居民。党的十八大以来贫困地区农村居民收入年均实际增长10.0%。2013~2018年,贫困地区农村居民人均可支配收入年均名义增长12.1%,扣除价格因素,年均实际增长10.0%,实际增速比全国农村平均水平高2.3个百分点。2018年贫困地区农村居民人均可支配收入相当于全国农村平均水平的71.0%,比2012年提高8.9个百分点,与全国农村平均水平的差距进一步缩小。

(二)中国减贫措施

1. 1978~1985 年——体制改革推动扶贫

这一时期农村扶贫工作的主要特点是体制改革推动扶贫。首先,以家庭联产承包责任制为中心的农村经营体制改革,使过去受体制束缚的农民获得了家庭承包地、劳动力和主要权益的支配权,从而大大调动了农民在自己承包地上投劳、投资和加强管理的积极性。如从粮食总产量上看,1978 年为 30480 万吨,1980 年为 32050 万吨,1982 年为 35450 万吨,1985 年为 37910 万吨。1979 年至 1983 年,我国农业总产值(包括村办工业)平均每年增长 7.9%,1984 年增长 14.5%,远远超过了 1953 年至 1979 年平均每年 3.2%的增长速度。其次,中国政府还通过提高农产品价格、放宽统购以外农产品流通管制等措施,改善了农产品的交易环境。1978~1985 年,农产品综合收购价格指数提高了 66.8%。价格提高增加的收入占农民新增收入的 15.5%。最后,中国政府于 1982 年开始启动了以 PH 农业开发方式解决区域性极端贫困的"'三西'地区农业建设项目","三西"建设的成果在中国扶贫史上具有重要意义,它开创了中国区域性扶贫的先河,为之后有计划、有组织、大规模的全国性扶贫开发积累了宝贵经验。

2. 1986~2000 年——开发式扶贫

1986 年,中国政府在成立专门扶贫工作机构的同时,对传统的救济式扶贫进行了彻底改革,确定了开发式扶贫方针。1994 年,《国家八七扶贫攻坚计划》指出要继续坚持开发式扶贫的方针,并明确、具体提出了扶贫开发的基本途径和主要形式。1996 年 10 月 23 日,《中共中央、国务院关于尽快解决农村贫困人口温饱问题的决定》指出,继续坚持开发式扶贫,是实现脱贫致富的根本出路。开发式扶贫是中国结合自身实际情况独创的一种全新扶贫模式,它是在之前的救济式扶贫模式的基础上演变而成的,尤其是在充分认识到贫困人口脱贫致富的强烈愿望以及自身发展中所表现出的相应的能力后,需要将单纯的"输血"逐步过渡到对贫困人口"造血"功能的开发和培育上,并使之适应不断变化的经济社会环境条件。

3. 2001~2010 年——开发式扶贫与救济式扶贫相结合

在此期间,中国政府仍将引导贫困地区农民在国家的帮助和扶持下,开发当地资源,发展生产力,提高农户自我积累、自我发展能力,作为当时农村扶贫开发的战略方针。在延续《国家八七扶贫攻坚计划》时期主要扶贫开发政策和措施的基础上,2001 年以后,中国农村扶贫开发确定了整村推进、贫区劳动力转移培训和产业化扶贫三个重点扶贫方式。这三种重点扶贫方式与之前已开始的移民扶贫、科技扶贫和教育扶贫共同构成了这一阶段农村扶贫开发的基本框架。之后,在继续坚持开发式扶贫的同时更强调救济式扶贫的衔接,提出探索建立农村社会保障体系与扶贫开发的有机结合。2007 年 7 月 11 日,国务院颁布了《关于在全国建立农村最低生活保障制度的通知》,首次提出建立农村最低生活保障制度。农村低保制度的建立,为农村因丧失劳动能力或遭受意外事件而陷入极端贫困的农民,提供了最后的生活保障;同时有力地促进了贫困人口的减少。2009 年 4 月,国务院扶贫办、民政部、财政部、国家统计局、中国残联公布了《关于做好农村最低生活保障制度和扶贫开发政策有效衔接试点工作的指导意见》。2010 年 5 月,国务院办公厅转发了《关于做好农村最低生活保障制度和扶贫开发政策有效衔接扩大试点工作的意见》，要求扩大试点范围。通过低保制度和扶贫开发政策的有效衔接，使农村贫困程度不同的群体都能得到国家的扶持，提高了扶贫的实效性。

4. 2011 年至今——多种扶贫方式相结合

《中国农村扶贫开发纲要》指出，要继续坚持开发式扶贫方针，把扶贫开发作为脱贫致富的主要途径，鼓励和帮助有劳动能力的扶贫对象通过自身努力摆脱贫困；把社会保障作为解决温饱问题的基本手段，逐步完善社会保障体系。2015 年 11 月 23 日，中央政治局召开会议审议《关于打赢脱贫攻坚战的决定》，习近平在会上指出：要坚持扶贫开发和经济社会发展相互促进，坚持精准帮扶和集中连片特殊困难地区开发紧密结合，坚持扶贫开发和生态保护并重，坚持扶贫开发和社会保障有效衔接。

在这一扶贫方针和扶贫战略的指导下，扶贫方式不断创新，初步形成了包括专项扶贫、行业扶贫、社会扶贫三大基本扶贫方式在内的综合扶贫格局。具体来说，包括易地搬迁扶贫、整村推进扶贫、以工代赈扶贫、产业扶贫、就业扶贫、彩票公益金扶贫、科技扶贫、教育扶贫、社会保障兜底扶贫、生态扶贫、定点扶贫、健康扶贫、资产收益扶贫、电商扶贫、旅游扶贫等多种形式。相比前一阶段来说，该时期的扶贫方式更具综合性、长效性、开发性、精准性。

（三）为世界减贫提供中国经验

2007 年 9 月南非副总统姆兰博·努卡访华时说："中国的扶贫经验非常重要，值得南非进行深入的学习和借鉴。"2012 年中国-经合组织发展援助委员会研究小组发布《经济转型与减贫：中国的经验和对非洲发展的启示》报告指出："中国经验再度表明，在全球化的背景下，当以经济增长为导向的强大领导层出现，聚焦于发展的业绩而不是根深蒂固的政策和利益时，经济和社会快速发展能够在贫困国家发生。在这一背景下，在一代人之内实现经济转型的国家目标，能激励和动员全国人民一致行动。"改革开放 40 多年的成就表明，中国的扶贫模式已经成为世界减贫事业的宝贵财富，这一模式对世界的贡献从减贫经验的角度分析可概括为以下七点：

1. 政府主导是实现减贫的根本保证

中国将减贫作为国家现代化战略的重要组成部分，使经济发展的成果为所有社会成员所分享。从中国完整的扶贫组织系统的职能分工可以看出，中国政府及其相关部门在农村和城市扶贫中起主导性作用，表现为"主导扶贫策略和政策制定、主导扶贫资源的组织和动员、主导扶贫资金的分配和扶贫项目的实施"。为此，政府多次就减贫向社会做出承诺，制定减贫计划，集中力量付诸行动。

2. 体制机制创新是实现减贫的重要前提

在扶贫攻坚时期，确保贫困农民持续增收、最终实现脱贫致富，从扶贫开发的体制机制创新这个根本性问题入手，创新扶贫标准模式，建立扶贫投入增长机制，推进扶贫法制建设。同时，建立贫困影响评价制度和补偿机制，从制度上解决因重大政策出台、重大项目建设导致的贫困问题，增强扶贫攻坚活力，集中力量解决突出问题，强化组织领导，提供扶贫攻坚制度保障。

3. 以人为本是实现减贫的核心理念

减贫最根本的是要以贫困者为出发点和落脚点,以贫困者为目标尺度。做到站稳群众立场、树立群众观点、把握群众方法、集中群众智慧、体现群众意愿。只有将以人为本作为核心理念,才能使扶贫的目标更加明确,扶贫的方式更加科学,扶贫的效果更加巩固。

4. 社会力量是实现减贫的坚实基础

作为不同于政府和市场的"第三种力量",社会组织一直是反贫困实践中的重要且不可替代的力量。如国际红十字会、行动援助、救助儿童会、无国界医生组织以及中国颇具代表性的社会组织(中国扶贫基金会、中国青少年发展基金会、中国人口福利基金会)都用它们实际行动证明了社会组织在反贫困实践中不可替代的重要作用。它们凭借其灵活性、动态性、亲民性以及强大的资源动员力量和高效的使用效率一直在反贫困的实践中发挥着不可替代的重要作用。世界银行认为:"NGO可以通过扩大贫困者的经济机会、促进赋权和加强安全保障三个方面来形成持续性的减贫动力。"

5. 改变观念是实现减贫的战略要素

扶贫开发工作要取得实效,关键在于解决人的观念和素质问题。贫困地区的劳动力资源比较丰富,只要通过培训,实现转移,就可能将人口压力转化成人力资源,将劣势变为优势。加强对贫困地区剩余劳动力的技能培训,促进其实现就业,具有"一次培训、终身受益,一人务工、带动一片"的作用。

6. 市场机制是实现减贫的重要杠杆

市场经济体制的日益完善,在某种程度上丰富了过去过度依赖政府的单一化的减贫路径,使减贫的手段更加多元化,主要解决了三个方面的问题:① 解决了扶贫主体的利益问题,作为社会扶贫主体的企业和个人在扶贫过程中如能得到相应的经济利益,就可以带来扶贫的可持续性,反之,则会导致短期行为和随机性。② 解决了扶贫客体的依赖性,对那些有劳动能力而一味"等靠要",以政府救济为生的贫困户进行生动的市场观念培训,通过市场经济意识的灌输,达到扶志扶本的目的,提高扶贫受体脱贫的主动性,调动其自食其力的积极性。③ 从扶贫理念来说,解决了扶贫主体和客体在扶贫开发中的社会地位平等问题,双方在这一社会活动中按照市场的价值规律进行等价交换,实现了经济利益的双赢。运用市场机制扶贫,是"授人以渔"的科学扶贫模式。

7. 农户参与是实现减贫的内在动力

参与式扶贫模式是将国际上流行的贫困社区综合发展方法运用于中国实践的一种扶贫模式,表明中国的扶贫模式从政府主导扶贫资源的传递和控制的单向式扶贫模式过渡到了以尊重扶贫客体意愿,强调扶贫客体主动参与到扶贫活动中的一种互动型扶贫模式,农户参与有利于激发贫困农民自主脱贫的意识。此外,还要注重建立长期稳定的民意反映途径,倾听贫困群众的呼声,让农民在反贫困过程中扮演诉求者、参与者、执行者和监督者的多重角色。扶贫方案的制订、项目的选择、措施的落实等,都要动员贫困群众积极参与,充分听取贫困群众意见,使他们真正拥有知情权、参与权、实施权和管理权。通过参与式扶贫,把贫困群众脱贫致富的强烈愿望与各级政府的帮扶措施紧密结合起来,把被帮扶对象的主观努力与全社会的积极支持紧密结合起来,形成扶贫开发的巨大合力。

中国的减贫经验既是中国的又是世界的,中国对全球减贫的贡献绝不仅仅在于其自身贫困问题的解决,也不止于中国参与各种多双边减贫议程对其他发展中国家提供物资、人才等扶贫援助,更重要的是从内容、手段到制度、理念等方面为其他发展中国家提供范本,从而对贫困问题的全球治理产生了极其深远的影响。

二、中国特色社会主义市场经济体制丰富了世界经济发展模式

中国特色社会主义市场经济体制,立足社会主义初级阶段生产力不发达、市场经济发育不完善的国情,汲取了传统社会主义计划经济体制窒息生产力发展的教训,学习、借鉴了世界市场经济理论,顺应时代发展要求,打破了僵化封闭的计划经济体制,在世界经济发展史上,第一次实现了社会主义制度与市场经济的结合,是对马克思主义经济理论的创新。①

(一)社会主义与市场经济相结合的伟大成就

经过改革开放40多年的实践探索,社会主义和市场经济的结合既实现了一场深刻的思想转向,又推动了一场伟大的实践变革。社会主义市场经济体制作为中国特色社会主义发展进程中的伟大创造,不仅破除了人们对于计划经济与市场经济截然对立的传统观念,更实现了人们探索有利于世界经济发展方式、人类文明进步跃迁的思维方式变革,为创建具有中国特色的社会主义政治经济学体系奠定了坚实的思想基础,充分绽放出马克思主义与时俱进的真理光芒。社会主义市场经济的实践打破了以苏联为代表的传统社会主义经济理论权威,促使中国特色社会主义政治经济学由最初的经验探索上升为系统学说,以市场经济在社会主义制度调控下的平稳运行与促进经济快速发展,有力驳斥了市场经济与计划经济具有社会制度属性的荒谬论断。

社会主义与市场经济的结合体现了社会主义基本矛盾运动规律的客观要求,形成了生产力和生产关系相互促进和协同发展的总体趋势。社会主义依托市场经济,构建起了"公平竞争、优胜劣汰"的生产力发展格局;市场经济依托公有制经济,促发了"全面协调、持续健康"的生产关系。市场经济对劳动、资本、技术、管理等全要素生产率的激活,使知识与人才在得到充分尊重中释放出创造活力,开启了生产力的多元化增长点;同时,公有制经济的特质将更高质量的物质生产与满足最大范围内的人民美好生活需要有机统一起来。由此,社会主义市场经济的建立和发展在实践的意义上冲破了传统经济体制的束缚,为走出人与劳动、人与劳动产品、人与他人,乃至人与自身相异化的困境,提供了一条现实可行的出路。

不仅如此,社会主义市场经济的形成与发展,开启了国内市场与国际市场有效接轨的进程。市场力量与社会主义制度优越性的紧密结合,使中国逐步成为世界经济增长的重要动力引擎。社会主义市场经济的纵深发展不仅使中国作为世界经济发展"领头羊""助推器"的角色不断彰显出自身价值,而且在推动全球治理体系的变革中赢得了话语主动权。社会主义和市场经济的结合,逐步使中国完成了从一个传统国际政治经济秩序的"圈外人"走向建设国际政治经济新体系的积极参与者和重要引领者的转型。

---

① 曹胜.中国特色社会主义道路的时代特征研究[D].济南:山东师范大学,2013.

第四篇　中国与世界经济

第十二章　中国发展对世界经济的贡献

总之,社会主义市场经济是一场由思想革命引领,触及社会实践各领域的广泛而深刻的社会变革。从国内经济建设到"人类命运共同体"理念的提出和"一带一路"的倡议,验证着社会主义市场经济蕴含的无限活力和发展潜力,不断拓展中国经济社会发展的新境界。①

(二)中国特色社会主义市场经济模式的时代特色

中国特色社会主义市场经济模式是改革开放40年的时代精华与璀璨结晶,具有深厚的时代意蕴,包含了制度特色、发展特色、实践特色及世界特色等时代特色。全球金融危机及欧债危机提升了中国特色社会主义市场经济模式的时代价值和时代使命。社会主义市场经济模式让中国走出了一条独特而正确的现代化发展道路,为世界提供了一个新型社会形态下的经济发展模式。

有学者指出:"与中国的具体国情相联系,特别是半封建半殖民地,新民主主义革命,经济发展水平低、多层次、不平衡以及传统计划经济体制等国情与环境因素,直接影响着中国市场经济发展的特殊性,同时也决定了中国市场经济发展过程中的时代特征。"②纵观改革开放的全貌,中国在不断探索和求解自身发展道路的历程中,以巨大的政治勇气和理论勇气破除和革新了对传统市场经济模式的迷信,打破和超越了西方市场经济模式的神话,又增添了许多具有时代气息和中国风格的新元素,从而跳出"样板模式"的窠臼,在中国特色社会主义的理论与道路的维度中实现了"本色"与"特色"的高度结合,呈现出中国国情与环境函数的社会主义市场经济模式。

1. 制度特色

中国市场经济最根本、最显著的特色,是它具有鲜明的社会主义制度属性。市场经济与社会主义制度的相容性有着坚实的理论和实践依据。邓小平曾说:"社会主义市场经济优越性在哪里?就在四个坚持。"③江泽民也说:"我们搞的是社会主义市场经济,'社会主义'这几个字是不能没有的,这并非多余,并非画蛇添足,而恰恰相反,这是画龙点睛。所谓'点睛',就是点明我们的市场经济的性质。"④可以说,将市场经济引入社会主义制度,无论从理论还是实践上都冲破了关于计划与市场是否具有制度属性及社会主义经济体制的禁区,触及了影响和制约社会主义优越性发挥的最关键、最根本的因素,引致了整个社会经济运作机制的一系列深刻变革。社会主义市场经济之所以是一种内涵丰富的崭新的社会经济形态,从深层次上看,主要体现在社会主义的价值导向和制度规范,赋予市场经济建设特殊的内涵,开创出一种人类历史上从未有过的迈向现代化的发展道路。它蕴含的巨大潜力,就是通过公有制的制度优越性与市场经济的体制灵活性的有机兼容,既发挥市场经济配置资源的效率优势,促进社会生产力的发展,又保证实行市场经济发展目标是在社会公平公正与协调稳定中实现人民生活的共同富裕。改革开放的实践已经证明也将继续指证,中国特色社会主义市场经济模式会在不断超越传统发展模式与西方发展模式中更加促进生产力的发展和人民

---

① 孟宪生.中国特色社会主义市场经济体制改革的巨大成就和深化方向[EB/OL].[2018-7-15]. http://marx.cssn.cn/mkszy/yc/201807/t20180715_4503661.shtml.
② 王毅武.论中国市场经济的特殊性与时代性[J].当代经济研究,2007,(11).
③ 邓小平年谱[M].北京:中央文献出版社,2004:1363.
④ 江泽民.论社会主义市场经济[M].北京:中央文献出版社,2006:203.

福祉的提高,将为世界总的发展图景增添绚丽的色彩。

2. 发展特色

从理论上说,经济模式实质上是社会生产关系的实现形式,不同经济模式反映的物质利益关系也不相同。中国社会主义市场经济模式就是要最大程度发挥制度与体制有机结合的优越性,在效率与公平的统一中实现共同富裕,以凸显社会主义新型市场经济模式质的内在规定性。另一方面,科学发展观规定了我国市场经济运行要以构建和谐社会、实现经济、政治、文化、社会、生态"五位一体"的协同推进为发展目标。科学发展观是要把社会主义市场经济放在经济社会又好又快发展的维度之中,放在全面建设小康社会,构建和谐社会的新契机下,并不断营造良好的发展环境,以克服市场经济带来的各类消极影响。只有如此,社会主义市场经济健康有序的发展才会为中国特色社会主义建设奠定坚实的物质基础和广阔的发展平台。

3. 实践特色

经济体制的改革有其特定的方式和步骤。纵观各国的改革历程,大体有激进式改革与渐进性式改革两种方式。苏联就是一步到位的激进式改革的代表。相对于激进式改革,我国探索市场经济模式在理论认知和目标定位上经历了一个"摸着石头过河"的逐渐明晰的过程。在改革的先后顺序上,首先进行体制外的改革,通过体制外的增量发展促进体制内的改革。在改革的层次上,总体上是先改革容易的,再改革难的。在改革的方法上,采用以点带面,小试点、大推进的辐射效应,经过试点将成功经验全面推向全国,若失败则将负面影响限制在很小的范围内。在改革的策略上,走的是从农村到城市,从经济领域到其他各个领域,从沿海到沿江沿边,从东部到中西部的改革路线。中国的市场经济模式之所以选择这种别具特色的实践道路,是因为中国市场经济不是经过商品经济发展的一般进程而形成的,而是靠国家政权力量强制推进和发展而来的,所以改革实践中必须以渐进性的方式逐步引导经济改革走向市场化轨道,保证政策和举措的稳妥性和时效性,能切实迎合中国广大人民的利益需求。

4. 世界特色

中国特色社会主义市场经济模式秉承着包容性的发展理念走出了一条中国特色的发展之路,为世界提供了一个新型社会形态下的发展模式。在中国特色社会主义市场经济模式取得巨大成功的进程中,"中国崩溃论"和"中国威胁论"的国际舆论不时出现。然而,中国并没有成为亚洲金融危机的"最后一块多米诺骨"被打垮,反而保持着经济持续快速的增长,中国特色社会主义市场经济模式也没有对世界和平构成威胁,反而成为一支积极构建"和谐世界"的重要力量。中国的经济发展不仅对中国,而且对全球的发展都产生着巨大的溢出效应与映射效应。尤其在美国次贷危机的冲击下,中国为促进世界经济的复苏与发展做出了显著贡献。据世界银行统计,2008年世界经济的1.7%增长中,中国的增量贡献达到35.4%;2009年世界经济下降1.9%,因中国的拉动,世界经济降幅缩小了0.8个百分点,中国已经成为拉动世界经济增长的重要引擎。中国选择的市场化改革之路不仅改变了中国的发展轨迹,也为世界经济发展和人类文明的进步做出了重大的贡献。[①]

资料链接

NASA公布这张照片后,全世界网友突然集体感谢中国

"好消息!"2019年2月12日,美国航天局(NASA)兴奋地发了一条推特,开头便如此写道。NASA之所以如此激动,是因为他们的卫星观测到,过去20年中,世界变得越来越"绿色"了。

推文中的另一句话,也让国人倍感欣喜:"来自'NASA地球'的卫星资料显示,是中国和印度的行动主导了地球变绿!"是的,你没看错,长期以来,因绿化问题、环境污染问题总被西方指责的中国和印度,一举摘帽,成了世界绿化行动的主力军!

其中,仅中国一个国家的植被增加量,更是占到过去17年里(2000年至2017年)全球植被总增加量的至少25%。这,大概就是传说中的"华丽逆袭"吧。

事实上,无论是NASA的激动点赞,还是卫星资料给出的确凿数据,都再次让全世界对中国刮目相看,更让许多网友纷纷对中国说"谢谢"!

研究给出的数据显示:中国新增绿化面积的42%来自于植树造林,32%来自农业,而印度新增绿化面积则主要来自农业,占比达82%。

2017年7月,美国《时代》周刊曾在视频网站上发布过一则介绍中国治理库布其沙漠做法的视频,当时就有外国网友在评论中纷纷表示"世界需要向中国学习",其中有一位印度网友更在称赞中国的同时说,"我们印度正在干一样的事情"。

而在众多网友看来,"地球变绿色"的成就离不开中国用实际行动践行的"绿水青山就是金山银山",这展现了中国的大国担当。

——资料来源:改编自2019年2月14日《经济日报》"NASA公布这张照片后,全世界网友突然集体感谢中国"。

三、中国的生态文明建设为世界做出的贡献

近年来,中国政府把环境保护置于前所未有的重要位置,这突出表现为战略上重视环境议题,规划上落实环保措施。环境保护的国际合作已被提升到国家战略层面。2007年10月,党的第十七大首次将环境保护的国际合作作为国家和平发展道路的重要组成部分,与对外政治、经济、外交、文化和安全等重大战略并重,这标志着环境保护国际合作进入到国家环境保护战略的核心。2012年11月,党的第十八大确定了全面落实经济建设、政治建设、文化建设、社会建设、生态文明建设五位一体总体布局和建设美丽中国的战略目标。十八大第一次把生态文明建设纳入了中国特色社会主义事业总布局,更加突出了生态文明建设的重要地位。这为中国参与国际环境合作和全球环境治理与保护提供了战略方向和强大的推动力。在国家规划政策层面,环境保护"十二五"规划对环境国际合作做出了重要部署:"加强与其他国家、国际组织的环境合作,积极引进国外先进的环境保护理念、管理模式、污染治理

[①] 滕翠华.中国特色社会主义市场经济模式的时代意蕴[J].当代世界,2012(04):68-70.

技术和资金,宣传我国环境保护政策和进展。加大中央财政对履约工作的投入力度,探索国际资源与其他渠道资金相结合的履约资金保障机制。积极参与环境与贸易相关谈判和相关规则的制定,加强环境与贸易的协调,维护我国环境权益。"

（一）"退耕还林"工程

1999年,以体现中国共产党执政兴国新理念而启动的国家重点生态工程——退耕还林工程,创造了世界生态史上的奇迹,其资金投入最多、建设规模最大、政策性最强、工程范围最广、社会关注度最高,均超过苏联斯大林改造大自然计划、美国罗斯福大草原林业工程和北非五国绿色坝工程等世界重大生态建设工程,引发全球热议。2014年,为加强生态文明和美丽中国建设,国家作出了实施新一轮退耕还林还草的决定。两轮退耕还林还草共增加林地面积5.02亿亩,占人工林面积11.8亿亩的42.5%;增加人工草地面积502.61万亩,占人工草地面积2.25亿亩的2.2%。退耕还林工程总投入超过5000亿元,相当于两个半三峡工程的投资规模。① 退耕还林工程的实施,改变了农民祖祖辈辈垦荒种粮的传统耕作习惯,实现了由毁林开垦向退耕还林的历史性转变,有效地改善了生态状况。

(1) 水土流失和土地沙化治理步伐加快,生态状况得到明显改善。退耕还林工程的实施,使我国造林面积由以前的每年400万~500万公顷增加到连续3年超过667万公顷,2002年、2003年、2004年退耕还林工程造林分别占当年全国造林总面积的58%、68%、54%,西部一些省区占到90%以上。退耕还林调整了人与自然的关系,改变了农民广种薄收的传统习惯,工程实施大大加快了水土流失和土地沙化治理的步伐,生态状况得到明显改善。据长江水利委员会监测报告,2003年长江上游宜昌站年输沙量减少80%,主要支流的输沙量低于多年平均值,寸滩以下各站的平均含沙量减少50%~79%。专家认为,退耕还林是长江输沙量减少的主要原因。四川省1999年至2004年实施退耕还林80.53万公顷,累计减少土壤侵蚀量2.67亿吨,年均减少0.53亿吨,占全省森林年滞留泥沙总量近四分之一,长江支流岷江、涪江每立方米河水含沙量分别下降了60%和80%。可以说,退耕还林工程为我国生态建设步入"破坏与治理相持"的关键阶段做出了重要贡献。

(2) 加快了农村产业结构调整的步伐。过去,山区、沙区干部群众明知坡耕地和沙化耕地种粮产量低,有调整结构的愿望,但调整后短期内没有生计来源。退耕还林给农村调整产业结构提供了一个较长的过渡期,为农业产业结构调整提供了良好机遇。各地把退耕还林作为解决"三农"问题的重要措施,合理调整土地利用和种植结构,因地制宜推行生态林草、林果药、林竹纸、林草畜以及林经间作、种养结合、产业配套等多种开发治理模式,大力发展生态产业和循环经济,促进了农业产业结构调整。延安市结合退耕还林工程建设,按照"壮大林果业,发展草畜业,开发棚栽业,推进加工业,带动劳务业"的思路进行农业产业结构调整,实现了耕地减少、粮食增产、农民增收。

(3) 保障和提高了粮食综合生产能力。退耕还林后,由于生态状况的改善、生产要素的转移和集中,农业生产方式由粗放经营向集约经营转变,工程区及中下游地区农业综合生产能力得到保障和提高。在近几年来全国粮食单产下降3.67%、总产量下降15.9%的情况

---

① 焦思颖. 我国累计退耕还林还草5亿多亩[N]. 中国自然资源报,2019-07-10.

下,西部地区粮食单产由1999年的每平方公顷3728千克提高到2003年的3951千克,粮食总产量仅下降6.3%。贵州省、甘肃省、四川省凉山州、内蒙古赤峰市和乌兰察布盟等地还实现了减地不减收。同时,退耕还林调整了土地利用结构,把不适宜种植粮食的耕地还林,有利于促进农林牧各产业协调发展;退耕还林中还发展了大量的水果、木本粮油等林木资源,培育了丰富的牧草资源,不但能增加食物的有效供给,还能调整和优化食物结构。

(4) 较大幅度增加了农民收入。首先,国家粮款补助直接增加了农民收入。到2004年年底,退耕还林工程已使3000多万农户、1.2亿农民从国家补助粮款中直接受益,农民人均获得补助600多元。据国家统计局农村住户调查,2003年农民人均纯收入增速,西部地区高于全国平均水平,西部地区退耕农户高于没有退耕的农户。其次,退耕还林收益成为农民增收的重要来源。在一些自然条件较好的地方,结合工程建设,因地制宜发展林竹、林果、林茶、畜牧等生态经济产业,增加了农民经济收入。据国家统计局对全国退耕还林(草)农户的监测,2016年退耕农户人均可支配收入为10204元,比2013年增加3381元,年均增长14.4%,比同期全国农村居民收入增速高2.8个百分点,其中经营净收入、转移净收入增速分别高4.4个百分点和5.9个百分点。由于退耕还林营造的经济林木目前绝大部分还没有进入盛果期,再过几年,退耕还林对农民增收的贡献将越来越大。再次,促进农村剩余劳动力向非农产业和多种经营转移,减轻了农民对坡耕地和沙化耕地的依赖。据四川省对丘陵地区的调查,大约每退耕0.2公顷地就转移1个劳动力,全省丘陵、盆周地区大约有200万个劳动力因实施退耕还林得以转移,年劳务创收约100亿元。最后,退耕还林使贫困农户稳定脱贫,大大缓解了因灾返贫的问题,在新时期扶贫开发中发挥了重要作用。

(二)"三北"防护林工程

"三北"防护林工程是指在中国三北地区(西北、华北和东北)建设的大型人工林业生态工程。中国政府为改善生态环境,这项工程于1979年被列为国家经济建设的重要项目。工程规划期限为70年,分8期工程进行,目前处于2010年至2019年第五期工程建设过程中。根据2018年发布的《三北防护林体系建设40年综合评价报告》显示,三北工程建设40年来,我国防风固沙林面积增加154%,对沙化土地减少的贡献率约为15%,2000年后我国土地沙化呈现出整体遏制、重点治理区明显好转态势。平均每年造林660万公顷。经过多年努力,中国森林覆盖率由新中国成立初期的8.6%提高到21.66%,森林面积达到2.08亿公顷,人工林保存面积达6933万公顷,居世界首位,如表12-1所示。中国将继续推进森林恢复和可持续发展,大规模推进国土绿化,加强荒漠化、石漠化、水土流失综合治理,强化湿地保护和恢复,完善天然林保护,扩大退耕还林还草,优化生态廊道和生物多样性保护网络,提升生态系统质量和稳定性,加快构建以林草植被为主体的生态安全体系。中国第七大沙漠库布其沙漠的沧桑巨变,正是我国大规模推进国土绿化,加强荒漠化防治,推进生态文明建设的典型案例和生动实践。截至2018年,各级党委政府、亿利集团等当地企业、公众和社会组织通力合作,对库布其沙漠进行了科学治理。据联合国科学评估,共计修复绿化沙漠969万亩(约64.6万公顷),固碳1540万吨,涵养水源243.76亿立方米,释放氧气1830万吨,生物多样性保护产生价值3.49亿元,创造生态财富5000多亿元,带动当地民众脱贫10.2万人,提供了100多万人次的就业机会。库布其沙漠从中国正北方的一块"黄褐斑"变成了一枚"绿宝石"。

表 12-1 1978 年至 2017 年三北工程区森林面积变化（单位：×10⁴ 平方公顷）

工程期	年 份	乔木林	灌木林	经济林	森 林	森林覆盖率（%）	统计范围土地面积
第一阶段	1978 年	1240.17	709.16	105.73	2055.06	5.05	551 个县
	2000 年	1509.19	1003.70	235.38	2748.27	6.75	406.90
	增量	269.02	294.54	129.65	693.21	1.70	
第二期	2001 年	2468.91	877.58	238.15	3584.64	8.96	600 个县
	2010 年	2856.44	1521.99	311.23	4689.66	11.73	399.90
	增量	387.53	644.41	73.08	1105.02	2.77	
第五期	2011 年	3330.66	1853.88	372.81	5557.35	12.75	725 个县
	2017 年	3476.92	2032.25	405.67	5914.84	13.57	435.80
	增量	146.26	178.37	32.86	357.49	0.82	
40 年	增量合计	802.81	1117.32	235.59	2155.72	5.29	

资料来源：朱教君，郑晓.关于三北防护林体系建设的思考与展望：基于 40 年建设综合评估结果[J].生态学杂志，2019,38(5):1600-1610.

（三）为世界生态文明建设贡献经验[①]

多年来，中国在水土流失治理、发展林业、恢复生态等方面做出了生动实践，特别是党的十八大以来，中国促进绿色发展建设生态文明的实践更加自觉、更加科学、更加系统化，生态文明建设成效显著。针对高速工业化阶段由于环境保护不到位而造成的大气、水和土壤污染格局，中国推出治理环境污染的三大行动计划，通过坚持不懈的治理，全国生态环境质量呈现出向好的势头，证明生态文明建设理念行之有效。中国为推进能源转型而大力促进风能、太阳能等可再生能源发展，清洁能源产品质量不断提高、成本逐渐下降，其他发达国家和发展中国家得以迅速推广太阳能和风能产品，这是中国为世界可持续发展做出直接贡献的另一个典型案例。另外，中国在发展中国家中带头落实温室气体减排承诺、推动缔结和率先履行《巴黎协定》、推进绿色"一带一路"建设。中国日益成为全球生态文明建设的重要参与者、贡献者、引领者。

四、国际经济新秩序和全球命运共同体的提出

（一）国际经济新秩序的设想和行动

国际经济新秩序，指发展中国家对国际经济关系的一种主张。目的是改革旧的国际经济体系，建立新的国际经济体系，促进和加快发展中国家的经济发展和社会进步。1974 年，第四次不结盟国家首脑会议提出改变不平等的国际经济关系。同年，在发展中国家的要求

[①] 新华网评.为世界生态文明建设贡献中国经验[N].新华网，2017-12-22.

下,联合国大会第六届特别会议通过了《关于建立新的国际经济秩序的宣言》和《建立新的国际经济秩序的行动纲领》,提出了建立新的国际经济秩序的20项原则。主要内容有:一切国家有平等地参加解决世界经济问题的权利;每个国家有权实行对本国发展最合适的经济和社会制度;任何国家都有权对其自然资源和国内一切经济活动行使永久主权;改革对发展中国家不利的国际金融和贸易制度;各国有权对跨国公司进行控制、监督和管理;加强发展中国家在经济、贸易、财政和技术方面的合作。

1. 构建国际经济新秩序的设想

首先,建设创新、开放、联动、包容型世界经济,推动世界经济走上强劲、可持续、平衡、包容增长之路。党的十九大报告强调:"中国秉持共商共建共享的全球治理观,倡导国际关系民主化,坚持国家不分大小、强弱、贫富一律平等,支持联合国发挥积极作用,支持扩大发展中国家在国际事务中的代表性和发言权。"共享发展,除了共享发展成果,更重要的是共享发展方法和发展机遇,如此才能促进长期发展。因此,在中国的全球共享发展实践中,对发展中国家和发展中经济体除了增加直接援助,更多是支持多边贸易体制,促进自由贸易区建设,推动建设开放型世界经济,提升经济一体化程度。

2016年在杭州G20峰会讲话中,习近平主席指出,全球经济治理应该以开放为导向,以合作为动力,以共享为目标。同时,他又指出了全球经济治理的重点,即四个"共同":共同构建公正高效的全球金融治理格局;共同构建开放透明的全球贸易和投资治理格局;共同构建绿色低碳的全球能源治理格局;共同构建包容联动的全球发展治理格局。

其次,改革国际经济组织以适应国际经济新秩序的构想。中国央行前行长周小川提出,国际货币基金组织应该从以下几个方面进行改革:① 基金份额分配;② 调整监督框架和重点;③ 提高新兴市场国家发言权;④ 扩大特别提款权(SDR)的作用;⑤ 治理机制改革。2019年5月13日,中国向世界贸易组织正式提交了《中国关于世贸组织改革的建议文件》。文件在充分肯定世界贸易组织促进国际贸易和世界经济增长重要作用的同时,深刻分析了在世界经济格局深刻调整、保护主义和单边主义抬头的大背景下,世界贸易组织所面临的生存危机及挑战,并提出了中国推进世界贸易组织改革的原则、立场、政策建议和主张,向世界表明了中国积极维护多边贸易体制的决心和行动力,为世界贸易组织的进一步改革贡献了中国智慧。其中,有关增加世界贸易组织在全球经济治理中的相关性建议有:① 解决农业领域纪律的不公平问题;② 完善贸易救济领域的相关规则;③ 完成渔业补贴议题的谈判;④ 推进电子商务议题谈判开放、包容开展;⑤ 推动新议题的多边讨论。

2. 构建国际经济新秩序的行动

20世纪90年代以来,随着以中国为代表的新兴经济体的崛起、国际分工方式转变以及"逆经济全球化"趋势的发展,国际经济秩序重构趋势明显。党的十九大报告指出要"全球治理体系和国际秩序变革加速推进"。

2013年"一带一路"倡议的提出,是作为世界经济增长火车头的中国,将自身的产能优势、技术与资金优势、经验与模式优势转化为市场与合作优势,实行全方位开放的一大创新。通过"一带一路"建设共同分享中国改革发展红利、中国发展的经验和教训。中国着力推动沿线国家间实现合作与对话,建立更加平等均衡的新型全球发展伙伴关系,以及由"一带一路"产生的丝路基金推动世界经济新秩序的发展。2015年11月,国际货币基金组织将人民币正式纳入特别提款权货币篮子(SDR)体系后,人民币在成为国际主要货币的道路上取得了关键性的进展。同年12月,拥有57个成员国的亚洲基础设施投资银行(AIIB)正式成立,已成为确立中国在国际经济新秩序中关键角色的里程碑性标志。金砖银行是凝聚新兴市场国家实力和信心的金融纽带,2015年金砖银行的建立对打破西方发达国家的金融垄断,重塑发展中国家的信心和凝聚力,推进国际经济新秩序的建设,提升新兴市场国家的整体实力和影响力有十分重要的现实意义。金砖银行、亚投行、丝路基金、"一带一路"倡议等共同构成了中国对国际经济新秩序建设的图景设想和贡献维度,对中国经济成功转型、人民币国际化以及建立国际经济新秩序均具有重要意义。

资料链接

人类命运共同体理念的形成

2011年《中国的和平发展》白皮书指出:经济全球化成为影响国际关系的重要趋势。不同制度、不同类型、不同发展阶段的国家相互依存、利益交融,形成"你中有我、我中有你"的命运共同体。这是中国首次提出"命运共同体"的概念。

2012年,中国共产党第十八次全国代表大会报告向世界郑重宣告:合作共赢,就是要倡导人类命运共同体意识,在追求本国利益时兼顾他国合理关切,在谋求本国发展中促进各国共同发展,建立更加平等均衡的新型全球发展伙伴关系,同舟共济,权责共担,增进人类共同利益。这是中国政府正式提出"人类命运共同体"的意识。

2013年3月,习近平在莫斯科国际关系学院发表演讲,第一次向世界传递对人类文明走向的中国判断:"这个世界,各国相互联系、相互依存的程度空前加深,人类生活在同一个地球村里,生活在历史和现实交汇的同一个时空里,越来越成为你中有我、我中有你的命运共同体。"

2015年9月,在联合国成立70周年系列峰会上,习近平全面论述了打造人类命运共同体的主要内涵:建立平等相待、互商互谅的伙伴关系,营造公道正义、共建共享的安全格局,谋求开放创新、包容互惠的发展前景,促进和而不同、兼收并蓄的文明交流,构筑尊崇自然、绿色发展的生态体系。

2016年9月,在杭州G20峰会开幕式主旨演讲中,习近平呼吁树立人类命运共同体意识,以全球伙伴关系来应对挑战。他说,在经济全球化的今天,没有与世隔绝的孤岛。同为地球村居民,我们要树立人类命运共同体意识。伙伴精神是二十国集团最宝贵的财富,也是各国共同应对全球性挑战的选择。

2017年1月,在联合国日内瓦总部,习近平在万国宫出席"共商共筑人类命运共同体"高级别会议,并发表题为《共同构建人类命运共同体》的主旨演讲,阐释了构建人类命运共同体的中国方案。

2017年2月,联合国社会发展委员会第55届会议日前协商一致通过"非洲发展新伙伴关系的社会层面"决议,首次写入"构建人类命运共同体"理念。

(二) 人类命运共同体

1. 人类命运共同体的提出

改革开放以来,经过不懈努力,中国特色社会主义进入了新时代,这是中国发展新的历史契机。为解决经济全球化进程中的人类发展和全球性问题,中国逐步提出构建人类命运共同体的基本方案。党的十八大正式提出倡导"人类命运共同体"理念,2017年1月在联合国日内瓦总部的"共商共筑人类命运共同体"高级别会议中,习近平阐释了构建人类命运共同体的中国方案。党的十九大以来,"人类命运共同体"作为一种新型理念已经获得广泛认同,并且将其确定为习近平新时代中国特色社会主义思想的重要内容,作为一种崭新实践不断被推动和积极构建。人类命运共同体理念还得到了联合国的认可,两次被写入联合国相关决议之中。在全球经济治理层面,构建人类命运共同体体现为"推动经济全球化朝着更加开放、包容、普惠、平衡、共赢的方向发展"。

2016年,习近平主席在杭州G20峰会开幕式的主旨演讲中指出:"我们应该增进利益共赢的联动,推动构建和优化全球价值链,扩大各方参与,打造全球增长共赢链。"在经济全球化处于十字路口的关键期,他不仅以"人类命运共同体"作为其引领发展的正确理念,而且以"打造全球增长共赢链"明确了践行这一理念的实现路径。构建全球增长共赢链,是经济全球化进程中践行"人类命运共同体"先进理念的不二选择。它不仅是处于十字路口的世界经济未来发展的唯一方向道路,也是中国开放型经济发展进入新阶段后的必然选择。

2. 人类命运共同体理念对全球经济治理的理论启示

首先,人类命运共同体理念对未来全球经济发展提出了新思路。全球经济已经高度一体化,周期性经济危机是这一体系无法解决的痼疾,给国家经济带来严峻挑战。要解决全球经济问题,不能单凭市场自发调节和大国的强权干预,而是要寻求"共商共建共享"的整体解决思路。人类命运共同体理念的提出,为全球经济提供了从人类整体利益和各国共同利益出发,谋求共同发展的新思路。

其次,人类命运共同体理念对全球经济治理中的利益分配提出了新安排。人类命运共同体理念的提出是针对当前全球发展不均衡,部分国家过于强调本国利益优先的一种修正,强调利益分配的再平衡。在传统的西方国际关系理论中,理性主义学派普遍认为,在无政府状态下的国际社会,国家通过理性(有限理性)实现个体利益最大化的追求,在一定程度上,一国对自我利益的追求可以增加集体利益。在全球化时代,要实现人类普遍利益的优化,国家行为就需要超越经济人的个体理性,寻找利益的兼容性,避免损害他国利益,尽可能多地增加整体利益,"我们在考虑相互依赖的世界中的国际制度和国际合作问题时,就不能仅仅停留或局限在国家间的私人利益(国家利益)相互作用这一点上,我们必须更多地重视国际社会的整体和公共的利益"[①]。

最后,人类命运共同体理念对全球经济治理中的合作与冲突解决提出了新方案。人类命运共同体理念强调面向未来,主张各主体间存在连带性,促进合作和开放始终应该是全球

---

① 苏长和. 全球公共问题与国际合作:一种制度的分析[M]. 上海:上海人民出版社,2002:125.

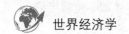

经济治理的主线,"各国要树立命运共同体意识,真正认清'一荣俱荣、一损俱损'的连带效应,在竞争中合作,在合作中共赢"①。换言之,人类命运共同体事实上要求在利益安排中减少对相对获益的关注,强调共同获益,合作获益,重视对利益分配的观念性重构,减少对抗性思维,强调国家应一起面向共同的未来。

3. 人类命运共同体理念在全球经济治理中的主张和目标

首先,国家间复杂的相互依赖意味着全球经济治理需要超越国家中心主义,在命运共同体的认知中实现共同利益。全球经济一体化使得各国经济相互依赖进一步加强,不断深化的相互依赖增加了全球经济的不确定性和全球经济的系统性风险,这就意味着全球经济治理是超越民族国家利益的多元主体的合作。在当前全球经济高度相互依赖且信息迅速传播的条件下,全球经济治理更加需要在互惠共生的基础上考虑共同利益的实现,而不只是追求单一国家利益,国家中心主义的治理思路难以推行,改革势必走向国家间、不同组织和团体间的多元、多渠道和多领域的合作与协调。

其次,可持续发展议题的扩大和全球经济治理领域的拓展,需要各国及其他行为体共同合作。一方面,全球共同发展已成为各国参与全球治理的共识,这意味着全球经济治理需要更多关注人类共同发展的议题。2016年正式启动的《2030年可持续发展议程》确定了未来15年需要实现的17项目标,实现全球共同发展,在全球市场作用之外,更需要各国承担共同责任,发展合作成为取代发展援助的更加务实而平等的实践。另一方面,全球经济治理领域的拓展需要更加深度的合作。当前全球宏观经济协调面临重大困难,以世界贸易组织为代表的全球多边贸易机制改革陷入困境,全球投资机制尚不健全,不同国家集团在全球经济治理中的不同诉求(如石油问题、环境问题等)造成了治理机制的碎片化。但当前全球经济治理在这些方面并没有形成有效的跨国合作,需要各国及其他行为体形成合力,共同治理。

最后,共建"一带一路"是中国积极参与全球经济治理的新范式,也是推动构建人类命运共同体的重要实践。"一带一路"倡议是中国对新型全球化模式的探索与实践,在理念上要求开放、包容、普惠、共享,提升全球经济治理的有效性、公平性、包容性和可持续性;在制度上要求建立以发展为导向的制度创新,以"政策沟通、设施联通、贸易畅通、资金融通、民心相通"的形式实现宏观经济、国际金融、贸易投资、全球产业等方面的综合治理,积极打造制度化平台,对接区域、次区域平台,利用制度融合发展,通过对既有治理模式的改革,减少治理机制的碎片化,实现更高层次、更广范围、更多元化的区域合作,推动世界经济发展,推动全球经济治理的转型,实现所有国家都能从中获取收益的目标。也就是说,"一带一路"倡议是以世界的共同利益观为立足点,推动构建人类命运共同体,实现人类共同发展的新尝试。

◆**内容提要**

进入21世纪后,发展壮大的中国经济逐步展现出对世界经济稳定增长的贡献和对全球经济治理的影响力。亚洲金融危机中,中国坚定人民币不贬值的做法稳定了区域乃至世界经济。美国次贷危机后,中国已成为全球各国公认的"世界经济稳定之源"。不仅如此,加入

---

① 2013年9月5日,中国国家主席习近平在二十国集团领导人峰会第一阶段会议上关于世界经济形势的发言。

第四篇 中国与世界经济

第十二章 中国发展对世界经济的贡献

世界贸易组织之后的中国经济在贸易、投资、就业、制造等领域对世界的贡献度大幅度提升。2013年提出的"一带一路"倡议不仅为世界经济复苏搭建了公共平台,也为共商共建共享的全球经济治理新模式提供了注释。此外,中国的减贫经验已成为世界典范,中国特色社会主义市场经济体制丰富了世界经济发展模式,中国日益成为全球生态文明建设的重要参与者、贡献者、引领者。最后,人类命运共同体理念是对国际经济新秩序的进一步升华,更是体现中国对世界经济贡献和影响的强有力符号。

◆ **关键词**

一带一路 减贫 人类命运共同体 贡献 国际经济新秩序 生态文明

◆ **思考题**

1. 2008年全球金融危机中中国政府是怎样应对的?
2. 中国加入世界贸易组织后对世界经济的贡献大幅度提升体现在哪些方面?
3. 简述中国特色社会主义市场经济体制的世界特色。
4. 简述中国生态文明建设为世界作出的贡献。
5. 人类命运共同体理念对全球经济治理的理论启示有哪些?

◆ **思考案例**

金融扶贫:中国的做法和贡献[①]

消除贫困是人类的共同理想,也是世界和谐发展的前提,各国政府都为之进行不懈努力。在各国减贫方案中,金融扶贫是最重要的组成部分。然而,金融更多被认为是市场化商业活动,如何在具有公益性、社会性的减贫事业中发挥作用,是金融扶贫领域的世界性难题。无论是美国、日本等发达国家,还是孟加拉国、印度等发展中国家,在金融扶贫领域都进行过多年的探索和实践,形成了多种金融扶贫模式。然而,从这些国家金融扶贫的效果看都有很大局限性,且能否持续发展尚在实践检验之中。中国作为最大的发展中国家,减贫任务十分艰巨。世界上没有一种金融扶贫模式能够适应和承载中国规模如此巨大的减贫脱贫任务。中国人民经过改革开放40年的砥砺奋进、扶贫攻坚,已使7亿人口摆脱贫困,特别是党的十八大以来,贫困人口减少约3000万人,贫困发生率下降到3.1%以下,2015年成为全球最早实现"千年发展目标"中减贫目标的发展中国家,扶贫事业取得举世瞩目的历史性成就。在中国扶贫攻坚的伟大成就和艰难历程中,金融扶贫发挥了超常规的作用。中国金融扶贫一直坚持中国特色,走中国道路,探索形成了中国特色的金融扶贫模式,在人类历史上最大规模的精准扶贫中,积累了宝贵经验,为世界金融扶贫做出新贡献。

思考:为什么中国的金融扶贫能取得如此大的成效?

◆ **应用训练**

杭州G20:为全球经济治理贡献中国智慧[②]

2016年G20峰会于9月4日至5日在中国杭州召开,这是中国首次主办G20峰会,本次峰会主题为"构建创新、活力、联动、包容的世界经济"。世界的目光已经聚焦中国、聚焦杭

[①] 葛红玲.金融扶贫:中国的做法和贡献[J].全球化,2019(4):89-98,136.
[②] 赵姗.杭州G20:为全球经济治理贡献中国智慧[N].中国经济时报,2016-07-25.

州,希望中国主导的这次 G20 峰会能够使漏洞百出、碎片化严重的全球经济治理恢复活力,并带动世界经济走出低谷,恢复可持续增长势头。

主办 G20 峰会是中国参与全球经济治理的新起点。以此为契机,推进中国"二次开放"与新一轮全球化的深度融合,将给中国带来多方面的深远影响。

首先,我国在推进新一轮全球化和贸易自由化中的作用将更加凸显。新一轮全球化的突出特点是服务贸易和服务业市场的双向开放成为贸易投资自由化的重要引擎,成为双边多边自由贸易协定谈判的焦点。促进服务贸易是 G20 的共识,G20 贸易部长会议批准的《G20 全球贸易增长战略》中把促进服务贸易作为促进全球贸易增长的七大支柱之一。中国进入工业化中后期,服务型消费正成为消费的主体,经济结构正处于由工业主导向服务业主导转型的关键时期。在此背景下,以工业市场开放为重点的"一次开放"转向以服务贸易和服务业市场开放为重点的"二次开放"是大势所趋。中国在"二次开放"中形成开放型经济新体制,不仅将为国内转型升级创造有利的外部环境和条件,也将有力推动全球和区域自由贸易进程。

其次,我国在世界经济可持续发展中的角色和作用将更加突出。以服务贸易和服务业市场开放为重点的"二次开放",与以"三去一降一补"为重点任务的供给侧结构性改革紧密联系、相互促进。"三去一降一补"最重要的是形成有效投资,服务贸易和服务业市场开放已经成为形成有效投资的关键。中国主办 G20 峰会,向世界展示推进结构性改革和对外开放的决心,随着中国加快释放 13 亿人服务大市场的需求潜力,中国在全球经济平衡与可持续发展中的作用将更加突出。

最后,我国参与全球经济治理的能力和空间将进一步提升。从参与全球经济治理看,中国主办 G20 峰会具有里程碑意义。面对全球需求疲软、贸易保护主义抬头的局面,中国积极倡议坚持推进贸易投资自由化、深化结构性改革,并将此转化为 G20 议程和务实行动,参与全球经济治理的能力进一步提升。中国以负责任的大国形象,加强与 G7、其他金砖国家以及新兴经济体的政策沟通和协调,参与全球经济治理的空间将进一步扩大。以主办 G20 峰会为新起点,中国在全球经济治理中的制度性话语权将不断提升,中国将逐步由国际规则的接受者、参与者、跟随者转变为国际规则的改革者、塑造者和主导者。

中国主办 G20 峰会,广泛征求国际国内各界意见,提出"构建创新、活力、联动、包容的世界经济"的主题,意义重大。"创新"是增强世界经济持续增长动力的根本。尤其是在全球需求疲软、供给失序的背景下,创新是开辟新市场、创造新需求、形成新供给的关键。中国不仅把创新放在"十三五"规划中创新、协调、绿色、开放、共享发展理念的首位,而且将推动全球创新发展作为参与全球治理的重要目标。"活力"是当前世界经济增长迫切所需,释放世界经济活力的关键在于释放市场的活力、释放贸易投资的活力。中国提出的"一带一路"倡议,是促进全球和区域市场的对接和融合、释放贸易投资潜力的务实之举。以举办 G20 峰会为契机,中国应当让全球更好地了解"一带一路",并让更多的国家参与"一带一路"的建设,共同分享"一带一路"的成果。"联动"深刻影响着新一轮全球化和全球治理合作的进程。G20 能不能在应对全球化新挑战、新风险上达成共识和共同行动,对全球化进程有决定性作用。联动不仅在于市场的融合,也在于政策的协调、规则的对接,中国应推动 G20 在市场融合、政策协调、规则对接方面形成更大共识。"包容"是破解世界经济发展不公平、不平衡、不可持续的关键。习近平总书记强调要"树立人类命运共同体意识""使各国人民公平享有世界经济增长带来的利益"。当前,国际贸易投资规则重构的关键词是包容,尤其是构建更具包容性的服务贸易规则,成为全球经济再平衡与经济治理变革的新课题。

试分析:

1. G20杭州峰会上中国提出了哪些全球经济治理的新观念?
2. 为什么说中国在世界经济可持续发展中的角色和作用将更加突出?
3. 分析"一带一路"倡议与"人类命运共同体"理念之间的关系。

参考文献

[1] 白远.当代世界经济[M].2版.北京:中国人民大学出版社,2010.

[2] 陈漓高,杨新房,赵晓晨.世界经济概论[M].北京:首都经济贸易大学出版社,2006.

[3] 池元吉.世界经济概论[M].北京:高等教育出版社,2008.

[4] 崔日明,任舰.世界经济概论[M].2版.北京:北京大学出版社,2013.

[5] 崔日明,闫国庆.国际经济合作[M].北京:机械工业出版社,2006.

[6] 崔日明.世界经济概论[M].北京:高等教育出版社,2013.

[7] 杜厚文.世界经济学:理论、机制、格局[M].中国人民大学出版社,1994.

[8] 冯宋彻.科技革命与世界格局[M].北京:北京广播学院出版社,2003.

[9] 冯昭奎.科技革命与世界[M].北京:社会科学文献出版社,2018.

[10] 黄梅波.世界经济学[M].上海:复旦大学出版社,2007.

[11] 黄梅波.世界经济与国别经济[M].厦门:厦门大学出版社,2005.

[12] 李秉强.世界经济概论[M].大连:大连理工大学出版社,2007.

[13] 李琮.世界经济百科辞典[M].北京:经济科学出版社,1994.

[14] 李琮.世界经济学[M].北京:经济科学出版社,2000.

[15] 李琮.世界经济学大辞典[M].北京:经济科学出版社,2000.

[16] 林成滔.科学的发展史[M].陕西:陕西师范大学出版社,2009.

[17] 卢进勇,杜奇华.国际经济合作[M].北京:北京大学出版社,2018.

[18] 卢荣忠,等.国际贸易[M].北京:高等教育出版社,2010.

[19] 钱荣堃.国际金融[M].成都:四川人民出版社,1994.

[20] 钱时惕.科技革命的历史、现状和未来[M].广州:广东教育出版社,2007.

[21] 权衡,等.复苏向好的世界经济:新格局、新动力与新风险暨2018年世界经济分析报告[M].上海:格致出版社,2018.

[22] 石士钧.国际经济协调论:面对经济全球化的思考[M].北京:中国社会科学出版社,2015.

[23] 时事出版社.科技革命与世界经济[M].北京:时事出版社,1985.

[24] 世界经济概论编写组.世界经济概论[M].北京:高等教育出版社,2011.

[25] 舒建中.国际经济新秩序:历史与现实[M].南京:南京大学出版社,2013.

[26] 苏成谊.科技发展简史[M].北京:研究出版社,2011.

[27] 苏杭.世界经济学[M].北京:科学出版社,2009.

[28] 王娟,崔朝东.世界经济概论[M].北京:中国统计出版社,2004.

[29] 习近平.共同创造亚洲和世界的美好未来[N].人民日报,2013-04-08.
[30] 习近平.构建创新、活力、联动、包容的世界经济[N].人民日报,2016-09-05.
[31] 徐松.世界经济概论[M].北京:机械工业出版社,2007.
[32] 薛荣久.国际贸易[M].北京:对外经济贸易大学出版社,2003.
[33] 亚力克·罗斯.新一轮产业革命:科技革命如何改变商业世界[M].浮木译社,译.北京:中信出版社,2016.
[34] 张安定,孙定东,杨逢珉.世界经济概论[M].上海:上海人民出版社,2005.
[35] 张曙霄,吴丹.世界经济概论[M].北京:经济科学出版社,2005.
[36] 张锡嘏.国际贸易[M].北京:中国人民大学出版社,2011.
[37] 张幼文,等.世界经济学:原理与方法[M].上海:上海财经大学出版社,2006.
[38] 张幼文,金芳.世界经济学[M].上海:立信会计出版社,2006.
[39] 张幼文,李刚,等.世界经济概论[M].3版.北京:高等教育出版社,2011.
[40] 张幼文.世界经济学理论前沿:全球化经济中的开放型发展道路[M].上海:上海社会科学院出版社,2016.
[41] 张蕴岭.世界区域化的发展与模式[M].北京:世界知识出版社,2004.
[42] 赵莉,王振锋.世界经济学[M].北京:中国经济出版社,2003.
[43] 钟昌标,王素芹,王舒建.世界经济[M].西安:西安交通大学出版社,2007.
[44] 周天勇,刘东.世界经济学:基本理论及前沿问题[M].北京:中国人民大学出版社,2018.
[45] 庄起善.世界经济新论[M].上海:复旦大学出版社,2001.
[46] 庄宗明.世界经济学[M].3版.北京:科学出版社,2015.
[47] 安礼伟,马野青.国际经济秩序:中国的新需求与政策思路[J].经济学家,2019(1):62-68.
[48] 陈航航,贺灿飞,毛熙嫣.区域一体化研究综述:尺度、联系与边界[J].热带地理,2018(1):1-12.
[49] 陈伟光,刘彬.全球经济治理的困境与出路:基于构建人类命运共同体的分析视阈[J].天津社会科学,2019(2):74-80.
[50] 杜尚泽.习近平同出席博鳌亚洲论坛年会的中外企业家代表座谈[N].人民日报,2015-03-30.
[51] 范爱军.金融危机的国际传导机制探析[J].世界经济,2001(6):26.
[52] 方晓田.第三次科技革命与高等教育变革[J].高等农业教育,2014(11):11-15.
[53] 韩召颖,姜潭.西方国家"逆全球化"现象的一种解释[J].四川大学学报(哲学社会科学版),2018(5):94-102.
[54] 姜立升.浅谈第三次科学技术革命[J].大庆社会科学,1994(2):30-14.
[55] 李丹."去全球化":表现、原因与中国应对之策[J].中国人民大学学报,2017(3):99-108.
[56] 廖晓明,刘晓锋.当今世界逆全球化倾向的表现及其原因分析[J].2018(2):28-37.
[57] 梅新育.欧洲乱局再度警示区域经济一体化[N].第一财经日报,2018-6-4.
[58] 苗翠翠.人类命运共同体:中国方案引领人类文明新形态[J].重庆社会科学,2019(4):

61-68.

[59] 千枝松.科技革命与国际分工[J].国际贸易问题,1985(4):42-47.

[60] 杨万东,张蓓,方行明.逆全球化的演进与可能走向[J].上海经济研究,2019(1):99-112.

[61] 张天桂.亚洲经济一体化的现实路径与推进策略:共建"一带一路"视角[J].国际展望,2018(6):120-138.

[62] 郑一明,张超颖.从马克思主义视角看全球化、反全球化和逆全球化[J].2018(4):8-15.

[63] 朱杰进.金砖银行:基于平等互利原则探索国际经济新秩序[N].中国社会科学报,2015-04-24.

[64] 朱乃肖.论科技革命与国际分工新格局[J].经济问题探索,1986(2):58-61,66.

[65] GALAN. A. M. The R&D and the Internationalization of Business Organizations. The Case of Pharmaceutical companies[J]. USV Annals of Economics and Public Administration. 2016. 16(23).